Jan Dobelmann

Der witzige Philosoph

Die politische Theorie des antiken
Komödiendichters Aristophanes

Dobelmann, Jan: Der witzige Philosoph. Die politische Theorie des antiken Komödiendichters Aristophanes, Hamburg, disserta Verlag, 2019

Buch-ISBN: 978-3-95935-522-3
PDF-eBook-ISBN: 978-3-95935-523-0
Druck/Herstellung: disserta Verlag, Hamburg, 2019
Covermotiv: © pixabay.com

Bibliografische Information der Deutschen Nationalbibliothek:
Die Deutsche Nationalbibliothek verzeichnet diese Publikation in der Deutschen Nationalbibliografie; detaillierte bibliografische Daten sind im Internet über http://dnb.d-nb.de abrufbar.

© disserta Verlag, Imprint der Bedey Media GmbH
Hermannstal 119k, 22119 Hamburg
http://www.disserta-verlag.de, Hamburg 2019
Printed in Germany

Inhalt

1   Einleitung

Stellen Sie sich vor, Sie kämen als bundesdeutscher Bürger in den Reichstag, um Ihren gewählten Volksvertretern bei der Arbeit zuzusehen. Statt einer Versammlung würden Sie allerdings nur leere Bänke vorfinden, keine Parlamentarier. Diese trudelten nur nach und nach unmotiviert ein, würden sich nur wenig bis gar nicht um die Anliegen der Republik kümmern und sich obendrein auch noch von scheinbar ausländischen – in Wahrheit aber deutschen – Verschwörern bestechen lassen. Stellen Sie sich weiter vor, Deutschland befände sich gerade in einem existenzbedrohenden Krieg, aber alles, was die Parlamentarier interessierte, wäre ihr eigenes Auskommen. Aus Frust – und wohl aus Tatendrang – gründeten Sie Ihre eigene kleine Republik, in der Sie völlige Freiheit und Frieden für Sie und Ihre Familie postulieren.

Ein anderes Szenario: Sie sind unzufrieden mit Ihrem Abgeordneten, weil dieser Sie unterdrückt, Sie bestiehlt, Ihre Mitbürger drangsaliert und kein Interesse daran zeigt, das Land weiterzuentwickeln? Aus Frust überlegen Sie, sich einen Gegenkandidaten für die nächste Abstimmung zu „erschaffen": Sie suchen sich den dümmsten, dafür lautesten und unverschämtesten Kerl von der Straße und schicken diesen ins Rennen. Zu Ihrer Überraschung gewinnt Ihr Kandidat nicht nur den Propagandakampf gegen Ihren verhassten Volksvertreter – sein Sieg wird so vollständig und so schmutzig geführt, dass Sie nachher eigentlich kein bisschen besser dran sind als vorher.

Ein drittes Beispiel mag genügen: Ein Außenseiter verlässt sein Heimatland, in dem er nicht glücklich wurde. Er gründet einen Staat, der bald die Hegemonie zwischen anderen Mächten übernimmt, indem er sein gnadenloses Rednertalent für seine Zwecke einsetzt. Das Volk folgt ihm in seinem Bestreben und scheint davon zu profitieren. Doch der Außenseiter entwickelt Talente, die er vorher nicht zur Schau trug oder nicht kannte und wird demagogisch und anmaßend. Er beginnt, die ihn umgebenden Wesen zu knechten und einzubinden. Letztendlich entwickelt er Großmachtgedanken und legt sich kriegerisch mit seinen Nachbarn an. Das Reich, das er erschafft, wird zum unwillkommenen Hegemon und unterdrückt die es umgebenden Staaten. Doch der Herrscher, der eigentlich nur Zuflucht suchte, will mehr – immer mehr…

Falls Sie gerade an Adolf Hitler dachten, lagen Sie falsch: Die ersten zwei Beispiele sind Adaptionen von Aristophanes' *Archarnern* und *Rittern*; das letzte Beispiel ist die Geschichte der *Vögel* vom gleichen Autor. Sie zeigen, dass die Problematiken, welche stets mit aktueller Politik einhergehen, keineswegs neu sind – sie sind uralt. Der Dichter aus dem fünften vorchristlichen Jahrhundert kannte bereits fast alle Probleme, welche europäische Demokratien im dritten Jahrtausend nach Christus umtreiben. Nicht nur das: Er setzte sich zur Wehr und versuchte, die von ihm für gut befundenen Einrichtungen zu retten – gegen korrupte Volksvertreter, gegen machthungrige Demagogen und gegen ein lethargisches Volk. Letzteres versuchte er – manchmal gegen massiven Widerstand – vor sich selbst zu retten.

Dieses Buch soll einen Theaterkünstler vorstellen. Aristophanes schrieb im fünften und vierten vorchristlichen Jahrhundert Komödien. Zugegeben: er ist der einzige, der mit Stücken aus der Alten Attischen Komödie vertreten ist – der Rest ist verloren –, aber dass er das Prädikat eines „Künstlers" verdient, werden die folgenden Seiten dieses Buches beweisen. Fast jeder Schriftsteller, den wir heute bewundern, schrieb Zeilen zur aktuellen politischen Lage, darunter Goethe, Schiller, Heine… Zwar ist die Distanz zur Zeit des Aristophanes, so scheint es, unüberwindbar, sodass seine Ratschläge für uns heute nichts mehr bedeuten mögen, doch dies täuscht. Er schrieb zur selben Zeit wie Platon, hatte ähnliche Ideen und war ein unermüdlicher Kritiker seiner Zeit. Selbst wenn seine Stücke für die heutige Zeit nicht mehr denselben Stellenwert haben sollten – seine Aufopferungsbereitschaft sollte es. Er kämpfte in seinen Komödien gegen die mächtigsten Demagogen seiner Zeit und wagte, sie vor der versammelten Bürgerschaft zu kritisieren. Einen Aristophanes hätte die Weimarer Republik gut gebrauchen können; er hätte bestimmt vor dem Demagogen gewarnt, der das Land und die Welt ins Verderben stürzte… Doch halt: Diesen Fehler beging Aristophanes nie. Zu oft wurde die Schuld an der Verderbnis an einzelnen, bösartigen Menschen festgemacht, ohne zu bedenken, dass diese stets willige Helfer brauchen. Aristophanes kämpfte nicht nur gegen die Großen, er kritisierte auch die Kleinen, wenn diese es verdienten. Dieser Denker war fair.

Ich schrieb dieses Buch, weil die Lehren des Aristophanes und – noch wichtiger – die Warnungen *uns* betreffen. Eigentlich haben sie auch die Jahrtausende vor uns betroffen, doch diese nahmen ihn nicht wahr. Der Schriftsteller, der Komödien für das Theater schreibt, hat einen anderen Blick auf die Geschehnisse als ein aktiver Politiker. Dieses Buch zeigt den Blick des Aristophanes. Er war kein Politiker. Der Großteil der Leser dieses Buches wird politisch inaktiv sein, daher ist es für sie geschrieben. Wer in einer Krise steckt, hat nur selten Augen für das System, welches die Krise bedingte. Diesen Blick gilt es zu schärfen.

Warum kann ein Dichter, der vor zweieinhalbtausend Jahren lebte, ein guter Ratgeber sein für das dritte Jahrtausend nach Christus? Aristophanes begutachtete das System, das ihn umgab. Die Fülle der Themen, die ihn in den wahrscheinlich fünfzig Jahren seiner Schaffenszeit beschäftigten, würde Bücher füllen, doch er hatte nur Theaterstücke. Er musste Kritik, komplexe Themen und Warnhinweise in einen lustigen Rahmen verpacken – und obendrein damit Wettbewerbe gewinnen, damit er seine Familie ernähren konnte. Wie konnte es geschehen, dass dieser wachsame Beobachter seiner Zeit und aller folgenden Zeiten uns so lange entging?

Dieses Buch verfolgt ein Konzept: Die Lehren des Aristophanes sollten im Vordergrund stehen. Wie den Endnoten zu entnehmen ist, gab es bereits vor mir unzählige hervorragende Wissenschaftler, die kluge Bücher über Aristophanes schrieben, ohne jedoch auf die Idee zu kommen, *Lehrsätze* aus seinen Gedanken zu formen. Eine wissenschaftliche Analyse ist gut, sie ist wichtig; der überwiegende Teil der vorliegenden Arbeit besteht aus ihr – aber sie dringt nicht durch zu denen, die letztendlich für Entscheidungen wichtig sind. Der Inhalt des Buches sollte also *verständlich* sein; gleichzeitig sollte er aber zu weiterer Recherche anregen. Diese beiden Komplexe haben sich noch nie gut verstanden: Entweder man schreibt ein Buch, das auch Laien – also in diesem Fall Menschen, die kein geschichts-, politikwissenschaftliches oder Philosophiestudium hinter sich haben – verstehen und verinnerlichen können; oder man schreibt für die Fachwelt und entwickelt Ideen, welche in zahlreichen Fußnoten Platz finden – was nicht unbedingt zur Lesbarkeit beiträgt. Hier wird versucht, beides zu leisten.

Als Quellengrundlage dient die Übersetzung von Ludwig Seeger (Frankfurt am Main 1845-48) in der Ausgabe von Hans-Joachim Newiger (München 1968).[1] Der Fließtext bildet die Behandlung der Komödien: Was Aristophanes auf die Bühne brachte wird direkt begutachtet und bewertet. Im Anschluss an den Fließtext habe ich die Endnoten gestellt. Dies ist im Rahmen eines Sachbuches durchaus üblich, da dieses Buch jedoch auch Meinungen *abseits* des wissenschaftlichen Mainstreams vertritt, fielen die Endnoten etwas üppiger aus als im Allgemeinen üblich. Wobei: Lesern sei einmal Karl Poppers *Die Offene Gesellschaft und ihre Feinde* empfohlen – angesichts dessen weiß niemand, inwiefern der *wahre* Informationsgehalt nicht in den Endnoten besteht, die fast die Hälfte des Buches ausmachen…

Aristophanes schrieb auf Altgriechisch. Die Wissenschaftler, die sich mit den Werken des Komödianten auseinandersetzt, können für gewöhnlich Altgriechisch lesen, der normale moderne Bürger hingegen nicht. Dies bedeutet ein Dilemma, dem nicht leicht auszuweichen ist: Wenn ein Autor die altgriechischen Begriffe in den Text einbaut, versteht ihn die moderne Welt nicht, weil Altgriechisch keine lebendige Sprache ist. Wenn er allerdings auf diese Art Fachbegriffe verzichtet, hat er zwar die Aufmerksamkeit der breiten Leserschaft, er verliert jedoch an Prägnanz in der Fachliteratur. Dazu kommt: Einige Begriffe *kann* man nicht übersetzen… Ich habe mich trotzdem dafür entschieden, nur die nötigsten altgriechischen Begriffe zu übernehmen, weil ich ein größeres Publikum erreichen möchte als „nur" die Fachwelt. Die Lehren des Aristophanes sind zu wichtig, als dass sie im Fachjargon untergehen und nicht weitere Verbreitung finden.

Was bleibt abschließend vorauszuschicken (um mit einem Paradoxon zu beginnen)? Wer sich in den geschilderten Momenten des Aristophanes wiederfindet, der denke darüber nach! Demokratie muss lernen, um zu siegen – einen anderen Weg gibt es nicht. Sie ist niemals fertig, das ist die erste Lehre des Dichters der Alten Komödie, und sie verdient es, dass man über sie nachdenkt und sie verbessert.

2 Der Dichter und seine Zeit

Jeder Schriftsteller ist ein Kind seiner Zeit. In diesem Kapitel soll versucht werden, die Umgebung des Dichters zu zeigen, wobei nicht nur das räumliche Umfeld, sondern auch und vor allem die Zeit nähergebracht werden soll. Der erste Abschnitt behandelt also Athen zur Zeit des Peloponnesischen Krieges. Es reicht aus, die Umstände zu umreißen; sollte weitergehendes Interesse bestehen, so seien Thukydides' *Geschichte des Peloponnesischen Krieges* und Xenophons *Hellenika* empfohlen, die den Krieg ausführlich darstellen. Zur Sprache kommen soll außer der Außenpolitik noch das attische Politikverständnis, welches von Aristophanes so oft kritisiert wurde und das er mit seiner Kritik zu verbessern suchte. Im zweiten Abschnitt wird die Arbeitsstelle des Dichters behandelt – die Alte Komödie. Es reicht leider nicht, sich ein heutiges Theater mit Zuschauern vorzustellen, um dem Wesen der Alten Komödie nahezukommen; einige wenige einleitende Worte können dem nachhelfen. Zu diesem Zweck werden Aufbau und vor allem Ursprung der Komödie besprochen werden, wenn auch nur schemenhaft: Für eine ausführliche Behandlung können die Nachweise in den Endnoten zu Rate gezogen werden. Es erscheint auch hilfreich, Aristophanes in die Komödie einzubetten; dies bildet den Abschluss des Abschnitts. Abschnitt drei zeichnet den Weg des Dichters selbst nach, so gut dies noch möglich ist – biographische Angaben aus jener Zeit waren nicht immer zuverlässig und nur selten vollständig. Dabei sollen seine Familie, seine Ausbildung, seine Schaffensperiode und sein Nachleben literarischer Natur beleuchtet werden. Abschnitt vier schließlich gewährt Kurzzusammenfassungen der Komödien selbst. Diese sind im Zusammenhang mit dem Dichter selbst zu sehen und gehören als letzter Abschnitt zum Dichter und seine Zeit. Dabei soll zuerst der typische Aufbau der Aristophanischen Komödie gezeigt werden – von dem er ebenso typischerweise häufig abwich –, bevor Abrisse der einzigen vollständig erhaltenen Komödien zu lesen sind. Diese bilden nur einen kleinen Teil des Oeuvres, was bedauerlich, aber wohl nicht mehr zu ändern ist.

2.1 Athen im Krieg

Während eines großen Teils von Aristophanes' Leben befand sich Athen mit seinen Bundesgenossen in einem existenzbedrohenden Krieg, welcher heute unter dem Namen „Peloponnesischer Krieg" bekannt ist. Nach den Perserkriegen im frühen 5. Jahrhundert v. Chr., welche mit griechischen Siegen bei Marathon (490 v. Chr.), Salamis (480 v. Chr.) u.a. geendet hatten, begann der vor allem wirtschaftliche Aufstieg der Seemacht Athen. Die Stadt suchte sich

Verbündete und fand sie im Attischen Seebund (Gründung 478/477 v. Chr.), einem Zusammenschluss vor allem ionischer Staaten, welche einen Schutzpatron vor einer etwaigen erneuten persischen Aggression suchten. Die Struktur, welche vormals aufgrund reiner Freiwilligkeit installiert wurde, entwickelte sich zusehends zu einer von Athen in jeder Hinsicht dominierten Handelshegemonie. Vielgeschäftigkeit und Überschätzung sollen das Verhalten Athens vor allem seinen Bundesgenossen gegenüber gekennzeichnet haben.[2]

Bereits vor dem Peloponnesischen Krieg von 431 bis 404 v. Chr. (mit Unterbrechungen) gab es Spannungen zwischen Sparta und Athen, welche sich zumindest 457 bis 446 v. Chr. auch konfliktreich entluden. Ähnlich modernen Stellvertreterkriegen – man denke an Korea, Vietnam und Afghanistan – entzündete sich der Krieg allerdings nicht *direkt* zwischen den beiden Hauptparteien; stattdessen sorgten Stellvertreterkonflikte um Korinth, Megara und Potideia dafür, dass Sparta und Athen auf jeweils verschiedenen Seiten eingriffen bzw. durch Bündnisverpflichtungen eingreifen mussten. Im Jahr 432 v. Chr. berieten die Spartaner schließlich über einen Kriegsbeschluss gegen Athen selbst unter der Anschuldigung, Athen hätte den seit 446 v. Chr. geschlossenen dreißigjährigen Friedensvertrag gebrochen. Obwohl König Archidamas II. von Sparta (nach welchem die erste Phase des Krieges „Archidamischer Krieg" heißt) versuchte, einen Krieg abzuwenden, wurde er dennoch beschlossen. Auf athenischer Seite war es vor allem der *Demagoge* (Volksführer) Perikles, der es auf einen Krieg ankommen ließ. Im Jahr 431 v. Chr. schließlich begann der Krieg der griechischen Großmächte mit dem Überfall des mit Sparta verbündeten Theben auf das mit Athen verbündete Platäa. Danach begannen die Einfälle Spartas nach Attika.

Die erste Phase und die Strategien der Kriegsparteien soll hier kurz geschildert werden, da sie wichtig sind für die erste erhaltene Komödie Aristophanes', den *Acharnern*: Während Sparta das kampferprobtere Landheer besaß und daher auf dem Festland nur wenig Gefahr durch Athen drohte, konnte dieses mit der größten Flotte aufwarten und amphibische Missionen auf dem Peloponnes und bei Spartas Verbündeten durchführen. Die Nachteile für beide Seiten lagen auf der Hand: Während Sparta und seine Verbündeten jederzeit (jedenfalls zu Beginn) mit Landeoperationen durch Athen rechnen mussten, wurde das Umland Athens in der ersten Kriegsperiode durch Sparta verwüstet. In Athen gab es somit zu jeder Zeit Parteien, welche sich für einen Frieden einsetzen *mussten*, da ihre Lebensgrundlage alljährlich wieder vernichtet wurde. Die Opfer vor allem der Landbevölkerung Attikas waren daher enorm.

Es ist nicht sicher einzuschätzen, wie groß der Einfluss des Krieges sowohl auf die attische Kultur wie auch Literatur war.[3] Denn vor dem Hintergrund des Krieges spielt sich die erste (erhaltene) Komödie 425 v. Chr. des Aristophanes, die *Acharner*, ab: Diese größte der Verwaltungseinheiten Athens (*Demen*) war regelmäßig von den Verwüstungen betroffen und hatte daher allen Grund, sich für ein Ende des Krieges einzusetzen.[4] In Athen selbst, d.h. bei der reichen, vom Handelsimperium zuvor profitierenden Stadtbevölkerung, war der Krieg in den ersten Jahren nicht angekommen – bis die Pest ausbrach (430 v. Chr.), an der auch Perikles selbst erkrankte und schließlich starb. Das daraufhin folgende Machtvakuum ist ein weiteres Sujet in Aristophanes' *Acharnern*. Die Alte Komödie – der literarische Rahmen, in dem Aristophanes schreibt – thematisierte oftmals den Krieg, jedoch nie die Pest; offenbar existierte ein ungeschriebenes Gesetz, dieses traumatische Ereignis nicht zum Gegenstand der Komik zu machen.

Die Verunsicherung der Stadt war jedoch unumkehrbar; die alten Gewissheiten und Überheblichkeiten Athens verloren im Zuge des Krieges sowie seiner Länge und der Entbehrungen an Substanz, sodass eine Unzahl an Weissagern und Magiern auftraten, die zusätzlich für Verunsicherung sorgten.[5] Natürlich musste die Alte Komödie darauf reagieren, das zweite vollständig überlieferte Stück, die *Ritter*, zeigte dies anschaulich (mit allen Folgen). Auf der anderen Seite gediehen Utopien gut – nicht nur Platon, der nur eine Generation nach Aristophanes schrieb, befleißigte sich darin – und die Alte Komödie reagierte auch auf dieses Bedürfnis, indem sie eigene Entwürfe propagierte. Im Zuge dieser Arbeit werden einige aus der Feder von Aristophanes zu sehen sein, wie z. B. die *Vögel* und die *Ekklesiazusen*.[6]

Außen- wie Innenpolitik bestimmten sehr das Leben Aristophanes' wie auch seine Werke, sodass er sich zwangsläufig mit ihnen auseinandersetzen musste. Er erlebte den rasanten Aufstieg Athens zur See- und Handelsmacht, den zerstörerischen, dreißigjährigen Krieg mit Sparta, sowie auch die vernichtende Niederlage mit den schwerwiegenden Folgen für Athen.[7] Konstituierend für die athenische Demokratie war daher nicht Effizienz, sondern andere Merkmale wie Gleichheit der Bürger, individuelle Freiheit, freiwilliger Einsatz für öffentliche Aufgaben, Förderung von Handel und Kultur und ein gewisser Bürgerstolz (zumindest der freien Bürger) auf das von ihnen gestaltete Gemeinwesen.[8] Aristophanes vertrat diese Werte und schrieb für sie. An ihm ist gut die Symbiose zwischen bewahrenswerter Verfassung und Vertreter der Ordnung ersichtlich, wie auch die negativen Aspekte der ersten bekannten Demokratie.

2.2 Die Alte Komödie

Aristophanes schrieb im Umfang der sogenannten „Alten Komödie" – diese umfasste ca. drei attische Dichtergenerationen. 486 v. Chr. begann die Einsetzung öffentlicher Komödienaufführungen im Rahmen athenischer Volksfeste; sie endete etwa zeitgleich mit dem Ende des Peloponnesischen Krieges um 404 v. Chr. Von Chionides sind uns die ersten Fragmente erhalten geblieben (486 v. Chr.); mit den *Fröschen* des Aristophanes lässt man sie für gewöhnlich enden (405 v. Chr.).[9] Aus diesen Rahmenbedingungen ergeben sich verschiedene Probleme: Erstens kann niemand sagen, welche Stücke und welche Dichter *tatsächlich* zu dieser Schaffensperiode gehörten und ob sich die Zeitspanne nicht noch wesentlich erweitern oder verringern könnte; der Grund liegt auf der Hand: *Einzig* von Aristophanes sind uns vollständige Werke erhalten, von den restlichen Künstlern allenfalls Fragmente, stellenweise nur Namen. Sogar von Aristophanes ist nur ein Viertel seines Gesamtwerkes erhalten geblieben.[10] Die Daten können daher nur mit einiger Vorsicht gewählt werden; vor allem das Ende der Alten Komödie erscheint willkürlich und kontrovers gewählt: Einige Forscher lassen sie mit dem Frieden nach dem epochalen Krieg enden, andere mit einer Stiländerung von Aristophanes in dessen letzten Werken (*Ekklesiazusen* 392 v. Chr. und *Plutos* 388 v. Chr.).[11]

Zweitens ist problematisch, dass sich die Forschung zu ihr nur auf Aristophanes bezieht. Zum Vergleich: Das wäre so, als würde man eine ganze Stilepoche *einzig* nach den Werken über Faust von Goethe bestimmen bzw. das Barock einzig nach Bachs Kantaten. Ein solcher Anspruch kann nur problematisch sein. Dies umso mehr, als auch die nachfolgende Episode von ihm allein in vollständigen Werken bestritten wird: Die *Ekklesiazusen* und der *Plutos* werden dazu gezählt, obwohl bekannt ist, dass ca. 800 Werke in der Mittleren Komödie aufgeführt wurden.[12] Diese Zahlen sprengen die Goethe-Bach-Vergleiche sogar noch. Dabei darf nie vergessen werden, dass Forscher zeitweise mit überaus unzuverlässigen Quellen arbeiten müssen. Dazu zählen Überarbeitungen durch römische Dichter: bloße Namensaufreihungen, bei denen niemand weiß, ob die Personen alle *tatsächlich* gelebt haben Auch die zeitgenössische Überlieferung folgte nicht immer vollständig der Wahrheit: Herodot (ca. 490/80 bis ca. 430/20 v. Chr.) schrieb etwa zeitgleich mit Aristophanes seine in Teilen phantastisch anmutenden *Historien*. Letztendlich bleibt Forschern also *mangels Alternativen* nichts anderes übrig, als auf den Denker zurückzugreifen, von dem tatsächlich verwertbares Material vorliegt: Aristophanes.

Ähnliches gilt für die Ursprünge der Alten Komödie: Auch hierzu gibt es verschiedene Theorien, wie eine Dichtform, die keine eigentlichen direkten Vorgänger *hat*, entstanden ist.

Einige Theoretiker wollen ihn im sizilischen *Mimus* sehen, einer Art Stehgreiftheater, welche derben Humor und Persiflagen anbot.[13] Er kam gänzlich ohne Masken aus, wurde von Männern und Frauen gleichermaßen betrieben und beruhte auf viel Initiative seitens der Schauspieler. Leider sind uns aus dieser Vorperiode der Alten Komödie keine Zeugnisse erhalten; man weiß hauptsächlich um ihre Existenz, weil die frühe katholische Kirche sie aufgrund ihrer Derbheit verbieten ließ. Es erscheint nur nachvollziehbar, auf fremde Einflüsse zurückgreifen zu wollen, wenn man die *Alte* Komödie herzuleiten versucht, welche schon aufgrund ihres Namens vorgeschichtsfrei erscheint.

Dennoch hat sich in der Forschung die Geschichte der Komödie, der *kom-oidia* entwickelt. Diese vor allem *dorische* Herkunft scheint sich etabliert zu haben: Bauern – unzufrieden mit ihrer Lebensweise und mit Ärger auf die sie regierenden Aristokraten – entwarfen Spottlieder, welche sie in einer Art „dörflichem Rügebrauch" in der Stadt vortrugen – sehr zum Ärger ihrer Peiniger.[14] Dieser Lesart zufolge war die Komödie – anders als die Tragödie, welche sich mit hochtreibenden Mytheninterpretationen befasste – von Anfang an das Stilmittel des einfachen Volkes, der Bauern; und mehr noch: Die Komödie war dieser Ursprungsgeschichte zufolge von Beginn an ein politisches Mittel der Partizipation.[15] Deren Institutionalisierung im Theater brachte Struktur und Kontrolle, die bei nächtlichen Ruhestörungen der Ursprungsform nicht gegeben war. Die Komödiendichter beschränkten sich jedoch keinesfalls: Wie noch weiter unten zu sehen sein wird, hat die Komödie ihren spöttischen Charakter nie verloren, auch wenn die Stadtverwaltung später immerhin versuchte, den derben Charakter einzudämmen bzw. zu kanalisieren. Dabei erkannten die Stadtoberen durchaus die moralische Nützlichkeit der Komödie, indem diese Missstände anprangerte und zur Sprache brachte, die sonst vielleicht nicht ans Tageslicht gebracht worden wären.[16] Dennoch ist an dieser Stelle Vorsicht geboten: Es spricht durchaus *für* das Funktionieren der attischen Demokratie, dass ein solcher Brauch des Spotts gegenüber den Oberen nicht von vornherein verboten wurde: Immerhin richtete er sich gegen die Regierungsweise besagter Stadtoberen und bedrohte ihre Regierung zumindest indirekt.[17] Da die Bauern natürlich in der Mehrzahl waren und darüber hinaus mit (wie vermutet werden darf) durchaus berechtigten Anliegen in die Stadt marschierten, stand die Gefahr eines Aufruhrs natürlich im Raum – vor allem, wenn das Anliegen nicht beantwortet wurde. Es kann daher auch vermutet werden, dass die Komödie aufgrund von Angst vor der eigenen Bevölkerung ihren institutionellen Eingang fand. Wie bei fast allen „gesicherten" Erkenntnissen über die Alte Komödie muss auch hier beachtet werden, dass das Ursprungswort *komos* („Umzug zu Ehren Dionysos"") auftritt, als die Komödie bereits institutionalisiert *ist*; darüber hinaus erscheint das Wort keineswegs *ausschließlich* im

Zusammenhang mit der Komödie.[18] Ob die oben beschriebene Theorie korrekt ist, muss daher weitgehend im Dunklen bleiben.

Wenn auch Aristophanes der einzige ist, von dem vollständige Werke erhalten sind – allein war er keinesfalls. Wie auch in der Tragödie mit Aischylos, Sophokles und Euripides gab es in der Komödie den Dreiklang Aristophanes, Kratinos und Eupolis. Leider kann über letztere nur sehr wenig gesagt werden, da sie höchstens in Zeugnissen und Fragmenten vorliegen.[19] Von ihnen wissen wir hauptsächlich durch Horaz, der die Verse prägte:

> „Die Dichter Eupolis, Kratinos und Aristophanes
> Und die anderen Vertreter der Alten Komödie pflegten,
> Wenn einer es verdient hatte, beschrieben zu werden, weil er ein Schurke und Dieb,
> Weil er ein Ehebrecher oder Mörder oder sonstwie
> Berüchtigt war, diesen mit großem Freimut zu brandmarken."
> (*Satire* 1.4.1-5)[20]

Der Reihenfolge nach wäre Aristophanes nur der *dritt*größte Dichter der Alten Komödie gewesen. Welche Schätze uns Kratinos und Eupolis vermacht hätten können, ist leider nicht überliefert. Waren sie insgesamt erfolgreicher als Aristophanes? Dass letzterer keinesfalls der erfolgreichste Dichter seiner Zeit war, ist bekannt. Diesen Titel trug Magnes, der Inschriften zufolge einer der Vorgänger Aristophanes' war (er siegte bereits 472; zu der Zeit war Aristophanes noch nicht geboren) und mit elf Siegen die Rangliste anführte.[21]

Das Volk von Athen musste, um politisch wirksam zu werden, sich zu bestimmten Gelegenheiten an bestimmten Orten versammeln; teilweise um Beschlüsse zu beraten und zu fassen, aber auch um sich den Spiegel vorhalten zu lassen. Dies geschah einerseits durch die Tragödie, welche große Vorbilder und Begebenheiten im öffentlichen Gedächtnis halten sollte, andererseits durch die Komödie, die sehr direkt und spöttisch auf aktuelle Missstände hinwies; zuletzt durch die *Ekklesia*, die Vollversammlung der Bürger. Das Volk von Athen war groß, es bedurfte zu diesem Zweck angemessener Versammlungsorte: Außer der *Pnyx* (wo die Beratungen der Volksversammlung stattfanden) und der *Agora* (dem großen Marktplatz im Zentrum Athens) waren dies vor allem das Dionysos-Theater (wo die Großen Dionysien stattfanden, das größere der Komödienfeste) und das *Lenaion* (wo die Lenäen stattfanden, das kleinere der Komödienfeste). Sowohl die Dionysien als auch die Lenäen waren dabei integrale Bestandteile der attischen Kultur und daher Pflichttermine für Tragödien- wie auch für Komödiendichter.[22] Dies waren Ausnahmesituationen, in denen nonkonformes Verhalten ausagiert werden durfte im sonst so sittenstrengen Athen. Dabei entsprachen derartige Feste offenbar einem hohen Bedürfnis, denn dass sie nicht nur erlaubt, sondern gar staatlich gefördert wurden, ist belegt.[23]

Dabei muss beachtet werden, dass sich beide Feste fundamental unterschieden: Die Großen Dionysien stellten eine Art Machtdemonstration dar, denn immerhin war Athen der Mittelpunkt des Attischen Seebundes, der ungefähr die Hälfte der griechischen Staaten umfasste. Sie wurden mit vielen ausländischen Gästen und Vertretern anderer Staaten abgehalten und sollten die konstitutiven Elemente Athens vorzeigen: Die Demokratie in Form des Festes mit einer ans anarchische grenzenden Stilkunst, die Alte Komödie; die Gerichte mit ihren großen Geschworenenmengen aus den Bürgern; und den Marktplatz, auf dem die halbe griechische Welt handelte.[24] Demgegenüber waren die Lenäen das Fest der attischen Besinnung auf sich selbst, an dem kaum ausländische Besucher teilnahmen.[25] Das athenische Volk brauchte diese zwei Feste, um sich sowohl außen- wie auch innenpolitisch darzustellen und Missstände wie Erfolge gleichermaßen zu propagieren – teilweise in *einem* Stück!

Beispielhaft sollen an dieser Stelle zwei Besonderheiten des Aufbaus der Alten Komödie dargestellt werden: Die *Parabase* und der Chor. Letzterer wurde mit Masken verbrämt, damit die Choreuten ganz mit der Figur verschmolzen und die Zuschauer eher an die Figur dachten und der Schauspieler voll dahinter zurücktrat. So sah der Zuschauer der *Wespen* nicht seinen Nachbarn unter der Maske, sondern ein als riesiges Insekt mit Stachel verkleidetes Mitglied eines Schwarms. Bei *Vögeln* oder *Fröschen* geschah ähnliches – der Komödiengehalt war wichtiger als die persönliche Leistung der Schauspieler. Dabei hatten die Verkleidungen des Chors nicht einfach nur belustigenden Effekt: Sie repräsentierten die uralte Versinnbildlichung der Tiergestalten; aus dieser Quelle ergab sich auch der mythische Urgehalt.[26] In einer neueren Studie wurde ermittelt, wie viele Bürger Athens *tatsächlich* Teil des Chors waren:[27] Bei den Dionysien waren ca. 1000 Bürger engagiert (Tragödie, Komödie und Satyrspiel zusammen); zum Vergleich: In der *Ekklesia*, der Volksversammlung, galt bereits die Menge von 6000 Bürgern als beschlussfähig. Die Beteiligung der „einfachen Leute" an den Festspielen war also überaus groß. Dazu kommt, dass *beide* Festspiele *jährlich* abgehalten wurden; die Chance, wenigstens einmal als Choreut aufzutreten, war daher signifikant vorhanden. Der Chor war jedoch nicht einfach nur *ein* Element der Alten Komödie, er war *das* stilbildende Mittel der Moralisierung.[28] Er könnte gar das verbindende Mittel zur Urgeschichte der Komödie sein, denn in der Theorie schlossen sich die *Bauern* für die *kom-oidia* zusammen; sie traten nicht einzeln zum Spott gegenüber den Reichen auf, sondern in der Gruppe. Dazu kommt, dass die Alte von der Neuen Komödie dadurch abgetrennt wird, dass der Chor in den letzten beiden Werken Aristophanes' fehlt (weswegen der *Plutos* und die *Ekklesiazusen* nicht mehr zu Alten Komödie gezählt werden). Der Chor war daher häufig wichtiger als die Protagonisten und zurecht Namensgeber der jeweiligen Komödie.

Doch noch aus einem anderen Grund stand der Chor im Vordergrund: Er war für den Vortrag der *Parabase* verantwortlich. Diese hatte mehrere Funktionen:[29] 1. Die *Parabase* konnte *Persönliches* wiedergeben, d.h. Ansprachen des Dichters an das Publikum, das Volk von Athen. Die Moralität dieser Ansprachen konnte eindringlichen Charakter gewinnen. Darüber hinaus konnte sich der Dichter in dieser Sicht mit seinem Protagonisten identifizieren, d. h. dem Stück mehr Glaubwürdigkeit verleihen 2. Die zweite Funktion war die einer *Zusammenfassung* des bisher Erzählten und des *Ausblicks* auf Kommendes. Zu diesem Zweck war die *Parabase* zumeist im Zentrum des Stückes angesiedelt und diente der Problematisierung des Wiedergegebenen und dem Umschwung hin zur Auflösung des Problems. Diese – aus dem Stück herausragenden – speziellen Funktionen haben zu Interpretationen geführt, die *Parabase* sei der eigentliche Urkern der Alten Komödie und hätte sich demnach aus dem Spottlied entwickelt.[30]

Dies soll zu den Charakteristika der Form der Alten Komödie vorerst genügen; in den folgenden Kapiteln werden sie ohnehin wiedererscheinen. Es stellt sich eher die Frage nach dem Inhalt: Was fanden die Bürger Athens *witzig*? Zum Einen war die Komik überaus *persönlich*; im Prinzip war Nichts und Niemand vor komödiantischem Spott gefeit. Jeder Charakter wurde hemmungslos überzeichnet und damit parodiert.[31] Ein zweites Merkmal fällt erst auf, nachdem sämtliche Komödien von Aristophanes gelesen wurden: Niemand stirbt in einer Komödie. Dies war in der Tragödie anders; dort waren die Folgen der menschlichen Handlungen allerdings auch gravierender. Dies heißt nicht, dass Freunde des derben Humors nicht auf ihre Kosten kamen: Slapstick wurde in jeder Komödie verwendet; die Überzeichnung von menschlichen Körpern war ein wichtiges Stilmittel; Kostüme dienten der Verspottung der persiflierten Personen; zu guter Letzt spielte Schadenfreude eine wichtige Rolle, d.h. auf aktuelle Begebenheiten zum Schaden einer bestimmten (öffentlichen) Person wurde gerne rekurriert.[32] All dies hatte einen bestimmten Zweck: Komödien wurden für gewöhnlich nicht einzeln aufgeführt; sie liefen den ganzen Tag. Das Hauptaugenmerk der Dichter lag daher auf der Aufmerksamkeit der Zuschauer. Dabei achteten sie auf Folgendes: Die Charaktere bei Aristophanes waren für gewöhnlich *überzeichnet*; sie gaben nur selten den *wahren* Gehalt bzw. Menschen wieder. Dies hatte einen einfachen Grund: Die Menschen kannten die realen Personen bereits aus dem öffentlichen Leben – was sie an den Dionysien bzw. Lenäen sehen wollten, waren die *Karikaturen* dieser Personen.[33]

Lachen war damit eine der Funktionen der heilsamen Auseinandersetzung Athens mit sich selbst, jedoch keinesfalls die einzige: Die Dionysien und Lenäen waren integrale Bestandteile der kulturellen Identität Athens und entwickelten durch Reflexion auch die Kunst der Großstadt beständig weiter.[34] Die Bürger Athens kamen – anders als in vielen anderen antiken und leider auch manchen modernen Städten – mit Kunst als solcher in Kontakt und konnten über sie reflektieren und sogar an ihr partizipieren. Die Theateraufführungen hatten daher eine durchaus *erzieherische* Funktion. Darüber hinaus konnten sie sich versammeln: Indem sich die Menschen im großen Theater von Athen trafen, kamen sie notwendig miteinander ins Gespräch und konnten über das Gesehene – aber auch völlig Abseitiges – diskutieren.[35] Als Drittes wird ein Moment der Komödie gerne unterschätzt: Das Lachen selbst. Wer lacht, ist zumindest für den Augenblick glücklich und versöhnt und denkt nicht an Aufruhr. Indem die Stadtoberen das Lachen über sich und Institutionen der Demokratie erlaubten, verloren diese ihren einschüchternden Charakter – wenn auch nur für die Dauer der Feste. Man könte daher behaupten, dass die Komödien eine willkommene Ablenkung für die Bürger Athens waren (zumal vom harten Kriegsalltag).[36] Zuletzt kann angemerkt werden, dass – wie oben zur *Parabase* angedeutet – die Theateraufführungen kultischen Charakter hatten; sie dienten daher von Beginn an nicht *ausschließlich* belustigenden Zwecken. Im Laufe der Zeit verloren die Komödien ihren kultischen Charakter jedoch immer mehr; er trat hinter dem komödiantischen zurück.[37]

Doch nicht nur das Lachhafte trat immer mehr in den Vordergrund. Es war vor allem die *politische* Funktion der Komödie, welche ihr einen anhaltenden Erfolg brachte, zumal Politik in *allen* Aristophanischen Komödien hervortritt. Es darf, ja muss gefragt werden: Ist ein Dichter – darüber hinaus einer, dessen Hauptmittel der Spott ist – ein geeigneter politischer Ratgeber? Politik beweist ihren Wert an den Folgen. Inwieweit diese im Falle von Aristophanes nachweisbar sind, muss noch evaluiert werden. Der politische Anspruch der Alten Komödie machte sich jedenfalls an Folgendem fest: Dem Volk sollte der Spiegel vorgehalten werden.[38] Dies war umso wichtiger, als Athen eine *Wahldemokratie* war und sich jeder Bürger befragen musste, inwiefern sein politisches Denken und Handeln der Gemeinheit förderlich war. Wie bereits erwähnt, war die Komödie das „Fest des kleinen Mannes", der sich gegen „die da oben" zur Wehr setzte, indem er über sie lachte: Subversion durch Spott.[39]

Dazu kam, dass die Alte Komödie die institutionalisierte Opposition darstellte. Wer über die Machthabenden lachte, stand schon *qua* Lachen in Opposition zu ihnen und verhielt sich subversiv.[40] Dabei muss beachtet werden, dass sich die Alte Komödie nicht reformerisch verhielt: Sie konnte oppositionell sein zu *jeder* politischen Richtung, *weil* sie selbst kein Programm vorgab. Dies wird im Laufe des Buches noch deutlicher werden. Es ging nicht darum, eine perfekte Ordnung, eine Utopie, ein Arkadien zu entwerfen – all dies konnte und wollte sie nicht leisten. Stattdessen ging es ihr um die Revision des Bestehenden, die Neubelebung der Institutionen mit alterierenden Inhalten sowie die Umwälzung alles Politischen bzw. der anarchischen Unordnung.[41] Dies war durchaus so gewollt, denn der Dichter der Komödie war bei der Aufführung *anwesend*, um sein Stück (und die Reaktion) zu begutachten. Die Opposition, welche in der Komödie dargestellt wird, war daher immer auch seine persönliche, auch wenn er mit seiner Meinung vielen Menschen aus der Seele sprechen mochte.[42]

Zuletzt muss beachtet werden, dass Athen zwar eine Demokratie *war*, dass es dennoch fortwährende Bestrebungen seitens mächtiger Männer gab, diesen Status zu ändern bzw. einzuschränken. Diese Demagogen finden noch nähere Behandlung. Einstweilen muss festgehalten werden: Im Rahmen der Komödie konnte das für die Stadt Beste in politischer Hinsicht besprochen werden. Die verschiedenen Parteien – Demokraten, Aristokratie- und Tyrannis-Befürworter – konnten gegeneinander antreten und ihre Argumente zum Besten geben.[43] Dabei durften Vertreter von Einzel- (Tyrannis) oder Bestenherrschaft (Aristokratie) nie vergessen, dass sie ihre Meinung *im Rahmen der Volksherrschaft* kundtaten: Das Volk *erlaubte* ihnen, zur Demokratie subversiv stehende Meinungen zu äußern.[44] Stadtobere standen vor dem komödiantischen Tribunal und mussten sich durch den Spott bewähren – fielen sie bei der nächsten Wahl durch, wenn sie in Aristophanes' Stücken zu sehr in Mitleidenschaft gezogen wurden? Zumindest wissen wir, dass die Komödie in dieser Hinsicht eine funktionelle Beschränkung hatte: Sie konnte lediglich Ratschläge geben, nicht aber politische Zustände wirksam verändern.

Es muss noch gefragt werden: Wenn es die Tragödie schon gab, wofür musste dann noch die Komödie aufgeführt werden? Konnte die Tragödie keine der Funktionen der Komödie übernehmen? Die Antwort liegt auf der Hand: Während die Tragödie sich um *ernste*, d. h. mythologische Themen kümmerte und niemals die dargestellten Begebenheiten aufgeben durfte, konnte die Komödie mit dem Publikum „sprechen" (wie oben bereits anklang und weiter unten ausgeführt wird). Der Dichter konnte das Wort direkt an die Versammelten richten und so Botschaften vermitteln, für welche die Tragödie nicht ausgelegt war, da sie sich an das überlieferte Mythengut halten musste. Doch die Unterschiede und Verwicklungen gingen noch tiefer: Während sich die Tragödie auf Vergangenes beschränkte, konnte die Komödie sich auf Aktuelles wie die Stadt selbst beziehen. Die *im eigentlichen Sinne* politische Form der dichterischen Behandlung aktueller Situationen war damit keinesfalls die tragische, sondern die komische Form des Theaters.[45] Die attische Demokratie wusste durchaus um die positive Funktion der Komödie und stellte sie im Jahr 487/86 v. Chr. der älteren Tragödie im Rang gleich.[46]

Alles, was in diesem Kapitel besprochen wurde, stellt ein nicht unerhebliches Problem für moderne Leser und Hörer dar: Im Abstand von 2400 Jahren gestaltet sich manche Ansicht anders, wird differenzierter und viele der Träume eines attischen Komödiendichters sind für Menschen in den heutigen Demokratien nicht mehr relevant – weil sie sich glücklicherweise erfüllt haben. Benötigen wir also ein spezielles Verständnis für die antiken Verhältnisse? Es gibt Forscher, welche eine Art „Antiken-Verständnis" – bestenfalls im Rahmen eines Studiums – als Voraussetzung betrachten.[47] Als *ein* Beispiel für diese Distanz mögen die Witze sein, welche in der Alten Komödie verwendet wurden; ein heutiger Hörer bzw. Zuschauer würde es wahrscheinlich befremdlich finden, wenn Witze allein aufgrund körperlichen Aussehens zum Besten gegeben würden. Auch wird stellenweise davor gewarnt, Lehren aus der antiken Komödie für unsere Zeit zu ziehen; dies würde eher Rückschlüsse auf uns zulassen, denn auf das politische Verständnis attischer Dichter.[48] Dem kann und muss entgegengehalten werden: Wer Aristophanes als politischen Ratgeber *deswegen* ablehnt, weil *wir* nicht mehr in seiner Zeit leben, muss dasselbe auch mit Hobbes, Rousseau, Mill und Marx durchführen – auch *ihre* Welten sind vergangen. Tatsächlich würde sich mit dieser Haltung die politische Ideengeschichte als solche disqualifizieren.

2.3 Aristophanes

Wer das Gedankengut von Aristophanes vorstellen will, darf nicht darauf verzichten, diesen Menschen und seine Umgebung wenigstens in Ansätzen zu beschreiben. Dies gestaltet sich schon allein hinsichtlich seines Geburtstages als schwierig, da erschöpfende Geburtsregister auch im hochzivilisierten Athen nicht üblich waren und Söhne für gewöhnlich als „X, Sohn von Y" bezeichnet wurden; sobald mehrere Menschen gleichen Namens zur gleichen Zeit auftraten, ergeben sich Schwierigkeiten bei der Identifikation.[49] Man kann anhand seines ersten Werkes („Die Schmausbrüder", *Daitales*) aus dem Jahr 427 v. Chr. zurückrechnen, dass er um das Jahr 445 v. Chr. geboren sein musste und – abermals durch Gegenrechnung mit seinen letzten Stücken – vermuten, dass er in den 380er Jahren v. Chr. starb.[50] Über seinen familiären Hintergrund ist zu lesen, dass er der Sohn einer dominanten Mutter und eines unterwürfigen Vaters gewesen sei, woraus seine durchaus ungewöhnlichen Ansichten über Frauen resultierten. Seine Mutter Zinodora soll über die Entwicklung seiner Moral gewacht haben, ihm zu diesem Zweck den Umgang mit den Sophisten (und Philosophen) verboten und insgesamt für eine strenge Kindheit gesorgt haben.[51] Die gesellschaftliche Stellung der Familie selbst ist schwierig zu rekonstruieren, denn in den Inschriften aus seiner

Kindheit finden sich weder sein Name noch der seiner Mutter; stattdessen finden sich Übereinstimmungen von Namen aus seiner Heimat, welche ihm offensichtlich höhergestellt waren, und Namen aus seinen Komödien.[52] Es ist daher zu schließen, dass seine Familie nicht der höchsten Klasse der Bürgerschaft angehörte, aber doch hoch genug gestellt war, um ein politisches Amt zu bekleiden. Denn aus den Listen ist bekannt, dass er Anfang der 390er Jahre v. Chr. das politische Amt eines *Prytanen* (führender Vertreter der Ratsversammlung) bekleidete, war also Mitglied des Rates von Athen. Auf den ersten Blick scheint diese Tatsache dem Bild eines seine Zeit kritisierenden Charakters zu widersprechen: Der Dichter, der die Politiker und das ihn umgebende System fortwährend karikierte und den Anschein machte, er wollte die Ordnung *an sich* ändern, nahm einen wichtigen Platz als *Prytane* ein und wurde damit Teil des Systems?[53] Diese Sichtweise ist nur teilweise berechtigt: Auch in modernen Demokratien gibt es Kritiker *innerhalb* des Systems, die darum nicht weniger ernst genommen werden.

Wie jeder andere Beruf in früheren wie heutigen Zeiten musste der eines Theaterschaffenden bei einem Meister erlernt werden; in Aristophanes' Jugend hieß dieser Lehrer Kallistratos. Unterhalb der Schwelle von zwanzig Jahren galt ein junger Mann als *Ephebe* – dieser Status war dem eines Pubertierenden ähnlich und bedeutete, dass seine Bürgerrechte eingeschränkt waren. Zu dieser Zeit stand er allerdings bereits in einem Lehrverhältnis, d.h. Kallistratos wachte über die Schritte des jungen Aristophanes und die ersten Stücke liefen unter dessen Namen.[54] Zu den Aufgaben eines *vollwertigen* attischen Dichters gehörte es, beim Stadtoberen (*Archont*) um einen Chor zu bitte, den integralen Bestandteil der Komödie schlechthin. Für die ersten Komödien des jungen Aristophanes nahm dies Kallistratos vor. Es wird vermutet, dass letzterer noch für die *Acharner* (die erste hier besprochene Komödie) den Chor aufbot, seit den *Rittern* war dies Aristophanes' Aufgabe. Dies bedeutete natürlich nicht, dass dieser nicht bereits zuvor Stücke schreiben konnte.[55] Verantwortung und theatralische Tätigkeit scheinen daher nicht demselben Rhythmus gefolgt zu sein. Gleich mehrere Forscher merken dabei an, dass es vor allem Aristophanes war, der mit seinen forschen Stücken (wie den *Acharnern* und den *Rittern*) in seinen Jugendjahren die Theaterszene durchwirbelte.[56]

Das freche, vielmehr utopische Element in seinen Komödien hat Aristophanes mehr als einmal den Ruf eines Phantasten eingebracht.[57] So nahm er gerne und auch kritisch nicht nur auf die Polis Bezug (dem eigentlichen Gebiet der Komödiendichter), sondern auch auf Mysterienkulte und Götter- und Titanensagen (siehe *Thesmophoriazusen* und *Frösche*).[58] Auch war sein Denken von der Utopie zumindest berührt (siehe *Vögel* und *Ekklesiazusen*, denn eine Frauenherrschaft galt zu jener athenischen Zeit als pure Utopie).[59] Jedoch darf auch der Vorwurf des Phantasten nicht allzu streng gesehen werden. Denn eines muss im Rahmen der attischen Gesellschaft mitbedacht werden: Ein bloßes Referat über *tatsächliche* Vorgänge im demokratischen Alltag wäre kein Grund gewesen, sich eine Komödie anzusehen – die Zuschauer nahmen bei den Dionysien und Lenäen Platz, gerade weil sie der zeitweise frustrierenden Wirklichkeit *entfliehen* wollten. Ein Dichter, der sie mit purer Phantasie oder mit hoffnungsvollen Denkgebäuden belustigte und ermunterte, hatte zwangsläufig mehr Erfolg, wie auch in modernen Zeiten ein interessanter, von der Wirklichkeit abgegrenzter Plot mehr Zuschauer lockt (man denke z. B. an die neueren Superhelden-Filme, die von jeglichem Wirklichkeitsbezug entkoppelt sind).

Dennoch liegt das Hauptaugenmerk dieses Buches natürlich auf den politischen Positionen des Aristophanes. Da diese im Verlauf der Arbeit noch evaluiert werden, kann hier nur auf die (vermuteten) *generellen* Einstellungen eingegangen werden. Für einige Forscher war Aristophanes ein Vertreter einer strikt konservativen Richtung.[60] Dies ist jedoch nur eine Interpretationsmöglichkeit unter mehreren. Für andere Forscher war Aristophanes das gerade Gegenteil: Ein aufrührerischer Reformer, der dafür sorgen wollte, dass kein Stein auf dem anderen blieb.[61] Tatsächlich ist die Meinung, Aristophanes sei ein Konservativer gewesen, schwierig zu halten: Athen befand sich auch aufgrund von Großmannssucht im Krieg und es waren vor allem die führenden Bürger Athens (u.a. Perikles) gewesen, welche für den Krieg gestimmt hatten. Die ausgesprochen *friedens*liebenden bzw. -befürwortenden Komödien des Aristophanes (u.a. *Acharner* und *Frieden*) passen nur schwer in dieses Bild des konservativen Dichters. Aus den Positionen des Aristophanes lässt sich daher nur bedingt eine konservative Haltung erkennen.

Dazu kommt, dass Aristophanes einen Beruf ausübte, welcher mit einer konservativen Haltung nur schwer zu vereinbaren war: Die Komödie *musste* subversiv und damit dem Zeitgeist widersprechend auftreten, um die für sie nötige Aufmerksamkeit zu erregen. So liegt eine neutrale Einschätzung vielleicht näher als eine strikt politische: Aristophanes wollte Komödien schreiben. Und nicht nur das: Er wollte mit seinen Stücken Preise gewinnen. Er konnte dies nur, indem er aufregend schrieb und sich dem *jeweiligen* Zeitgeist widersetzte. So konnte es kommen, dass der friedliebende Aristophanes in einigen Stücken gegen Verräter wetterte, die sich dem Kriegsgebaren widersetzten. Es hing von der *Situation* ab, welche Position der Komödiendichter einnahm, nicht nur von seinem persönlichen ethischen *Standpunkt*.[62] Eine gewisse Ambivalenz gab somit der Dichter selbst vor – wir sollten sie beibehalten, bis sein Standpunkt am Ende klarer geworden ist.

Wenn schon die Beurteilung der politischen Position offenbleiben muss – kann wenigstens die Glaubwürdigkeit seines Zeugnisses bestätigt werden? Sprechen die Stücke des Dichters die Wahrheit? Angesichts der zuvor erwähnten phantasievollen, ja utopischen Erzählweise ist zumindest Vorsicht geboten. Sicherlich sind reine Utopien (wie die *Vögel*) jeglicher Wahrheit im engeren Sinne bar. Aber die frühen, strikt politischen Stücke (*Acharner* und *Ritter*) auch? Es gibt Stimmen, welche Aristophanes zur wichtigsten Quelle historisch belegbarer Tatsachen des fünften Jahrhunderts v. Chr. machen.[63] Demgegenüber muss bemerkt werden, dass Aristophanes – wo er Historisches wiedergibt – stets Phantastisches zumischt, sodass daher mit einiger Sicherheit *keine* der dargestellten Figuren und Vorgänge den *historischen* Personen und Vorkommnissen entsprechen. Aristophanes war zweifellos mit den Vorgängen der attischen Demokratie gut vertraut – anders wären seine Witze ins Leere gelaufen, weil seine Zuschauer sie nicht verstanden hätten. Die *reine* Wahrheit konnte er jedoch nicht wiedergeben, da sie Aufgabe und Zweck der Komödie zuwidergelaufen wäre, wie bereits erwähnt wurde. Wer daher die Komödien des Aristophanes *zu* ernst nahm, lief Gefahr, den eigentlichen Gehalt zu verpassen.[64] Dies lässt jedoch keinerlei Rückschlüsse auf ihren *pädagogischen* Gehalt zu, der weiter unten noch besprochen wird. An dieser Stelle muss lediglich darauf hingewiesen werden, dass die Komödie *Lenkungswirkung* haben konnte: Aristophanes wollte eine bestimmte *Wirkung* bei seinen Zuschauern erzeugen; die Wahrheit über eine historische Person konnte da hilfreich sein, *musste* dies aber keinesfalls.[65]

Ein spezifisches Problem bleibt jedoch trotzdem bestehen: Wenn Aristophanes in seinen Stücken *Persönliches* referiert, bezog sich dies dann auf reale Tatsachen?[66] Da wir nicht viel Konkretes über sein Leben wissen, muss auch an dieser Stelle mit einem klaren Achselzucken geantwortet werden. Doch es gibt logische Brücken: Da auch bei einem komödiantischen Werk die innere Kohärenz jedem Zuschauer einleuchten musste, durften Anklänge an persönliche Nöte nicht ins Leere laufen. Wenn Aristophanes pure Erfindungen vorgebracht hätte bezüglich *seiner* Sorgen und Nöte, hätte sein Stück bzw. der moralische Appell *im Stück* unglaubwürdig gewirkt und wäre überflüssig erschienen. Man darf daher vermuten, dass nicht alles gelogen war, vieles jedoch übertrieben.

Auch Dichter haben Verantwortung, vor allem politische Dichter mit Ratschlägen für das Volk. Dass Aristophanes' Ratschläge nicht immer zum Guten führten, zeigt die Sokrates-Episode: In den *Wolken* hatte Aristophanes den Philosophen Sokrates als Sophisten verspottet, der vor allem sein eigenes Gutes im Sinne hatte, und wurde im Nachhinein für die Hinrichtung desselben mitverantwortlich gemacht.[67] Doch geht diese Einschätzung zu weit: Aristophanes schrieb Theaterstücke, die stellenweise sicherlich übertrieben harte Schläge gegen unliebsame Personen ausführten; die direkte Verbindung von seinem Spott zu der Verhängung der Todesstrafe über Sokrates durch die Athener Volksversammlung ist jedoch zu brüchig, um glaubwürdig vertreten zu werden. Ihn *vollständig* aus der Verantwortung zu entlassen, ist jedoch ebenso schwierig: Wie wir sahen, waren die Komödienvorstellungen wichtige Termine für eine große Anzahl an Athener Bürgern. Diese nahmen natürlich auch Einstellungen des Dichters zu bestimmten Themen mit nach Hause zu ihren Familien und reflektierten diese. Es liegt daher nicht völlig fern, dass der Spott des Aristophanes fatale Folgen zeitigte, auch wenn seine eigene Position ethisch korrekt war.[68] Diese Einschätzung gilt natürlich auch in die andere Richtung: Die rabiaten Spottattacken des Dichters konnten dazu führen, dass Demagogen das Ohr der Zuschauer verloren und bei der nächsten Wahl eine bessere Entscheidung trafen. Dass sie dies keinesfalls immer taten, zeigt die wechselvolle attische Geschichte. An dieser Stelle bleibt lediglich festzuhalten, dass der Dichter zwar Ratschläge geben konnte, für die schlussendlichen Wahlentscheidungen der Bürger jedoch nicht *direkt* zur Verantwortung gezogen werden durfte.

Niemand wird vermuten, dass ein Dichter von Aristophanes' Rang – immerhin der einzige greifbare Vertreter einer für die Komik entscheidenden Stilepoche – ohne Nachleben blieb. Tatsächlich gab es in der Antike berühmte Vertreter und Nachfolger wie -ahmer, wie den Komiker Platon in der griechischen und den Satiriker Lukian in der römischen Antike, darüber hinaus in der Neuzeit den Baron Münchhausen, Racine und den Schriftsteller Jonathan Swift, bei dessen Werk *Gullivers Reisen* das Phantastisch-Utopische unverkennbare Anleihen der utopischen Komik Aristophanes' zeigt.[69] Auch in philosophischer Hinsicht hat Aristophanes Spuren hinterlassen, unter anderem bei Georg Wilhelm Friedrich Hegel; das Verhältnis von Aristophanes zur Philosophie wird noch besprochen werden. Dennoch blieb sein Nachleben unterrepräsentiert angesichts seiner überragenden Botschaft. Dies hat vor allem zwei Gründe. Zum Einen wird zum *vollen* Verständnis der Alten Komödie Kenntnis über Zeiten, Orte und vor allem Personen benötigt, gegen die sich der Spott richtete; dieses Wissen besaßen und besitzen jedoch nur Wenige und Vieles *kann* nicht mehr gewusst werden, da besagte Personen historisch nicht mehr fassbar sind. Zum Anderen jedoch gab es ganz praktische Gründe: Die Alte Komödie war voll subversiven Gedankenguts gegen die jeweils aktuelle Regierung; sie beruhte auf teilweise verstörenden sexuellen Anspielungen in übermäßiger Fülle und Anschaulichkeit; sie richtet ihren Spott in übertriebenem Ausmaß gegen eine solch große Anzahl von Personen, dass die Übersicht leicht verloren gehen konnte.[70] All dies war nicht mehr gefragt in der nachfolgenden sittenstrengen römischen Zeit und erst recht nicht mehr in den strenggläubigen christlichen und islamischen Kontexten, welche auf das

Ende Roms folgten. Es nimmt daher kaum Wunder, dass erst Hegel im frühen 19. Jahrhundert – also *nach* der Sittenkontrolle durch die Inquisition – sich wieder auf Aristophanes berief (natürlich in Maßen und ohne allzu viel Anstoß zu erregen.[71]

Trotzdem soll auf zwei Denker zurückgegriffen werden – noch aus der Antike – welche von unerwarteter Warte aus Aristophanes in ihr Denken einbezogen: Paulus und Platon. Zu ersterem muss vorausgeschickt werden, dass die Lektüre von Aristophanes bis zum sechsten nachchristlichen Jahrhundert Schulstandart war. Der Grund war einfach: Aristophanes verwendete reinstes Attisch, das vornehmste Griechisch, und war daher zur Erlernung des Altgriechischen eine hervorragende Wahl. Es ist aus den Briefen von Paulus anhand bestimmter Ausdrücke ersichtlich, dass er mit den Stücken des Komödianten gut vertraut war.[72] Es entbehrt daher nicht einer gewissen Ironie, dass ausgerechnet einer *der* Gründer der sittenstrengsten Religion der Geschichte über unflätige Nebensachen hinwegsehen konnte – seine Nachfolger vermochten dies leider nicht mehr.

Wichtiger aber – und dies wird noch vermehrt zur Sprache kommen – ist der Einfluss auf Platon. Die utopischen Anwandlungen des Urphilosophen sind Legion, vor allem die kommunistischen Ähnlichkeiten zwischen Platons *Politeia* und Aristophanes' *Ekklesiazusen* fallen ins Auge. Doch eine interessante Anekdote beweist sehr anschaulich die Bedeutung Aristophanes', die in der Folge verloren ging: Als der Tyrann von Syrakus, Dionysios, vom berühmtesten Philosophen seiner Zeit, Platon, wissen wollte, wie der Staat in Athen aufgebaut war, schickte dieser ihm nicht etwa eigene Abhandlungen, sondern Aristophanes' Werke.[73] Selbst wenn diese Episode falsch sein sollte, so unterstreicht sie doch die Wertschätzung des Dichters bei Zeitgenossen.

2.4 Die Stücke

Es gilt, die Stücke selbst zu begutachten. Zu diesem Zweck werden einige Überlegungen vorausgeschickt; dann werden die Stücke in Abrissen vorgestellt. Es können in diesem Abschnitt nur unzureichende Inhaltsangaben gemacht werden, da der relevante Inhalt der Stücke noch kritisch untersucht wird. Zunächst jedoch fällt auf, dass die Stücke des Aristophanes (fast) nie *ohne* Gegenwartsbezug sind – als einzige Ausnahme erscheinen die *Vögel*. Aristophanes *musste* so vorgehen, da sein pädagogischer Anspruch (s.u.) sonst verloren ging: Ein rein phantastisches Stück wäre in seinen Augen Zeitverschwendung und würde der Bedeutung der Volksfeste nicht gerecht. Zeitkritik bildet daher den ersten und vielleicht wichtigsten Baustein der Stücke; es waren *reale* Orte und Personen sowie Institutionen, die kritisiert wurden, auch wenn dies nicht direkt geschah.[74] Dies mindert natürlich *unser* Verständnis; wenn man allerdings bedenkt, dass wir nicht die Primäradressaten sind, fällt dies weniger ins Gewicht.

Es gehört zur Vollständigkeit, eine interessante Hypothese vorzustellen, auch wenn sie nicht so recht in den Rahmen zu passen scheint. Dies soll im Rahmen eines Mini-Exkurses geschehen: Könnten die Stücke vielleicht nicht als Theater-, sondern als *Lese*texte konzipiert worden sein?[75] Dafür spricht die schon erwähnte Episode von Platon und Dionysios – es erscheint unwahrscheinlich, dass letzterer eine Theateraufführung inszenieren ließ, nur um Aristophanisches Gedankengut kennenzulernen. Darüber hinaus waren in Sizilien die kultischen Voraussetzungen nicht vorhanden. Dies hätte die phantasieanregende Möglichkeit, dass die Stücke nicht dem einmaligen Gebrauch im Theater vorbehalten waren; sie wären demnach schon früh – vielleicht zu Aristophanes' Lebzeiten – Gegenstand theoretischer Spekulationen gewesen, denn sie hätten in literarischen Zirkeln und philosophischen Schülerrunden besprochen werden können. Es spricht in der Tat Vieles dafür, wenn auch aus einem anderen, banalen Grund: Aristophanes' Stücke *mussten* schriftliche Niederlegung finden, da *wir* sie sonst heute nicht kennen würden. Die These der Lesetexte ist daher einerseits faszinierend hinsichtlich der möglichen theoretischen Verarbeitungen unter Zeitgenossen, andererseits erzählt sie aus logischen Gründen nichts Neues. Sie darf daher an dieser Stelle vernachlässigt werden; dieses Buch bezieht sich daher einzig auf die theatralische Wirkung der Komödien.

Die typische Aristophanische Komödie begann mit aus einem Monolog oder Dialog, um das Problem vorzustellen. Es folgte der Einzug des Chors, anschließend begannen inhaltliche Dialoge und Problembewältigungen. Chor und Held waren dabei mitunter Antagonisten. In der Mitte des Stückes sorgte die *Parabase* für eine Verschnaufpause, in welcher der Dichter durch den Chor selbst zur Geltung kam und moralische Appelle folgen lassen durfte. Anschließend erfolgte eine Wendung im Stück (manchmal auch unerwartet), bevor die Wirkung des Umschwungs aufgezeigt wurde. Anschließend zog der Chor aus dem Theater – meistens mit einer Art Fest wie z.B. einer Hochzeit – und die Zuschauer durften nach Hause bzw. auf das nächste Stück warten.[76] Dieser Ablauf war scheinbar festgelegt, denn die Wiederholung der Struktur ist auffällig. Dennoch gibt es Auffälligkeiten: Die Handlung war meistens nicht *zu* nah an der Wirklichkeit, um schlicht zu referieren; stattdessen wurde sie farbenfroh ausgeschmückt. Sie war für gewöhnlich hochpolitisch und nah an der Gedankenwelt der Zuschauer, die sie teilnehmen ließ – nicht zuletzt durch den appellativen Charakter der *Parabase*. Ständig fanden Ablenkungen von der eigentlichen Handlung statt, um dem einen oder anderen unliebsamen Zeitgenossen eine Dosis Spott zukommen zu lassen.[77] Eine rahmenhafte Struktur und ständige Ausbrüche aus derselben verliehen jedem Stück seine Einzigartigkeit und sorgten dafür, dass jeder Zuschauer jede Minute seiner Aufmerksamkeit dem Geschehen auf der Bühne widmen musste, um auch ja keinen einzigen Witz zu verpassen. Die folgenden Inhaltsangaben veranschaulichen dies.

Acharner (425 v. Chr.)

Diese Komödie war das erste vollständig erhaltene Werk; seine Aufführung erfolgte bei den Lenäen, wurde daher im eher bescheidenen innerattischen Rahmen aufgeführt. Aristophanes erzählt in diesem Stück die Geschichte des Bauern Dikaiopolis (dessen Name „gerechte Stadt" bedeutet – ein erster Wink mit dem Zaunpfahl), der sich in seiner Not, dem Krieg ein Ende zu bereiten, an die Volksversammlung wendet. Dort angekommen sieht er zuerst, dass die Stadtvertreter nur wenig Muße zeigen, überhaupt zur Versammlung zu erscheinen und dann versuchen, das Volk zu betrügen und Friedensbemühungen vorzuspiegeln. Dikaiopolis wendet sich enttäuscht ab und beschließt, *allein* Frieden mit den Spartanern zu schließen und seinen eigenen Markt für die restliche griechische Welt zu öffnen. Sein Kontrahent Lamachus, der Kriegstreiber, muss stattdessen in den Krieg – wie auch der Rest Athens, für den Lamachus sinnbildlich steht. Das Stück endet damit, dass Dikaiopolis sein Leben in vollen Zügen genießen kann, während Lamachus mit schweren Blessuren aus einer Schlacht heimkehrt. Es liegt auf der Hand, dass Aristophanes mit dieser Komödie die Landbevölkerung ansprechen wollte, da nur sie in Person des Dikaiopolis vom Frieden profitierte.[78] Einige Hintergrundinformationen sind jedoch nicht ganz so klar ersichtlich: Im Jahr 430-429 v. Chr. hatte die Pest in Athen gewütet und eine große Zahl von Menschen dahingerafft. Dieses einschneidende Ereignis kommt jedoch mit keinem Wort zur Sprache.[79] Offenbar gab es einen unausgesprochenen Konsens, diese schlimme Erfahrung nicht durch eine Komödie aufzuwärmen. Die namensgebende *Deme* (*Acharnai*) war übrigens die bevölkerungsreichste in Athen und sie hatte durch die jährlichen Einfälle der Spartaner, die ihr Gebiet verheerten, auch am meisten zu leiden. Zu Beginn des Dramas sind die Acharner daher auch sichtlich verstimmt über den Individualfrieden, sie verspüren Rachegelüste und bedrohen Dikaiopolis mit dem Tod. Diesem gelingt es jedoch, sie von den Vorteilen seines Friedens zu überzeugen. Dass nicht alle offenen Fragen durch diese Versöhnung und das Ende des Stückes beantwortet sind, liegt auf der Hand.[80]

Ritter (424 v. Chr.)

Noch politischer als die *Acharner* wurden die ebenfalls bei den Lenäen aufgeführten *Ritter*: Die zwei Sklaven des „Herrn Demos" (übersetzt „Herr Volk") sind mit ihrem direkten Vorgesetzten, dem „Paphlagonier" (der Demagoge Kleon) unzufrieden und wollen ihn loswerden, da er sie peinigt und Herr Demos vollständig für sich einnimmt. Sie suchen einen Kandidaten, dem sie zutrauen, diese herkulische Aufgabe zu vollbringen und finden den Wursthändler vom Markt. Dieser wird rekrutiert und bekämpft fortan den Paphlagonier, indem er gemeiner, spöttischer und brutaler als jener vorgeht. Beide kämpfen vor dem Volk mit allen Mitteln um dessen Gunst. Schlussendlich gelingt es dem Wursthändler, sich dank seiner Ränkespiele beliebter beim Volk und Herr Demos zu machen als sein Widersacher und er wird dessen neuer Oberaufseher. Zum Schluss „kocht" der Wursthändler Herr Demos wieder jung und gibt ihm so seine Frische zurück. Die *Ritter* sind ein einziger Schlagabtausch zweier widerlicher Demagogen, wobei Aristophanes am Ende offenlässt, warum der kontroverseste Held seiner Historiengeschichte das Finale gewinnt und die gute Tat des Jungkochens vollbringt.[81] Die Komödie findet ihren Rahmen in den Nachfolgekämpfen nach Perikles' Tod, während derer gänzlich unfähige Geschäftsleute die Macht über das Volk gewannen.[82] Der schier ewig andauernde Kampf kann als Ausdruck dieses Zwistes gesehen werden.

Wolken (423 v. Chr.)

Die nächste, uns überlieferte Komödie, aufgeführt bei den großen Dionysien, ist zugleich seine berühmteste: Die *Wolken* handeln vom ehrlichen Bauern Strepsiades, dessen fauler und verschwenderischer Sohn ihm nichts als Schulden bringt, der sich aber weigert zu arbeiten. Um sich ein Auskommen zu sichern, versucht Strepsiades, seinen Sohn in der Schule des Sokrates unterzubringen, wo man allerlei Unsinn lernen kann, vor allem aber die Kunst, in einer ungerechten Sache vor Gericht zu gewinnen. Der bauernschlaue Strepsiades möchte mit dieser Kunst seine Gläubiger loswerden. Da der Sohn unwillig ist, versucht er selbst, des Sokrates Kunst zu lernen. Weil er sich jedoch aufgrund überbordender Dummheit als völlig ungeeignet erweist, schickt er schließlich doch seinen Sohn in die Schule. Der Plan gelingt – sehr zu Strepsiades Bedauern. Denn während die Zuschauer den Sieg des Anwalts der schlechten Sache über den der guten Sache bewundern dürfen, verinnerlicht Sohn Pheidippides seine Lektion zu sehr: Ihm gelingt zwar, die Gläubiger mit verworrenen Gesetzeshinweisen abzuwimmeln, direkt im Anschluss beweist er jedoch auch, dass es rechtens sei, seinen Vater zu verprügeln. Das Stück endet damit, dass der frustrierte Strepsiades die Schule des

Sokrates abbrennt. Es muss unbeantwortet bleiben, ob das Bild des Sokrates und seiner Schule, das hier ganz ungeniert sophistisch gezeichnet wird, genügend Wahrheit enthält, um einer Überprüfung standzuhalten. Sicher ist jedoch, dass dieses Sokratesbild – immerhin einer der Helden der Philosophiegeschichte – so gar nicht mit der Überlieferung übereinstimmt, welche Platon und Xenophon lieferten. Eine Vermutung in der Forschung besagt dementsprechend, dass *dieser* Sokrates keine reale Person, sondern vielmehr eine Versinnbildlichung des überheblichen Philosophen *an sich* darstellt.[83] Wahr ist jedoch, dass Aristophanes in diesem Stück eine unverhohlene Intellektuellenkritik bemüht.[84] Dies verblüfft nur bedingt, als es wieder der Bauer ist, der die Heldenrolle erhält. Die *Wolken* sind im Übrigen das einzige Stück mit einem düsteren, weil zerstörerischen Ende.

Wespen (422 v. Chr.)

In den *Wespen*, aufgeführt bei den Lenäen, widmet sich Aristophanes der dritten großen, demokratischen Institution: dem Gericht. Philokleon („Kleonfreund") ist arm, richtet aber gerne über andere Menschen, auch wenn diese unschuldig sein sollten. Sein Sohn Bdelykleon[85] („Kleonfeind") ist reich und hält die Leidenschaft seines Vaters für eine verderbliche Sucht. Er sperrt diesen daher ein, bis ihn der Chor der Wespen, gestandene Athener Bürger aus der Marathonzeit, befreien will. Philokleon verteidigt seine Richtsucht als staatstragend und demokratiefördernd, wohingegen Bdelykleon ihm aufzeigt, dass sein Opfer bei Gericht für ihn nachteilig ist, da er sich von Demagogen ausnehmen lässt und nur einen geringen Sold für seine richterliche Tätigkeit erhält. Philokleon lässt sich von den Argumenten überzeugen und wirkt verstimmt; sein Sohn möchte ihn aufmuntern und lässt ihn im Hundeprozess zu Gericht sitzen: Der Hund Labes wird fälschlicherweise verdächtigt, Essen gestohlen zu haben, worauf die Todesstrafe steht. Bdelykleon bringt seinen Vater durch kluge Argumentation dazu, den Hund freizusprechen. Die Folgen sind jedoch fatal: Der seiner Bestimmung entbundene Philokleon verliert den psychischen Halt und läuft gesellschaftlich Amok, indem er ein Mädchen entführt, nachts betrunken Passanten niederschlägt und auch weitere Verbrechen begeht. Das Stück endet in einem anarchischen, dionysischen Festmahl. Die *Wespen* diskutieren und kritisieren die in der Tat nicht unerhebliche Macht des Athener Gerichtssystems, denn unsachliche Argumentation war vor diesem mitunter durchaus parteiischen Gericht nicht ungewöhnlich.[86] Die Degeneration der Ordnung durchzieht das Stück vom Anfang zum Ende hin und macht dies am scheinbar nicht zu heilenden Rechtswesen Athens fest.

Friede (421 v. Chr.)

Der *Friede* ist das erste Stück des Aristophanes ohne namensgebenden Chor und wurde bei den Dionysien aufgeführt. Der Bauer (ein wiederkehrender Topos in Aristophanischen Komödien) Trygaios fliegt auf einem riesigen gemästeten Mistkäfer zum Olymp, um dort endlich für Frieden zu sorgen. Dort angekommen muss er feststellen, dass die Götterwelt verwaist ist, weil diese das menschliche Kriegstreiben nicht mehr erleiden wollte. Die zurückgelassene Friedensgöttin Eirene wurde vom Gott des Krieges in eine Schlucht gesperrt. Als dieser neue Zutaten für seinen vernichtenden Krieg – drastisch dargestellt durch das Zermalmen griechischer Städte im Mörser – holen will, fasst sich Trygaios ein Herz und versucht, mit vereinten griechischen Kräften die Friedensgöttin zu befreien. Er flieht mit ihr und ihren zwei Dienerinnen zur Erde, heiratet eine davon, gibt die andere dem Rat und wird als Wohltäter Griechenlands verehrt – aber nicht von allen: Die beruflichen Kriegsgewinnler (Waffenschmiede etc.) beschweren sich bei ihm, sie hätten nichts mehr zu verdienen. Aristophanes macht damit in den letzten Zügen klar, dass der Frieden nicht für *alle* von Vorteil wäre. Die dargestellte griechische Gesamtheit in einer gemeinsamen Kraftanstrengung zur Erreichung des erhofften Guten ist das vielleicht strahlendste Bild der Friedenssehnsucht, das Aristophanes in seiner Laufbahn lieferte.[87]

Vögel (414 v. Chr.)

Dies ist das vielleicht wirkmächtigste Stück des Aristophanes. Zwei Flüchtige aus Athen, Peisethairos und Euelpides, verschlägt es zum Palast der Vögel, wo sie vom Wiedehopf Tereus empfangen werden. Dieser war früher ein Mensch und ist ihnen daher, für Vögel ungewöhnlich, freundlich gesonnen. Sie rufen die restlichen Vögel, die sich von Peisethairos in einer flammenden Rede davon überzeugen lassen, sie hätten vor den Göttern den Kosmos beherrscht, ihnen stünde die Herrschaft zu und sie sollten sie wieder ergreifen. Die Vögel gründen daraufhin einen Staat – zwischen Himmel und Erde gelegen – und Peisethairos wird ihr Herrscher. Die beiden Athener verwandeln sich in Vögel; hernach tritt nur noch Peisethairos als Machthaber in Erscheinung: Er hört Menschen an, die sich dem neuen Staat andienen wollen und lehnt alle Gesuche ab. Nichts soll seinen Machtanspruch befriedigen. Selbst die Götter werden ausgehungert, da die Menschen ab sofort die Vögel, jedoch nicht mehr die Götter anbeten. Diese schicken eine Delegation, welche mit Peisethairos verhandeln soll. Währenddessen brät dieser „rebellische" Vögel am Spieß. Die Götter lenken schließlich ein, Peisethairos wird Herrscher des Kosmos, löst Zeus ab und heiratet Basileia („die Königliche"). Währenddessen marschieren die Vögel in militärischer Formation am Brautpaar vorbei und das Stück endet. Es kann nichts ausbleiben, eine politische Botschaft hinter dieser Komödie zu vermuten.[88] Der ungemein utopische (oder dystopische?) Gehalt des Stückes ist unverkennbar und auch sonst sind viele der besten Einfälle des Aristophanes in den *Vögeln* versammelt.

Lysistrate (411 v. Chr.)

Dieses mutige Stück des Aristophanes wurde bei den Lenäen aufgeführt. Die namensgebende Titelheldin verschwört sich nach zwanzig Jahren Krieg mit den Frauen Attikas und auch mit denen Spartas, um den Krieg durch ein ungewöhnliches Mittel zu beenden: Sie beschließen, solange in einen Sexstreik zu treten, bis die Männer Frieden schließen. Sie verbarrikadieren sich auf der Akropolis, der Burg Athens, um den Anstürmen der wütenden Männer zu entgehen. Die schicken schließlich Verhandler, um die Frauen von deren Unrecht zu überzeugen, doch ohne Erfolg: Die Bedürfnisse des Phallus' wiegen schwerer als jene des Schwertes, so lautet die List der Frauen. Den Streik beendet schließlich eine Abordnung von Männern des ebenfalls triebgeplagten Spartas; Spartaner und Athener unter Lysistratas Führung schließen endlich Frieden und feiern dies mit einem ausgiebigen Festmahl. Das Stück zeigt – wenn auch utopisch – ein Ende von Kriegsnot, wüster und vor allem selbstsüchtiger Demagogie (die Frauen verzichten ja ebenso auf sexuelle Befriedigung, wie sie die Männer dazu zwingen) und auch die Abwendung des drohenden Staatsbankrottes.[89] Dieser Bankrott lag aufgrund eines unmittelbar zuvor erfolgten Desasters in der Luft: 413 v. Chr. war die Sizilische Expedition zu einem vernichtenden Ende gekommen und Athen sah sich kriegstechnisch weit schlechter gestellt als zuvor. Doch nicht nur das, der Krieg rückte auch unmittelbar vor Attikas Tore: Durch den Hinweis des Verräters Alkibiades dazu angeregt, hatten die Spartaner die nahegelegene, nur 20 km entfernte Festung Dekelea (nach welcher die letzte Phase des Krieges die „Dekeleische" genannt wurde) besetzt und konnten von dort aus ständige Attacken auf attisches Gebiet durchführen. Die ganze Komödie zeigt eine Komplexität und Reife, welche zu mehrmaligem Lesen und Mehrlevel-Interpretationen einlädt.[90] Auch wenn einige Komödien des Aristophanes sich zeitweise dem Vorwurf des Unausgegorenen gegenübersahen – die Lysistrate erhielt fast durchgehend positive Kritiken.[91]

Thesmophoriazusen (411 v. Chr.)

Im selben Jahr wie die *Lysistrate* fanden die *Thesmophoriazusen* (wahrscheinlich) bei den Lenäen ihre Aufführung. Während die *Lysistrate* (wie gesehen) ungemein politisch war, war ihr Schwesterstück dies nur unterschwellig. Der Dichter Euripides findet sich – auch dank eigener, einschlägiger Dichtungen – bei den Frauen Athens in schlechtem Ruf stehend. Nachdem er erfahren hat, dass diese auf ihn einen Anschlag verüben wollen, beschließt er beim Thesmophorienfest (bei dem nur Frauen anwesend sein durften) einen Fürsprecher in die Gruppe einzuschmuggeln. Er schickt zu diesem Zweck seinen minderbemittelten Verwandten, verkleidet diesen und beauftragt ihn, für den Dichter ein gutes Wort einzulegen. Natürlich wird der Spion entdeckt und bewacht festgesetzt. Euripides versucht mehrmals vergeblich, seinen Verwandten zu befreien, bevor ihm dies mit einer List gelingt: Er befreit, nachdem er die männliche, skythische Wache als alte Frau verkleidet weggelockt hat, den armen Gefangenen. Zuvor jedoch musste er versprechen, die Frauen Athens in zukünftigen Werken nicht länger zu verunglimpfen. Es wird vermutet, dass die Politik in dieser Komödie *deswegen* eine so geringe Rolle spielt, weil kurz zuvor gewichtige politische Ereignisse wie der Sturz der demokratischen Verfassung im Juni 411 v. Chr. die politische Öffentlichkeit ohnehin genügend fesselte und das Theater daher bewusst auf allzu Politisches verzichtete.[92] Dieser Aspekt der politischen Komödie wäre daher neu: Verschweigen von Missetaten zum Wohle der geschundenen Volksseele.

Frösche (405 v. Chr.)

Die *Frösche* wurden bei den Lenäen aufgeführt und unternahmen abermals einen Ausflug ins Phantastische: Der (Theater-)Gott Dionysos ist nach dem Tod des Euripides mit dem unzufrieden, was an Dichtern in Athen verblieben ist, und macht sich mit seinem Diener Xanthias in die Unterwelt auf, um seinen Liebling Euripides zurückzuholen. Sie bitten Heros Herkules um Hilfe, da sie als Lebendige nur schwer in den Hades gelangen können. Dieser rät dem ängstlichen Dionysos, sich als Herkules zu verkleiden, damit er in die Unterwelt vorgelassen wird. Dort angekommen werden sie vom namensgebenden Chor der Frösche im Unterweltgewässer empfangen und kommen gerade rechtzeitig: Der Unterweltherrscher veranstaltet einen Dichterwettstreit um den Tragödienthron der Unterwelt. Aischylos sitzt (als ältester der drei Dichter) auf dem Thron und wird von Euripides herausgefordert; Dionysos übernimmt den Schiedsrichterposten. Den Großteil des Stückes füllt fortan der nicht gerade freundlich geführte Wettstreit der Theatergiganten, wobei vor allem nach den erzieherischen Inhalten ihrer Stücke wie auch der vorgeschlagenen Verfahrensweise mit dem verräterischen Alkibiades gefragt wird. Als es zur Entscheidung kommt, schlägt das Pendel zur euripideischen Überraschung zu seines Kontrahenten Gunst aus – Aischylos gewinnt und darf die Unterwelt verlassen mit dem Auftrag, die Welt der Lebendigen mit seinen Ratschlägen zu verbessern. Die *Frösche* finden ihre Aufführung in den letzten Zügen des Peloponnesischen Krieges, als Athen bereits eingekreist und seinen Feinden mehr oder weniger hilflos ausgeliefert ist.[93] Umso erstaunlicher ist es, in den *Fröschen* keinen fatalistischen oder auch nur ernsten Ton zu finden (wie in den meisten Komödien zuvor), sondern eine heitere, ausgelassene und optimistische Stimmung zu finden; einiges spricht für attischen Galgenhumor. Nach dieser brillanten Komödie, der nach einigen Quellen sogar die Ehre einer Wiederaufführung gewährt wurde, wurde es in der Überlieferung für dreizehn Jahre ruhig um Aristophanes.

Ekklesiazusen (392 v. Chr.)

Erst 392 v. Chr. wird uns wieder eine vollständige Komödie aus der Feder des Aristophanes zuteil; es handelt sich um die zweite große Utopie des Dichters. Die Athenerin Praxagora („Die auf dem Markt Tätige") und die anderen attischen Frauen sind über die Politik ihrer Ehemänner so erbost, dass sie einen kühnen Plan ersinnen: Sie wollen sich als Männer verkleiden und qua Mehrheitsbeschluss die Macht in Athen übernehmen. Dabei machen sie sich eine Besonderheit der attischen Demokratie zunutze: Die Volksversammlung hat eine Aufnahmebeschränkung – wenn die Plätze voll sind, wird niemand mehr in den Rat gelassen. Die Frauen kommen also früher als die Männer in den Rat, obendrein stehlen sie ihnen die Kleidung. Der Coup gelingt: Durch die Mehrheit der (verkleideten) Frauen in der Versammlung wird eine neue Verfassung angenommen: Alles gehört allen; Besitzverhältnisse werden abgeschafft; die Frauen übernehmen die Regierungsgeschäfte. Die Komödie zeigt jedoch auch ein Schlupfloch dieser frühkommunistischen Verfassung: Ein Bürger hält sich nicht an den Beschluss, wird aber dennoch zum Festakt zu Ehren der neuen Konstitution eingeladen und hat daher Anteil am Gemeingut. Den Abschluss des Stückes bildet (trotz des unaufgelösten Konfliktes) ebenjenes Festmahl. Die *Ekklesiazusen* entspringen der Aristophanischen Erfahrungen mit dreißig Jahren Krieg – und auch nach der totalen Niederlage von 404 v. Chr. erhoben sich wieder Konflikte mit Sparta –, sodass sich der Dichter in seiner Verzweiflung offenbar bemüßigt sah, nicht nur ein weiteres Anti-Kriegs-Stück zu schreiben, sondern in der Radikalität noch über bloßen Frieden hinauszugehen.[94] Die Verfassung *an sich* ist das Problem, so scheint es, und so muss das Originäre des attischen Staatsgebildes weiterentwickelt werden zu einem Staat der vollständigen Gleichheit – mit allen Widersprüchen.

Plutos (388 v. Chr.)

Die letzte der vollständig überlieferten Komödien des Aristophanes ist der *Plutos* („Reichtum"). In ihr verfolgt der ehrliche Chremylos aufgrund eines delphischen Orakelspruches mit seinem Sklaven den Reichtum in Person eines alten, blinden Mannes, um ihn zur Rede zu stellen: Gerade *aufgrund* der Blindheit würden immer die Falschen vom Reichtum begünstigt und die Ehrlichen stets verarmen. Chremylos will den alten Mann im Tempel des Asklepios heilen und ihn dann in sein Haus holen, um reich zu werden; jedoch nicht allein: *alle* sollen reich werden und die Armut damit ausgemerzt werden. Dies ruft in der zweiten Hälfte eine unerwartete Gegnerin auf den Plan: Penia („Armut") selbst, die ihr Recht einfordert. Denn dass unumschränkter Reichtum für alle nicht *ausschließlich* Vorteile hat, liegt ihr zufolge auf der Hand. Keines ihrer Argumente wird indes von Chremylos ernst genommen, stattdessen wischt er sie barsch beiseite. Ohnehin erfährt er seitens der Menschen Attikas breite Unterstützung und wird an Zeus' Statt wie ein Gott verehrt und ins Pantheon aufgenommen. Die Bedürfnisse der Athener erfahren im *Plutos* eine dramatische Inszenierung – die Nachwirkungen des Peloponnesischen wie auch nachfolgender Kriege sind im Stück allerorten sichtbar und bilden den traurigen Hintergrund der Komödie.[95] Zum Verständnis wurde angemerkt, dass das Athen der 380er Jahre v. Chr. ein völlig anderes war als dasjenige der vorherigen Zeiten – es war um Einiges ärmer und unbedeutender. Wenn Aristophanes dieses Gefühl und diese Umstände auf die Bühne brachte, so entsprach dies lediglich der dramatischen Wirklichkeit.[96]

Fraglos *gab* es mehr Komödien des Aristophanes als die hier vorgestellten elf; sie *können* allerdings nicht berücksichtigt werden, da sie nur in Fragmenten oder in Zeugnissen (d.h. nicht einmal in Stücken) vorliegen. Ohne sie aus ihrem Zusammenhang zu reißen, ist ihre Behandlung nicht möglich. Dies wird umso deutlicher, je näher man die obigen Abrisse oder gar die vollständigen Stücke gelesen hat: Sie sind oftmals zu vielschichtig und könnten hier lediglich unterkomplexe Behandlung finden.

3 Aufgaben und Kritik des Dichters

„Aufgaben" des attischen Dichters sind in ihrer Fülle kaum wiederzugeben, daher sollen in diesem Kapitel nur wesentliche Dinge besprochen werden. Abschnitt eins betrifft die Verunglimpfung von Einzelpersonen. Dieses Stilmittel hat Aristophanes so ausgiebig benutzt, dass keine Charakterisierung seines Gedankenguts ohne eine Berücksichtigung desselben möglich wäre. Es werden aber nicht nur Beispiele gebracht; das Stilmittel wird untersucht, inwiefern es Auskunft geben kann hinsichtlich des Dichters und/oder seiner Opfer selbst. Abschnitt zwei behandelt als erstes inhaltliches Segment die Kritik der Philosophie. Aristophanes wurde immer eine Denkerfeindlichkeit zur Last gelegt, daher müssen und sollen seine Anwürfe gegen Philosophen zur Sprache kommen. Dieser Abschnitt steht in engem Zusammenhang mit dem letzten, da eine Denkergruppe (die Dichter) eine andere (die Philosophen, namentlich: Sokrates) in Stücken verunglimpfte, obwohl beide Aufgaben für die Polis wahrnahmen. Diesem Widerspruch muss nachgegangen werden; auch wird nach der Verantwortung von Aristophanes für den späteren Tod des Sokrates gefragt. Im dritten Abschnitt sollen die „Anderen", die Tragiker zu ihrem Recht kommen sowie die Frage, was gut ist für die Stadt. In der Komödie der *Frösche* ergibt sich der seltene Zufall, dass Aristophanes beides in einem Stück behandelt. Daher lassen sich seine Sicht auf seine tragischen Theaterkollegen und die Frage nach dem Besten für die Polis in einem Abschnitt zusammenführen und bewerten. Abschließend wird aufgezeigt, wie Aristophanes seine Rolle in der Kulturlandschaft Athens sah: Welche Aufgabe hatte der Dichter – vor allem der Komödiant – zur Verbesserung der Stadt zu übernehmen? Oder war er lediglich als Clown engagiert und übernahm keinerlei pädagogische Funktionen?

3.1 Verunglimpfung Einzelner

„Wer den Schaden hat, braucht für den Spott nicht zu sorgen." Dass dieses alte Sprichwort Geltung hat, wenn besonders viele Menschen zusehen, dieses Gefühl kennt wahrscheinlich jeder, der schon einmal einen so bezeugten Schaden hatte. Was aber, wenn der Spott aus heiterem Himmel kommt? In der Alten Komödie geschah dies nicht aus Zufall – es war institutionalisierte Praxis. Es ist nicht ohne Ironie, dass wir gerade *wegen* des Spottes über einige Personen überhaupt etwas von diesen wissen.[97] Natürlich stellt sich an dieser Stelle wieder die Frage, inwiefern es sich in einem solchen Fall um eine relevante Quelle oder um reine *Polemik* handelt, doch für die meisten Fälle muss diese Frage unbeantwortet bleiben.

Der Ursprung des übermäßigen Spottgebrauchs ist dabei umstritten: Einige führen ihn als konstitutives Merkmal des Komödienursprungs an; demnach wäre er ein elementarer Bestandteil, vielleicht sogar Urgrund der Komödie.[98] Dies wurde im Abschnitt über die Alte Komödie bereits behandelt. Der altgriechische Fachbegriff (*spoudaiogeloion*) für den verwendeten Spott in der Komödie kann mit „ernst-lustig" übersetzt werden; dieser Hinweis lässt erahnen, dass der antike Spott nicht *ausschließlich* zur Verunglimpfung verwendet wurde – er hatte eine ernsthafte Komponente: Es wird vereinzelt vermutet, dass es gerade der Spott war, der Zuschauer im Theater auf besonders drastische Weise auf zu behebende Missstände aufmerksam machen sollte.[99]

Die Regel für diesen Spott in der Alten Komödie sind allerdings bekannt: 1. Die Komödie stellte gerne durchschnittlich moralisch schlechte Figuren dar. 2. Sie zeigte Menschen, welche den Durchschnitt an Schlechtigkeit übertrafen. 3. Übertreibung, Verunglimpfung, unanständige Sprache stellten elementare Mittel der Komödie dar. 4. Dieselben Personen wurden so oft karikiert, dass sie irgendwann schablonenhaft wurden. 5. Viele der dargestellten „Verbrechen" wären im realen Leben vernachlässigbar. 6. Die Komödie tendierte zu groben Verallgemeinerungen. Und 7. spielte das *reale* moralische Bild der Figur keine Rolle: Sowohl Kleon als auch Sokrates werden gleichermaßen verspottet – es war unerheblich, ob sie *wirklich* schlechte Menschen waren.[100] Alle diese Merkmale lassen den Spott der Alten Komödie als moralisch minderwertig erscheinen – man wünscht sich fast, dass er verboten gewesen wäre. Dabei darf jedoch nicht vergessen werden, dass unsere *heute* akzeptierten Verhaltensweisen dies keineswegs auch in der Antike sein mussten und die Zuschauer *wussten*, wer *wirklich* schlecht war (im realen Leben) – und wer nicht. Die Menschen sahen eine Komödie attischen Stils nicht nur einmal in ihrem Leben und wussten daher um dieses Stilmittel.

Wie sah Spott Aristophanischen Gepräges aus? Ein besonders drastisches Beispiel findet sich in den *Fröschen*. Als Aischylos den Kampf gewonnen hat, will ihm der Unterweltherrscher Pluton noch etwas als „Botschaft" an die Oberwelt mitgeben:

> PLUTON: Und dies hier nimm für Kleophon mit! *Gib ihm ein Schwert*. Und dies für die Schatzbeamten
> Und Myrmex auch und Nikomachos! *Gibt einen Strick.*
> Dem Archenomos dies! *Gibt einen Giftbecher*. Und obendrein
> Sag ihnen, sie sollen sich schleunig hierher
> Verfügen zu mir, und ohne Verzug!
> (*Frösche*; V. 1504-1508; Herv. im Orig.)

Es fällt schwer, bei diesen Worten nicht zu schlucken, handelt es sich doch ausnahmslos um Todesurteile für wahrscheinlich anwesende Personen. Man kann sich die Szene in der heutigen Zeit vorstellen: Wie würde das Urteil über eine Komödie ausfallen, in welcher dem reichsten Mann des Landes der Tod durch Enthauptung, einem hohen Beamten der Tod durch Erhängen und einem anderen der Tod durch Vergiftung gewünscht wird? Sicherlich würde ein solches Stück in einer modernen Demokratie niemals aufgeführt werden. Ein weiteres Beispiel mag der deutschen Wirklichkeit schon näher sein und vielleicht unter dem Begriff „Satire" laufen. In der folgenden Szene beschreibt Praxagora in den *Ekklesiazusen* gerade ihren Plan; sie und ihr Mann besprechen einige „Auswirkungen":

> BLEPYROS: Doch gesteh ich, mich würd es verdrießen,
> Wenn je Epikuros den Titel „Papa" mir, oder Leukolophos gäbe!
> CHREMES: Da mein ich, es wäre viel schrecklicher noch als dieses –
> BLEPYROS: Was gibt es noch Ärgeres?
> CHREMES: Nun, wen Aristyllos als seinen Papa dich begrüßte und zärtlich dich küßte!
> BLEPYROS *macht die Handbewegung einer Maulschelle*:
> An dem Frechen würd ich mich rächen…
> CHREMES: Was hälf's? Du röchest dann eben nach Stinkkraut! –
> PRAXAGORA: Doch er ist ja geboren, eh dieses Gesetz wir gegeben, drum magst du der Sorge
> Dich entschlagen, daß gerade er dich küßt.
> BLEPYROS: O mich ekelt, daran nur zu denken!
> (*Ekklesiazusen*; V. 646-650; Herv. im Orig.)

Auch hier ist wieder daran zu denken: Die so Verunglimpften saßen höchstwahrscheinlich im Publikum! Dazu kommt die zutiefst persönliche Komponente: Einem Menschen den Tod zu wünschen ist nicht dazu geeignet, ihn mit seiner Familie zu entzweien – seine familiäre Zärtlichkeit als eklig darzustellen hingegen schon. Man hat fast vor Augen, wie sich die Sitznachbarn im Theater von Leukolophos und Aristyllos wegsetzten… Doch Aristophanes war auch einfallsreich: Wenn seine Figuren Hass auf Einzelne luden, so wussten die Zuschauer, dass es eine zwischengeschaltete Ebene der Fiktionalität gab – Praxagora und Blepyros als Spötter waren erdachte Personen und Aristophanes konnte sich durch diese Distanz aus der Affäre ziehen. Was aber, wenn diese Barriere durchbrochen wurde? In der folgenden Szene aus den *Vögeln* ist es der Chor, der zu den Zuschauern über reale Personen spricht. Wie bereits beschrieben war die Stimme des Chors dazu geeignet, persönliche Meinungen und Botschaften des Dichters zu überbringen:

> CHOR *an die Zuschauer*: Eben heut wird durch den Herold öffentlich bekanntgemacht:
> „Wer Diagoras, den Melier, totschlägt, der bekommt dafür
> Ein Talent; und wer der toten Volkstyrannen einen noch
> Toter schlagen wird, auch dieser soll bekommen ein Talent!"

Wir nun unsrerseits, wir machen öffentlich bekannt, wie folgt:
„Wer Philokrates, den Vogler, totschlägt, der erhält zum Lohn
Ein Talent, und wer sogar ihn uns lebendig liefert: vier;
Weil er Finken reiht auf Schnüre und für einen Obolos
Sieben gibt und Drosseln scheußlich aufbläst und zu Markte bringt
Und den Amseln ihre Federn in die Nasenlöcher steckt;
Item, weil er freie Tauben fängt und in Verschläge sperrt
Und sie, selbst gebunden, andre in das Garn zu locken zwingt!"
(*Vögel*; V. 1071-1080; Herv. im Orig.)

Es muss bemerkt werden, dass Philokrates als Vogler lediglich seine Arbeit tat, indem er Vögel züchtete, diese schlachtete, sie zum Markt zum Verkauf brachte und damit einen bedeutenden Beitrag zur Lebensmittelversorgung Athens leistete. Es war daher gar nicht ausgemacht, dass die Zuschauer im Sinne Aristophanes' dachten, wenn sie diese Szene mitansahen. Von ihrer Reaktion ist leider nichts überliefert; wir wissen also nicht, ob dieses Todesurteil Beifall fand oder nicht. Jedoch ist die Szene reicher als erwartet: Wer die Drohung an Diagoras und Philokrates aufmerksam liest, muss bemerken, dass den Aufgeforderten eine Belohnung versprochen wird. Auch wenn hier eine gesellschaftlich verankerte Komödie ihre Aufführung fand – wie hätte Aristophanes reagiert, wenn die Zuschauer tatsächlich in seinem Sinne *gehandelt* und Menschen im Anschluss an das Gesehene getötet hätten? Auch darüber ist nichts bekannt, daher darf daher ausgegangen werden, dass die Zuschauer die derben Szenen richtig aufzufassen wussten. Bereits früh in seiner Karriere bereitete Aristophanes seine Hörer darauf vor, dass er sich *nicht* zurückhalten werde, wenn es um die Verspottung ging; denn wie er in den *Rittern* bemerkt:

CHOR: Schlechte Bürger zu verspotten ist gewiß nicht tadelnswert,
Hohn auf sie ist Lob der Guten, wenn man es richtig bedenkt.
(*Ritter*; V. 1274f.)

Aristophanes suchte die *schlechten* Bürger aus, mit denen Spott getrieben werden durfte; die übrigen im Theater Sitzenden durften sich getrost als *Gute* fühlen. So erklärt es sich vielleicht, warum es keinen Anstoß erregte, wenn der Dichter selbst mehrere Dutzend Menschen in einer Komödie aufs Korn nahm – solange die Mehrheit im Theater *nicht* verspottet wurde, durfte er offenbar schalten und walten, wie es ihm beliebte.

Bei alledem ist unklar: Wer wurde überhaupt Opfer des Aristophanischen Spottes? Eine Zählung ergab: Das Inventar nur in den überlieferten Komödien betraf 224 historisch bekannte Personen; davon waren allein 115 Personen Vertreter der politischen, militärischen, forensischen und religiösen Prominenz der Stadt. Es liegt jedoch angesichts dieser Zahlen keineswegs nahe, auf eine spezielle „Präferenz" Aristophanes' zu schließen: Die Opfer waren weit gestreut und gehörten keiner geschlossenen politischen Kaste an. Auch spielt die Tatsache, dass sowohl Kleon (der großspurige Demagoge) als auch Sokrates (nach Platons Darstellung ein liebenswürdiger Philosoph) gleichermaßen zu Aristophanes' Opfern zählten. Es lässt sich daher nur schwer eine bevorzugte Gruppe herausdestillieren.[101] Auch muss die Natur der „Verbrechen" geklärt werden, derer die verspotteten Personen geziehen werden:[102] Von den Stücken selbst kann man den Eindruck erhalten, die Stadt sei verpestet mit Verbrechen und es sei gut, dass Aristophanes diese anprangerte. Dieser Eindruck wird sich im Verlauf des Buches noch verstärken, er ist jedoch mit Vorsicht zu genießen. Denn wenn man die Verbrechen näher untersucht, so findet man darunter auch folgende Delikte: „illegaler Aufenthalt", „unzüchtige Rede", „Demagogie" und „Inkompetenz" – es schien ausgesprochen willkürlich, Ziel des Aristophanischen Spottes zu werden. Auch muss beachtet werde, dass die Komödie nicht im eigentlichen Sinne *zuständig* war, Verbrecher zu überführen. Dies *konnte* von einem Komödianten auch nicht verlangt werden, der sich weniger auf die Rechtsprechung, als vielmehr auf das Schreiben verlegen musste.

An dieser Stelle liegt jedoch ein Paradoxon vor: Der Dichter musste auf *bekannte* Personen zurückgreifen, denn Athen war zu seiner Zeit eine Großstadt von einigen zehntausend Einwohnern.[103] Wenn der Witz auf Kosten einer bestimmten Person ziehen sollte, musste diese Person *bestimmbar* sein, und zwar von der Mehrheit der anwesenden Zuschauer. Doch nicht nur das: Wie das Beispiel von Aristyllos zeigt, musste auch dessen allgemeiner Körpergeruch bekannt sein, sonst wäre es kein Witz, sondern nur eine Beleidigung gewesen. Der Grad der Bekanntheit, der nötig war, um Opfer des Spottes zu werden, lag daher noch wesentlich höher und gestaltete sich wesentlich privater als man beim bloßen Lesen der Stücke annehmen könnte. Die *Unzulänglichkeit* des Opfers musste bekannt sein beim Volk. Darüber hinaus spielt die Wahl eine Rolle: Wie bereits berichtet, wurden „nur" 224 historisch bekannte Personen angegriffen – die große Masse der Athener Bürger blieb also unbehelligt. Natürlich wissen wir nicht, wie viele Personen in den verlorenen Komödien angesprochen wurden, jedoch dürfte diese Zahl (angesichts der Tatsache, dass wir etwa ein Viertel der Komödien vollständig vorliegen haben) die Zahl 1000 nicht überschritten haben. Der Dichter wahrte damit sorgfältig das Verhältnis der lachenden Mehrheit zur verlachten Minderheit.

Auch wenn *wir* diese Spotttiraden heute zumindest teilweise als witzig erachten – die Verspotteten dachten darüber sicherlich ganz anders (und in einem Fall hatte dies Konsequenzen für Aristophanes). Vor allem, weil der öffentliche Auftritt in Athen nicht unwichtig war, sondern oftmals über Geschäftsmöglichkeiten und Einfluss entschied.[104] Die Frage, wie

Aristophanes' Spott zu bewerten sei, sollten seine Attacken konkrete negative Folgen haben, wurde schon gestellt, sie wurde jedoch als unerheblich beurteilt: Die Folgen waren nicht gravierend genug. Wenn Aristophanes diesen Personen *wirklich* hätte schaden wollen, wären sie nicht Gegenstand seiner Komödien geworden, da die geschilderten Verbrechen in der Folge *wirkliche* Todesurteile hätten nach sich ziehen können.[105] Auch wurde es ihm nicht zugebilligt, in der Lage gewesen zu sein, entscheidenden Einfluss auf die athenische Öffentlichkeit zu nehmen, indem er deviante Vertreter geißelte.[106] Doch selbst wenn dies nicht der Fall sein sollte – und überzeugende Beweise dafür *können* aufgrund der großen Anzahl fehlender Stücke nicht geliefert werden –, so war die Verspottung doch keineswegs angenehm. Man würde also von einem Dichter, dem die Seele des Volkes am Herzen lag, ein Wort des Bedauerns erwarten – doch dieses findet sich in den Stücken an keiner Stelle und es durfte auch nicht fallen: Hätte Aristophanes seine Attacke nur an einer Stelle öffentlich bedauert, so wären seine moralischen Appelle ebenfalls unter Verdacht geraten, er „hätte sie nicht so gemeint". Der Dichter war damit Gefangener seiner eigenen Methode.

Doch wie weit ging Aristophanes mit seiner Verspottung tatsächlich? Gab es Grenzen, die in heutiger, liberaler Sicht *keinesfalls* überschritten werden durften, und tat Aristophanes dies trotzdem?[107] Zwei Fälle erregen besondere Aufmerksamkeit und sie verdienen es, gesondert betrachtet zu werden: In den *Acharnern* lässt Aristophanes einen „Perser" sprechen:

> GESANDTER: Wohlan, eröffne den Athenern, was
> Der König dir befahl, Pseudartabas!
> PSEUDARTABAS: Iarta nama Xarxasa pyssa satra!
> GESANDTER: Hast du verstanden, was er sagt?
> DIKAIOPOLIS: Kein Wort.
> GESANDTER: Er sagt: der König schickt euch Gold die Fülle.
> *Zu Pseudartabas*: Noch einmal sag es laut und deutlich: Gold!
> PSEUDARTABAS: Nix kriegen Gold Klaffärsche Ionau.
> (*Acharner*; V. 98-104; Herv. im Orig.)

Diese Zeilen stehen im Zusammenhang mit einem Betrug von Athener Gesandten, die das Volk ausrauben und sich die Gesandtschaft zum Großkönig Persiens teuer bezahlen lassen. Es stellt sich heraus, dass Pseudartabas keineswegs Perser ist – hinter seiner Maske verbirgt sich ein betrügerischer Athener. Auch wenn klar ersichtlich ist, was Aristophanes ausdrücken wollte – wozu brauchte es da den Perser? Hätte es nicht auch die Karikatur eines niederen Gottes getan (zumal er in den *Fröschen* auf genau dieses Mittel zurückgreift)? Es gibt Anzeichen, dass Aristophanes mit diesen „persischen" Anklängen durchaus den Zeitgeist traf und die Ohren seiner Zuschauer empfänglich waren für die Verspottung des Erzfeindes.[108] Jedoch: Persien war weit weg, wurde zuvor besiegt und hatte – zumindest in *dieser* Phase des

Peloponnesischen Krieges – nichts mit dem innergriechischen Konflikt zu schaffen. Die Verhöhnung des ehemaligen Feindes durch die Reduktion auf Äußerlichkeiten erscheint dabei als billig zu erhaschender Witz.

Aristophanes sah es jedoch ganz anders, und auch in der Forschung wurde es nicht als Attacke nach *außen*, sondern vielmehr als Bestätigung nach *innen* angesehen. In den *Fröschen* spricht der Chor von der Absicht beim Spott:

> CHOR: Bürger, die wir kennen, edel von Geburt und einsichtsvoll,
> Männer redlichen Charakters, makellos, gerecht und gut,
> Wohlgeübt im Kampf, in Chören und in jeder Musenkunst,
> Die verschmähn wir, und das Kupfer: Pyrrhiasse, Fremdlinge,
> Schurkensöhn und Schurken, brauchen wir zu allem, Burschen, die
> Kaum zur Stadt hereingekommen, die man hier zu andrer Zeit
> Nicht gebraucht als Sündenböcke hätte bei dem Sühnungsfest!
> (*Frösche;* V. 727-733)

Diese Zeilen sind durchaus einsichtsvoll zu interpretieren: Aristophanes beklagte hier die Mittel der eigenen Kunst. Dennoch sind die Fremdlinge nach dieser Lesart nicht Ziel, sondern *Mittel* des Spotts – sie werden nicht als eigentliche Fremdlinge karikiert, sie sollen nur dem Ethnozentrismus der Athener dienen.[109] Dennoch dreht diese Lesart die Aristophanische Verspottung Fremder nicht ins Positive: Sie bleiben Sündenböcke, Karikaturen (auch von Athenern); Aristophanes zieht eine Mauer zwischen seinen geliebten und gehassten Athenern auf der einen und den Fremdlingen auf der anderen Seite. Gut ist, was athenisch ist – alles andere kann stets nur fremd bleiben. Diese Unterscheidung mag uns heute einseitig erscheinen und aus Sicht des modernen, liberalen Verfassungsstaates ist sie dies auch; gemessen an den durchweg feindlichen Beziehungen Athens zum Perserreich und überdies zu seinen griechischen Nachbarn (mit denen es ja *tatsächlich* in der Endphase eines vernichtenden Krieges stand), muss Verständnis aufgebracht werden. Das potenziell Feindliche musste als solches dargestellt werden, weil es stets zur realen Gefahr werden *konnte*, ungeachtet der persönlichen Einstellung Athener Bürger Sparta oder Persien gegenüber.

3.2 Kritik der Philosophie

Ein Bereich der Aristophanischen Gegenwartskritik betrifft ein Gebiet, welches heute im Großen und Ganzen nicht als bedrohlich oder gar verachtenswert angesehen wird: dasjenige der Philosophie. Dies kommt in den *Wolken* prominent vor, oder besser gesagt: die Lichtgestalt des Ursprungsmythos der abendländischen Philosophie – Sokrates selbst. Der gelehrige, jedoch unfähige Kurzzeitschüler des Sokrates-Bildes fasst den Lehrstoff der sokratischen Schule in den *Wolken* treffend zusammen:

> STREPSIADES: Das ist die *Denkerei* gelehrter Seelen,
> Da wohnen Männer, die beweisen dir:
> Der Himmel sei ein mächt'ger Kohlenofen,
> Der uns umgibt, und wir die Kohlen drin;
> Die lehren dich fürs Geld die Kunst, mit Worten
> Recht oder Unrecht siegreich zu verfechten.
> (*Wolken*; V. 94-99; Herv. im Orig.)

Das erste Diktum besagt, die Denkerei vermittle puren Blödsinn („Kohlenofen"); der zweite Teil beschreibt allerdings einen potenziell gefährlichen Lehrinhalt, denn auch im rechtsbewussten Athen demokratischer Couleur war es wichtig, dass die Wahrheit vor Gericht siegte. An dieser Stelle verriet sich bereits die vermeintliche (oder tatsächliche) Subversivität des Sokrates und seiner Schüler. Dabei weiß Aristophanes durchaus zu unterscheiden zwischen *echter* Weisheit und jener, die (der vermeintliche) Sokrates vermittelte:

> CHOR: Glücklich ist der Mann, der Geist,
> Kenntnis und Geschmack besitzt!
> Dafür zeugt, was wir gehört.
> Dieser Mann, erprobt als Weiser,
> Geht zurück in seine Heimat,
> Seiner Vaterstadt zum Frommen
> Und zum Frommen seinen eignen
> Freunden und Verwandten allen,
> Weil ihn tiefe Einsicht schmückt.
> Schande, wer bei Sokrates
> Sitzen mag und schwatzen mag
> Und die schöne Kunst verliert
> Und vom Größten ab sich wendet,
> Was die trag'sche Muse fand!
> In gespreizten, leeren Phrasen,
> Tüfteleien, Quäckeleien,
> Faulgeschäftig sich zu üben,
> ist für hohle Köpfe nur!
> (*Frösche*; V. 1482-1499)

Weisheit im eigentlichen – und das ist stets der durch Aristophanes definierte – Sinn ist ihm danach nicht unrecht; nur diejenige, die Sokrates vermittelt, lehnt er ab. Das wichtige Ausdruck an dieser Stelle ist „erprobt als Weiser", denn niemand kann als Weiser gelten, wenn er genau dies nicht zur Genüge bewiesen hat. Strepsiades wie auch sein Sohn allerdings möchten *ohne* große Übung weise werden; darüber hinaus wollen sie ihre neu erworbenen Kenntnisse keinesfalls für das Gute oder für das Wohl Athens einsetzen, ganz im Gegenteil: Wenn sie Unrecht zu Recht machen, schaden sie der Stadt. Dies ist der Hauptvorwurf der Gegner des

Aristophanes – die Umwertung der Werte –, denn die gerechte Rede muss siegen. Es ist der Beweis der (gerechten) Weisheit, der den Gerechten erst zeigt. Die Lösung liegt für Aristophanes auf der Hand: Wer bei Sokrates sitzt „und vom Größten ab sich wendet, was die trag'sche Muse fand", der wendet sich gleichzeitig ab von der Weisheit der Vergangenheit, symbolisiert durch die tragische Kunst.

Dies sind nur zwei Beispiele, welche das durchaus schwierige Verhältnis von Aristophanes zur Weisheit und zum Intellektuellen darstellen – es gibt viele andere und ein spezieller Fall wird uns im folgenden Abschnitt beschäftigen. Aristophanes wurde eine feindliche Einstellung zum Intellektualismus seiner Zeit unterstellt.[110] Dabei wurde gleichzeitig betont, dass seine Kritik nur wenig mehr war als Spekulation über den Inhalt der von Sokrates vermittelten Philosophie.[111] Die Unkenntnis der *genauen* Vorgehensweise des Sokrates' liegt aus der oben beschriebenen Biographie des Komödianten auf der Hand: Konservativ erzogen und von seiner Mutter bewacht war es dem jungen Aristophanes verwehrt, sich der spekulativen Philosophie zu widmen; während er also eine Lehre in der Komödie antrat, versuchten sich seine Altersgenossen an der Philosophie.[112] Es muss allerdings gefragt werden: Wenn Aristophanes in seiner Jugend mit der Philosophie nicht in Berührung kam – warum beschäftigte diese ihn später in seinem professionellen Leben? Er war keineswegs ungebildet, das beweisen seine zahlreichen Anspielungen auf aktuelle Stoffe; auch war er mit den Tragikern und den von ihnen verwendeten Mythen wohl vertraut. Gleichwohl hatte er einen Standpunkt hinsichtlich der Weisheit, was im Griechischen zur Verwechslung mit der „Philosophie" („philos = Liebe; „Sophía" = Weisheit) führen konnte. Jene bestand demnach für ihn nicht in der Entwicklung *neuer* Ideen; sie fand statt in der Bewahrung *alter* Weisheit (womit er dem modernen Gebrauch der Weisheit unfreiwillig nahekommt).[113]

Dass sich Aristophanes Gedanken machte über die Dinge, die auch den Platonischen Sokrates beschäftigten, wird an einer besonderen Stelle in den Wolken ersichtlich: Die ungerechte und die gerechte Rede (in personifizierter Form auf der Bühne) streiten sich, wer von ihnen besser geeignet ist für die Erziehung der Athener Bürgerschaft. Zu Beginn beschreibt die gute Rede, warum sie besser geeignet ist für das Leben in Athen:

> ANWALT DER GUTEN SACHE: So verkünd ich euch denn, wie vor alters es stand um die Zucht und die Bildung der Knaben,
> Als ich in der Blüt, als Vertreter des Rechts, und die Sittsamkeit erstes Gesetz war.
> Da durfte den Knaben kein trotziger Laut, kein störrisches Mucksen entfahren,
> Da kamen im Schwam sie die Straßen daher nach der Singschul, all in der Ordnung,
> Aus jeder Gemeinde, nur spärlich bedeckt, und wenn es auch Roggenmehl schneite! […]
> In gehaltenem Ton, in gemessenem Takt, wie die Väter von jeher es sangen.

Und wenn einer aus Eitelkeit Sprünge versucht' und die Lieder mit Schnörkeln ver-
hunzte,
Wie es jetzo der Brauch, in des Phrynis Manier, mit verkünstelten Koloraturen,
Dann regnet' es Schläg auf den Sünder, der frech an den heiligen Musen gefrevelt! –
Und im Ringhof dann, wenn sie saßen, zu ruhm auf dem Sande, da mußten sie züchtig
Vorbeugen das Bein, um Unziemliches nicht den Umstehenden draußen zu zeigen.
Und erhoben sie sich, so verwischten sie stetes in dem Sande die Spuren mit Vorsicht,
Daß die blühenden Formen nicht, abgedrückt, unreine Begierden erweckten.
Da salbte sich über den Nabel hinab kein Knabe, drum blüht ihm auch wollig
Und weich um die Scham das gekräuselte Haar, wie der Flaum auf dem reifenden
Pfirsich.
An die Männer drängte der Knabe sich nicht mit zärtlichem Girren und Flüstern
Und begehrlichen Blicken, schmachtlappig und frech, an den Buhler sich selber ver-
kuppelnd.
(*Wolken*; V. 962-966 und 969-980)

Es ist nicht zuletzt dieses Sittengemälde, welches Aristophanes' Ruf als verkappten Konservativen festigte und ihn als Bewahrer einer Ordnung brandmarkte, die schon längst nicht mehr
existierte. Dem Dichter schwebte die Marathon-Generation als sittlich reines Ideal vor – und
warum auch nicht? War es nicht gerade jene Generation an wackeren Männern gewesen, die
allein aufgrund ihrer Zucht die Übermacht der Perser in die Flucht schlug? Und war es nicht
die gegenwärtige Generation, die Athen in jenen furchtbaren Krieg *gegen Griechen*, d.h.
gegen Verwandte geführt hatte? Die Präferenz des Komödianten scheint klar, umso mehr
verwundert es, dass er den Feind, die ungerechte Rede triumphieren lässt, wenn auch durch
einen Trick und nicht ohne pädagogischen Hintergedanken:

ANWALT DER SCHLECHTEN SACHE: Du! – wenn ich jetzt dich ad absurdum führe?
ANWALT DER GUTEN SASCHE: Ja, dann verstumm ich!
ANWALT DER SCHLECHTEN SACHE: Nun, so sage mir!
Was sind die Advokaten denn?
ANWALT DER GUTEN SACHE: Klaffärsche!
ANWALT DER SCHLECHTEN SACHE: Recht! das mein ich auch!
Und dann: was sind die Tragiker?
ANWALT DER GUTEN SACHE: Klaffärsche!
ANWALT DER SCHLECHTEN SACHE: Wieder gut bemerkt!
Die Demagogen aber, he?
ANWALT DER GUTEN SACHE: Klaffärsche!
ANWALT DER SCHLECHTEN SACHE: Wird dir's endlich klar,
Daß du ins Blau hinein geschwatzt? –
Sieh unterm Publikum dich um,
Was siehst du rundherum?
ANWALT DER GUTEN SACHE: Ich seh –
ANWALT DER SCHLECHTEN SACHE: Was siehst du, sprich?
ANWALT DER GUTEN SACHE: Weitaus die meisten – großer Gott!
Klaffärsche sind's! Ich kenne sie,
Nach einzelnen Zuschauern deutend:
Hier einer, da ein zweiter, dort

Der Lockenkopf – und der – und der! –
ANWALT DER SCHLECHTEN SACHE: Was sagst du nun?
ANWALT DER GUTEN SACHE *ins Publikum rufend*:
Ihr geilen Böcke jung und alt,
Ich bin besiegt! Den Mantel hier
Fangt auf! Ich geh
In euer Lager über!
(*Wolken*; V. 1087-1108; Herv. im Orig.)

Es ist überaus geschickt, wie Aristophanes vorgeht, um die Anklage an die neue Bildung ins Extreme zu führen: 1. Er baut eine Argumentation auf, die selbst den Anwalt der guten Sache verstummen lässt („ad absurdum-Führen"). 2. Advokaten, Tragiker, Demagogen sind Klaffärsche. Dieses Wort wird für unzüchtige Menschen und Ehebrecher verwendet, weswegen ihr Verhalten keinesfalls geduldet werden konnte (im sittenstrengen Athen Aristophanischer Prägung). Mit diesen Kategorien waren nicht ganz zufällig die führenden Persönlichkeiten der rechtlichen, kulturellen und politischen Bildung angesprochen. Durch ihre Infizierung wird die Ausweglosigkeit der gegenwärtigen Bildungselite Athens deutlich. Doch es kommt noch schlimmer: 3. Nicht nur die Führer der Bürger, nein – diese selbst sind verdorbene Klaffärsche und damit ist klar, dass auch aus den Reihen der Bürger keine Rettung zu erwarten ist. Der Anwalt der guten Sache erklärt folgerichtig, dass er umzingelt ist; er wirft seinen Mantel in die Menge und fügt sich ins Unvermeidliche, womit er sich der Verdorbenheit anschließt, die nicht mehr zu ändern ist. Aristophanes führt daher besonders drastisch vor, was passiert, wenn die (pseudo-)sokratische Erziehung in ihrer ganzen Konsequenz verwirklicht wird.[114]

Es ist kein Geheimnis, dass er in dieser Auffassung keinesfalls allein stand – Sokrates wurde zum Tode verurteilt und einer der Anklagepunkte lautete auf Verführung der Jugend.[115] Es besteht in der Tat ein gewichtiger Unterschied zwischen dem ehrlichen, lauteren, allein auf Verbesserung der allgemeinen Sittlichkeit der Menschen bedachten Sokrates und der grotesken, Geld nehmenden und Sinnentleertes redenden Karikatur aus den Aristophanischen *Wolken*.[116] Jedoch: Es kann nicht alles aus der Luft gegriffen worden sein, wie bereits erforscht wurde:[117] 1. Es gibt andere Quellen, welche Sokrates in der von Aristophanes beschriebenen Weise darstellten – das Bild des Sokrates erscheint *uns* heute skandalträchtig, die Zeitgenossen sahen ein ihnen vertrautes Porträt. 2. Der berühmte Philosoph *verunsicherte* die Menschen tatsächlich – auch dies ist in den Platonischen Dialogen angesprochen worden. 3. Strepsiades wird von Sokrates in den *Wolken* als Schüler zuerst angenommen, dann wegen mangelnder Eignung verstoßen. Zuerst jedoch wurde der Schüler nicht geprüft. Diese moralische oder intellektuelle Vorprüfung unterbleibt auch in den Dialogen – es erscheint gerade als Merkmal der Sokratischen Kunst, den philosophisch *nicht* Vorgebildeten zu philosophischen

Höhen zu treiben („*Maieutik*" = Hebammenkunst). Die Vorgehensweise des Sokrates, auf den Mangel an Vorbildung schwierige erkenntnistheoretische Übungen auszurichten, *konnte* seinen Zeitgenossen nicht anders als befremdlich erscheinen.[118] Alle Quellen hingegen zeichnen ein in einer Hinsicht übereinstimmendes Bild des Philosophen: Er war sich seiner Besonderheit bewusst und kokettierte oftmals damit. Wenn also gefragt wird: Wurde der *Aristophanische* Sokrates zum Tode verurteilt (wie in der Apologie des Platon beschrieben), muss die Antwort lauten: Dies kann durchaus sein, ausschlaggebend war das Sokratesbild der *Wolken* hingegen sicherlich nicht – dafür war die dargestellte Meinung über den Philosophen zu allgemein.[119]

Es gibt Interpretationen, welche über diese Einschätzung hinausgehen: Sokrates war nicht *direkt* gemeint; er stand nur für die Philosophie an sich Pate, als er von Aristophanes in den *Wolken* verspottet wurde.[120] Wie aus zahlreichen Quellen – unter anderem Diogenes Laertius – bekannt ist, gab es jedoch mitnichten nur *eine* Philosophie. Von der Naturphilosophie über die Philosophie der Geistesphänomene bis hin zur Ethik war im Athen Sokratischer Zeit bereits alles vertreten. Insbesondere allerdings muss die *Sophistik* hier berücksichtigt werden. Oftmals wurde bemängelt, dass Sokrates in den *Wolken* fälschlicherweise zu den Sophisten gerechnet wurde.[121] Ob dies *fälschlicherweise* oder zurecht geschah, *kann* nicht überprüft werden; die oben dargelegte Argumentation zeigt allerdings, dass die Schnittpunkte zwischen der bekannten Sophistik und dem Aristophanischen Sokrates nicht zufällig sein konnten.

Eine erstaunliche und interessante Wertschätzung erfuhr Aristophanes im Nachhall der *Wolken*: Ruhm unter Philosophen! Die Attacken auf den Säulenheiligen der Philosophie scheinen Aristophanes weniger verhasst gemacht zu haben, als anzunehmen wäre: Es wurde bereits darauf hingewiesen, dass Platon zumindest in Teilen auf Aristophanische Ideen rekurrierte. In der Forschung gibt es auch Stimmen, welche die späten Platonischen Dialoge denselben Sokrates darstellen lassen, den Aristophanes porträtiert: den sophistischen, brachial zu überzeugen suchenden Sokrates aus den *Wolken*.[122] Platon wehrte nach dieser Lesart diese Interpretation nicht ab, er benutzte sie vielmehr für seine eigenen Zwecke. Dass er dies konnte, hing sicherlich auch mit der Tatsache zusammen, dass der *reale* Sokrates zu Zeiten der Abfassung von Platons Spätdialogen bereits lange tot war. Doch das Vermächtnis war an dieser Stelle keinesfalls erfüllt: Rund 400 Jahre nach Platon war es Paulus, der Versatzstücke aus den *Wolken* für seine eigene Argumentation in seinen Briefen verwendete.[123] Hätte Paulus das komödiantische Werk des Aristophanes allgemein und seine *Wolken* im Speziellen abgelehnt, so hätte er ihn keinesfalls für seine eigenen Schriften verwendet – zumal Aristophanes zu Pauls Zeit noch üblicher, pädagogischer Lehrstoff war. Der sicherlich berühmteste Philosoph, der Aristophanes für sich entdeckte, war kein geringerer als Hegel. Es würde zu weit führen, die Stellen aufzuführen, an denen er Aristophanes als Kronzeugen für die Kunst nahm, daher sollen hier nur kurze Verweise auf seine *Ästhetik* wie auch seine *Philosophie der Geschichte* erfolgen.[124] Es gehört jedoch zur Wahrheit, dass das problematische Sokratesbild der *Wolken* Aristophanes keineswegs nur Ruhm brachte und seine Rezeption in der westlichen Kulturlandschaft aufgrund des „Rufmordes" an Sokrates für lange Zeit verfinsterte.[125] Die Verspottung und Verfremdung einer Lichtgestalt *konnte* nicht folgenlos bleiben. Insgesamt wird man jedoch konstatieren müssen, dass der Mut des Aristophanes, Sokrates als durchaus problematische Persönlichkeit darzustellen, im Nachhinein eher positiv als negativ bewertet wurde.

3.3 Die Bewertung der Anderen – Was ist gut für die Stadt?

Darf ein Dichter sich zu anderen Dichtern äußern? Muss er dies vielleicht sogar im Interesse der innerkulturellen Reflexion? Ein hervorragendes Beispiel für die Behandlung dieser Frage durch Aristophanes stellen die *Frösche* dar. Es war ein überaus selten gewährtes Privileg, gar die höchste Auszeichnung für einen attischen Dichter, wenn sein Stück *erneut* aufgeführt werden sollte – weil das Volk dies so wünschte. Den *Fröschen* wurde (unseres Wissens nach als einzigem Stück von Aristophanes) diese Ehre zuteil; interessanterweise wurde (soweit bekannt) ausgerechnet Aischylos und Euripides – den beiden Hauptstreitern in den *Fröschen* – außerdem diese Ehre zugestanden.[126] Zu dieser Besonderheit gesellen sich besondere Umstände: Seit der letzten bekannten Komödie – den *Thesmophoriazusen* aus dem Jahr 411 v. Chr. – befand sich Athen in wichtigen Umbrüchen. Die letzte Phase des Peloponnesischen Krieges hielt für Athen schwerwiegende innenpolitische Unruhen bereit: 411 v. Chr. hatte Athen einen oligarchischen Umsturz erlebt. Obwohl bereits im Folgejahr die Demokratie wiederhergestellt wurde, waren die Folgen doch zu spüren, denn die *Frösche* waren ungemein politisch und ratgeberisch angelegt.[127] Vor allem der Zweikampf zwischen den Dichterfürsten Euripides und Aischylos atmete die Ratlosigkeit der Volksführer angesichts der bedrohlichen Lage Athens. In dieser offenen Situation – immerhin *musste* es Unterstützer der Oligarchie gegeben haben, sonst wäre der Putsch niemals erfolgreich verlaufen – wurde Aristophanes oftmals eine konservative Haltung (zugunsten von Aischylos und gegen die radikale Demokratie) bescheinigt.[128] Ob diese jedoch zurecht so auszulegen ist, muss sich erst zeigen.

Es ist Euripides, der später Unterliegende, der fragt, welcher von beiden der bessere Ratgeber zum Wohle der Stadt sei; obwohl ihn Dionysos direkt im Anschluss davon abhalten will:

EURIPIDES: Nur demokratisch handelt ich.
DIONYSOS: Mein Lieber, laß das ruhen;
Denn die Materie führt dich gar zu häufig in die Sümpfe!
(*Frösche*; V. 952f.)

Der Dichter ist also gewarnt. Nicht nur das: Schon hunderte Verse vorher wird *das Publikum* darauf hingewiesen, wes Geistes Kind Euripides ist und wie der Wettstreit auszugehen droht:

SKLAVE: Nun kam Euripides und trat sogleich
Vor Beutelschneidern, Taschendieben, Gaunern
Und Vatermördern deklamierend auf;
Der Kerls ist hier die Meng: die riefen gleich,
Von seinen Pros und Contras, Schlüssen, Kniffen
Ganz hingerissen, ihn als Meister aus.
(*Frösche*; V. 771-776)

Wer als „Meister von Beutelschneidern, Taschendieben und Gaunern" bezeichnet wird, macht sich wohl kaum um das *Wohl* der Stadt Gedanken, jedenfalls scheint es so. Euripides sieht dies natürlich ganz anders. Er stellt sich als musterhaft demokratisch gesinnt dar:

EURIPIDES: Das Volk hier hat bei mir allein gelernt zu sprechen –
AISCHLYOS *ironisch*: Freilich,
Und wie? O wärst du, eh du sie gelehrst, entzweigeborsten!
EURIPIDES: – sich schulgerecht zu bilden, scharf die Reden auszuzirkeln,
Verstehn, bemerken, denken, sehn, belisten, widerlegen,
Argwöhnen, Achsel zucken und vorsichtig lauschen.
AISCHYLOS *ironisch*: Freilich!
EURIPIDES: Ich gab die ganze Häuslichkeit, worin wir sind und leben,
Und stellte der Kritik mich bloß; denn jeder ist befähigt,
Hierin zu richten meine Kunst.
(*Frösche*; V. 954-961; Herv. im Orig.)

Die Freiheit der Rede im Staat, das zeigt Aristophanes an dieser Stelle, kann ein durchaus zweischneidiges Schwert darstellen: Wenn *alles* angegriffen werden darf – Regierung, Dichter, Normen – muss dies nicht immer zur Kultur der Stadt beitragen, im Gegenteil: Es kann eine Gesellschaft zersetzen. Der Komödiant stellt den Tragiker, der sich *eigentlich* als an die Mythen gebunden fühlen sollte, als Umwerter dar: Jeder darf alles sagen, alles verurteilen, darf das Private zum Öffentlichen machen (die „Häuslichkeit, worin wir sind und leben"). Das Chaos, welches Athen infolge dieser Umwertung heimsuchte und das wesentlich für den Krieg mitverantwortlich gemacht wurde, interessiert Euripides nur wenig. Der *ältere* Aischylos nimmt für sich in Anspruch, eine gute Grundlage geliefert zu haben für die theatralisch-politische Grundbildung des Volkes; jedoch:

AISCHYLOS: Das alles, wofür ich das Rechte gezeigt, du hast es verdorben!
EURIPIDES: Wieso denn?
AISCHYLOS: Indem du erbärmlich mit Lumpen behängt die Könige, nur um zu rühren

Die Herzen des Volks.

EURIPIDES: Und mit solcherlei hätt ich Schaden gestiftet? Wieso denn?

AISCHYLOS: Du verführtest die Reichen, daß keiner mehr gern dreirudrige Schiffe will führen

Und, über und über in Lumpen gehüllt, lamentiert, daß er bettelhaft arm sei.

DIONYSOS: Bei Demeter, ja, und doch trägt er ein Kleid von der teuersten Wolle darunter

Und taucht, wenn er durch in den Lumpen sich log, dann wieder empor auf dem Fischmarkt!

AISCHYLOS: Dann ferner hast du die Bürger gelehrt, sich aufs Plaudern und Faseln zu legen,

Das hat die Palästra entvölkert und wund die Hintern mit Sitzen gerieben

Den zungenfertigen jungen Herrn und aufgewiegelt das Schiffsvolk

Zum Widerspruch gegen die Obern. Ja, zur Zeit, wo ich lebte, da wußten

Sie weiter noch nichts, als um Zwieback zu schrein und „hoiho!" wacker zu rufen.

DIONYSOS: Weiß Gott! Und dem untersten Ruderknecht ins Angesicht Winde zu jagen, bei Tisch zu beschmutzen den Nebenmann und am Lande zu rauben und plündern!

Jetzt wird räsoniert und gefaulenzt an Bord, in die Kreuz und Quere gesegelt.

AISCHYLOS: Was hat er nicht alles verdorben zumal?

Hat er denn nicht Kuppler uns vorgeführt,

Gebärende Weiber im Tempelraum

Und Schwestern, mit leiblichen Brüdern gepaart,

Und Frauen, die sagen: das Leben sei Tod?

Durch all das hat er die Stadt uns gefüllt

Mit Rechtsagenten und Schreibergeschmeiß,

Volksaffen, Schmarotzern mit wedelndem Schweiß,

Die das Volk betrogen zu aller Zeit!

Doch niemand versteht sich auf Fackellauf mehr

Vor Mangel an männlicher Übung.

(*Frösche*; V. 1062-1088)

Unordnung, Ungehorsam, Faulheit – wenn der Knecht sich zum Herrn aufschwingen will, so liegt dies einzig an Euripides' Kunst; jedenfalls scheint es auch Aischylos so. Bis hin zum Inzest scheint in Athen seit Euripides' Tragödien alles erlaubt. Man muss nicht lange suchen, um die übertriebene Polemik dieser Zeilen zu finden, und an dieser Stelle ist auch kein Platz, der Richtigkeit von Aischylos' und Dionysos' Behauptungen nachzugehen. Das Bild ist *deswegen* überzeichnet, weil es den größtmöglichen Kontrast bilden soll zu Aischylos, der den Wettstreit gewinnen muss, *obwohl* Dionysos auszieht, seinem Liebling Euripides zur Widerkehr zu verhelfen. Im eigentlichen Sinne, so stellt Aristophanes es dar, gibt es keine politische Lehre des Euripides, denn reines, obwohl radikal demokratisches, Chaos kann keine Leitlinie zur Staatsführung vorgeben; es fehlt das Prinzip, wer herrschen soll und was das Ziel der Regierung darstellt. Wenn jeder nur das tut, was ihm gerade einfällt und sich an *keine* Norm mehr hält, verliert das Staatsgebilde seinen Zweck – die Gemeinschaftsbildung. Euripides' Ratschläge sind daher nur denkbar schlecht geeignet für eine Zeit, in der sich das Volk nach Beruhigung sehnt. Aischylos liefert genau diese Leitlinie:

AISCHYLOS: Nun denn, so gib mir auf eines Bescheid: was erwirbt dem Poeten Bewundrung?
EURIPIDES: Talent und Geschick und moralischer Zweck, begeisterter Eifer, die Menschen
Im Staate zu bessern!
AISCHYLOS: Doch wie, wenn *du* das Entgegengesetzte bewirkt hast
Und Menschen, bieder und ehrenwert, in erbärmliche Wichte verwandelt,
Was glaubst du dafür zu verdienen?
DIONYSOS: Den Tod! Wer wird erst noch lange da fragen?
AISCHYLOS: So betrachte die Menschen, in welcher Gestalt von mir er zuerst sie bekommen:
Grundedler Natur, vierschrötig und stark, nicht Hasenpanierpatrioten,
Nicht Pflastertreter und Gaukler, wie jetzt, Klatschweiber, durchtriebene Schelme,
Nein: Speerwucht schnaubend und Lanzengewalt, weißbuschige Pickelhauben,
Beinschienen und Helme und Waffengeklirr und siebenstierhäutigen Kriegsmut!
(*Frösche*; V. 1007-1015; Herv. im Orig.)

Aischylos verfolgt eine zweifache Strategie: Zuerst fragt er Euripides, was *ihm* einfällt, um dem Poeten die Anerkennung zu geben, die ihm gebührt. Euripides fällt auf die Finte herein und schlägt genau diejenigen Talente vor, die Aischylos für sich und das Ideal, welches er dem Volk präsentiert, in Anspruch nimmt: Talent, Eifer, Besserung, vor allem aber Moral. Aischylos selbst fügt noch Edelmut und Tapferkeit hinzu – das sind exakt diejenigen Eigenschaften, welche die altehrwürdige Marathon-Generation Athens für sich in Anspruch nimmt, also genau die alten Männer, welche der Grund dafür sind, dass Athen überhaupt noch existiert. Es ist schwer, gegen ein solches Diktum vorzugehen und wie oben gesehen scheitert Euripides spektakulär: Anstatt einen einfachen Tugendkataloges aufzustellen, stellt er alles infrage – und verfehlt damit die Aufgabenstellung. Denn die Frage lautete nicht: „Worin besteht Eure Dichtung?", sondern „Was ratet Ihr den Bürgern?" Nur Aischylos bringt eine Antwort hervor: „Besinnt Euch auf Eure alten Tugenden und haltet durch!"

Der Sieg des Aristophanes bei den Lenäen 405 v. Chr. war nicht unbedingt vorhersehbar. Zum Einen bekommt Euripides mehr Stellen, in denen er sich verteidigen und erklären kann, worin seine politische Botschaft besteht. Darüber hinaus geht der Streit über die volle zweite Hälfte des Stückes – immerhin einige hundert Verse – und es war nicht sicher, dass das Publikum eine solche Einseitigkeit tolerieren würde.[129] Dazu kommt die bereits erwähnte Tatsache, dass Dionysos eigentlich den Verlierer präferierte – und sich schließlich umentschied. Zum Anderen wird in der Forschung eine weitere These besprochen: Aischylos war der richtige Dichter zur richtigen Zeit. Athen stand im Krieg und konnte sich keine innere Unruhe leisten; in Friedenszeiten wäre Euripides mit seiner lebhaften Anregung fruchtbarer Streitgespräche unter den Athener Bürgern der bessere Ratgeber gewesen. Nach dieser Lesart wurde Euripides nicht von Aischylos, sondern von den Umständen besiegt.[130] Dies nimmt dem Stück natürlich die Fähigkeit, den Ratschlag des Aischylos auf *jede* Zeit anzuwenden, stellt andererseits aber die Offenheit, die Aporie des Stückes wieder her.

Den Theatergott plagt jedoch nicht nur die Frage, welcher der Dichterfürsten sich als pädagogisch wertvoller für die Stadt herausstellen würde. Ihn treibt auch die Frage nach Alkibiades um. Dieser um 450 v. Chr. geborene geniale Stratege in Diensten erst der Athener, dann der Spartaner, war zur Plage seiner Heimatstadt mutiert: Erst treuer Gefolgsmann der offensiven Strategie der Athens im Bund und anschließend auch im Krieg gegen Sparta, war er einer der prominentesten Fürsprecher der Sizilischen Expedition von 413 v. Chr., welche mit der vollständigen Vernichtung der Flotte und eines Großteils des Heeres endete und einen der Hauptwendepunkte des Krieges darstellte. Alkibiades wurde kurz vor Auslaufen der Flotte eines Götterfrevels beschuldigt und kurz nachdem die Flotte gen Sizilien ausgelaufen war in Abwesenheit zum Tode verurteilt. Er beschloss daraufhin klugerweise, *nicht* wieder nach Athen zu kommen und schloss sich den Spartanern an, denen er mit seinem Wissen, welches er ihnen offenbar vollständig zur Verfügung stellte, zum Sieg in Sizilien verhalf und auch danach beriet, die Festung Dekeleia zu besetzen, von wo aus anschließend die spartanischen Einfälle nach Attika stattfanden. 412 v. Chr. – er war mittlerweile dazu übergegangen, Athen, Sparta und Persien gegeneinander auszuspielen – bot er Athen aufgrund spartanischer Verstimmungen gegen ihn an, zusammen mit Persien wieder auf dessen Seite zu wechseln. Die Athener sagten zu, Alkibiades kehrte in Ehren und begeistert empfangen zurück und führte Athen zu weiteren Siegen, auch dank seiner brillanten strategischen Planungen. Dies sollte jedoch keineswegs so bleiben, da die Lage für die Stadt aufgrund zunehmend fehlender Handelsmöglichkeiten sowie militärischer Niederlagen immer bedrohlicher wurde. Im Jahr 407 v. Chr. schließlich sorgten zwei Umstände – die Niederlage bei Ephesos in Abwesenheit von Alkibiades und die Angst, er könnte aufgrund seines Einflusses eine Alleinherrschaft anstreben – dafür, dass er in Athen wieder in Ungnade fiel.[131] Alkibiades zog nach Thrakien, blieb jedoch stets mit Athen und seinen Bewohnern in Verbindung. Dies war die Situation, in der die *Frösche* 405 v. Chr. aufgeführt wurden: Die Athener konnten Alkibiades bitten, zurückzukehren und darauf hoffen, dass er sich nicht abermals als Verräter erweise – oder dies ablehnen und darauf hoffen, dass er den Spartaner nicht mehr helfen würde. Dionysos fragt also:

> DIONYSOS: Erst sagt mir, was von Alkibiades
> Ihr denkt; denn in Geburtswehn liegt die Stadt.
> EURIPIDES: Wie denkt die Stadt von ihm?
> DIONYSOS: Was soll ich sagen?
> „Sie liebt, sie haßt und hätt ihn doch so gern!"

Doch sagt ihr selbst, was denkt ihr in der Sache?"
(*Frösche*; V. 1422-1426)

Der oben geschilderte Zwiespalt der Athener bezüglich ihres zu jener Zeit (zurecht) berühmtesten Sohnes ist hier sehr deutlich ausgestaltet. Ganz und gar nicht ambivalent ist Euripides'
Antwort; die Antwort von Aischylos hingegen fällt eher kryptisch aus, was Dionysos auch
bemerkt:

> EURIPIDES: Den Bürger haß ich, der dem Vaterland
> Zu nützen langsam, ihm zu schaden rasch,
> der nie dem Staat, nur sich zu helfen weiß.
> DIONYSOS: Vortrefflich! Aber du, was meinst denn du?
> AISCHYLOS: Zieht keinen jungen Löwen auf im Staat!
> Erwächst euch einer, müßt ihr ihm euch fügen!
> DIONYSOS: Oh, Retter Zeus, da hält es schwer zu richten:
> Der sprach verständig, jener sehr verständlich!
> (*Frösche*; V. 1427-1434)

Ganz entgegen der sonstigen, oben geschilderten Unverbindlichkeit ist Euripides an dieser
Stelle gnadenlos: Wer sich nicht auf *eine* Seite stellen kann oder will, dem kann der Staat
nicht vertrauen, der verdient Hass. Aischylos' Antwort wirkt zuerst geheimnisvoll, kehrt die
Frage des Dionysos allerdings um, indem er die Verantwortung an das Volk delegiert: Wer
einen Löwen erzieht, muss ihn auch aushalten und ihm zu Willen sein. Die Antwort hat zwei
Anklagepunkte: Erstens ist es nur in der radikalen Demokratie, zu der Athen (in Aischylos
Augen auch dank seines Kontrahenten) *verkommen* ist, möglich, dass der Löwe hervorbricht
und sich nicht mehr an Überkommenes hält. Die Staatsform macht Demagogen wie Alkibiades erst möglich. Zweitens zeigt die Antwort, dass der Stärke unbedingt Folge zu leisten ist,
wenn sie einmal etabliert ist. Dieser „Führerglauben" war es jedoch, der Athen erst in die
Lage nach der Sizilischen Expedition gebracht hatte. Zurecht weist Dionysos also auf die
Unbedingtheit des Euripides wie auch die missverständliche Antwort des Aischylos hin.
Dabei fällt auf, dass, auch wenn Euripides strikt ist, er doch nur die eine Seite betrachtet und
Athen einen Retter dringend nötig hatte. Aischylos wiederum ist so ambivalent, dass letztlich
keine Hilfe von ihm in dieser wichtigen Frage zu erhoffen ist.[132] Es war gerade diese Ambivalenz, welche im Volk für Unruhe hätte sorgen können. Alkibiades war kein Unbekannter;
seine Extravaganz war bekannt und einerseits beliebt, andererseits jedoch gefürchtet.[133] Eine
gehörige Portion Neid auf seine Fähigkeiten und sein Charisma paarte sich mit der Hoffnung,
ihn wieder als führenden und vor allem genialen Strategen einzusetzen.[134] Hervorzuheben ist
an dieser Stelle sicherlich ein oftmals übersehenes Detail: Indem Aristophanes nur zwei den
Dichtern in die Münder gelegten Standpunkte wiedergab, bezog *er selbst* keine Stellung. Er
entließ seine Zuschauer in dieser Frage somit mit verstörender Ratlosigkeit. Die Frage wurde

im Übrigen nicht von den Athenern entschieden: Nach der Niederlage wurde Alkibiades 404 v. Chr. auf Befehl des spartanischen Kriegsherrn Lysander und der in Athen regierenden „Dreißig Tyrannen" ermordet – die Frage des Umgang mit Alkibiades wurde dem Volk somit von den undemokratischen Elementen der Oligarchen und Kriegsherren abgenommen. Die Ambivalenz, die Aristophanes lediglich vorzeichnete, beherrschte das Leben von Alkibiades bis zu dessen Ende.

Aischylos wurde nach der Lesart zumindest teilweise als Vertreter der aristokratischen Faktion in Athen wahrgenommen, während Euripides als Vertreter der radikalen Demokratie galt.[135] Wie oben beschrieben, war diese Einteilung nicht vollständig von der Hand zu weisen. In der Forschung wurde *diese* Interpretation jedoch nur wenig begutachtet, sondern vielmehr in einen weiteren Gegensatz gekleidet: Alt gegen Jung bzw. Tradition gegen Erneuerung. Euripides wird dabei häufig als der (nicht immer positiv konnotierte) Erneuerer gesehen, gegen den Aischylos als Bewahrer (vermeintlich) guter Werte steht.[136] Dagegen gibt jedoch auch Stimmen, welche in Aischylos keinen Traditionalisten als vielmehr einen gefährlichen Demagogen sehen, der mit aller Macht um sein Fortkommen kämpft.[137] Tatsächlich zeigt eine Stelle in den *Fröschen* den einflüsternden Charakter der Propaganda des Aischylos sehr deutlich:

> AISCHYLOS: Wie ist denn aber solcher Stadt zu helfen,
> Der weder Rock noch Mantel passen will?
> DIONYSOS: Ersinn etwas, wenn du nach oben willst!
> AISCHYLOS: Dort oben sag ich's gern; hier mag ich nicht.
> DIONYSOS: O nicht doch! Sende guten Rat hinauf!
> (*Frösche*; V. 1459-1463)

Aischylos, der kurz zuvor zum Unterweltdichterfürsten gekürt wurde, wird gefragt, worin denn sein Rat bestünde, den er dem Volke mitteilen würde. Aristophanes richtet seine Botschaft nicht *explizit* an das Volk von Athen, welches auf den Theaterrängen sitzt; er geht subtiler vor und zieht sich aus der Affäre: Natürlich *will* das Theatervolk erfahren, wie Aristophanes denkt: Aischylos hat er bewusst vage antworten lassen, das Volk hat nur den Hinweis mit dem Löwen bekommen und gleichzeitig, das Alte zu bewahren – aber reicht das? „Dort oben sag ich's gern", wo ihm die Menge wieder zujubelt, wo er seine Botschaft verbreiten kann, aber „hier mag ich nicht." Der Dichterfürst begnügt sich nicht damit, seine Weisheit mit Dionysos zu teilen; nicht einmal der Gott scheint ihm ein geeigneter Empfänger seiner Weisheit zu sein. Diese Einschätzung steht natürlich im krassen Gegensatz zur Einschätzung, Aischylos repräsentiere *die Religion* als Versinnbildlichung des Traditionellen.[138]

An der Aufrichtigkeit des Aischylos darf also gezweifelt werden und das Volk im Theater war sehr wahrscheinlich in der Lage, dies zu erkennen.

Jedoch gibt es zwei Stellen, welche den Eindruck vermitteln, die *Frösche* würden den Richtigen als Vertreter der Weisheit zurückschicken. Zum Einen sagte der Chor:

> CHOR: Glücklich ist der Mann, der Geist,
> Kenntnis und Geschmack besitzt!
> Dafür zeugt, was wir gehört.
> Dieser Mann, erprobt als Weiser,
> Geht zurück in seine Heimat,
> Seiner Vaterstadt zum Frommen
> Und zum Frommen seinen eignen
> Freunden und Verwandten allen,
> Weil ihn tiefe Einsicht schmückt.
> (*Frösche*; V. 1482-1490)

Der Mann, der zuvor dem Gott nicht Genüge tun wollte, soll seiner „Vaterstadt zum Frommen" verhelfen? Was wäre frommer als Gehorsam gegen den Gott Dionysos, den Aischylos diesem vorher verweigerte? Doch nicht nur das – der Unterweltgott Pluton schließt sich an:

> PLUTON: *im Rezitativ*: Glück auf den Weg, mein Aischylos!
> Zieh hin und rett uns die teuerste Stadt
> Mit besonnem Rat, und züchtige scharf
> Die Betörten: gar viel sind ihrer im Land!
> (*Frösche*; V. 1501-1504; Herv. im Orig.)

Da Aischylos zuvor schon nicht Dionysos gehorcht hatte, warum sollte er den Auftrag des Pluton entgegennehmen? Es gibt einen entscheidenden Unterschied zwischen Dionysos und Pluton in der Götterwelt: Während ersterer als Freigeist ohne Herrscherambitionen bekannt war und nicht zuletzt deshalb als Theatergott fungierte, wo ein wenig Chaos vor allem der Alten Komödie in ihrer zuweilen erratischen Art durchaus half, ist Pluton ein Alleinherrscher im eigenen Reich. Er herrscht mit ebenjener Stärke, der Aischylos zuvor huldigte. Es nimmt nicht Wunder, dass Aristophanes dieses Detail in unmittelbarer Folge schilderte. Es sind nicht zuletzt diese Stellen, welche Aristophanes' Ruf als Konservativer und Traditionalisten festigten.

Die beiden Dichter sind hinsichtlich ihrer Wertvorstellungen, wie sie von Aristophanes dargestellt werden, überaus unterschiedlich bewertet worden, wobei dem Sieger Aischylos oftmals mehr pädagogischer Wert beigemessen wurde als dem Unterlegenen Euripides.[139] Es muss darauf hingewiesen werden, dass es nicht um den besseren *Poeten* ging, ob Aischylos *künstlerisch* besser war für Athen als Euripides; der moralische Wert muss davon abgesehen betrachtet werden.[140] Angesichts der vorgestellten Stellen muss jedoch betont werden, dass aus *heutiger*

Sicht klar Euripides als wertvollerer Ratgeber für *Demokratien* fungieren würde. Es ist selbstverständlich schwierig, wenn nicht unmöglich, den politischen Rat eines Tragödiendichters aus dem 5. vorchristlichen Jahrhundert in die heutige Zeit zu transportieren, allerdings muss dessen Plädoyer für die freie Rede und den offenen Diskurs sicherlich attraktiver erscheinen als die starre Heldenverehrung und der Konservativismus des Aischylos.

3.4 Der Dichter als Volkspädagoge?

Angesichts der obenstehenden Ausführungen ergibt sich notwendig die Frage: Taugt die Alte Komödie, taugt der antike Dichter als solcher, taugt Aristophanes als Pädagoge? Denn nichts anderes könnte man vermuten, wenn der Dichter Ratschläge gibt wie „Wählt den bzw. nicht den" oder „Bessert euch!" Die Komödie bildete – so muss die Antwort lauten – zwar einen Reflexionsrahmen, konnte diesen jedoch keinesfalls überschreiten.[141] Wenn Aristophanes politische oder ethische Ratschläge gab, so *konnten* diese selbst bei direkter Publikumsansprache den geschützten Raum des Sagbaren *im Stück* nie überschreiten. Diese Einrichtung war sicherlich nicht nur zum Nachteil des Dichters; sie schützte ihn: Wenn ein von ihm Gescholtener dann vor Gericht trat und ihn beschuldigte, so konnte sich Aristophanes stets auf den phantastischen Rahmen zurückziehen und behaupten, die Figur spräche, nicht er selbst.[142] Diese Einrichtung galt selbstverständlich auch für den Chor, der durchaus persönliche Ansprachen des Dichters an die Zuschauer enthalten konnte, wie oben beschrieben wurde. Dennoch überwog stets die Distanz, welche die Zuschauer lediglich zur Reflexion, jedoch nicht direkt zum Handeln auffordern konnte.[143]

Aristophanes setzte verschiedene Mittel der Pädagogik ein, außer der direkten Ansprache auch das phantastische Beispiel und die Satire als offene Zuschaustellung von Missständen. Ihm war natürlich bewusst, dass diese Mittel ihren Wert nicht verfehlten und obendrein noch genügend Abwechslung boten, um seine Zuschauer zu fesseln. In der Komödie mit der größten pädagogischen Wirkung, den *Fröschen*, zeigt sich, dass er bereits zwanzig aktive Jahre als aktiver Komödiendichter hinter sich hatte und nicht nur Erfahrung, sondern geradezu Meisterschaft in seinem Metier erlangt hatte; die oben bereits beschrieben Beispiele mögen dies bezeugen.[144] Es wäre jedoch zu simpel und durchsichtig gewesen, lediglich Personen einer satirischen Beleuchtung zu unterziehen; die *Umstände*, in welchen die Figuren wirkten, verdienten diese Aufmerksamkeit nicht minder. Dabei muss jedoch stets beachtet werden: Jede Parodie *überzeichnet* die Wirklichkeit, um sie besser zu beleuchten; kein Bild der Aristophanischen Komödien entspricht (wahrscheinlich) der vollen Wahrheit.[145]

Zu den ebenfalls stark pädagogisch wirkenden Figuren zählt sicherlich die *Figur an sich*, der Held, der sich seinen Schwierigkeiten mutig in den Weg stellt. Als Beispiele mögen Dikaiopolis aus den *Acharnern*, der *seinen* Individualfrieden gestaltet und sich damit als eigenständigen Staat geriert gelten, sowie Trygaios aus dem *Frieden*, der auf einem riesigen Dungkäfer zu den Göttern fliegt – im letzten Fall schien es Aristophanes geradezu darauf anzulegen, möglichst unrealistisch zu erscheinen. Der Held erscheint dabei stets mit gleichbleibenden Attributen ausgestattet:[146] Erstens muss er eine Verbindung zu den Zuschauern aufbauen können, ansonsten kann er als Figur seine Rolle nicht einnehmen. Zweitens vollbringen Aristophanes' Helden oftmals politische Missionen, wodurch der imperative Charakter gesichert wird. Drittens strebt der Held niemals nach Askese, sondern stets nach Überfluss – ein durchaus verständlicher Zug angesichts fortdauernder Notzeiten des Krieges, in denen Aristophanes die meiste Zeit schrieb. Viertens nimmt er gerne die „Großen" aufs Korn und legt sich mit ihnen an. Fünftens und letztens kann er scheinbar unbegrenzte Kräfte entwickeln und setzt diese ein, seine Zwecke zu verfolgen.[147] Dass diese Ziele nicht immer *gut* im Sinne der modernen Moralvorstellungen sein müssen, liegt dabei auf der Hand: Wertvorstellungen ändern sich, Eigenschaften von Helden ebenfalls.[148]

Das weitaus am häufigsten genutzte und prägnanteste Mittel, welches Aristophanes zur Beeinflussung einsetzt, ist jedoch dasjenige der *direkten* Ansprache durch den Chor. Dies soll in der Folge an verschiedenen Stellen aufgezeigt werden.[149] Bereits in den *Acharnern* nutzt er es:

> CHOR: Seitdem unser Meister dem Volk sich gezeigt an der Spitze der komischen Chöre,
> Hat noch nie er gewagt, den Versammelten hier zu reden von seinen Verdiensten.
> Doch verunglimpft jüngst durch der Gegner Haß vor den unbedachten Athenern,
> Daß er unsre Stadt mit komischem Scherz verhöhnt und die Bürger beleidigt,
> Nun muß er ja wohl antworten darauf, *vor den wohlbedachten Athenern*.
> Denn er ist sich bewußt, der Dichter, daß euch er nur Gutes gesucht zu bereiten,
> So steuert' er doch dem Unfug, daß euch mit Reden die Fremden berückten,
> Daß ihr ködern euch ließt mit schmeichelndem Wort, aufhorchend mit offenen Mäulern.
> (*Acharner*; V. 628-635; Herv. im Orig.)

Es fällt direkt auf, dass der Chor Aristophanes als *Meister* betitelt; genügend Selbstvertrauen ist aufseiten Aristophanes' also vorhanden. Auch, dass *die Athener* kollektiv erst beleidigt, dann belehrt werden, spricht dafür, dass Aristophanes sich seiner Rolle bewusst ist. Doch noch etwas spricht aus diesen Versen: Seitdem Aristophanes Bühnendichter ist, hat er es offenbar noch nicht gewagt, eine *Parabase* mit Persönlichem zu füllen; erst in Zeiten der *Acharner*, zu Beginn des Peloponnesischen Kriegs, scheint er die Notwendigkeit für sich zu erkennen, zu diesem Mittel zu greifen. Dass er keinesfalls der erste ist, der eine persönliche Ansprache an das Volk richtet, zeigt die folgende Stelle:

CHOR: Wär in früher Zeit mit Bitten in uns ein Komödiendichter gedrungen,
Auf den Schauplatz hin uns zu stellen vor euch und des Stücks Parabase zu sprechen,
Wir hätten wohl kaum ihm die Bitte gewährt: doch dieser verdient es, der Dichter,
Der dieselbigen haßt wie wir und es wagt, die Wahrheit vor allen zu reden,
Der entgegen sich stellt dem brausenden Sturm und der Windsbraut bietet die Stirne.
(*Ritter*; V. 541-545)

Dass Aristophanes (diesen Worten gemäß) der *erste* sein sollte, ist nur schwer glaubhaft. Wie zuvor gezeigt wurde, gehören *Parabase* und Chor zu den ältesten Institutionen der Alten Komödie, daher wird es sich vermutlich um eine gewollte Überhöhung handeln: Obwohl die vorhergehenden Dichter es *versucht* haben, das Volk zu bessern, war Aristophanes der erste, der dieses auch *tatsächlich* vermochte. Außerdem ist hier der erste und deutlichste Beweis für die Verbrüderung von Chor (=Dichter) und Volk. In der Folgezeit werden die Ansprachen zunehmend direkter, wie das folgende Beispiel zeigt:

CHOR: Nun leiht mir, ihr Bürger, ein achtsames Ohr, wenn ihr hold seid lauterer Wahrheit:
Denn der Dichter will dem Publikum jetzt eine Rüge ganz offen erteilen.
Mit Bösem, sagt er, vergaltet ihr ihm, was er öfters euch Gutes getan hat:
Nicht offen im Anfang, nur insgeheim als Gehilfe von andern Poeten,
Indem er sich klug ein Exempel nahm an dem schlauen Propheten Eurykles
Und verstockt in den Bäuchen von andern euch Spaß produzierte, ein artiges Häuflein.
(*Wespen*; V. 1014-1019)

An dieser Stelle klingt zum ersten Mal Unmut an: Aristophanes hatte sich mit den vorhergehenden Komödien Mühe gegeben, das Volk zu verbessern, dieses war jedoch „verstockt", sodass er dem Volk eine „offene Rüge" erteilen musste. Diese Stelle lässt vermuten, dass die Kommunikation nicht nur in eine Richtung laufen sollte: Der Dichter erwartete scheinbar, dass das Volk sich seiner Lehre annahm und danach handelte. Doch nicht nur das Volk sollte gehorchen, der Staat *als Ganzes* hatte sich seiner Lehre unterzuordnen:

CHOR: Wohl geziemt's dem heil'gen Chore, was dem Staate frommen mag,
Anzuraten und zu lehren. Und vor allem, meinen wir,
Sollten gleich die Bürger werden und verbannt die Schreckenszeit.
(*Frösche*; V. 680-682)

Der Aristophanische Chor nahm sich das Recht heraus, dem Staat als solchem eine Lehre von Gleichheit und Frieden mitzugeben, denn „wohl geziemt's dem heiligen Chore", dies zu tun. Man kann sich einmal vorstellen, Theaterleute in den heutigen Schauspielhäusern verträten die Lehre, *sie* müssten dem Staat die Richtung vorgeben – wie wohl die Reaktion der gewählten Volksvertreter wäre? Die Einstellung von Politikern damals und heute hat sich nicht wesentlich geändert, daher darf man auch bei antiken Volksvertretern Unverständnis vermuten angesichts dieser Ansprüche. Ein letztes Beispiel (bereits gegen Ende der Karriere des

Aristophanes) zeigt dessen Selbstvertrauen und auch Selbst*verständnis* als designierter Gewinner des Dichterwettstreits:

> CHOR *gegen das Publikum*: Ein Wort der Mahnung noch an euch, ihr Richter:
> Euch, ihr Ernsten, ernster Reden gern gedenkend, richtet uns!
> Euch, ihr Lacher, weil zu lachen wir euch geben, richtet uns!
> Und so wären eingeladen alle: günstig richtet uns!
> Laßt den Zufall uns nicht büßen, daß das Los zuerst uns traf,
> Vorzutreten! Wohl erwäget dieses alles, eingedenk
> Eures Eides, richtet billig und gerecht des Chores Mühn,
> Macht es nicht wie liederliche Dirnen, deren Art es ist,
> Daß sie dessen nur gedenken, der zuletzt bei ihnen war.
> (*Ekklesiazusen*; V. 1155-1163; Herv. im Orig.)

Dieses Mal war der Adressat keineswegs nur das Volk; vielmehr wurden die Richter angesprochen, die den Sieger küren sollten. Die Ansprache war durchaus vielfältig: Die Richter sollten die – nach Meinung von Aristophanes – unfaire Reihenfolge der Vorführungen nicht berücksichtigen (der erste in der Reihe wurde in der Regel *nicht* Sieger); die Richter sollten die Mühen des Chors einberechnen, der den Text des Dichters eingeübt hatte; die Richter sollten ihre Stimmen nicht „wie liederliche Dirnen" vergeuden (und nur den letzten in der Reihenfolge bedenken). Die Ansprache war also so direkt wie möglich und ohne jede Umschweife auf den Gewinn des Wettstreits gerichtet. Es erscheint schwer, in Ansprachen dieser Art noch pädagogischen Wert für das Publikum zu erkennen – zu eigennützig erscheint die Aufforderung.

Es stellt sich daher nicht zu Unrecht die Frage, wie das Publikum auf derartige Ansprachen reagierte. Klar ist, dass ein Dichter kein großes Raunen im Publikum möchte und daher eine möglichst einheitliche Reaktion bevorzugt. Es muss dabei beachtet werden, dass die Zuschauerzahl gerne einmal 17.000 Menschen übertreffen konnte; angesichts dieser Zahlen ist es nur schwer herstellbar, dass *alle* Zuschauer aufseiten des Dichters und seiner Botschaft standen. Die Interessen der Zuschauer mussten ebenso in Betracht gezogen werden wie die Verschiedenheit der politischen Ansichten.[150] In der Forschung gibt es Stimmen, welche dem entgegenhalten, dass das Publikum zwiespältige Aussagen durchaus zu schätzen wusste; allzu platte Ansagen wurden demnach nicht oder weniger honoriert.[151] Wie vor allem das letzte Beispiel zeigt, konnte dieser Ansatz seine Tücken haben: *Wenn* die Richter sich *nicht* wie „liederliche Dirnen" verhielten, *dann* waren sie würdig für die Botschaft des Stückes. Es konnte daher direkte wie auch umkehrte Schmeichelei aufgeführt werden.[152] Dabei darf nicht vergessen werden, dass nicht *jeder* Zuschauer über die geistige Kapazität und Bildung verfügte, welche nötig gewesen wäre, *jeden* Witz einer Aristophanischen Komödie zu verstehen; ein beredtes Beispiel hierfür sind die mannigfaltigen derben Witze. Die Tribüne war also laut und ungebildet – keine hervorragenden Voraussetzungen für eine eingehende politische Predigt.[153] Sicherlich wurden den antiken Komödianten mehr Freiheiten eingeräumt, vor allem was die Sprache anbetraf; eine *leichtere* Aufgabe hatte Aristophanes jedoch keineswegs. Die angesprochenen Personen und Umstände waren zwar in aller Munde, tiefergehende Behandlung erfuhren diese jedoch wahrscheinlich nicht. Die Nachricht, welche Aristophanes seinem Publikum in pädagogischer Absicht entgegenbrachte, musste daher direkt und unmissverständlich sein.

Doch welche Art von Lehre könnte so direkt sein, dass sie selbst der Ungebildetste verstand und verstehen musste? Die Antwort ist einfach: das Anprangern real widergespiegelter Ereignisse und Missstände. Die Komödie *war* die Botschaft; was die Menschen belachten war das, was gleichzeitig dringend geändert werden musste.[154] Doch halt: Hier tut sich ein Widerspruch auf, denn wenn die Komödie *über*zeichnete, konnte nicht alles vom Publikum als reine Wahrheit aufgenommen werden, so schonungslos die realen Zustände auch angeprangert wurden. Die zweite Komponente, die notwendigerweise zur Wahrheit hinzukommen musste, war daher die Urteilskraft, das Gesehene auch einordnen zu können. Reflexion ist daher auch eines der Worte, welche in der Forschung für das ästhetische Empfinden der athenischen Theatergesellschaft als essenziell gesehen wird.[155] War diese Erziehung zu Reflexion und Anerkennung der Wahrheit notwendig? Zur Beantwortung dieser Frage hilft es, sich in Erinnerung zu rufen, dass es dasselbe Publikum war, welches eroberungssüchtige Unternehmungen wie Krieg im Allgemeinen und die Sizilische Expedition im Besonderen beschlossen und durchgeführt hatte – ungeachtet aller möglichen Konsequenzen. Der Spiegel des Aristophanes bildete daher eine dringend benötigte Maßnahme, um das Bild der Athener zurechtzurücken. Trotz der offensichtlichen Verwendung phantastischer Stilmittel zur Verdeutlichung der Wirklichkeit nimmt es daher nicht Wunder, dass Aristophanes mitunter als „Ratgeber" bezeichnet wurde.[156]

Die Befähigung zur Selbstermächtigung in der Beurteilung der gegenwärtigen Lage ist eine Sache – konkreter, politischer Ratschlag eine völlig andere. Wenn man streng utopische Stücke wie die *Ekklesiazusen* oder die *Vögel* nimmt – wie viele Ratschläge können daraus gezogen werden? Ist eine Utopie überhaupt dazu geeignet, oder verzerrt sie die Politik nicht so sehr ins Groteske, dass keine Wahrheit übrigbleiben kann? Dass Aristophanes gerne ein konservativer Anstrich beigelegt wurde, ist bereits erwähnt worden. Auch weite Untersuchungen zur Untermauerung dieser These wurden bereits angestrengt.[157] Im Athen des Aristophanes und des Peloponnesischen Krieges umso mehr kann nicht dieselbe künstlerische Freiheit vermutet werden, die heutige Künstler zuweilen bewegt, in das politische Tagesge-

schäft einzugreifen oder Ratschläge an Politiker und Parteien zu verteilen. Die Rollenvertei-
lung zwischen Alt und Jung bzw. Mann und Frau, die noch Teil dieser Arbeit sein werden,
zeigen die Trennung der Aufgaben in der Gesellschaft sehr deutlich; es war sehr schwer für
Einzelpersonen, diese Hürden zu übertreten. Wenn also *einem* Komödiendichter eine entscheidende Rolle in der Politik zugebilligt wurde, so musste dies für die *gesamte* Zunft gelten,
da Rechte und Pflichten niemals nur für den Einzelnen, sondern stets für ganze Bevölkerungsgruppen festgelegt wurden. Es wurde bisweilen postuliert, dass Aristophanes *alles*, was
in seinen Stücken nach politischer Botschaft klang, auch tatsächlich so meinte, dass er damit
eine explizit politische Rolle einnehmen wollte.[158] Wie oben beschrieben wurde, nahm er eine
große Anzahl an Personen aufs Korn. Hätte er *tatsächlich* eine politische Rolle eingenommen
qua Theater, so wären die Beschimpfungen politische Akte und die Betroffenen in erhebli-
cher Gefahr gewesen. Es ist bekannt, dass die Athener beispielsweise Kleon wiederwählten –
entgegen dem vielfachen Rat des Aristophanes. Auch die anderen Opfer der Aristophanischen
Polemik sind nicht als tatsächliche Opfer in der Geschichte aufgetreten. Der Anspruch, in der
Aristophanischen Komödie einen politischen Akteur zu sehen, wurde daher durch die – für
ihn sicherlich deprimierende – Wirklichkeit widerlegt.

Dazu kommt, dass die Normen, die Aristophanes in seinen Komödien formulierte, oftmals
durch ihn selbst demontiert wurden. Auch wenn es richtig ist, dass er *das Volk* ansprach – er
selbst gehörte nur bedingt zur Masse. Wie oben beschrieben, war er ein Mitglied der politischen Bürgerschaft, damit auch einer erweiterten Elite.[159] In einer der in diesem Kapitel
zitierten Stellen erfolgt der Aufruf zur Gleichheit der Bürger. Wenn nun der Dichter selbst zu
einer Klasse gehörte, die über derjenigen der meisten Athener stand, inwiefern war dann sein
Aufruf zur Gleichheit ernst gemeint? Außerdem kommt hinzu, dass das Vorhandensein von
Helden in Dichtungen, welche als Vorbilder dargestellt werden und denen alles zufällt, nur
schwer als Beispiele für Gleichheit gelten können, da sie gerade aus der Masse *herausragen*.
Die Aufrufe zur Gleichheit müssen daher mit Vorsicht behandelt werden. Gleiches gilt für die
weiteren politischen Grundsätze. Insgesamt muss postuliert werden, dass seine Selbstanprei-
sung als Ratgeber in den die Polis betreffenden Dingen nicht so ernst genommen werden
dürfen, wie sie zuweilen aufgenommen wurde. Nicht umsonst stehen Utopien im Portfolio
unseres Dichters.[160] Es sei daher noch einmal daran erinnert, dass im Fokus von Aristophanes
nicht die konkrete Umwälzung der staatlichen Verhältnisse, sondern der Gewinn des komödiantischen Wettstreits stand. Der Nutzen für die Polis war *nicht* das Wichtigste des Stückes.[161]

Wie ist also die pädagogische Agenda des Aristophanes zu bewerten, falls sie überhaupt
existiert? Hatte die direkte Ansprache des Publikums einen lediglich komischen Zweck? Ja

und Nein: Dem Staat und seinen Vertretern sollte bewusst gemacht werden, dass nicht alles, was sie taten, folgenlos blieb und mitunter Konsequenzen zeitigte. Handlungsänderungen hingegen waren nicht zu erwarten, dafür war die Komödie *zu komisch* angelegt. Auch wenn Aristophanes eine Meinung zu fast allem – Dichtung und Musik, Politik und Philosophie, Sex und Krieg – hatte, so betrachtete er diese Bereiche doch stets von der Warte des Komikers aus, nicht als Politiker und daher auch nur eingeschränkt als Pädagoge.[162] Also ist die Botschaft völlig unbrauchbar für heutige Verhältnisse? Wer in seinen Ausführungen der Weisheit letzten Schluss sehen möchte, kann nur Enttäuschung erleben – wer Aristophanes allerdings *am Anfang* einer Reihe westlicher politischer Kommentatoren sieht, findet einen reichen Fundus an Stilmitteln und Möglichkeiten, Politikern einen Spiegel vorzuhalten.[163]

4   Kritik der Gesellschaft

Aristophanes lebte zwar in Athen, doch er war nicht immer glücklich mit seiner Stadt. Wie jeder helle Kopf nahm er Veränderungen wie auch Althergebrachtes wahr, das ihm missfiel und das er zu ändern suchte. Der erste Abschnitt behandelt den Widerstreit Alt gegen Jung, der zu jener Zeit in Athen ausgetragen und in gleich mehreren seiner Komödien behandelt wurde. Der zweite Abschnitt nimmt sich die Volksversammlung, die *Ekklesia* vor: Aristophanes hatte konkrete Kritikpunkte hinsichtlich der Funktionsweise der ältesten Demokratie der Welt. Man darf sich die Versammlung im damaligen Athen zwar nicht wie eine moderne republikanische Demokratie vorstellen, dennoch fanden Praktiken wie Bestechung und Kriegsbeschlüsse Widerhall, welche auch in heutigen demokratischen Staaten verpönt wären. Der dritte Abschnitt widmet sich einer der Hauptgegnergruppen des Dichters: den Demagogen. Athen hatte Volksführer, welche es im Krieg und auch bereits davor führten. Perikles ist der vielleicht berühmteste von ihnen; Alkibiades der berüchtigtste. Der Hauptopponent von Aristophanes hieß jedoch Kleon. Wie Aristophanes ihn attackierte, wird an dieser Stelle aufgezeigt. Jedoch muss der Blick tiefer gehen und so werden auch die Ursachen und Auswüchse der Demagogie wie auch der (freiwilligen) Verführbarkeit des Volkes untersucht. Zuletzt wird gefragt, ob das Volk überhaupt den Staat beherrschte, oder ob es nicht vielmehr von seinen Demagogen geführt wurde. Diese Frage behandelt das Wesen der Demokratie und die Kritikpunkte des Aristophanes sind auch für moderne Verfassungsstaaten von einiger Wichtigkeit.

4.1   Widerstreit Alt gegen Jung

Der erste große Konflikt, der in den Stücken immer wieder aufscheint – so z.B. in den *Acharnern*, *Rittern*, *Wolken* und *Vögeln* – ist derjenige zwischen Alt und Jung. Aristophanes spielt mit diesem Thema, welches in der attischen Gesellschaft durchaus explosiven Wert besaß: Geistige Revolutionen wie die des Sokrates oder politische Verwicklungen wie die des Alkibiades waren oftmals Auswüchse der Jugend, die von den Alten kritisch beäugt wurden. Beispiele mögen dies verdeutlichen. Bereits in den *Acharnern* führt ein langer Passus in den Konflikt ein:

> CHOR: Klage führen wir, die Alten aus der alten, guten Zeit:
> Schlecht hat uns der Staat vergolten, daß wir ihm zur See gedient;
> So verpflegt ihr uns im Alter für der Jugend saure Mühn,
> Daß ihr allen Tort uns antut, an den Hals Prozesse werft

Uns verspotten laßt von jungen, losen Rednern, uns, gebeugt
Von den Jahren, schwach und heiser, ausgeblasnen Flöten gleich,
Deren Hort und Retter einzig noch des Alters Krücke ist.
Wankend, mit gebrochner Stimme stehn wir an dem Rednerstein,
Unsre Augen sehen nichts mehr als das Dunkel der Justiz;
Doch das junge, feine Herrchen, der studierte Staatsanwalt,
Trifft uns Schlag auf Schlag, umgarnt uns mit Perioden rund und nett,
Zieht heraus uns, stellt uns Fragen, legt uns Fallen, tupft und rupft
An dem zitternden Tithonos, bis er ihn total verwirrt.
Das Gesicht verzieht der Alte, und – ein Schuldner geht er hin,
Schleicht nach Hause, schluchzt und weint sich bei den Seinen aus und spricht:
„Um das Geld gebracht zu meinem Sarg, ein Schuldner geh ich hin".
Ja, wie ist's Sünde nicht, einen Mann,
Alt und grau, zu verderben im Gericht,
Der doch einst viele Mühn auf sich lud und den Schweiß,
Männlich, heiß, triefend reich von der Stirn, abgewischt,
Und dereinst in Marathon um die Stadt sich bewährt?
Damals in Marathon hetzten wir unsern Feind,
Nun jedoch hetzen uns böse Buben,
Und dabei werden wir dann besiegt.
(*Acharner*; V. 676-699)

Die Alten haben sich ihre Sporen verdient, die ihnen die Jungen abjagen wollen; diese versuchen es darüber hinaus nicht etwa ehrlich im Kampfe, sondern unehrlich vor Gericht – so könnte man die Stelle wohl zusammenfassen. Die fehlende Vergeltung ist jene für Salamis 480 v. Chr., wo die Athener Flotte gegen eine große Übermacht persischer Schiffe den Sieg errang und dem persischen Großkönig die Eroberungslust vergrätzte. Die Generation, der es zu verdanken ist, dass die Jungen vor Gericht etwas haben, um das sie streiten *können*, wird von ebendiesen um ihr Altenteil beraubt und vor Gericht niedergerungen. Man muss dabei anmerken, dass auch schon zur Jugendzeit der hier erwähnten Alten Athen eine Demokratie mit ansatzweise gleichen Regeln hinsichtlich Jurisprudenz war, die Alten daher ein Mittel beklagen, welches ihnen auch schon zur Verfügung stand. Das Attribut der „Männlichkeit" nehmen die Alten dabei für sich in Anspruch und verwehren es damit den „bösen Buben", die sie mit legalen Mitteln (im wahrsten Sinne des Wortes) besiegen. Aristophanes findet darüber hinaus durchaus Schuldige für die Missstände im Staat, wenn er die Alten in den *Wolken* sagen lässt:

ANWALT DER GUTEN SACHE: Deine Schuld ist's allein,
Daß kein Bube mehr jetzt in die Schule will gehen!
Doch erkennen wird bald das athenische Volk,
Welche verderbliches Zeug die Betrognen du lehrst!
(*Wolken*; V. 916-919)

Der aufmerksame Leser wird bemerken, dass dies eine Stelle aus den Wolken ist, dass der am Ende Schuldige Sokrates und mit ihm die Philosophie ist. Nicht ohne Grund spricht hier der

Anwalt, also eine gerichtliche Person. Aristophanes war sich durchaus bewusst, wo die Kämpfe zwischen Alt und Jung stattfanden, somit kann diese Stelle durchaus als Verlängerung der vorherigen gesehen werden. Der Ton dieser Zeilen ist allerdings schärfer geworden: „Betrogen" sei das Volk und vor allem die Jungen, denn auch wenn sie in ihren Fällen vor Gericht Siege erstreiten mag, so verliert sie doch die Sitten und Gebräuche, welche ihren Staat erst zu dem machten, was sie vorfanden und mit dem sie hernach spielen konnten. Die Vorstellungen, die sich die Alten von den Mitwirkungsmöglichkeiten der Jungen in der Politik Athens machen, sind dabei bezeichnend:

> DEMOS: Wer ohne Bart, wird schweigen auf der Pnyx!
> WURSTHÄNDLER: Wo soll dann Kleisthenes, wo Straton reden?
> DEMOS: Die Bürschchen mein ich, die beim Salbenmarkt
> Beisammensitzen und Lappalien schwatzen:
> „Der Phaiax kann's, der ist nicht umzubringen,
> Er spricht präzis, energisch, sentenziös,
> Sarkastisch, logisch, rhythmisch, tropisch, drastisch,
> Kein Zwischenrufer bringt ihn aus der Fassung"
> WURSTHÄNDLER: Stößt du dem Schwätzer nicht 'nen Pfahl – ins Fleisch?
> DEMOS: Oh nein, ich will nur, daß sie auf der Jagd
> Sich tummeln, statt Gesetze zu entwerfen!
> (*Ritter*; V. 1373-1382)

Diese Stelle ist ungemein wertvoll für die Einstellung von Aristophanes zum Altersproblem: Erstens soll „schweigen auf der Pnyx, wer ohne Bart": Die Pnyx war der Versammlungsort der Athener Bürgerversammlung. Faktisch wird den Jungen (bzw. den sehr Jungen, weil Bartlosen) das Stimmrecht entzogen, das ihnen die Athener Verfassung garantierte. Den Preis dieser Maßnahme kennt Aristophanes sehr wohl, denn zweitens ist es nicht irgendjemand, der hier spricht: Hier schreitet *das Volk* selbst ein (*demos* = das Volk). Aristophanes postuliert seine Meinung damit als allgemeingültig und hat – drittens – obendrein noch einen Rat für die „Bürschchen": Sie sollen „auf der Jagd sich tummeln, statt Gesetze zu entwerfen". An dieser Stelle schließt sich der Kreis: Die Jungen sollen sich zuerst *die* Sporen verdienen, welche die Alten bereits haben und das Gerichtswesen in Ruhe lassen – dieses steht den Verdienten zu.

Dass das Gericht nicht die *einzige* Plattform ist, auf welche die Kämpfe zwischen Alt und Jung stattfinden, belegen einmal mehr die *Wolken*; ganz am Ende bezeigt der rhetorisch gestählte Sohn seinem dummen Vater das Gelernte:

> PHEIDIPPIDES: Hat denn nicht aber dies Gesetz ursprünglich vorgeschlagen
> Ein Mensch, wie du und ich, und dann es durchgesetzt mit Gründen?
> Darf ich dann nicht auch ein Gesetz uns für die Zukunft wohnen,
> Ein neues, dem gemäß die Schläg heimzahlt der Sohn dem Vater?
> Die Prügel, die wir kriegten, eh noch dies Gesetz erlassen,

Die schenken wir euch überdies als längst verjährte Schulden. –
Sieh doch einmal die Hähne an und andre solche Tiere,
Die schenken ihren Vätern nichts: und doch – was unterscheidet
Sie denn von uns, als daß sie nicht Beschlüsse schriftlich fassen?
(*Wolken*; V. 1421-1429)

Aristophanes zeigt hier auf, was passiert, *wenn* die Jugend endgültig vor Gericht gegen die Alten gesiegt hat: Anarchische Zustände, in denen die Jungen die Alten straffrei verprügeln dürfen und damit eine Gewaltherrschaft über die verdiente Generation errichten.[164] Es bleibt nicht ohne Ironie, dass es ausgerechnet die „Liebe zur Weisheit" (*philos sophia*) des Sokrates war, die dazu führte, dass die Weisen (oder diejenigen, die es sein sollten) im Staat rechtlos endeten. Dabei ist die innere Logik des Arguments des Sohnes nicht falsch: Gesetze wurden von Menschen erlassen, warum also sollte *er* dies nicht auch dürfen? Die Umkehr der Macht im Staat ist daher eine horizontale, keine qualitative Veränderung: Macht gleitet von einer Seite der Waage zur anderen, ohne dass ein Vakuum entsteht. Jedoch: Waren die Verhältnisse *tatsächlich* wie an diesen Stellen geschildert? Aristophanes wäre nicht der politische Dichter, als den wir ihn hier sehen, wenn er die Macht so einseitig verteilen würde:

CHOR: Und wer ist's, der vor der Nase
So die Türe dir verschließt? Uns,
Deinen Freunden, sag es frei!
PHILOKLEON: 's ist mein eigner Sohn! – Ich bitt euch, schreit mir nicht, nur still!
Er schläft
Gleich hier vorn heraus; ich bitte: refft die Segel, dämpft den Ton!
(*Wespen*; V. 333-337)

Es sei vorausgeschickt: Philokleon ist der arme Vater, der von seinem reichen Sohn gefangen gehalten wird – zum Wohle des Staates, damit der Alte keinen Schaden anrichtet (s.u. im Gerichtskapitel). Die Absurdität dieser Konstellation ist oft genug erwähnt worden: *Kein* Vater würde seinem Sohn die Reichtümer gewähren und selbst arm bleiben, erst recht nicht in einer altersbestimmten Gesellschaft wie der attischen.[165] Abschließend muss unter die Szenen gesetzt werden: Aristophanes Jungen sind keine mehr – jedenfalls nicht im traditionellen Sinne –, denn sie verhalten sich wie die Alten; umgekehrt nehmen diese Züge einer Jugend an, die sich vor den Übergeordneten verstecken muss. Als herausragendes Beispiel dient die letzte Szene, in der ein Vater seine (sich ebenfalls wie Jugendliche verhaltenden) Freunde bittet, doch nicht so laut zu sein, damit der „Erziehungsberechtigte" nicht aufwacht: Aristophanes lässt die Verdrehung der Verhältnisse in einem Maß an Absurdität kulminieren, welches sich nur schwerlich übertreffen lässt. In Aristophanes' Komödien hat die Jugend das Ruder übernommen, auch weil das Alter die selbst zugeschriebene Männlichkeit vermissen lässt.[166]

Es bleibt zu fragen, inwiefern es sich hier *tatsächlich* um eine Umkehrung der Verhältnisse handelt, oder ob nicht doch ein wenig Wahrheit verarbeitet worden ist? Belegt ist aber auch, dass der junge Athener – anders als heutige Jugendliche – bereits früh sein eigener Herr war. Der Beleg dafür war der Eintrag in das *Demenregister*, also die Regionalverwaltung. Insofern er ein *legitimer* Sohn attischer Bürger war, durfte er damit politische Ämter übernehmen, sein eigenes Geschäft betreiben und musste in der Armee dienen, wenn Gefahr im Verzug war.[167] Insofern liegt die Verwaltung des Hauses durch den *Sohn* des Philokleon näher als erwartet. Anders als beim geschilderten jugendlichen Erwachsenen ergaben sich in der attischen Realität natürlich Problemsituationen: Die Verbindung von umfassenden Rechten und mangelnder Erfahrung wie Urteilskraft konnte für den Staat erhebliche Schwierigkeiten bedeuten.[168] Eine arrogante Jugend, die aufgrund mangelnden Wissens sich politisch übernahm und sowohl vor Gericht als auch in der Volksversammlung die Vorherrschaft übernahm, entsprach sicherlich nicht der Idealvorstellung, welche sich Athens Verfassungsgeber von den Zuständen Athens machten.

Geboren zwischen 450 und 445 v. Chr. passt Aristophanes exakt in das Bild, welches er von *sich*, sprich: von *seiner* Jugend zeichnet: Er selbst gehörte zu den Jungen, welche den Staat in Aufruhr versetzten.[169] Zu seiner Jugend kam noch seine Profession: Der Komiker hatte die Macht, sein Weltbild zu propagieren und tat dies offensichtlich in seinen Komödien. Die oben zitierten Stellen sind eindeutige Belege, auf *wessen* Seite Aristophanes sich stellte. Es ist mehr als einmal bemerkt worden, dass der namensgebende Chor in den *Acharnern* aus *alten* Männern bestand, die es mit einem forsch (und damit jugendlich) auftretenden Dikaiopolis zu tun bekamen.[170] Diese erste vollständig überlieferte Komödie behandelte das Altersproblem jedoch keineswegs als erste. Bereits in den *Schmausdorfern* (427 v. Chr., nicht im Original überliefert) treten Erziehungsprobleme auf: Ein junger Mann gibt sich dem Alkohol und der Zügellosigkeit hin und schließt sich der Sophistenschule an, während sein Bruder in den traditionellen Erziehungswegen unterrichtet wird und damit seinem Vater Ehre macht.[171] Auch wenn der hier aufgezeichnete Lebensweg der beiden – wie in der Komödie üblich – sicherlich überzeichnet war (genau kann das niemand sagen, da die *Schmausdorfer* unvollständig erhalten sind), so verhindert das Bild doch die einseitige Bewertung. Aristophanes war keineswegs *nur* aufseiten der Jugend, und auf gar keinen Fall hieß er die neue jugendliche Freiheit vollständig gut: Die neuen Erziehungsmethoden missfielen ihm; die Sophistik lehnte er ab; die Auswüchse machten ihm Angst. Auch so ist zu erklären, dass das Bild seiner Jugendlichen stets ins Groteske hineinragt: Sie übernahmen keineswegs den Staat und modelten ihn nach ihren Vorstellungen um – davor zu warnen, lag allerdings durchaus im Interesse traditionell gesinnter Komödiendichter wie Aristophanes.

Ein letztes Wort muss zur Wichtigkeit des Themas gesagt werden: In Zeiten, in denen eine *staatliche* Pension oder eine *betriebliche* Rente die Altersvorsorge regelt, verliert die Altersvorsorge auf Basis der *Kinder* an Bedeutung: Ein Sohn muss nicht zwangsläufig die Mutter bis zu ihrem Tode aushalten unter der Gefahr, dass sie sonst stürbe. Genau dies war jedoch in Athen der Fall: Die Jugend war verpflichtet, für die Elterngeneration zu sorgen, da diese sonst *buchstäblich* verhungern würde.[172] Es wurde Aristophanes unterstellt, seine Komödien würden verstärkt auf den Generationenkonflikt zwischen Vater und Sohn abzielen.[173] Dem widerspricht, dass der Konflikt auf die ganze Ebene verlegt wurde: Die Acharner *sind nicht* die Väter von Dikaiopolis, der Chor der *Ritter* spricht die generelle Situation in Athen an, nicht einen speziellen Streit zwischen Vater und Sohn. Und auch wenn diese Konstellation verteidigt würde: Nicht *alle* Väter und nicht *alle* Söhne traten in den Konflikt mit ein, wie Aristophanes in den *Schausdörfern* zeigt: Dieses Stück beschreibt die Jugend, die auch Aristophanes genossen hat – die traditionell gesinnte, vatergläubige (obwohl Aristophanes, wie beschrieben, eher seiner Mutter hörig war als seinem Vater). Diese Jugend verzichtete auf eine Opposition in der *Ekklesia* und überließ den Vätern die Staatsführung.

4.2 Die Ekklesia

Im Athen des Aristophanischen Zeitalters gab es verschiedene Möglichkeiten der bürgerlichen Zusammenkunft:[174] Zum Beispiel das Theater: Die Mitbürger hatten verschiedene Feste, an denen Bürger sich tragische, komödiantische oder auch satyrische *Unterhaltung* geben lassen konnten. Diese Versammlung war allerdings ein Ort der reinen Akklamation: Die Bürger konnten zwar den Sieger (mit-)bestimmen, sie konnten aber keinesfalls Einfluss auf das Gegebene nehmen; *Politik* im Sinne einer echten Gestaltung war hier sicherlich nicht zu finden. Die zweite Möglichkeit, sich zu versammeln, war die *Agora*, der tägliche Markt – aber hier ging es um die Arbeit, das tägliche Brot der Bürgerschaft. Als drittes sind die großen Gerichtsverhandlungen zu nennen, doch auch hier erwartete den Bürger das gleiche Problem, welches ein Jury-Mitglied z.B. in amerikanischen Strafprozessen erwartet: Es wird über den Delinquenten entschieden, nicht aber über die Natur der Delinquenz; aus dem Urteil erwächst zwar Rechtsprechung, keinesfalls aber Gesetzgebung. Die Instanz, in welcher der Bürger tatsächlich Einfluss nehmen konnte auf den Weg, wie er zu leben gedachte, war die *Ekklesia*. Eine Vorform der Vollversammlung hat es bereits bei Homer (siehe Schiffskatalog im zweiten Gesang der *Ilias*) gegeben, auch wenn die Staatsform der dort geschilderten Zeit eine monarchische war. Die athenische Form der *Ekklesia* bestand aus denjenigen 6.000 Bürgern (so viele fasste das Dionysische Theater, wo die Versammlungen stattfanden), welche zuerst am Platz erschienen. Athen hatte jedoch zwischen 30.000 und 40.000 Vollbürger. Auch wenn es eine *Voll*versammlung der Bürgerschaft war, so konnten doch nie *alle* Bürger Athens jemals gemeinsam an ihr teilnehmen. Der gewichtigste Unterschied zur modernen Repräsentationsdemokratie bestand daher darin, dass einfach derjenige über den Staat bestimmen konnte, der früh am Platz war – und die Versammelten mussten dabei keinesfalls eine repräsentative Elite darstellen. Frauen, Sklaven, Metöken (=Fremde) – d.h. die Mehrheit – waren ausgeschlossen; auch dieser Umstand, dass sie kein Mittel hatten, auf die Politik *irgendeinen* Einfluss zu nehmen, unterscheidet die antike von der modernen Demokratie. Im Laufe der Zeit näherte sich die attische Form der Demokratie der modernen dahingehend an, dass sie Vorsteher, die *Boule* einrichtete, welche letztendlich Beschlüsse ausführte und damit entscheidenden Einfluss nahm. Alles in Allem war die attische Demokratieform bei allen Defiziten aus moderner eine durchaus fortschrittliche Regierungsform, denn sie delegierte sämtliche Verantwortung nicht wie zuvor an *einen* Herrscher, sondern an *alle*. Dies betraf auch und vor allem Kriegsentscheidungen, unter denen letztendlich auch *alle* Bürger zu leiden hatten oder von denen sie zu profitieren suchten.

Zu keiner Zeit greift Aristophanes die Institution der *Ekklesia in toto* an; er sieht durchaus ihren Sinn und sucht nicht ihre Abschaffung. Worin bestehen also seine Kritikpunkte? Zum Einen irritiert Aristophanes ein Umstand, der auch einen modernen Beobachter eines Parlaments befremden kann – gähnende Leere bei den Sitzungen:

> DIKAIOPOLIS: Nie aber, seit ich selbst mich wasche, tat
> Vom Staub so weg mein Auge mir, wie heut
> Am Morgen, wo das souveräne Volk
> Versammlung hat, so leer den Platz zu sehn.
> Sie plaudern auf dem Markt, und auf und ab
> Spazierend fliehn sie das Markierungsseil.
> Auch die Prytanen kommen nicht, doch sind sie
> Zu spät dann endlich da, was meint ihr wohl,
> Wie sie sich drängen dann und stoßen um
> Die erste Bank und übereinanderpurzeln;
> Das wogt und wühlt! – Doch um den lieben Frieden
> Bemüht sich niemand hier! – O Stadt, o Stadt! –
> Ich, in der Volksversammlung stets der erste,
> Ich nehme Platz; in meiner Einsamkeit.
> (*Acharner*; V. 17-30)

Der arme Bauer bemüht sich, in die Stadt zu gelangen, um seine Bürgerpflicht zu übernehmen – doch er scheint der einzige zu sein, der diese Aufgabe mit der angemessenen Pünktlichkeit und mit Interesse wahrnehmen möchte. Denn – und Aristophanes stellt dies deutlich dar – der Einsatz, um den es geht, ist von größter Wichtigkeit: „Doch um den lieben Frieden bemüht sich niemand her!" Athen steht im Krieg, dieser wurde von der *Ekklesia* beschlossen, doch niemand scheint sich mehr um diesen Umstand zu bekümmern.[175] Der Name des Protagonisten ist dabei nicht zufällig gewählt, denn *Dikaiopolis* bedeutet „gerechte Stadt" – gerade das ist seine Aufgabe in den *Acharnern*.[176] Es scheint hier eine polittheoretische Überlegung des Aristophanes auf, welche auf den ersten Blick nicht sichtbar ist: Dikaiopolis *kann* die Stadt nicht retten, denn Athen vermag dies nur im Verbund: So weise ein Einzelner auch immer sein mag – sobald er als einziger den Staat retten muss, ist die Demokratie nicht mehr existent. Dikaiopolis *muss* scheitern; er muss sich separieren; er muss sich eine Utopie schaffen – doch dazu später mehr. Einstweilen ist wichtig, dass er nichts *Gutes* in seiner Versammlung findet, stattdessen zeigt Aristophanes, *wie* die Beschlüsse in der *Ekklesia* zustande zu kommen scheinen. Als die *Ekklesiazusen* aufgeführt werden, fragen die Frauen:

> ZWEITE FRAU: Man trinkt doch in der Volksversammlung?
> PRAXAGORA: Dort trinken? Hört ihr?
> ZWEITE FRAU: Ja, bei Artemis,
> Und puren Wein! – Denn die Beschlüsse, die
> Sie fassen, sehn doch aus, bei Licht betrachtet,
> Als hätten Irre sie im Rausch gemacht!
> (*Ekklesiazusen*; V. 135-139)

Zur Erinnerung: Zur Aufführung der *Ekklesiazusen* befand sich Athen zwar nicht mehr im Peloponnesischen, aber dennoch erneut im Krieg (Korinthischer Krieg 395 bis 387 v. Chr.). Aristophanes aber war den Krieg Leid und er sah eine der Hauptursachen in der Untätigkeit der *Ekklesia* bzw. Unfähigkeit der Bürger. Doch nicht nur das: Er sieht in der Volksversammlung finstere Mächte am Werk, die den Frieden nicht nur nicht wollen, sondern ihn geradezu verhindern. Als in den *Acharnern* zu Beginn ein Mann auftritt, der den Frieden verspricht, wird er von den Vorstehern zum Schweigen gebracht. Verzweifelt schreit Dikaiopolis auf:

> DIKAIOPOLIS: Ihr Herrn Prytanen, respektiert das Volk –
> Wie? ihn verhaften, der dem Schildgerassel
> Ein End und Frieden für uns machen will?
> (*Acharner*; V. 56-58)

Man kann sich die Widersinnigkeit des Handelns seitens des Rates nur vorstellen, wenn es gleichzeitig Bürger gibt, welche vom Krieg profitieren und diesen keineswegs beenden wollen.[177] Tatsächlich hat Aristophanes solche Fälle immer wieder geschildert. In düsterer Vorausahnung beschreibt er das folgende Bild:

> SKLAVE: Es war im ersten Schlaf: da sah versammelt
> Ich auf der Pnyx das Volk der Schafe sitzen,
> Sie hatten Stöck und schäb'ge Mantelkragen;
> Und vor dem Schafsvolk trat ein Redner auf,
> Ein Ungetüm mit vollgefreßnem Bauch
> Und mit der Stimme einer fetten Sau.
> (*Wespen*; V. 31-36)

An dieser Stelle macht Aristophanes bereits auf die unheilvolle Verbindung eines schläfrigen Bürgertums und gieriger Demagogen aufmerksam. Die *Ekklesia* als versammelte Bürgerschaft hat nur Bestand gegen anbrandende Demagogen, wenn sie aufwacht und ihr Dasein als Schafherde abschüttelt. Das Volk der Schafe verirrt sich in politische Abenteuer wie Krieg und Expeditionen, wie die Unterdrückung von Nachbarn und Untertanen, es strauchelt in Gefahren hinein, in die es „Ungetüme" hineinreden. Schon Aristophanes wusste: Die Demokratie ist nur so stark wie ihr Engagement. Was aber, wenn die Volksversammlung explizit missbraucht wird? Wenn Abgeordnete betrügen, um selbstsüchtige Interessen durch die Abstimmung zu bringen? Auch dafür findet Aristophanes deutliche Beispiele. Als in den *Acharnern* die „persische" Delegation auftritt, zurückgekehrt vom König, vermutet Dikaiopolis bereits am Anfang, dass mit den Gesandten etwas nicht stimmt:

> DIKAIOPOLIS: Von welchem König? – Ist mir doch zuwider
> Das Großtun mit Gesandten, Pfauen, Affen.
> (*Acharner*; V. 62f.)

Er sollte Recht behalten. Dikaiopolis besieht sich den „Gesandten" näher:

> DIKAIOPOLIS: Auf den Zahn will ich einmal ihm fühlen!
> Du, sieh mir ins Gesicht, und lüge nicht!
> Sonst färb ich dir das Leder sardisch rot.
> Bekommen wir vom großen König Gold?
> *Pseudartabas schüttelt den Kopf.*
> So haben die Gesandten uns betrogen?
> *Pseudartabas nickt.*
> Die Leute nicken mir so gut hellenisch.
> Die können doch nur hier zu Hause sein.
> Und die Verschnittnen da – den einen kenn ich:
> Das ist ja Kleisthenes, Sibyrthios' Sohn.
> „Du mit dem heißen" – abrasierten Hintern!
> Du, Affenfratze, mit dem mächt'gen Bart
> Kommst du, um den Verschnittnen hier zu spielen?
> Und du, wer bist du? He? Nicht etwa Straton?
> (*Acharner*; V. 110-122; Herv. im Orig.)

Es muss offenbleiben, ob der Gesandte an dieser Stelle echt ist oder nicht, wichtiger ist: Seine Gefolgschaft ist „so gut hellenisch", dass Dikaiopolis misstrauisch wird. Mann muss dabei beachten, dass Gesandte Athens von der *Ekklesia* bestellt und ausgesandt wurden – oftmals zu fürstlichen Tagessätzen. Es sieht so aus, als hätte Aristophanes genau im Blick, dass sie sich nur um ihr eigenes Fortkommen kümmerten.[178] Wer also mit seinem Sold betrog verging sich an der Gesamtheit, der Bürgerschaft. Dies war ein schweres Verbrechen – kein Wunder also, dass die Pseudo-Gesandten lieber unerkannt blieben und die Öffentlichkeit scheuten. Es gibt allerdings Stimmen, welche den allgemeinen Verfall der Sitten für derlei Auswüchse verantwortlich machen.[179] Doch selbst wenn dies stimmen sollte: Die *Ekklesia* wäre damit keineswegs gerettet, selbst wenn der Betrug *zum Wohle* des Staates geschähe. Während Aristophanes also den Betrug in einem frühen Stück geißelt, erfährt die Bestechung eine späte Erwähnung:

> CHOR: In Andacht schweig und halte sich fern von unsern geheiligten Chören,
> […] Wer nie sich bemüht, den Hader im Volk zu dämpfen, ein Unhold den Bürgern,
> Sondern Zwietracht sät und das Feuer schürt, nur bedacht auf den eigenen Vorteil,
> Wer, ein Lenker des Staats, wenn er schwankt im Sturm, sich gewinnen läßt durch Bestechung,
> Wer ein Schiff, eine Festung den Feinden verrät und schmuggelt verbotene Waren
> Aus Ägina her, wie Thorykion, der schuftige Zehnterheber,
> Und Lederwerk und Leinwand und Teer dem Feind schickt nach Epidauros,
> Wer Geld an die feindliche Flotte will zahlen die andern bereden,
> […] Diesen allen sag ich's zum erstenmal, zum zweiten- und drittenmal sag ich's:
> Hebt all euch hinweg vor dem mystischen Chor!
> (*Frösche*; V. 352. 357-363. 367f.)

Diese Stelle ist bedeutender, als sie auf den ersten Blick erscheinen mag: 1. Der Chor, der stets den Dichter bzw. das Volk Athens repräsentiert, richtet sich hier an das Theatervolk; die Botschaft gewinnt damit an Autorität. 2. Wer Frieden verhindert, den Krieg aber schürt, soll verbannt werden – dies gilt vor allem denjenigen, die vom Krieg profitieren. 3. Aristophanes stellt eine Verbindung her zwischen den Kriegsgewinnlern und den Bestechlichen. 4. Zuletzt werden die „Lenker des Staates", also Mitglieder der *Ekklesia* mit den vorhergenannten in Verbindung gebracht. 5. Sie alle sollen sich „vor dem mystischen Chor hinwegheben"; effektiv bedeutet dies, dass sie aus der Bürgerschaft gestoßen werden, da die Teilnahme an den Mysterien Bürgerpflicht war. Die Strafe für Bestechung ist bei Aristophanes also der Ausschluss von den Entscheidungsstellen des Staates. Hier handelt sich der Dichter natürlich den Vorwurf einer Elitendemokratie ein. Dieser verfängt allerdings nur mäßig, denn dem überzeugten Demokraten Aristophanes lag lediglich an der Ausscheidung *schädlicher* Elemente und es sollte nicht vergessen werden: Auch zu Zeiten der *Frösche* befand sich Athen noch im Krieg; Interesselosigkeit, Betrug oder gar Bestechung konnte fatale Folgen für die Stadt haben.

4.3 Das Volk und seine Verführer – Demagogie

Wir dürfen uns Athen zu Aristophanes' Zeiten keinesfalls als an Gleichheit orientiert vorstellen: Es gab durchaus „Klassen" – vielleicht nicht im Marxschen Sinne, jedoch so weit, dass sie klar voneinander abgetrennt werden konnten. Neben Familienstammbaum und Geldmitteln waren Einfluss und auch rhetorisches Können ausschlaggebend für die Rolle, die ein Mann (und nur Männer konnten öffentlichen Einfluss gewinnen) in der Gesellschaft spielen konnte. Dabei war eine Grundvoraussetzung für die Erlangung einer Führungsposition natürlich, dass der Anwärter ein lupenreines Bürgerrecht besaß, sprich: von attischen, bürgerlichen Eltern abstammte. Doch das reicht nicht, um die Verhältnisse zu beschreiben. Athen war in den 420er Jahren v. Chr. zutiefst zwischen Oligarchen (reichen Grundbesitzern) und Demokraten (allen anderen Bürgern) gespalten.[180] In der modernen wie der antiken „Demokratie" ist stets von einer Herrschaft des Volkes die Rede – allerdings kann dieser Begriff sehr weit ausgelegt werden: Herrscht das Volk nur, wenn alle gleichermaßen Anteil an der Regierung und der Staatsführung haben? Oder reicht es, wenn eine Handvoll Bürger die Geschicke der Stadt lenkt? Diese Konstellation wurde oftmals wegen beschleunigter Handlungsmöglichkeiten gewählt. Die Tatsache, dass die *Ekklesia* das offiziell oberste Staatsorgan in Athen war, zu dem jeder Bürger Zugang hatte und in dem jeder Vollbürger sprechen durfte, spricht für die radikale Demokratieform. Allerdings beweist die Tatsache, dass es *Demagogen* (nett ausgedrückt = Volksführer) gab, dass es einige „gleicher waren als andere" – um es im Sinne von H.G. Wells auszudrücken.

Dabei ist wichtig zu beachten, dass diese Zerstrittenheit über einen bloßen, zeitgleichen Gegensatz hinausging: Die Alten waren mehrheitlich mit einer Demokratie aufgewachsen und kannten nichts andere. Nur wenige konnten sich an die vorhergehenden *Peisistratiden* (Athens Tyrannenfamilie in der Mitte des 5. Jahrhunderts v. Chr.) erinnern – und sie taten es mit Schrecken. Der Tyrannenmord von Harmodios und Aristogeiton (nachzulesen in der Pseudo-Aristotelischen Schrift *Der Staat der Athener*) wurde mit Liedern bedacht und die Athener entwickelten seitdem eine Art „Verfassungspatriotismus" (um einen Habermasschen Begriff zu verwenden): Egal, welche Stürme die Politik auch durchsteuern musste, ob Krieg, Hunger, Pest – die Demokratie musste gewahrt bleiben. Die aristokratische Jugend, welche um ihre Vorzüge wusste und in relativer Sicherheit aufgewachsen war, strebte zwar nicht zur Königsherrschaft; sie buhlten allerdings um Einfluss in Form der Demagogie. Auch die sophistisch-philosophische Bildung der Oberschicht trug zur Ausbildung dieser „Bestenherrschaft" (*aristos* = Bester, „*kratein*" = herrschen) bei.[181] Dieses Streben war den alten, konservativ gestimmten Helden der Perserkriege nicht geheuer – sie fürchteten eine Tyrannenherrschaft. So sind die stetig wiederaufreißenden Konflikte zwischen eigentlich in *einer* Staatsform vereinigten Bevölkerungsgruppen zu erklären; in Zeiten der Not brachen diese natürlich umso mehr auf.

Vor allem im Verlauf des Krieges zeigte sich mehr und mehr, dass dieser zulasten der ärmeren Bürger ging und weiterhin gehen würde.[182] Darauf wurde bereits hingewiesen. Wie in jedem Krieg – ob modern oder antik – ist es stets die ärmere Bevölkerung, die sich am Krieg hauptsächlich beteiligen muss und sich nicht durch Geldmittel entziehen kann. Athens Aufstieg zur Großmacht im Mittelmeer hatte in Friedenszeiten die Folge, dass der Reichtum in den Händen einiger Familien blieb, während andere leer ausgingen. Zwar stieg der allgemeine Wohlstand, doch mit ihm auch die soziale Ungleichheit. Die jährlichen Einfälle der Spartaner (zu Beginn des Krieges) verheerten nicht die Besitztümer der Reichen, die ohnehin großenteils hinter den Stadtmauern verblieben; stattdessen musste die Landbevölkerung leiden (zu denen auch Dikaiopolis gehörte). Dabei waren diese Zustände nicht von Anfang an vorhanden: *Vor* der Etablierung des Attischen Seebundes (d.h. in der Folge der Perserkriege und vorher) rekrutierte sich Athen mehrheitlich aus der Landbevölkerung – danach verschob sich das Gewicht *in* die Stadt. Die Zeit des Aristophanes erschütterte somit gleich mehrere Gewissheiten, deren Umstände eine Gruppe pauschal bevor- und eine andere benachteiligte.

Wenn man sich die Natur der attischen Radikaldemokratie ansieht – bevorzugt von den Perser-Kriegshelden, den „Alten" –, so fällt auf, dass die jungen Aristokraten durchaus ein Problem ansprachen: Ein vollständig führerloses Gemeinwesen ist nur vermindert handlungsfähig. Die radikale Demokratie sollte *per definitionem* führerlos sein; *de facto* war sie dies allerdings nie. Athen hatte stets Volksführer; allerdings gab es zu Beginn dieser Demokratie nur inoffizielle Führer. Eben diese waren die Demagogen. Ein sicherlich positiv antizipiertes Beispiel ist Perikles, der allerdings Athen in den Krieg mit Sparta führte. Ein durchweg negativ aufgenommenes Beispiel ist Kleon; dieser wird uns weiter unten noch beschäftigen. Aristophanes Kritik an der Führerschaft ist sicherlich übertrieben – wie es der Komödie gebührt –, ganz aus der Luft gegriffen ist sie sicherlich nicht.[183] Inoffizielle Volkstribunen stritten solange um die Macht, bis die *Probuleuma* eingeführt wurde: Diesem Entschließungsrat mussten Gesetzesentwürfe vorgelegt werden; nur diejenigen, die von der *Probuleuma* genehmigt wurden, konnten in der *Ekklesia* zur Abstimmung kommen.[184] Auch wenn damit das Führerproblem keineswegs beseitigt wurde, so hatte ein einzelner *Proboulos* doch weit mehr Macht (vor allem im Vorfeld von Entscheidungen) als der einzelne Bürger. Aristophanes wird das Problem der *Proboulen* jedoch erst in der *Lysistrata* ansprechen, also mehr als zehn Jahre nach den *Rittern*. Vorerst soll es in diesem Kapitel um die Verbindung Volk-Demagogie gehen – und den daraus erwachsenden Gefahren.

Es muss, bevor die konkreten Ausformungen der Aristophanischen Behandlung der Demagogie behandelt werden, ein Wort zum Volk Athens gesagt werden: Zur Verführung gehören stets zwei. Man darf keinesfalls den Standard an politischer Bildung voraussetzen, den ein Durchschnittsbürger moderner Demokratien besitzt – so gering uns dieses heutige Wissen mitunter vorkommt. Nachfolgende Passagen werden dies noch zur Genüge darlegen. Die attischen Bürger wollten *direkte* Auswirkungen ihrer Vorschläge; so erklären sich auch die Großmannssucht bei Kriegsausbruch und die Waghalsigkeit im Zuge der Sizilianischen Expedition. Das waren allerdings zumindest teilweise außenpolitische Phänomene. In dem *hier* geschilderten Zusammenhang wird allerdings die Trägheit des attischen Volkes deutlich: Die Bürger bewegen sich nicht einmal mehr *physisch* zur Versammlung, wie Dikaiopolis in den *Acharnern* bemerkt. Selbst wenn dies eine Übertreibung sein sollte – die Tatsache, dass dieser Missstand dem Publikum als glaubwürdig verkauft werden konnte, spricht Bände für den Zustand des bürgerlichen Selbstbewusstseins. Es wurde bemerkt, dass der *Demos* – das Volk – in den Aristophanischen Komödien oftmals als unfähig dargestellt wurde, seine Lage zu ändern und besser legitimierte Entscheidungen zu treffen.[185] Doch die Passivität verleitete das Volk nicht nur dazu, *keine* Führer zu wählen, die es ins Verderben führen – schwerer wog die Tatsache, dass der *Demos* sich oftmals *schlechte* Führer auserkor, welche das Volk zu politisch naiven Entscheidungen verleiteten.[186]

Wie eine derartige Volkskontrolle aussah, beschreibt Aristophanes in den *Rittern*. Auf dem Höhepunkt des Schlagabtausches von Paphlagonier und Wursthändler wird sichtbar, wie gewiss die Macht über das Volk erscheinen kann:

> PAPHLAGONIER: Zum Demos schlepp ich dich, du sollst mir's büßen!
> WURSTHÄNDLER: Ich dich! Und mach dich schlecht, wie ich nur kann!
> PAPHLAGONIER: Du Lump, er glaubt dir doch kein Wort, und ich,
> Ich lach ihm ins Gesicht, wie mir's gefällt!
> WURSTHÄNDLER: Glaubst du, du hast den Demos ganz im Sack?
> PAPHLAGONIER: Pah, ich versteh's, wie man das Maul ihm stopft!
> WURSTHÄNDLER: O ja, du fütterst ihn, wie schlechte Ammen,
> Kaust ihm was vor und steckst ein Bißchen ihm
> Ins Maul, und dreimal mehr verschluckst du selbst!
> PAPHLAGONIER: Nun ja, das ist ja eben meine Kunst;
> Ich mach ihn dick und dünn und weit und eng.
> (*Ritter*; V. 710-720)

Völlig ungeniert spricht der Paphlagonier, sprich: Kleon davon, dass er den *Demos* „im Sack" hätte. Diese Stelle ist vielleicht eine derjenigen in der Karriere des Aristophanes, die sich am besten zum Vorhalten eines Spiegels für das Volk eignen: Das Volk wird *scheinbar* gemästet, es *fühlt* sich fett; tatsächlich wird es ausgenommen. Spätestens an dieser Stelle sollte jedem Bürger Athens klargeworden sein, dass Demagogen nicht – oder zumindest nicht alle – das Beste für den Staat wollen.Paradoxerweise ging diese Anhänglichkeit an mit Großmannssucht ausgestattete Demagogen mit einer Furcht vor der Tyrannis einher, wie abermals die *Ritter* zeigen:

> WURSTHÄNDLER: Wenn du den Demos liebst, warum hast du mit Fleiß die Schilde
> Samt Griff und Riemen aufgehängt im Heiligtum der Göttin?
> Nun, Demos, merkst du nicht den Pfiff? – Wenn du einmal den Schurken
> Willst züchtigen, wie er's verdient, dann soll dir's nicht gelingen;
> Denn sieh dich um: da hat er dir ein Rudel Gerberburschen
> Und rings die ganze Nachbarschaft, die Käs- und Honighändler;
> Das bläst nun all ins gleiche Horn und hängt wie Pech zusammen;
> Brummst du nun auf und willst einmal ein Scherbenspielchen machen,
> Dann läuft des Nachts die Bande hin und reißt die Schilde runter,
> Besetzt uns den Markt und Kornhaus, um die Bürger auszuhungern.
> DEMOS: Ich Ärmster! Also haben sie noch Griff und Riemen? – Schurke,
> Wie frech hast du mich übers Ohr gehaun – du Volksverräter!
> PAPHLAGONIER: Kurioser Greis, laß dich doch nicht von jedem gleich beschwatzen,
> Denn einen treuern Freund als mich wirst du vergebens suchen;
> Ich dämpfte die Komplott', ich hatt ein wachsam Aug auf alle
> Die Hochverräter in der Stadt, und merkt ich Unrat, kräht ich!
> (*Ritter*; V. 848-863)

Es ist unklar, ob diese Verschwörung tatsächlich vorgefallen ist, oder ob sie der bösartigen Phantasie des Wursthändlers und damit Aristophanes' entsprang. Historische Hinweise auf diese Vorgänge finden sich nicht, im Gegenteil: Da Kleon als Demagoge bereits die *faktische* Herrschaft innehatte, wäre dieser Anschlag nur ein überflüssiges Wagnis gewesen, weil das Volk ihm bereits alle Macht in die Hände gelegt hatte, indem es ihn zum mächtigsten Mann im Staate machte. Nein, die Szene zeigt etwas anderes: Aristophanes versucht an dieser Stelle, die berechtigte Furcht vor Kleon zu übersteigern und eine alte Furcht hervorzurufen: die vor der Tyrannis der Peisistratiden. Genauso wie in den modernen Demokratien dann und wann auf diktatorische Vergangenheiten hingewiesen wird, um das Augenmerk für eine gefährliche Gegenwart zu schärfen, sollte die Anzeige einer heraufscheinenden Tyrannis den Athenern den Effekt zeitigen, dass sich das Volk aus seiner Bequemlichkeit gegen den scheinbaren Wohltäter wendete. Ein weiteres, beredtes Beispiel stammt aus den *Wespen*. Hier zeigt Aristophanes, dass der Vorwurf der Tyrannei auch hohl verwendet werden kann. Der Chor ist unzufrieden, hat sein argumentatorisches Pulver verschossen und weiß sich nur noch auf eine Weise zu helfen:

CHOR: Seht ihr nun, ihr armen Leute,
Wie die Tyrannei sich heimlich
Tückisch bei uns eingeschlichen?
Hält uns der Verflucht-Verruchte, der Amynias-Locken trägt,
Doch zurück, wenn auszuüben unsre Bürgerpflicht wir gehen,
Ohn allen trift'gen Grund,
Ohne Vorwand, gleich, als wäre
Er allein Herrscher hier!
BDELYKLEON: Ist es möglich ohne Hader, ohne wildes Kriegsgeschrei
Zu verhandeln miteinander, daß wir uns verständigen!
CHOR: Wir mit dir? Du Volksverräter, lüstern nach der Tyrannei,
Der mit *Brasidas* im Bund und am Kleid Fransen trägt
Und, spartan'scher Bräuche Freund, ungeschornen Bartes geht?
[…] Klar ist's ja, daß du hier den Tyrannen spielen willst!
BDELYKLEON: Ja, das ist's! Bei euch ist alles Tyrannei und Hochverrat!
Oh, das darf in keiner Klage fehlen, nicht der lumpigsten!
Und doch ward seit fünfzig Jahren nicht die Spur davon gesehn!
Jetzo steht das Ding im Preise höher als der feinste Fisch!
Ganz natürlich wird es nun auch auf dem Markt herumgewälzt!
Wenn da einer Karpfen einkauft und die Barben liegen läßt,
Gleich brummt da der nächste Höker, der mit Barben handelt: „So?
Schaut, der Mensch verproviantiert sich, gleich als wäre er schon Tyrann!"
Von der Seit ihn das Gemüsweib an und kreischt: „Ei seh mir doch,
Wirklich Kapern? Kapern gratis? Hem, das schmeckt nach Tyrannei!
Glaubst du, lecke Würze liefert Attika dir als Tribut?"
(*Wespen*; V. 463-475. 487-498; Herv. im Orig.)

Aristophanes verspottet an dieser Stelle gekonnt, was der Tyrannis*vorwurf* zu jener Zeit anzeigte, als die *Wespen* vorgeführt wurden: nichts. Der Vorwurf war deshalb hohl geworden, weil „seit fünfzig Jahren nicht die Spur" von Tyrannis gesehen wurde. Unzweifelhaft ist die Erinnerung stark, denn auch Bdelykleon bringt Beispiele für den Vorwurf an, dennoch wirkt er einer argumentatorischen Auseinandersetzung mit dem realen Problem entgegen. Der Vorwurf vernichtet die Politik. Das Volk ist irrational in der Angst, vom Falschen beherrscht zu werden und nimmt seine Zuflucht zu einem eindeutig falschen Helden – dem Demagogen Kleon.[187]

Es wird Zeit, die Nemesis des Aristophanes vorzustellen: Vor allem in den *Rittern* tritt Kleon in Form des „Paphlagoniers" auf und wird als der Bösewicht des Stückes dargestellt. Kostproben seiner Einstellung zum Volk sind bereits geliefert worden; der Prolog zeigt deutlich, *wie* Kleon handelte:

ERSTER SKLAVE: Wir haben einen Herrn,
Heißblütig, toll, auf Bohnen sehr erpicht,
Ein brummig alter Kauz, ein bißchen taub:
Herr Demos von der Pnyx. – Am letzten Neumond
Kauft' er sich einen paphlagon'schen Sklaven,
'nen Gerberburschen; ein durchtriebner Gauner!
Der merkt' sich gleich des Alten schwache Seiten –

Der Hund von einem paphlagon'schen Gerber! –,
Duckt sich vor ihm, mit Lecken, Schwänzeln, Schmeicheln
Und Lederstückchen fängt er ihn und spricht:
„Geh baden, Demos, wohl verdient als Richter
Hast du die drei Obolen! Schwelge! Schlürfe!
Soll ich servieren?" – Und dann rapst er weg,
Was *wir* gekocht, um sich beim Herrn in Gunst
Zu setzen. Jüngst, wie ich dem Herrn in Pylos
Spartanischen Schlachtbraten machte, lief
Der Erzhalunk drum rum und schnappt' ihn weg
Und setzt ihm vor, was *ich* für ihn gebraten.
Und sagt er weg, und niemand läßt er sonst
Aufwarten, mit dem Lederriemen wehrt
Er ab vom Tisch des Herrn die – guten Räte,
Singt ihm Orakel vor, daß ganz sibyllisch
Dem Alten wird, und dumm und dämisch. Merkt
Er das, dann intrigiert er, lügt, verleumdet
Uns all im Haus, und unser Lohn sind Prügel.
Dann macht er bei uns Sklaven seine Runde,
Erschreckt uns, fordert Geschenke, droht und sagt:
„Seht ihr? Der Hylas hat sein Fett – durch mich!
Sucht meine Gunst, sonst müßt ihr heut noch sterben!"
Wir schmieren ihn, wo nicht, so tritt der Alte
Auf uns herum, daß uns die Kutteln bersten.
(*Ritter*; V. 40-70; Herv. im Orig.)

Diese – zugegebenermaßen lange – Stelle mag genügen; es gibt viele andere; sie alle anzufüh-
ren, würde der Mühe nicht lohnen. Das Treiben des Kleon, die zwei anderen Sklaven des
„Herrn Demos von der Pnyx" auszustechen, ist durchtrieben und von Eigennutz gekennzeichnet. Ihn scheren weder Herr Demos' Belange noch ein harmonisches Auskommen im Haushalt. Tatsächlich ist sein Verhalten einzig auf Zwietracht aus. Die kulinarische Erzählung
bezieht sich übrigens auf eine Begebenheit, welche sich wenige Jahre vor den *Rittern* zutrug:
Eine athenische Flotte unter dem Kommando des Demosthenes (versinnbildlicht durch einen
der Sklaven) war durch einen Zufall (einen Sturm) in den Hafen von Pylos gelaufen, welcher
zu jener Zeit spartanisches Gebiet war. Athen übernahm die Stadt. Die Spartaner schickten
zwar Schiffe, versäumten es aber, die Zufahrten zu versperren. Die spartanische Landbesat-
zung war demnach eingeschlossen und wurde so zur Verhandlungsmasse in einem Friedensangebot der Spartaner, welches nicht in einem Frieden realisiert wurde, weil Athens Forde-
rungen zu hoch waren. Die Spartaner auf der Insel überlebten, weil Taucher (!)
Nahrungsmittel auf die Insel schmuggelten. Bis hierhin hatte Demosthenes federführend
gewirkt. Nun trat Kleon auf den Plan, der prahlte, die Spartaner binnen zwanzig Tagen
aushungern zu können. Das Volk übertrug ihm diese Aufgabe und Kleon zog mit Tausenden
Soldaten zur Insel (ihnen standen 420 Spartaner gegenüber). Im Laufe der folgenden Schlacht

gerieten die Spartaner ins Kreuzfeuer; sie mussten die Waffen schließlich niederlegen und man führte sie nach Athen. Kleon hatte sein Versprechen tatsächlich halten können. Er stieg in der Folge in der Gunst des Volkes immer weiter, ohne jedoch fürderhin zu erwähnen, welche tragende Rolle Demosthenes innehatte; diesem wurde in den *Rittern* eine späte Genugtuung verschafft.[188]

Diese Geschichte zeigt: Es waren nicht unbedingt taktisches Geschick oder genialer politischer Einfallsreichtum, die Kleon auszeichneten. Wesentlich wichtiger für den Sieg bei Pylos war die Gunst der Stunde und der Bombast der schieren militärischen Übermacht, sprich: sein Wille. Der *Mensch* Kleon entsprang einer Handwerkerfamilie, war von niederer sozialer Herkunft, genoss nur eine mäßige Bildung, wurde ein Industrieller im Gerberwesen und kam zu Reichtum. In der damaligen politischen Landschaft war für einen Politiker von Kleons Abkunft eigentlich kein Platz – doch der Krieg änderte das: Demagogie erhielt Auftrieb, weil die Menschen Lösungen *suchten* und Menschen wie Kleon sie *versprachen* – wie beschrieben wurde.[189] Wenn die Politiker dann auch noch Erfolg hatten, wurde ihr Einfluss erdrückend.[190] Wir müssen uns allerdings davor hüten, im Aufstieg Kleons eine Unterdrückung des Volkes im eigentlichen Sinne zu sehen: Menschen wie er haben seit jeher soziale Spannungen *innerhalb eines Volkes* auszunutzen gewusst, und so war Kleon letztendlich lediglich die natürliche Folge einer Politik des Attischen Großreiches.[191] Kleon *musste* – so scheint es – auftreten, weil er dem Volk passte, das ihn sich erkor. Diese Deutung wäre vor allem von einem bestritten worden: Aristophanes.

Der Dichter sah im Volkstribun Kleon all das, was in Athen nicht (mehr) funktionierte: Eine entmachtete *Ekklesia*, die wie gebannt an den Lippen des rhetorisch gestählten Demagogen hing, war nicht im Sinne des Komödianten, der mit Vorliebe Politisches aufs Korn nahm. Dabei hätte Aristophanes Kleon durchaus dankbar sein können: Dessen Wirken entsprach den Anforderungen der Komödie im eigentlichen Sinne, denn er trat theatralisch auf und sorgte für überraschende Wendungen – wie bei Pylos.[192] Aristophanes hasste ihn stattdessen heiß und innig – und ließ ihn in den *Rittern* kläglich scheitern.[193] Entscheidend ist noch ein weiteres Merkmal: Kleon ist der Mittelpunkt; um ihn ranken sich die Geschehnisse der *Ritter*. Dies wäre ein weiterer Punkt für Aristophanes, sich Kleon zum Dank zu verpflichten. Er sah im Demagogen jedoch eine Gefahr für die Demokratie – auch deshalb wurde „Herr Demos von der Pnyx" d.h. das Volk Athens vor ihm gewarnt.[194] Dieses Stück ist das vielleicht politischste der Laufbahn Aristophanes', weil er nie wieder *so direkt* an das Volk appellieren würde. Dabei hätte er sich die Mühe, vor Kleon zu warnen, durchaus sparen können – dieser starb 422 v. Chr., nur ein Jahr nach der Aufführung der *Ritter*. Wenn die *Botschaft* des Stück überdauern sollte, so musste daher der *Typus* Demagoge herausgestellt werden, gegen den Aristophanes sich wandte – unabhängig von der *Person* Kleons.

Aristophanes listet an einigen Stellen auf, welche Fähigkeiten er für einen Demagogen für unerlässlich hält. Zum Wursthändler gewandt, schwärmt ihm der Sklave vor:

> WURSTHÄNDLER: Ei, ei, wie soll das zugehn,
> Daß ich zum Helden wird, ein Blutwursthändler?
> SKLAVE: Just eben darum wirst du groß und mächtig,
> Weil du gemein bist, frech und pöbelhaft.
> WURSTHÄNDLER: Ich bin wohl zu gering für große Macht.
> SKLAVE: Ein Mann wie du, und hält sich für gering?
> Am Ende bist du besser, als du sagst!
> Gehörst du zu den Feinen?
> WURSTHÄNDLER: Nein! Was denkst du?
> Zu den Gemeinen!
> SKLAVE: Herrlich! Um so besser
> Qualifizierst du dich für Staatsgeschäfte!
> WURSTHÄNDLER: Schon recht! Allein ich habe nichts gelernt;
> Ein bißchen Lesen, ja, doch schlecht genug!
> SKLAVE: Das bißchen eben könnt am End dir schaden.
> Regieren ist kein Ding für Leute von
> Charakter und Erziehung! Niederträchtig,
> Unwissend muß man sein!
> (*Ritter*; V. 178-193)

Es wurde selten bemerkt, aber wer die biographische Notiz zu Kleons Leben mit der Rekrutierung des Wursthändlers vergleicht, kommt leicht zum Schluss: Hier wird Kleons Lebensweg beschrieben: Aus der arbeitenden Klasse (Wursthändler statt Gerber), von niederer Abkunft (er gehört „zu den Gemeinen"), ohne ausreichende politische Bildung („allein ich habe nichts gelernt"), dafür mit einem niederträchtigen, frechen, pöbelhaften Charakter – ganz wie der politisch unerfahrene Kleon, der sich allein aufgrund von Versprechungen und großspurigem Auftreten eine herausragende Stellung gesichert hatte. Ganz klar: Hier wird ein neuer Kleon gezüchtet. Auch letzte Zweifel des Wursthändlers an seiner Eignung werden barsch beiseite gewischt:

> WURSTHÄNDLER: Aber wie,
> Das wundert mich, soll ich das Volk regieren?
> SKLAVE: Spottleicht! Du machst es grade wie bisher:
> Du hackst und rührst den Plunder durcheinander,
> Hofierst dem Volk und streichst ihm süße Wörtchen
> Wie ein Ragout ums Maul; du hast ja, was
> Ein Demagog nur immer braucht: die schönste
> Brüllstimme, bist ein Lump von Haus aus, Krämer
> Kurzum, ein ganzer Staatsmann!
> (*Ritter*; V. 211-219)

Man kann sich das grimmige Gesicht Kleons im Theater vorstellen: Es war sehr schnell klar, *wer* hier persifliert wurde. Der Krämer als Staatsmann – das war ein zu einzigartiges Merkmal, um es nicht Kleon beizulegen. An dieser Stelle wird auch klar, welche drei Hauptmerkmale der Demagoge besitzen sollte: Eine laute Stimme, ein niederer Charakter und – vielleicht überraschend – Verhandlungsgeschick. Es fällt auf, dass hier keinerlei *Inhalt* oder gar *Moral* gefragt ist: Solange der Auftritt stimmt, kann der „Staatsmann" nicht fehlgehen. Dass diese „Politik" *nicht* staatsmännisch im modernen Sinne ist, weil der Staat vom eigensinnigen Streben des Demagogen nichts hat, war sicherlich auch den Zeitgenossen bewusst. Umso schmachvoller, dass Kleon an dieser Stelle so offen verspottet wurde; der Gerber als Muster eines Demagogen.

Dieses Urteil lässt jedoch ein wichtiges Detail außer Acht: Das Mittel, welches Aristophanes in den *Rittern* wählt, das Volk zu retten, wirft neue Probleme auf. Der Wursthändler ist eben *nicht* das Musterbeispiel eines Staatsbürgers. Dafür spricht die Tatsache, dass der Wursthändler ebenfalls nicht nach Inhalt und Moral ausgewählt wird:

> SKLAVE: Du reich Gesegneter,
> Jetzt noch ein Nichts und morgen allgewaltig,
> Der erste Mann im stattlichen Athen!
> WURSTHÄNDLER: He, guter Freund, was soll er Spaß? Laß du
> Mich waschen meine Därm und Wurst verkaufen!
> SKLAVE: Was, Därme? Närr'scher Mensch, komm her und schau!
> Siehst du das Volksgedränge dort?
> WURSTHÄNDLER: Ich seh!
> SKLAVE: Du wirst der Herr des ganzen Haufens sein:
> Dein ist die Pnyx, der Markt, die Häfen; spucken
> Wirst du dem Rat aufs Maul, die Feldherrn binden
> Und schinden, wirst im Prytaneion – huren.
> (*Ritter*; V. 157-167)

Hier wird ein „Nichts" gesucht und gefunden. Der Wursthändler *soll* nichts darstellen, außer den gemeinen Mann von der Straße. Aristophanes zeigt gekonnt, dass *irgendjemand* Demagoge werden kann, wenn er nur laut genug zu brüllen versteht. Dieses niederschmetternde Urteil ist es, was als eine der Hauptlehren aus den *Rittern* gezogen werden kann. Politik ohne politisches Geschick oder auch nur eine ethisch wertvolle Ambition ist nicht nur möglich, sie verspricht sogar Erfolg! Aristophanes versucht nicht einmal, den Politikertypus zu ändern, wenn sein Chor Kleon/dem Paphlagonier vorhält:

> CHOR: Hast du nicht immer durch Unverschämtheit geglänzt,
> Jene Haupteigenschaft, die beim Redner alles gilt,
> Und mit der du fremde Bäume abgeleert mit Stumpf und Stiel,
> Du als erster Staatsmann – aber Archeptolemos sieht's und weint!

Aber gefunden, gottlob, ist ein andrer Mann,
Tausendmal schlechter als du und verruchter,
Der dich stürzen wird, weil er dir überlegen, das ist klar,
An Frechheit und an Schurkerei,
Ja, an allen üblen Tricks.
(*Ritter*; V. 332-330)

Das leichte Schaudern beim Lesen dieser Zeilen hat einen Grund: Aristophanes suchte keinen Retter, sondern nur einen Kleonfeind. Der Wursthändler hatte nie den Auftrag, das Volk vor niederer Demagogie zu retten, er sollte nur Kleon verjagen. Der „tausendmal schlechtere Mann", der „gottlob" gefunden wurde, wirft allerdings ein folgenschweres Problem auf: Wie sollte denn das Volk sinnvollerweise geführt werden, wenn – wie es in dieser Szene scheint – immer nur der nächstschlechtere an die Macht kam? Ging es Aristophanes wirklich um das Volk, oder verfolgte er lediglich eine persönliche Vendetta? Im vollen Bewusstsein sucht sich das Volk einen Mann, der mit dem Wissen um „alle üblen Tricks" ausgestattet ist, nicht ein moralisch hervorragendes Beispiel an Integrität. Wer bis zu diesen Zeilen die Hoffnung hatte, Aristophanes würde in allen seinen Stücken stets nur das Beste für den Staat wollen, kann sich getäuscht wiederfinden.

Der Wursthändler ist die Widerlichkeit in Person. Er ist unverschämter, lauter, in jeder Hinsicht schlimmer als der Paphlagonier, er ist damit eine Art *Super-Kleon*, weil er diesen noch ins Unermessliche übertrifft.[195] In der Literatur wurde verschiedentlich versucht, Gründe für die Darstellung zu finden: Erste Deutung: Man hat in dieser Verkehrung des moralisch Gebotenen ins moralisch Gegebene einen Ausdruck der Denkweise von Aristophanes selbst sehen wollen: Er sei nun einmal auf diesem Boden aufgewachsen, dieser Notwendigkeit zur brachialen Gewalt entspräche nun einmal brachiale Politik.[196] Das Problematische dieser Sichtweise liegt auf der Hand: Soweit wir wissen hat Aristophanes außer Peithetairos aus den *Vögeln* niemals wieder eine derart böse Figur wie den Wursthändler geschaffen. Es könnte sich also um eine einmalige Überhöhung handeln, um *Kleon* zu besiegen, nicht um ein zu erstrebendes Ideal darzustellen. Wenn der Erz-Demagoge erst einmal besiegt wurde, blieb kein *Grund* zurück, einen Wursthändler der geschilderten Art zu erschaffen. Die zweite Deutung ist: Aristophanes wollte einen Mann des Volkes darstellen, der gegen einen anderen Mann gewinnt, der sich vom Volk *entfernt* hat.[197] Dann aber musste Aristophanes bewusst gewesen sein, dass er mit der Darstellung der Widerlichkeit in Person kein gutes Beispiel gab, dem es nachzuahmen galt. Wenn man sich die relative Unbildung des einfachen Mannes in Erinnerung ruft, so kann diese Darstellung als grob fahrlässig bezeichnet werden. Ein Bürger, der sich vom Recht nicht gedeckt fühlte und stattdessen zu derart brachialen Mitteln griff wie der Wursthändler, tat sich und dem Staat Athen nur schwerlich einen Gefallen. Deutung

Nummer drei geht von einem bloßen Spiegelcharakter der Darstellung aus: Dem Bürger sollte dargelegt werden, wie es in der politischen Arena zugeht, um ihm Defizite und Möglichkeiten aufzuzeigen.[198] Allerdings korrespondiert diese Deutung mit derjenigen unmittelbar zuvor: Das Beispiel ist dem Staat eher ab- als zuträglich.

Es gibt noch eine weitere Deutungsmöglichkeit, wie in den folgenden, abschließenden Versen der *Ritter* deutlich wird. Nachdem der Feind – der Paphlagonier – besiegt wurde, schickt der Wursthändler Herr Demos zur „Kur". Danach folgen diese Verse:

> WURSTHÄNDER *kommt heraus*: In Andacht schweigt und verschließet den Mund, kein Zeugenverhör, kein Geplauder!
> Laßt feiern heut die Gerichte der Stadt, das Ergötzen unserer Bürger
> Und mit schallendem Jubel das neue Heil begrüße das ganze Theater!
> CHOR: O du Stern von Athen, der gesegneten Stadt, o du Retter der heiligen Inseln,
> Was verkündest du uns für ein Glück, auf daß wir die Straßen mit Düften erfüllen?
> WURSTHÄNDLER: Den Demos hab' ich euch jung gekocht, bildschön ist der Häßliche jetzo!
> (*Ritter*; V. 1315-1320; Herv. im Orig.)

Das Feierliche dieser Stelle soll nicht verwundern, denn Aristophanes legt genau darauf Wert: Das „neue Heil" der Stadt Athen, der neue Bürger („Herr Demos") muss mit allen Ehren begrüßt werden, denn er ist in der Tat verändert, wie der folgende Dialog zeigt:

> WURSTHÄNDLER: Nun ja:
> Und wüßtest du erst, wie du sonst gewesen
> Und was du triebst: ich wäre dir ein Gott!
> DEMOS: Was trieb ich denn? Wie war ich ehedem?
> WURSTHÄNDLER: Wenn einer in der Volksversammlung sprach:
> „Demos, ich bin dein Freund, ich liebe dich,
> Ich bin der einz'ge, der dich hegt und pflegt" –
> Wenn einer so begann, dann warfst du gleich
> Den Kopf empor und schlugst die Flügel.
> DEMOS: Ich?
> WURSTHÄNDLER: So prellt' er dich und ging und lacht' ins Fäustchen.
> DEMOS: Wie? Solches wagt' er, und ich merkte nichts?
> WURSTHÄNDLER: Nichts! Deine Ohren macht' er auf und zu
> Wie einen aufgespannten Sonnenschirm.
> DEMOS: So töricht war ich, so ein altes Kind?
> WURSTHÄNDLER: Weiß Gott! Und sprachen zwei, der eine so:
> „Kriegsschiffe muß man bauen!" und der andere:
> „Geld schaffen zum Geschwornensold!" – da lief
> Der Soldmann stets dem Schiffsmann ab den Rang. –
> Was hängst du so den Kopf? Hast du den Schwindel?
> DEMOS: Ach, meiner dummen Streiche schäm ich mich!
> WURSTHÄNDLER: Beruhige dich, du trägst die Schuld nicht selbst,
> Wohl aber die, die dich geprellt! Nun sprich:
> Wenn so ein Rechtsverdreher wieder droht:
> „Ja, seht, ihr bring euch selbst ums Brot, ihr Richter,

Wenn ihr nicht schuldig sprecht den Angeklagten!“
Sag an, was tust du jetzt dem schnöden Kläger?
DEMOS: Ich nehm ihn und werf ihn in das Schinderloch
Und bin ihm an den Hals – Hyperbolos!
WURSTHÄNDLER: Das heißt einmal verständig Recht gesprochen!
(*Ritter*; V. 1136-1364)

Es wird deutlich: Das Volk von Athen hat viele Dummheiten begangen, von denen es durch eine widerwärtige Kreatur geheilt werden musste. Doch Obacht – wir haben es hier mit *zwei* Metamorphosen zu tun: Nicht nur das Volk wurde geheilt von seinem lethargischen Dasein; der Wursthändler selbst scheint unheimliche Qualitäten zu entwickeln, da er plötzlich vom Saulus zum Paulus mutiert. War die Verwandlung notwendig? Es gibt eine Deutung, welche sich mit dem *Pharmakos*-Komplex in der griechischen Literatur beschäftigt: Die Gemeinschaft ist in Gefahr; es wird eine Persönlichkeit benötigt, welche eine Wandlung von einem Extrem ins andere vollzieht; die Gemeinschaft wird dadurch von ihrem Leiden erlöst. In gewisser Weise ähnelt dieser Vorgang dem „Sündenbock“ aus der Bibel.[199] Dieser Deutung steht jedoch entgegen, dass sie zu weit ist. Sie deutet alles und nichts, da viele Heldengeschichten so verfahren: Der Held ist zu Beginn kein einfacher Mensch, trägt vielleicht sogar deviante Züge, die ihn dem Zuschauer unsympathisch machen, wandelt sich im Laufe der Geschichte jedoch und rettet die Welt bzw. führt das spezifische Problem zu einem guten Ende. Die Deutung ist daher zu weit; sie wirkt verzweifelt. Eine weitere Deutung dieser Stelle geht von einer „Verstellung“ des Wursthändlers aus; es hätte demnach stets ein Held tief in ihm drin geschlummert, der lediglich der Erweckung bedurfte.[200] Dass auch diese Deutung zweifelhaft ist, zeigt, dass Aristophanes sich als Meister und mehrfacher Sieger der Komödie eines Plot-Twists schuldig gemacht hätte, den das Publikum sicherlich nicht honorierte. Vielleicht ist diese Deutung die richtige: Es gibt keinen tieferen Sinn, denn der *Komödiant* wollte einfach nur etwas *Komisches* auf die Bühne bringen, und so dachte er an dasjenige Ende, welches die größtmögliche Verwirrung schaffen könnte.[201] Das „Jung-Kochen“ und die doppelte Metamorphose sollte vielleicht einfach nur die Stimmung aufhellen, nachdem zuvor eine über tausend Verse währende hochpolitische Achterbahnfahrt stattgefunden hatte. Es liegt nah: Die Komödie durfte nicht vollends katastrophal enden, um ihren spezifischen Charakter nicht zu verlieren. Ein versöhnliches Ende stimmte die Zuschauer mit Sicherheit für den Dichter ein – zeigte aber auch Inkonsequenzen in der Demagogen-Darstellung des Stückes.

All der Furor, den Aristophanes gegen Kleon entfachte, das schlechte Beispiel, welches der echte Demagoge wie auch die Kopie in den *Rittern* gab – all das nutze nichts. Die Bürger Athens wählten Kleon wieder zum Strategen. So kommt es auch, dass Aristophanes ein Jahr nach den *Rittern* bitter feststellt:

CHOR *Gegen das Publikum:* Neulich als den gottverhaßten, paphlagon'schen Gerber hin
Auserkoren euch zum Führer, runzelten wir gleich die Stirn,
Schnitten grimmige Gesichter, Blitz und Donner sprühten wir,
Und es trat der Mond aus seiner Bahn, die Sonne zog zurück
In sich selbst den Docht der Lampe und erklärt' euch rundheraus,
Daß sie keinen Strahl euch sende, wenn euch Kleon kommandiert.
Dennoch nahmt ihr ihn zum Feldherrn; denn man sagt: verkehrter Rat
Sei in eurer Stadt zu Hause; dumme Streiche, die ihr macht,
Werden aber durch der Götter Huld zum Besten stets gekehrt.
Dieser Fall auch kann zum Vorteil sich euch wenden, hört mich an:
Wenn ihr Kleon, den bestochnen Schuft, den überwiesnen Dieb,
An dem Kragen packt und in den Block ihm niederdrückt den Kopf,
Dann, trotz euer vielen Böcke, wird zurück ins alte Gleis
Alles kehren und zum Besten euch und eurer Stadt gedeihn!
(*Wolken*; V. 581-594; Herv. im Orig.)

Der Dichter selbst stellte fest: Seine Mittel waren begrenzt. Auch wenn er guten Rat gab, so war eine direkte Folge daraus nicht ersichtlich. Das Volk „erkor sich den gottverhassten Gerber zum Führer"; es hatte den Anschein, als wäre alles Predigen des Dichters umsonst gewesen. Stattdessen setzte scheinbar das Kurzzeitgedächtnis des Volkes aus: Nur zwei Wochen nach Aufführung der *Ritter* wurde Kleon wiedergewählt.[202] Nicht einmal *reale* Schandtaten konnten das Volk von der Verwerflichkeit Kleons überzeugen. Es nimmt daher nicht Wunder, dass die Komödie das Volk ebenfalls nicht umzustimmen vermochte. Dieser Fakt verwundert umso mehr, als die *Ritter* bei den Lenäen *gewannen*. Es hat den Anschein, als würde das Volk gerne der Zerstörung eines Demagogen bewohnen, ihn im wirklichen Leben aber umso lieber wiederwählen. Das Paradoxe der *Ritter* setzte sich auch in der Rezeption des Volkes fort. In der Forschung wurde geäußert, *Furcht* hätte den Ausschlag gegeben: Die Bürger Athens spotteten gerne über den *dargestellten* Demagogen Kleon; vor der *realen* Person hatten sie allerdings zu viel Angst, um sie abzuwählen.[203] Wie weiter unten gezeigt wird, konnte auch die Verspottung in der Komödie für einen Dichter ernste Konsequenzen zeitigen; die Zuschauer waren nicht einmal in vorderster Front. Der Rückzug auf Angst angesichts der schieren Masse an Zuschauern wie auch Wahlberechtigten in der *Ekklesia* beweist nur bedingt, dass Furcht der ausschlaggebende Faktor war – vielleicht hat den Bürgern Athens einfach das genügt, was Kleon erreichte? Der Vorfall mit Pylos wurde bereits berichtet; Kleon hatte dem Volk ein Versprechen gegeben und es gehalten. Es wurde auch bereits erwähnt, dass das Volk *direkte* Auswirkungen befürwortete – langfristige Folgen waren nicht im Fokus der Bürgerschaft, wie auch die Episode mit Alkibiades beweist. Es hat den Anschein, als *wollte* das Volk Kleon als Demagogen und Führer – so bitter dies auch für Aristophanes sein mochte.

Auch wenn Kleon als Demagoge vom Dichter abgelehnt wurde – die Rolle, welche der Wursthändler in den *Rittern* spielte, lässt einen Verdacht zu: War Aristophanes gar nicht gegen die Demagogie *an sich*? Eine Forschungslinie beschäftige sich mit dieser Frage und stellte in Aussicht, dass Aristophanes nicht im Sinne hatte, *keinen* Demagogen in der attischen Politik vorzufinden. Demnach zeigte der Dichter lediglich die Defizite *realer* Demagogen auf und versuchte, *bessere* Demagogen hervorzurufen.[204] Dies kann durchaus so gesehen werden. In der Tat wertete Aristophanes die Demagogie *als Technik* an keiner Stelle ab, stattdessen lassen die vorliegenden Stücke vermuten, dass er als Waffe gegen *schlechte* Demagogie lediglich *noch schlechtere* Demagogie vorzog – mit allen demokratietheoretischen Mängeln, die eine solche Sichtweise bot. Hinsichtlich der Demagogie schien Aristophanes Feuer mit Feuer bekämpfen zu wollen. Dass dies in der Geschichte bisher nur selten bis nie funktioniert hat, ist klar ersichtlich und musste auch dem Komödienschreiber eingeleuchtet haben. Woher also der Eindruck, ein wenig Demagogie schade nach Aristophanischer Denkart nicht?

Die Komödie bietet einen Spiegel; dies wurde bereits angesprochen. Nach über zweitausend Jahren und den Erfahrungen mit Demagogie im 20. Jahrhunderts liegt es nahe, eine Schablone über *die* Demagogie zu legen. Schon deren Vertreter zu Zeiten Aristophanes' zeitigten katastrophale Ergebnisse wie z. B. Kriege, in die Athen Hals über Kopf stürzte und nur schwer wieder herausfand. Was in moderner Zeit aufgrund von Volks*ver*führung allerdings möglich war – etwa ein Krieg mit siebzig Millionen Toten und industriell organisierter Massenmord – lag weit außerhalb antiker Vorstellungskraft. So viele Menschen konnte sich niemand vorstellen; so viele Tote erst recht nicht. Athen war gerade erst aus dem existentiellen Perserkrieg gekommen und sah sich plötzlich einer Großmachtrolle ausgesetzt, von der es zwar zuvor träumen, die es aber keinesfalls zu erlangen hoffte. Es nimmt daher nicht Wunder, dass die politische Kultur nach neuen Formen suchte und sie in der Demagogie fand. Dieser kleine Exkurs sollte die aus heutiger Sicht ungeheuerliche Einstellung erklären, warum ein hochgebildeter und -politischer Mann wie Aristophanes die Demagogie als Gegebenheit auffasste, gegen die nur schwer anzukämpfen war, die er jedoch nicht vollständig ablehnte, denn sonst hätte er in seinen Stücken keine *eigenen* Demagogen erschaffen. Eine Demokratie im Entwicklungsstadium *ohne* historische Vorbilder konnte nicht auf Erprobtes zurückgreifen und musste die Wege erstmalig gehen, die in der Neuzeit erneut beschritten wurden. Aristophanes war Teil dieser Entdeckergeneration. Aus einer primitiv-demokratischen Sicht, von einer Tyrannis (der Peisistratiden) herkommend und mit einer mythisch-monarchischen Vergangenheit ausgestattet, lag es durchaus nah, nach Führern zu suchen, welche das sich erst politisierende Volk zu *guten* Entscheidungen brachten. Dass längst nicht *alle* Demagogen diesem Ideal entsprachen, kann dabei nicht verwundern.

War es also mangelndem Mut des Aristophanes geschuldet, dass er *keinen* völlig neuen, ideal auftretenden Demagogen einführte? Ganz im Gegenteil: Ein solches Bild hätte einen entscheidenden Nachteil gehabt, weil es unrealistisch gewesen und von den Zuschauern nicht honoriert worden wäre. Ein Dichter, der bei den Wettbewerben antrat, *musste* übertreiben; eine Moralpredigt hätte den Zuschauern nur wenig Spaß versprochen. Wir *können* daher nicht sagen, ob Aristophanes die demagogische Form der Volksführung beibehalten wollte.[205] Was wir aber sagen können, ist, dass die *seinerzeitige* Form dem Dichter nicht gefiel, denn sonst hätte er nie gegen Kleon ins Feld ziehen müssen. Wenn es daher um die Waagschale geht, die sich eher neigt als die andere, so kann abschließend festgehalten werden: Aristophanes war *eher gegen* die vorgefundene Form der Demagogie eingestellt, lehnte das Konzept selbst jedoch nicht völlig ab.

4.4   Demos kratein?

Es bleibt nicht aus, angesichts der angeführten Problematiken nach der generellen Führungsfähigkeit des Volkes in der attischen Demokratie (*demos* = Volk, *kratein* = Herrschaft) zu fragen. Wollte das Volk überhaupt herrschen? Wir haben den Herrschaftsstolz der attischen „Alten" bereits kennen gelernt – aber galt dies auch für das ganze Volk? Wurde es vielleicht *gerne* von Demagogen geführt? Es gibt eine lange Szene in den *Rittern*, welches dies nahelegt. Der Wursthändler berichtet von seinem Treffen mit dem Volk:

> WURSTHÄNDLER: So stand ich in Gedanken,
> Da donnert rechts von mir ein mächt'ger Furz:
> Ich dankte Gott und prallte mit dem Hintern
> Aufs Gatter, daß es brach, drang ein und riß
> Das Maul auf: „Ich verkünd euch Heil und Segen,
> Ihr Ratsherrn, gute Botschaft bring ich euch:
> Noch niemals seit dem Ausbruch dieses Krieg
> Sah ich so wohlfeil die Sardellen hier!"
> Da klärte plötzlich sich ihr Antlitz auf,
> Ich ward bekränzt für meine frohe Nachricht.
> Gleich macht ich ihnen den „geheimen" Vorschlag,
> Den Töpfern alle Schüsseln wegzunehmen
> Und Fisch genug fürs Sitzungsgeld zu kaufen.
> Sie klatschten Beifall und begafften mich;
> Der Paphlagonier, schnell bedacht – er wußte,
> Wie man beim Rat am besten sich empfiehlt –,
> Verlangt das Wort: „Ihr Herren, ich schlage vor,

Zum, Dank für diese segensreiche Botschaft
Der Götting hundert Ochsen gleich zu opfern."
Und wieder nickt der Rat ihm freundlich zu.
Als ich mit Ochsenunrat mich im Rat
Besiegt sah, trumpft ich drauf: „Zweihundert Ochsen!"
Auch tausend Ziegen riet ich zu geloben
Der Artemis, wenn morgen Gründlinge
Zu haben, hundert für 'nen Obolos.
Und wieder dreht der Rat nach mir den Kopf.
Der andre steht verblüfft und stottert was;
Fort schoben ihn Prytanen und Trabanten,
Und alle standen auf und lärmten wegen
Der Fisch. Doch er bat: „Geduldet euch
Nur einen Augenblick! Aus Sparta ist
Ein Bote da, hört seinen Friedensantrag!"
Sie aber schrieen all aus einer Kehle:
„Was, Frieden, jetzt? Du Narr, jetzt, wo sie merken,
Daß die Sardellen wohlfeil sind bei uns?
Nichts da von Frieden! Laßt dem Krieg den Lauf!
Prytanen, schließt die Sitzung!" – Und sie sprangen
Nach allen Seiten übers Gatter weg.
Ich lief voraus, und allen Koriander
Und Schnittlauch kauft ich auf dem Markt zusammen
Und gab's den Armen gratis, ihre Fische
Zu würzen, und – ich war der Mann des Volks!
Das war ein Loben, ein Potztausendschnalzen!
Mit einem Obolos für Koriander
Bring ich den Rat hier in der Tasche mit.
(*Ritter*; V. 638-682)

Man beachte: Es sind die Familienväter, die hauptsächlich in den Theaterrängen Platz genommen haben; sie sind die Hausvorsteher, denen das Überleben der ganzen Familie in wirtschaftlicher Hinsicht obliegt; wenn sie scheitern, können Menschen sterben. War ihnen bewusst, was sie sahen? Begriffen Sie, dass Aristophanes ihnen einen Spiegel vorhielt, der nicht schmeichelhaft für sie sein konnte? Herr Demos wird bis zu diesem Zeitpunkt lediglich als *Objekt* der Begierde für den Paphlagonier und den Wursthändler dargestellt; er kommt dabei nur wenig schmeichelhaft weg.[206] Doch reicht das aus? Kann sich ein Volk, welches stolz ist auf seine Demokratie, tatsächlich totstellen? Das Volk trägt Schuld, Aristophanes stellte dies fest, indem er die Lethargie anprangerte und verspottete.[207] Jedoch: Vielleicht war die Lenkung aber auch gar nicht gewollt? Vielleicht war die Situation aus Aristophanischer Sicht so hoffnungslos, dass sich der Aufwand einer Kurskorrektur für das Volk aus des Dichters Sicht nicht lohnte?[208]

Aus der obigen Stelle wird noch etwas anderes deutlich: Es könnte auch sein, dass der gewollt gelenkte Demos bewusst seine Interessen durchsetzte, indem er sich in die Hand eines

Demagogen begab, der ihn *fütterte*: Sardellen, Ochsen, Ziegen, Schnittlauch, Koriander, Fische und nicht zuletzt: Frieden waren letztendlich Verhandlungsmasse der verschiedenen Volksführer gegeneinander. Wie bereits erwähnt, handelte es sich bei den vom Paphlagonier und Wursthändler Angesprochenen um Familienväter, welche auch und vor allem für das bloße Überleben ihrer Schutzbefohlenen – Frauen, Kinder, Bediente, Sklaven – zu sorgen hatten. Von dieser Warte aus wird die Interesseleitung vertretbar und erscheint gar geboten.

Jedoch ist dies nur die eine Seite der Medaille und sie ist logisch leicht aufzulösen: Das von den beiden Protagonisten Gebotene *kann* nicht das zum bloßen Leben Notwendige darstellen, da sich der Gegenstand der Komödie dann verschieben würde: Es würde ein Existenzdrama und keiner der Zuschauer im Theater könnte darüber lachen. Die Not wäre zu akut; der komische Effekt würde verpuffen. Was Aristophanes anspricht, ist demnach – trotz des Kriegszustands – Luxus.[209] Dazu wurde darauf aufmerksam gemacht, dass dieser Hang zum Luxus, d.h. zum nicht Notwendigen, einher ging mit einer Eifersucht, über die Kostbarkeiten zu wachen.[210] Daraus lässt sich schließen: Die Athener Entscheider, die Bürger der Versammlung achteten nicht auf das wichtigste Gut, das oben angesprochen wurde – den Frieden, der (so scheint es) ebenfalls zum *Verkauf* stand –, sie kümmerten sich egoistisch um ihren eigenen Überfluss, gönnten einer dem anderen aber nichts: Anstatt den Überfluss des Friedens mit Sparta zu teilen, wird der Krieg fortgesetzt, denn wer will schon Frieden, „jetzt, wo sie merken, dass die Sardellen wohlfeil sind bei uns?" Das Bild verfinstert sich: Ein interessegeleitetes Volk sieht nicht nach links noch nach rechts und rechneten lediglich auf eigenen Vorteil, dabei begibt es sich in die Hand von Demagogen.[211]

Vielleicht ist aber auch alles ganz anders? Die mangelnde demokratische Bildung wurde bereits angesprochen, vielleicht setzte sie sich hier fort? Aristophanes deutet so etwas an:

> CHOR: Vormals, wenn euch die Gesandten der Städt' eine Nase zu drehen gedachten,
> Da hießt ihr: „Das veilchenbekränzte Volk", und wenn einer euch also betitelt,
> Da fuhrt ihr, über die Kränze entzückt, empor auf unruhigem Hintern.
> Und wenn einer sodann in bezauberndem Ton vor dem „glänzenden, fetten Athen" sprach,
> Der hatte von euch, was er wollte, dieweil er mit „Fett" euch wie Gründlinge ölte.
> (*Acharner*; V. 636-640)

Aristophanes spricht hier die Eigenschaft an, dass sich ein Volk in der Demokratie immer gern schmeicheln und damit instrumentalisieren lässt – mit allen Konsequenzen. Ruhm („veilchenbekränztes Volk") und Reichtum („glänzendes, fettes Athen") sind die beiden Hebel, mit denen das Volk gelenkt werden kann. Vormals waren dies Gesandte anderer Städte; nun – in Kriegszeiten – sind es innenpolitische Lenker, die Demagogen, welche entscheidenden Einfluss auf Krieg und Frieden ausübten. Ein Volk, welches im vollen

Ausmaß auf diese Schmeicheleien eingeht, kann daher mit Fug und Recht als gutgläubig, vielleicht sogar als naiv bezeichnet werden. Doch Aristophanes wird noch direkter. In den *Rittern* selbst, ganz zu Anfang, findet sich folgende Charakterisierung des „Herrn Demos von der Pnyx":

> ERSTER SKLAVE: Wir haben einen Herrn,
> Heißblütig, toll, auf Bohnen sehr erpicht,
> Ein brummig alter Kauz, ein bißchen taub:
> Herr Demos von der Pnyx. – Am letzten Neumond
> Kauft' er sich einen paphlagon'schen Sklaven,
> 'nen Gerberburschen; ein durchtriebner Gauner!
> Der merkt' sich gleich des Alten schwache Seiten –
> Der Hund von einem paphlagon'schen Gerber! –,
> Duckt sich vor ihm, mit Lecken, Schwänzeln, Schmeicheln
> Und Lederstückchen fängt er ihn und spricht:
> „Geh baden, Demos, wohl verdient als Richter
> Hast du die drei Obolen! Schwelge! Schlürfe!
> Soll ich servieren?"
> (*Ritter*; V. 40-52)

Das Volk ist also heißblütig (und damit nur wenig zurechnungsfähig), toll (d.h. verrückt), auf Bohnen sehr erpicht (Stolz auf seine Wahlen, welche mithilfe von Bohnen für die Abstimmung durchgeführt wurden), brummig, alt, taub – kurz: für selbstbestimmte, verantwortungsvolle Handlungen gänzlich ungeeignet. Auch wenn diese Schilderung wenig schmeichelhaft ist – ist sie dennoch zutreffend? Einige Kommentatoren interpretieren dies genau so.[212] Man darf natürlich die Frage stellen, inwiefern es sich für Aristophanes lohnt, einem Volk zu helfen, es zu lehren, wo er es doch als eher verachtenswert darstellt? Der Dichter deutet nur am Rande an, dass er den gegenwärtigen Zustand des Volkes für selbstgewählt hält (er schrieb dazu eine ganze Komödie, die *Wolken*, reichte darin jedoch die Schuld an Sokrates weiter); er bleibt allerdings den Nachweis schuldig, warum man ein so freiwillig naives Volk retten und befähigen sollte. Dazu kommt noch eine gewisse Vergangenheitsfixierung, ja Stolz, der sich in folgenden Zeilen ausdrückt:

> CHOR: Ruhm und Preis sei unsern Vätern: denn sie waren allezeit
> Männer, würdig unsres Landes und des heil'gen Peplos wert,
> Die zu Land in heißer Feldschlacht und im kühnen Flottenkrieg,
> Überall und immer Sieger, unsre Stadt mit Ruhm geschmückt!
> Keiner hat, wenn er den Feinden stand im Angesichte, je
> Sie gezählt, und „Herz im Leibe" hieß ihr treuster Kriegskumpan.
> Wenn auch einmal im Gefechte einer auf die Schulter fiel,
> Schüttelt' er sich's ab – wer wollt ihn zeihn, daß er am Boden lag?
> Weiter focht er! Auch der Feldherrn keiner hätt ein gutes Wort
> Dem Kleainetos gegeben um Verköstigung vom Staat.
> Jetzo heißt es: Freie Atzung und den Ehrensitz, wo nicht,
> Bleib ich hübsch daheim! – Wir aber sind bereit, auch ohne Sold

Wacker für die Stadt zu streiten und die Götter unsres Volks.
Nichts verlangen wir zum Lohne als dies einzige, nur dies:
Wenn es endlich kommt zum Frieden und die Drangsal hat ein End,
Daß sich niemand ärgert, wenn er mit gepflegtem Haar uns sieht!
(*Ritter*; V. 565-580)

Diese Passage deckt sich keinesfalls mit der zuvor zitierten. Der Stolz der Alten, der sich hier ausdrückt, korrespondiert mit ihrer Verachtung für die Jungen: Krieg gilt als Bewährung, daran hat sich vor allem der Nachwuchs zu halten.[213] Diese Hervorhebung der eigenen Errungenschaften betrifft allerdings lediglich die Alten, da nur sie ihren Krieg bereits hinter sich haben, die Jungen sich ihre Meriten noch erst verdienen müssen. Dazu kommt, dass es eine Stelle in den *Rittern* gibt, in welcher sich „Herr Demos von der Pnyx" zu Wort meldet und sein (scheinbar lethargisches) Verhalten erklärt:

CHOR: Demos, wie du doch mächtig bist!
Denn gefürchtet von jedermann,
Herrschest als unumschränkter du
Regend und Gebieter.
Aber leicht betören läßt
Du von Schmeichlern, die ränkevoll
Dich am Narrenseil führen; denn
Schwatzt dir einer was vor, da sperrst
Maul und Nase du auf – dein Geist
Ergeht sich woanders!
DEMOS: Geist – der ist unter eurem Schopf
Nicht zu Hause, sonst hießet ihr
Mich nicht töricht. Ich stelle selbst
Mit Fleiß mich so kindisch!
Denn das ist mir der größte Spaß:
Alle Tag einen neuen Zutsch!
Und so halt ich mir einen Herrn
Zum Vergnügen, der mich bestiehlt;
Ist er voll dann, so häng ich ihn,
Um leer ihn zu klopfen!
CHOR: Nun, das wäre ja wohlgetan,
Wenn solch heimlicher, schlauer Sinn
Deinem Tun, wie du selbst sagst,
Stets läge zugrunde:
Wenn die Burschen du auf der Pnyx
Wohlbedächtlich, wie Opfervieh,
Hieltest, füttertest, um sodann,
Wenn ein Braten dir fehlt, heraus
Gleich den fettesten zu fangen und
Zum Schmaus ihn zu opfern!
DEMOS: Seht ihr jetzt, wie ich schlau herum
Schleich um sie, die so listig sich
Dünken und auf der Nase keck
Mir wagen zu tanzen?
Immer hab ich ein Aug auf sie,

Wie sie stehlen; und keiner denkt,
Daß ich's sehe: dann müssen sie,
Was sie heimlich mir weggenascht,
Wieder speien, die Sonde des
Gerichts in dem Rachen!
(*Ritter*; V. 1111-1150)

Wohlgemerkt: Diese Stelle und die Rede des „Ersten Sklaven" stammen aus demselben Stück, sie liegen lediglich eintausend Verse auseinander. War also die Einschätzung falsch? Handelt es sich bei „Herr Demos" um einen gewieften Taktiker, der sich lediglich dumm *stellt*, um dann umso mehr für sich herauszuholen aus dem Demagogen-Spektakel? Dem steht leider entgegen, dass Aristophanes eine solche Umwertung im vorhergehenden Stück, den *Acharnern*, unterlässt. Ist das Volk also nur in der *Ekklesia* dumm, wie jenes Stück vermuten ließ? Jedoch handeln auch die *Ritter* von einer Versammlung, wie die erste Stelle dieses Abschnitts beweist. Aristophanes macht sich also entweder einer geradezu sträflichen Inkonsequenz schuldig – oder dieser Einwurf des selbstbewussten Volkes ist gewollt. Es spricht Einiges für Letzteres, aus zwei Gründen: Erstens neigt die Alte Komödie zur Abbildung von Utopien, wie ein späteres Kapitel noch aufzeigen wird. Der Dichter hätte also an dieser Stelle das Selbstbewusstsein abbilden können, welches er sich für das Volk von Athen *wünschte*. Zweitens zeigte er dem Volk mit dieser Darstellung auf, dass es „Herr Demos" obliegt, endlich Entscheidungen zu treffen, da er der Vorstand seines Haushaltes ist – wie die Herrschaft über Sklaven beweist. Als zweite Deutung der Stelle wäre demnach ein klarer *Auftrag* zu sehen, sich endlich *souverän* zu verhalten und notfalls Demagogen zu diesem Ziel einzuspannen. Wir hätten es demnach mit einer Art *Reformation* des ganzen Volkes von Athen zu tun.[214]

Jedoch selbst wenn das Volk reformierbar wäre – selbst heute, in den weitgehend liberalen, d.h. freiheitlich gesinnten Demokratien, fühlt sich manch Bürger machtlos angesichts der Entscheidungen von Politikern. Die Frage wäre demnach, wie kraftvoll das Volk von Athen sein konnte, wie selbstbestimmt es Politik zu gestalten vermochte? Es wurde bereits angemerkt, dass der Spielraum doch denkbar eng war.[215] Doch selbst wenn dies der Fall war, so war dem Volk doch keinesfalls aus dem Weg zu gehen: Athen *war* eine Demokratie und jeder Demagoge musste stets „Rücksprache" mit dem Volk halten; einerlei, ob er dies in Form von großspurigen Reden, großzügigen Bestechungen oder echter, zukunftsgerichteter Politik tat. Grund und Angel der Politik blieb das Volk.[216] Das Volk *besaß* demnach Macht, setzte diese jedoch selten in nachhaltiger Weise ein. Natürlich gilt dieses Urteil für das Volk *Aristophanischer Lesart*; welche Schlüsse daraus für das reale Pendant zu folgern sind, muss im Dunkel der Geschichte bleiben. Doch selbst wenn Aristophanes übertreibt, stellt sich wieder das bekannte Interpretationsparadoxon: Allein die Tatsache, dass das Volk von Athen die Anspielungen verstand, spricht dafür, dass es sich seiner *eigentlichen*, jedoch nicht ausreichend *ausgeübten* Macht sicher war.

Vielleicht hilft es daher, die Argumentationsrichtung vom *Sein* hin zum *Sollen* zu transponieren: Demokratie hieß damals und heißt heute vor allem – Verantwortung. Das Volk ist Amtsträgern und Demagogen nicht schutzlos ausgeliefert; es kann beide absetzen und fortjagen, wenn deren Politik im Verständnis des Volkes nicht mehr ausreichend legitimiert, d.h. nicht mehr zu seinem Wohle ist. Diese Frage ist komplex; sie zu stellen birgt eine gewisse Gefahr, denn sie stellt die Legitimation der Demokratie *an sich* infrage. Das Recht, sich auf Entscheidungen der Demagogen auszuruhen und seine eigene Verantwortung abzustreifen, hatte das Volk der Demokratie nicht, auch nicht in Athen. Denn es gab ja die *Ekklesia*; sie fällte Entscheidungen zum Wohl oder Übel der Stadt.[217] Es sei noch einmal an den Athener Tyrannenmord an den Peisistratiden erinnert, der im attischen Selbstbewusstsein eine bleibende Stelle hatte und im kollektiven Gedächtnis seinen Platz fand: Zu jener Zeit hatte sich das Volk *gegen* eine Tyrannen- bzw. Adelsherrschaft eingesetzt und Gesetzgeber hatten eine Demokratie eingerichtet. Das Volk hatte sich also für Verantwortung *entschieden*.

In diesem Zusammenhang sollte erneut auf den institutionellen Rahmen hingewiesen werden, in dem die Komödie aufgeführt wurde: Teilweise mehr als zehntausend Zuschauer, bestehend aus den Vollbürgern der Stadt und damit dem verfassungsrechtlichen Souverän, sahen ein Stück, welches ihnen ihre Unfähigkeit, Dummheit und Interesselosigkeit vorführte, sie aber gleichzeitig aufforderte, mehr Verantwortung zu übernehmen, um diesem Missstand abzuhelfen. Auch wenn Subtilität sich mit der zeitweilig derben Sprache der Aristophanischen Komödien nicht immer vereinbaren lässt – diesen Hinweis sollten die Zuschauer aus dem Munde des „Herrn Demos von der Pnyx" schon vernommen haben. Wenn also die Frage darin besteht, inwiefern das Volk Athens die Zügel der Macht in *seiner* Demokratie übernehmen konnte, musste die Antwort lauten: Selbst wenn dies nicht stets der Fall war, teils aus selbstverschuldeter Unmündigkeit, teils aus vom Gesamtwohl wegweisenden Partikularinteressen – so musste die Gesamtheit der Bürger doch danach *streben*, diese Macht zu seinem eigenen Wohle auszuüben.

5 Kritik am Gerichtssystem

Dass ein Athener nicht nach jedem Verbrechen mittels Blutrache von seinen Mitbürgern getötet wurde, war das Verdienst des für seine Zeit fortschrittlichen Justizsystems Athens. Dennoch gab es auch in dieser Hinsicht Grund zur Beanstandung. Aristophanes hatte eine eigene juristische Vergangenheit, er wurde mindestens einmal verklagt aufgrund eines seiner Stücke, das uns leider nicht erhalten blieb, den *Babyloniern*. Sein Kontrahent Kleon versuchte, mittels einer gerichtlich anzuordnenden Zensur den Dichter zu stoppen. Dieser Versuch schlug fehl; das Verfahren selbst war jedoch für Athen und wäre für jede moderne Demokratie betrüblich. Dies wird im ersten Abschnitt beschrieben. Im zweiten Abschnitt wird das Gerichtssystem selbst betrachtet, denn auch dieses kritisierte Aristophanes in mehreren Stücken, vor allem in den *Wespen*. Richter – so stellte sich heraus – waren nicht von Beruf Juristen; sie waren Laien und damit den heutigen Geschworenengerichten ähnlich. Aristophanes kritisierte an diesem Umstand die Möglichkeit der Beeinflussung, mithilfe derer einflussreiche, charismatische oder schlichtweg reiche Personen Gerichtsurteile zu ihren Gunsten lenken konnten. Die Sykophanten werden im dritten Abschnitt behandelt. Es ist kein Geheimnis, dass Aristophanes sie besonders verabscheute und sie in fast der Hälfte der Stücke zur Sprache brachte. Was aber war ein Sykophant und warum mochte er sie nicht? War ihr Einfluss auf das attische Gerichtswesen wirklich so verderblich, wie es die Lektüre der Stücke des Dichters vermuten lässt? Abschließend soll ein besonders seltenes und heute vielleicht unverständliches Leiden der attischen Bürger zur Sprache kommen: die Richtsucht. Aristophanes sah in ihr einen pathologischen Defekt des erwachsenen attischen Bürgers, der verheerende Wirkung zeitigte, weil Menschen dank ihm *gerne* andere Menschen verurteilten. Es wird untersucht, inwiefern diese Besorgnis berechtigt war.

5.1 Persönliche Note Aristophanes' – Zensur als Gefahr?

Die *Acharner* waren keineswegs Aristophanes' erstes Bühnenstück. Von den *Schmausbrüdern* wurde weiter oben bereits berichtet, aber der uns heute bekannte erste *Aufreger* waren die 426 aufgeführten *Babylonier*. Wie über so viele andere wissen wir heute nur noch wenig über dieses Stück; es ist nicht vollständig erhalten und wir haben nur Fragmente. Dennoch sind Inhalt und vor allem die Folgen an dieser Stelle für uns bedeutsam. Was wir wissen, ist folgendes: Die Städte des Attischen Seebundes werden als Chor in Form von Sklaven präsentiert; sie sind dem Militärführer Kleon untertan; dies wurde vor den Augen der Gesandten aus ebenjenen Städten präsentiert, die zu den Dionysien stets anwesend waren, um Tribut „in den Bund" (*de facto* an Athen) zu zahlen. Die Deutung wurde offenbar: Kleon versklavt außenpolitisch die Bündner und profitiert von einem imperialistischen Krieg (eben gegen Sparta und dessen Verbündeten), um sich innenpolitisch zu profilieren und an der Macht zu bleiben.

Es waren wohl diese schonungslose Offenheit und die Zuschaustellung Athens als Puppentheater, die Kleon nicht auf sich sitzen lassen konnte: Er verklagte Aristophanes. Dabei liegen die Gründe heute eher im Dunkeln, auch wenn einige Anklagepunkte bekannt sind: Aristophanes habe die Stadt vor den Gesandten der Lächerlichkeit preisgegeben und sie damit verraten.[218] Dieser Vorwurf war allerdings offenbar nicht schwerwiegend genug, denn das Volk sprach ihn frei. Dabei war natürlich bekannt, dass Kleon äußerst skrupellos mit Feinden, ja sogar mit Freunden umging; Dies konnte in der Pylos-Episode bereits bewundert werden und das wurden auch nachfolgend in den *Rittern* klar. Sein „guter Name" vor dem attischen Volk stand darüber hinaus außer Frage, denn dieses Volk wollte militärische Siege – und Kleon lieferte sie.[219] Es ist wahrscheinlicher, dass Kleon überreagierte.[220] Doch vielleicht kann noch einen Schritt weitergegangen werden: Kleon *musste* überreagieren; er *konnte* nicht großmütig darüber hinwegsehen. Auch wenn der Rahmen der Komödie bereits institutionell zur Lustigkeit verdammt war und stets selbst soweit überspitzte, dass ein wahrer Kern nur schwerlich auszumachen war – der Demagoge *musste* als starker Mann auftreten, um seine Glaubwürdigkeit nicht zu verlieren. Dies war das Los Kleons: Eigentlich hätte es ihn als Privatmann nicht kümmern müssen, angefeindet zu werden; nach den *Rittern*, in denen er weit stärker angegangen wurde (und auch persönlicher) als in den *Babyloniern*, wurde keine solche Klage von ihm gegen Aristophanes bekannt.[221] Als Vertreter des Volkes vor Gesandten von verbündeten Staaten konnte und durfte er allerdings derartige Unbill nicht dulden und war gezwungen, einzuschreiten. Ein Drittes kommt hinzu, wie die Reaktion Aristophanes' auf die Klage (in den nachfolgenden *Acharnern*) beweist:

> DIKAIOPOLIS: Denn unser Landvolk kenn ich, oh, das freut sich,
> Wenn so ein Prahlhans sie und unsre Stadt
> Lobhudelt, einerlei, ob wahr, ob falsch,
> Und sie derweil – sie merken's nicht – verkauft;
> Auch kenn ich unsre alten Herrn, die denken
> Nur drauf, uns stets zu beißen mit Prozessen;
> Auch weiß ich von mir selbst, wie voriges Jahr
> Mir Kleon mitgespielt, des Lustspiels wegen.
> Er schleppte vor den Rat mich und ergoß
> Aus seinem falschen Maul 'nen Schwall voll Lügen,
> Wusch mir den Kopf mit seiner Jauche, daß
> Ich bald in seinem Gerberloch ersoff.
> (*Acharner*; V. 369-380)

Diese Stelle beweist zur Genüge, wie eine Reaktion komödiantischer Art in genialer Ausprägung aussehen sollte: Die „gerechte Stadt" (=Dikaiopolis) beschwert sich, dass der (zwangsläufig) ungerechte Kleon sie mit Klagen überhäufte und dabei nichts hervorbrachte als Lügen. Gleichzeitig ist hier eine versteckte Anklage zu lesen, welche uns in diesem Abschnitt noch beschäftigen soll und im vorhergehenden bereits beschäftigt hat: Das „Landvolk freut sich, wenn der Prahlhans die Stadt verkauft"; dies ist eine schwere Anschuldigung, welche den Kern der Demagogie zwar beschreibt, jedoch genauso offensiv gegen Kleon gerichtet ist (sogar unter Nennung seines Namens!) wie der Inhalt der *Babylonier*. Jedoch: Auch nach den *Acharnern* gab es keine weitere (bekannte) Klage Kleons gegen Aristophanes.[222] Hatte der Demagoge etwa aufgegeben?

Selbst wenn dies der Fall gewesen sein sollte, das Problem liegt an einer anderen Stelle: Die Attacke Kleons auf Aristophanes und dessen Stück klingen nach versuchter Zensur. Es sei noch einmal an den komödiantischen Rahmen erinnert; dieser schützte einerseits die Zuschauer vor allzu politischen und zum Nachdenken anregenden Inhalten, andererseits aber die Dichter vor Nachstellungen aufgrund des auf der Bühne Präsentierten – sie konnten im Nachhinein stets behaupten, lediglich ein Stück, keinesfalls aber die Wahrheit oder ihre Meinung aufgeführt zu haben. Im *Babylonier*-Fall wurde diese Grenze allerdings durchbrochen. In der oben zitierten Stelle beschuldigte Aristophanes nicht nur Kleon der Lüge; er bezichtigte auch das Gericht, die Anklage Kleons überhaupt angenommen zu haben, obwohl es sich um einen kultisch geschützten Inhalt – eben die Komödie – handelte. Die Folgen hätten fatal ausfallen können: Konnten religiöse Praktiken (die Komödien wurden zu Ehren des *Gottes* Dionysos aufgeführt) ebenfalls vor Gericht gebracht werden? In einem vorhergehenden Fall wurde die Verurteilung Sokrates' wegen *Asebie* (Gottlosigkeit) erwähnt; es ging also um die Verführung zu falschen Göttern. Bestand die Gefahr, dass *alles* vor Gericht verhandelt wurde und *niemand* mehr sicher war?

Diese Beschreibung ist eine Zuspitzung. Die Komödie wurde als *Verspottungs*instrument geboren und zensierte damit ihrerseits abweichendes Verhalten von zumindest teilweise unbescholtenen Bürgern. Ein vorhergehendes Kapitel zeigte auf, dass Aristophanes selbst mit diesem Instrument sehr frei umging und eine ungeheure Anzahl von Menschen diffamierte. Die Komödie *war* politisch und alle vorangegangene Argumentation beweist dies zur Genüge.[223] Dazu kommt, dass Zensur *de facto* stattfand: Die Obrigkeit, d.h. eigens zu diesem Zweck bestellte Beamte, zensierte die Stücke in zweifacher Form: 1. Die dargestellten grotesken Figuren wurden überprüft hinsichtlich Konformität mit sozialen Normen. 2. Wichtiger aber war, dass der Chor und auch die Darsteller *bezahlt* werden mussten; kein attischer Dichter hatte die Geldmittel, mehrere Dutzend Schauspieler, die ja auch ihr Aus-kommen haben mussten, zu bezahlen. Aus dieser Tatsache ergab sich bereits eine gewisse künstlerische Einschränkung: Wenn ein Stück nicht bezahlt wurde, konnte es nicht aufgeführt werden. Die Geldgeber hatten also einen nicht unerheblichen Einfluss auf den Inhalt.

Daraus ergibt sich allerdings ein pikantes Detail, welches in der Forschung bislang unterre-präsentiert erscheint: Die Demokratie Athens lebte, sowohl personell als auch institutionell. In personeller Hinsicht konnte Kleon seinen Einfluss nicht über Gebühr ausweiten, solange es andere reiche und mächtige Männer Athens gab, die Stücke finanzierten, die gegen ihn gerichtet waren. Wer auch immer die *Babylonier*, die *Acharner* und auch die *Ritter* finanziert hatte – er trug ein erhebliches Interesse, dem mächtigsten Mann Athens zu schaden, indem er die Aufführung finanzierte. Der Kampf um die Macht war also keinesfalls zugunsten Kleons entschieden. Jedoch auch institutionell war die Demokratie noch sehr lebendig, denn für die Zensur bestellte Ratsmitglieder *hätten* den Stärksten unter ihnen (Kleon) vor der Diffamie-rung schützen *können* – dass sie dies nicht taten, spricht für eine gewisse Opposition im Rat. Nicht alle waren mit Kleons Kriegspolitik einverstanden.

Auch wenn diese Episode zeigte, dass Athens Demokratie noch eine gewisse Art von *Checks & Balances* auszeichnete (wenn auch nur im Rat selbst), so ist die Episode an dieser Stelle keinesfalls beendet. Denn Aristophanes legte in den *Acharnern* offensiv nach:

> DIKAIOPOLIS *mit dem Kopf auf dem Block, gegen das Publikum*:
> „Verargt mir nicht, ihr Männer" von Athen
> Dort auf den Bänken, wenn ich armer Tropf
> Von Staatsgeschäften sprech in der Komödie.
> Wahrheit und Recht verficht auch die Komödie.
> Und was ich sag, ist Wahrheit, klingt's auch hart.
> Selbst Kleon soll mich diesmal nicht verklagen,
> Daß ich die Republik vor Fremden schmähe;
> Wir sind hier unter uns am heut'gen Fest.
> Noch sind die Fremden, die Tribute, noch
> Sind die Verbündeten nicht eingetroffen.
> Wie sind hier lauter attischreines Korn,
> Ohn alle Spreu und alle Hintersassen.
> (*Acharner*; V. 495-509; Herv. im Orig.)

Die Attacke Kleons, so scheint es, hat doch Spuren hinterlassen, trotz des Freispruchs. Aristophanes *selbst* ist es, der an dieser Stelle eine *Selbstzensur* ins Spiel bringt, indem er erstens darauf hinweist, dass Politik besprochen wird, dies zweitens jedoch nicht vor Fremden geschieht (weil die *Acharner* bei den innerattischen Lenäen aufgeführt wurden). Man muss sich vor dem Hintergrund des bisher Berichteten fragen, *warum* Aristophanes nicht erneut

Kleon bei den Dionysien schmähte und sich stattdessen für die folgende Schmähung selbst freisprach? Vielleicht war der Freispruch doch nicht so eindeutig ausgefallen, wie er im Nachhinein erscheinen mochte; vielleicht war sich Aristophanes bewusst, dass er durchaus hätte verurteilt werden können und unternahm im Folgestück zu den *Babyloniern* eine Vorsichtsmaßnahme, um sich vor Anklagen zu schützen? Dazu kommt noch ein Detail: Aristophanes spricht *zum Volk* („gegen das Publikum"). Die Anklage Kleons war nicht allein auf Diffamierung seiner Person gerichtet; er beklagte auch einen Schaden für die *Stadt* und damit für die Athener Bürgerschaft als ganzer. Ganz im Stile eines Demagogen führte Kleon den Streich scheinbar zugunsten des Volkes. Dass Aristophanes freigesprochen wurde, änderte nichts daran, dass der Prozess *stattgefunden* hatte, dass es Kleon also gelungen war, diesen Anklagepunkt vor Gericht verhandeln zu lassen. Die Gefahr, in der sich der Dichter befand, war demnach nicht so einfach beiseite zu wischen, wie es den Anschein hatte. Die zitierten Zeilen ergeben daher umso mehr Sinn, als sich Aristophanes wieder abfällig über Kleon äußerte, sich aber beruhigend an das Volk wandte.[224] Auch die Verteidigungsrede des „Herrn Demos von der Pnyx" aus dem vorigen Kapitel mag dahinein spielen.

Was bleibt also von dieser Episode für die Einschätzung einer Zensur in der Komödie übrig? Zwar fand diese statt, allerdings nicht so, wie es die Mächtigen in der Politik zumindest zeitweise wünschten. Kleons Attacke verlief zwar minder bedrohlich, sie hatte allerdings stattfinden können. Man kann aus diesen Vorgängen ein Fazit herauskristallisieren: Der Komödie oblag es, die Grenzen der Zensur auszutesten.[225] Problematisch an dieser Einschätzung ist zweifellos, dass die Komödie keinesfalls so frei agieren konnte, wie es auf den ersten Blick scheint; das Mäzenatentum konnte bei Bedarf enge Grenzen setzen und damit auch Dichter instrumentalisieren. Das *persönliche* Gefahrenpotenzial für Aristophanes war allerdings scheinbar beschränkt: Das Volk stand mehrheitlich auf seiner, nicht auf Kleons Seite, *solange* er wohlwollend für es agierte. Doch Obacht: Im vorangegangenen Kapitel wurde deutlich, dass Aristophanes keinesfalls zimperlich mit denen umging, welche ihn vor Gericht freisprachen. Liegt hier also eine Schizophrenie des Volkes vor? In gewisser Hinsicht ja: Das Volk wollte von seinen Komödianten verspottet werden, so scheint es; allerdings missbilligte es, wenn sich ein einzelner Bürger dagegen auflehnte. Solange *alle* verspottet wurden, war es dem Volk recht.

5.2   Kritik am Rechtssystem

Einen Vorgeschmack auf die Aristophanische Kritik am Rechtssystem seiner Zeit haben wir bereits erhalten. Doch wie sah dieses aus? Die *Heliaia*, das oberste Gericht der damaligen Demokratie, bestand aus sechstausend Heliasten, die aus allen (!) Männern mit Bürgerrecht, die dreißig oder mehr Jahre zählten, ausgelost wurden. Der Gleichheitsaspekt dieser riesigen Jury war also gewahrt. Es gab allerdings Ausschlusskriterien wie der (zeitweilige) Verlust der Bürgerrechte oder eine etwaige Verminderung der geistigen Fähigkeiten. Die Heliasten wurden pro Verwaltungseinheit ausgelost (10 *Phylen* stellten je 600 Heliasten), sodass keine Region bevor- oder benachteiligt wurde.[226] Die *Heliaia* war ab 461 v. Chr. für die meisten Verfahren zuständig; lediglich die Blutgerichtsbarkeit und sakrale Verfahren verblieben beim (oligarchischen geprägten) *Areopag.* Öffentliche Klagen zum Wohle der Öffentlichkeit (wie es im vorher geschilderten Verfahren mit Kleon der Fall war) konnten von jedermann angestrengt werden (also auch von Nichtbetroffenen); Zivilklagen konnten nur von Geschädigten eingereicht werden. Die *Helaia* kontrollierte im Übrigen auch die Entscheidungen der *Ekklesia.*[227] Ein einzelner Beamter, der *Hegemon*, prüfte die Klage und lud Kläger, Beklagte und Zeugen vor. Die Parteien vertraten sich selbst, bekamen gleiche Redeanteile, die genau abgestimmt wurden; anschließend wurde beraten und beurteilt. Auch wenn die Abstimmung selbst geheim war – die Jury konnte sich untereinander beraten und damit gegenseitig beeinflussen. Die Parteien konnten (wie Sokrates in Platons *Apologie*) ein eigenes Strafmaß vorschlagen; dies musste jedoch keinesfalls direkt angenommen werden. Mitunter musste eine zweite Abstimmung über das Strafmaß entscheiden. Die Strafen reichten von Geld- über Verbannungs- bis hin zu Todesstrafen. Im Falle von öffentlichen Klagen fiel das Vermögen des Verurteilten der Staatskasse zu, allerdings wurde auch der Kläger mit einer Summe bedacht. Diese Einrichtung sollte Bürger dazu anstiften, Strafsachen der Obrigkeit zu melden und keine Selbstjustiz zu begehen. Jedoch hatte sie nicht nur Vorteile: Ein Kläger musste ein Gerichtsgeld hinterlegen, welches er nur zurückerhielt, wenn die Strafsache günstig ausging, d.h. der Angeklagte auch tatsächlich verurteilt wurde. Sollte der Kläger weniger als ein Fünftel aller Stimmen auf seine Klage vereinen, so drohte *ihm* eine nicht unerhebliche Strafe. Diese Einrichtung sorgte dafür, dass zum Scheitern verurteile Anträge nicht zur Abstimmung kamen und die Menge der Prozesse nicht ausuferte.

Es muss gefragt werden – und Aristophanes tat dasselbe – inwiefern dieses System Gerechtigkeit bieten konnte und nicht vielmehr Ursache von Justizirrtümern werden musste. Einige der Schwächen liegen offen zutage: Das System zielte auf monetären Gewinn; dieses Problem wird allerdings erst in den nächsten Abschnitten behandelt. Jedoch ist auch der Gerechtigkeitsaspekt *für den Einzelnen* fraglich, wenn jeder jeden verklagen kann aufgrund der Anklage „Gefährdung des Gemeinwohls". Das Thema der Gerechtigkeit in den Werken des Aristophanes ist bereits oft und breit behandelt worden.[228] Tatsächlich erscheint diese Frage eng verbunden mit dem vorangegangenen Kapitel und der Stärke des Volkes. Wie zu sehen ist, saß *das Volk in persona* auf den Richtersitzen und sprach in Form von Heliasten Recht. Justizirrtümer waren damit Volksirrtümer.[229] Noch weit stärker als in modernen Bürgerschaften, die für gewöhnlich nicht *direkt* über Angeklagten zu Gericht sitzen – Ausnahmen bilden die Geschworenengerichte – waren es in Attika die Bürger selbst, die für Recht sorgen mussten. Dabei war nicht einmal notwendig, dass sie die Rechtsmaterie besonders exakt beherrschten. Das bedeutete, dass es zu ähnlichen Urteilen kam, wie sie noch heute in Geschworenengerichten vorkommen: Gewiefte Anwälte bringen Jurys dazu, überaus unverhältnismäßige Strafen zu fordern. Ähnliches musste sich zur Zeit des Aristophanes abspielen – der Prozess des Sokrates spricht diesbezüglich eine deutliche Sprache.[230]

Die Beeinflussung konnte darüber hinaus groteske Ausprägungen annehmen: Kläger tauchten bei Richtern auf und beschworen diese auch mit Geschenken, für sie zu stimmen. Aristophanes nimmt (erneut) Kleon als Beispiel für diese Praxis:

> CHOR: Ja, Kleon, der polternde Maulheld selbst, uns weist er allein nicht die Zähne,
> Oh, er drückt uns die Hand und ist zärtlich besorgt um uns Richter und wehrt uns die Fliegen!
> Von alledem hast du noch nie was getan deinem eigenen Vater, nicht so viel!
> Ja, Theoros – und der ist zum mindesten doch kein schlechterer Mann als Euphemios,
> Der läuft mit dem Schwamm und dem Töpfchen behend, mir die Schuhe fein sauber zu schmieren.
> (*Wespen*; V. 596-600)

Auch wenn an dieser Stelle erneut eine komische Überspitzung anschlägt – Kleon wehrte sicherlich nicht *selbst* die Fliegen von den Richtern und Theoros säuberte nicht *selbst* die Schuhe – so ist doch die Stoßrichtung klar: Unbefangen konnten diese Richter sicherlich nicht mehr sein. Das drückt sich auch in einem anderen Detail aus, welches gern übersehen wird: Fliegen abwehren und Schuhe putzen sind sehr persönliche Aktionen; man muss dafür an die Zielperson sehr nah herantreten. Die heutige Bestechungsweise mit einer Geldüberweisung gab es zu Zeiten Aristophanes' nicht; Beeinflussung musste sehr persönlich ablaufen.[231] Nicht jeder Richter wollte, dass die gesamte Stadt Bescheid wusste, wenn der Kläger oder auch der Angeklagte bei ihm ein und aus gingen. Einige der Prozesse waren natürlich öffentlichkeitswirksam; man konnte erkennen, *wer* in ein bestimmtes Haus trat. All dies sorgte nicht für ein transparentes und faires Verfahren, im Gegenteil: Prozesse wurden instrumentalisiert und nur wer Mittel zur Beeinflussung hatte, konnte gegen übermächtige Gegner gewinnen. Eine Stelle in den *Rittern* zeigt die Willkür dieser Einrichtung, denn auch die Demagogen machten von ihr Gebrauch:

> PAPHLAGONIER *wieder auffahrend*: Ich werf dir vier Prozesse an den Hals!
> WURSTHÄNDLER: Ich zwanzig dir, als Deserteur,
> Und tausend noch, als Kassendieb!
> (*Ritter*; V. 442-444; Herv. im Orig.)

In der Szene ging es zuvor nicht um Prozesse; der Paphlagonier hatte auch nie zu erkennen gegeben, er sei ein Deserteur; und erst recht kann der Wursthändler aus dem Text heraus nicht als Kassendieb bezeichnet werden. Alle diese Vor- und Anwürfe sind völlig haltlos und entbehren jeglicher Grundlage. Mit nur drei Versen hat Aristophanes die Lächerlichkeit einiger Anklagen unter Beweis gestellt. Das, was uns Aristophanes damit sagen möchte, ist allerdings weitestmöglich von der Komödie entfernt: Vor dem attischen Gericht spielte Gerechtigkeit nur eine untergeordnete Rolle. Wichtiger war Praktikabilität. Ein besonders schönes Beispiel für den instrumentellen Charakter vor allem von Gesetzen liefern die *Vögel*. Ein Gesetzesverkäufer (ein heutiges Pendant wäre vermutlich nicht einmal denkbar) tritt auf und bietet seine Waren an:

> GESETZESVERKÄUFER tritt auf und liest aus einer riesigen Rolle:
> „Und so ein Wolkenkuckucksburger einen Athener injuriert –"
> PEITHETAIROS: Was ist das? Wieder so ein Schelmenbuch?
> GESETZESVERKÄUFER: Gesetze hab ich feil, die allerneusten
> Euch anzubieten kam ich her.
> PEITHETAIROS: Zum Beispiel?
> GESETZESVERKÄUFER:
> „In Wolkenkuckucksburg soll gelten gleiches Maß und Gewicht und Recht wie zu Heulenburg!"
> PEITHETAIROS *droht ihm mit dem Stock*: Du kriegst dein Maß nach Beulen-burg'schem Recht!
> GESETZESVERKÄUFER: Mir dieses?
> PEITHETAIROS: Pack dich fort mit den Gesetzen,
> Sonst lehr ich dich ein bitterböses kennen! *Prügelt ihn.*
> (*Vögel*; V. 1034-1042; Herv. im Orig.)

„Gesetze hat er feil, die allerneusten" – die gesamte Verdorbenheit dieser Situation lässt sich nicht beschreiben. Da jeder Bürger ein Vorschlagsrecht für Gesetze hatte, konnte theoretisch auch jedes Gesetz in der *Ekklesia* angenommen werden. Die Folgen konnten fatal sein: Wenn ein Gesetz ausreichend egoistisch und wider das Allgemeinwohl gerichtet erschien, konnte dieser Umstand durchaus zersetzend wirken. Der (Allein-)Herrscher (!) von Wolkenku-ckuckheim (die neu gegründete Stadt der *Vögel*) zeigt den Athenern, wie man mit Gesetzes-verkäufern seiner Meinung nach umgehen sollte: Er „drohte ihm mit dem Stock" und „prügelte ihn." Es darf bezweifelt werden, inwiefern Aristophanes dazu aufforderte, Menschen, die mit Gesetzen und der Rechtsprechung wie mit einer Ware umgingen, zu verprügeln; das attische Recht besaß durchaus Schwachstellen, denn diese Praxis war zumindest möglich.

Jedoch kam auch Missbrauch vor, wenn die Willkür der Richter dies zuließ. Die folgende Passage aus den *Wespen* verdeutlicht dies:

> PHILOKLEON: Bei der Prüfung der Knaben erlaubt das Gesetz uns Richtern, ihr Ding zu beschauen;
> Und erscheint als Beklagter Oiagros vor uns, er bekommt kein günstiges Urteil,
> Bevor er die schönsten Parteien uns aus der „Niobe" vorgetragen.
> Wenn seinen Prozeß ein Flötist gewinnt, so muß er dafür, so als Trinkgeld,
> Uns Richtern, wenn wir nach Hause ziehn, eins blasen, den Riemen am Maule.
> Wenn sterbend ein Vater den Mann bestimmt seiner Tochter, der einzigen Erbin,
> Dann weine die Augen dir nur aus dem Kopf, Testament! Was kümmert uns dieses
> Und die Muschel dazu, die so feierlich dran einfaßt das Beglaubigungssiegel?
> Wir geben die Erbin dem Manne, der uns fein sänftiglich weiß zu beschwatzen!
> Und alles tun wir ohne Rechenschaftspflicht, wie sonst kein Beamter im Staate!
> (*Wespen*; V. 578-587)

Die hier offen zur Schau gestellte Willkür ist ekelerregend und mit keinem modernen Recht vertretbar. An dieser Stelle soll keinesfalls die Auffassung vertreten werden, derlei Skandale kämen in modernen Staaten nicht vor, im Gegenteil! Aber der entscheidende Punkt ist ein anderer: Es war kein Skandal; dies war gängige Praxis. Die Richter taten derlei nicht im Geheimen (wie ein moderner Richter verfahren würde), sie taten dies vor den Augen Aller und betrachteten es als ihr gutes Recht. Die ganze Misere drückt der letzte Vers aus, in dem von mangelnder „Rechenschaftspflicht" geschwärmt wird, „wie sonst kein Beamter im Staate!" Ein Richter hatte die Macht, Vermögensverhältnisse zu ändern, indem Erbschaften verteilt wurden. Er konnte *allein nach äußerer Erscheinung* entscheiden, wie ein Prozess endet. Mehr Willkür konnte nicht gezeigt werden. Aus moderner Sicht bleibt nur zu hoffen, dass Aristophanes auch an dieser Stelle maßlos übertrieb.

Einhergehend mit Bevorzugungen und Missbrauch anderer Couleur ist sicherlich die Bezahlpraxis bei Gericht zu nennen. Man beachte: Die Richter am attischen Gericht waren keinesfalls Berufsrichter, jedenfalls wurden sie nicht als solche bestellt. Sie sollten wohlinformierte Amateure darstellen, die sich nicht durch die Tätigkeit bei Gericht unterhielten. Genau dies war jedoch oftmals der Fall. Die *Wespen* beschreiben eine herzzerreißende Szene eines Vaters mit seinem Kind:

> KNABE: Aber Vater, wenn der Archon
> Kein Gericht läßt heute walten,
> Wie verschaffst du dann uns Frühstück?

Weißt du sonst noch einen Ausweg,
Einen guten für uns alle,
Oder nur den Hellespont?
CHOR: Welch ein Jammer! Welch ein Jammer!
Nein, ich weiß nicht, wie uns zwein nur
Soll das Essen ich verschaffen!
(*Wespen*; V. 305-313)

Diese Stelle birgt Mehreres. Erstens zeigt Aristophanes auf, welche Auswüchse es haben kann, wenn die Gerichtstätigkeit so gut bezahlt wird, dass andere Berufszweige verdorren, weil die Familienväter nur noch zu Gericht sitzen. Zweitens könnte die Stelle aber auch eine Situation aufzeigen – zumal im Krieg –, in welcher die Bevölkerung verarmt und eine Situation entsteht, in der jeder jeden durch Verurteilung frisst. Was Aristophanes hier im Hintergrund betreibt, ist Sozialkritik. So einfach ist der Widerspruch aus ehrlicher Gerichtsarbeit und Bezahlung mit den ersichtlichen Folgen nicht aufzulösen: Wer arbeitet, will bezahlt werden. Wer lange einer Beschäftigung nachgeht und bemerkt, dass sich diese ausreichend rentiert, um davon zu leben, gibt andere Beschäftigungen auf. Das nachvollziehbare Ende ist eine Bürgerschaft von „Berufsrichtern", welche diesen Beruf zwar ausüben, ihn aber nie gelernt haben. Dazu kommt noch, dass dieser Widerspruch, der modernen Bürgern, welche für gewöhnlich nicht mit der Rechtsprechung betraut sind, sofort auffällt, für jene attischen Bürger nicht ersichtlich war: Sie entwickelten ein gewisses „Arbeitsethos", einen Arbeitsstolz; die bedenklichen Auswüchse dieses Ethos' beschäftigen uns noch am Ende dieses Kapitels. Der Verfechter der Gerichtsbarkeit in den *Wespen* drückt dies sehr drastisch aus. Als er auf die *scheinbare* Herrschaft der Richter in Athen hingewiesen wird, kontert er:

BDELYKLEON: Aber wolltest du mich hören, achtsam, ohne Widerspruch,
Hofft ich doch zu überzeugen, wie du schnöd dich selbst betrügst.
PHILOKLEON: Ich betrüge mich als Richter?
BDELYKLEON: Also merkst du nicht, wie sie
Deiner spotten, sie, vor denen du fast in den Boden kriechst?
Sklave bist du, merk es endlich!
PHILOKLEON: Sprich mir nicht von Sklaverei,
Mir, dem Herrscher über alle!
BDELYKLEON: Herrscher du? Der Diener wähnt
Herr zu sein! Belehr uns einmal, was dir deine Würde trägt,
Dir, in dessen weite Taschen der Ertrag von Hellas fällt?
(*Wespen*; V. 513-521)

An dieser Stelle lassen sich bereits leise Zweifel vernehmen, inwiefern der Richter *tatsächlich* die Herrschaftselite im Staate stellt. Doch vorerst noch weiß sich Philokleon zu behaupten: Er sei der „Herrscher über alle!" Inwiefern hat er mit dieser Behauptung Recht? Es genügt ein Gedankenspiel: Da *jeder* im Staat von *jedem* aufgrund der möglichen Klage „wider das Gemeinwohl" (s.o.) belangt werden konnte, war jeder Herrscher *und* Untertan. Philokleon hat also insofern Recht, als er stets (ein) attischer Herrscher (unter vielen) ist, sobald er auf der Richtbank sitzt und sein vermeintliches Recht wahrnimmt, indem er Menschen verurteilt – ganz gleich, ob sie schuldig sind oder nicht. Diese Willkür wird besonders augenscheinlich in der Episode mit der erweiterten „Knabenprüfung"; der Richter führt sich wie ein Tyrann auf. Dies *sagt* der Chor der *Wespen* (d.h. die Richter) sogar ausdrücklich:

> CHOR *zu Philokleon*: Du, der du für unsere Königsgewalt den Kampf zu eröffnen bereit bist,
> Ja, für unsre Gewalt über alles, sei stark und erprob dich als fertiger Redner!
> PHILOKLEON: Bei dem Eintritt gleich in die Schranken beweis ich dir klar und unwiderleglich:
> Daß sich unsre Gewalt wohl messen darf mit der Herrschaft jedes Monarchen!
> Welch Wesen auf Erden ist hoch beglückt, gefeiert und reich, wie ein Richter,
> Hat Freuden die Füll, ist gefürchtet zugleich wie ein Richter – und das noch im Alter?
> Am Morgen gleich, wenn er kriecht aus dem Bett, da erwarten ihn mächtige Männer –
> Vier Ellen hoch – an den Schranken schon: ich trete herzu, und entgegen
> Streckt einer sogleich mir die samtene Hand, die den Säckel des Staates bestohlen.
> Sie verneigen sich tief, und sie bitten und flehn und schwimmen in Tränen und schluchzen:
> „O erbarme dich, Vater, o laß dich erflehn, wenn du jemals im Amte wohl selber
> Dich ein bißchen vergriffen, hier oder im Feld bei dem Einkauf für die Soldaten!" –
> Wo wüßte einer von mir, daß ich leb, hätt ich früher ihm nicht schon geholfen?
> (*Wespen*; V. 544-556; Herv. im Orig.)

Was also folgert Aristophanes? Ist der attische Richter ein Despot, der ein tyrannisches Regime in einer (Schein-)Demokratie führt? Es gibt gewichtige Argumente dagegen: Zum Einen hat ein attischer Richter immer nur ein Regiment auf Zeit: Wenn die Verhandlung endet, ist auch sein Regime beendet. Zum Anderen ist er – anders als alle bisher bekannten Tyrannen – schutzlos, wenn er nicht auf der Richterbank sitzt: Jeder kann wiederum ihn verklagen und sich mit einer „Klage gegen das Gemeinwohl" rächen. Der einzelne Richter war damit gut beraten, sich nicht die falschen Leute zu Feinden zu machen und darauf zu achten, nur jede Leute anzuklagen, die sich nicht (mehr) würden verteidigen können. Des Weiteren ist – wie die Richter oben beschreiben – die tyrannische Macht der Richter auf *Gnade*, nicht auf *Macht* ausgelegt: Sie können gewähren, nicht aber gestalten.[232] Dieser Widerspruch verdient etwas Aufmerksamkeit: Ein Richter kann in einem typischen Gerichtsurteil immer nur einen oder mehrere Angeklagte belangen; das attische Recht sah allerdings keinesfalls vor, verurteilende Gerichtsurteile auf *alle* Bürger anzuwenden. Genau solch ein Verfahren wäre allerdings nötig, um echte gestalterische Politik durchzuführen. Das Treiben der Richter kann immer nur auf die *Korrektur* eines bestehenden Fehlverhaltens ausgehen; nur indirekt wäre ihnen Politik möglich, indem sie das Verhalten der Bürger durch Abschreckung, Bestrafung etc. lenken. Mit einem Satz: Gesetze werden nicht durch Verurteilungen gemacht, die Lenkung bleibt den Beamten des Staates vorbehalten. Der Chor der Wespen sitzt daher einem Selbstbetrug auf, wenn er für sich die Königsgewalt beansprucht.

Ein Letztes kommt hinzu: Selbst die Bezahlung der Richter ist mit einem Manko behaftet. Als Bdelykleon seinem Vater vorrechnet, dass dieser nurmehr ein Zehntel der Staatseinkünfte als Richtsold erhält, reagiert dieser bestürzt:

> PHILOKLEON: Da bekämen wir ja nicht den zehnten Teil von den Staatseinkünften als Taglohn?
> BDELYKLEON: Bei Zeus, nicht mehr!
> PHILOKLEON: Und das übrige Geld, so sage mir nur, wo es hinkommt?
> BDELYKLEON: Zu den Herren – du kennst sie: „Nie üb ich Verrat an dem lauten athenischen Pöbel,
> Und ich kämpf allzeit für die Freiheit des Volks!" – Du selber, mein Vater, du setzt sie
> Zu Herrn über dich, du wählst sie dazu, durch solcherlei Floskeln geködert!
> Die wissen gar wohl Geschenke für sich von den Bündischen fünfzig Talente
> Zu erpressen, sie drohn und sie schüchtern sie ein und sprechen: „Ihr gebt mir das Sümmchen,
> Ohne Widerspruch, oder ich schmettre die Stadt euch mit Donner und Blitzen zusammen!"
> Dir aber genügt's, an den Brosamen nur deiner eigenen Herrschaft zu knuspern.
> (*Wespen*; V. 664-672)

Philokleon fällt überhaupt nicht auf, dass nicht *er* die Prozesse ansetzt, sondern dass er nur die Urteile spricht und damit eine Politik sanktioniert, die auf die Vernichtung von Existenzen ausgerichtet ist. Es sind die anderen – Aristokraten, Demagogen, Sykophanten –, welche die wahre Politik betreiben; er nickt sie lediglich ab. Die „Brosamen der eigenen Herrschaft" sind der Lohn für den „Kampf für die Freiheit des Volks". Dieser niederschmetternde Befund kann dem Richter nicht gefallen. Doch Bdelykleon holt weiter aus:

> BDELYKLEON: Überzeuge dich selber, du Armer, der leicht sich bereichern könnt, und ihr alle,
> Wie die Herrn, die das Volk stets führen im Mund, der Henker weiß wie dich umstricken,
> Der, dem eine Unzahl Städte gehorcht, vom Bosporus bis nach Sardinien,
> Nichts hast du davon als den winzigen Lohn, den messen sie tropfenweis erst noch,
> Wie Öl auf die Wolle gegossen, dir zu, kaum genug, um nicht Hungers zu sterben!
> Denn arm sein sollst du und bleiben, das ist ihr Wille; warum, das vernimm jetzt:
> Ihn, der dich dressiert und foltert, du sollst ihn als deinen Herrn erkennen,
> Damit du, sobald auf den Feind er dich hetzt, wie ein Bullenbeißer ihn anpackst!
> Ja, wollten dem Volke sein tägliches Brot sie verschaffen, nichts leichter als dieses!
> (*Wespen*; V. 698-706)

Der scheinbar Reiche ist in Wahrheit arm? Kann dies sein? Es gibt Anzeichen dafür, dass Philokleon diese Schlussfolgerung in seiner ganzen Herrlichkeit entgangen ist, dabei waren die Zeichen unübersehbar: Die Stelle mit dem Sohn und dem Vater zeigte, wie schlecht es denjenigen ging, die einmal nicht richten konnten; die Herrschergewalt der Richter war auf tönernen, weil zeitlich begrenzten Füßen gebaut; die Demagogen wurden unverschämt reich, indem sie Prozesse lediglich *anstrengten*, welche die Richter dann (in Form von richterlicher Arbeit) *durchführen* mussten.[233] Ein richtender Bürger arbeitete nicht auf dem Feld, fügte somit dem Staatswohl nichts hinzu außer einer scheinbaren Gerechtigkeit, die von Volksführern instrumentalisiert wurde. Die Richter waren „dressiert" und „arm", sie waren die attischen Proletarier – ohne Einkommen fernab richterlicher Tätigkeit führten sie ein eigentlich miserables Leben.[234] Doch sie waren mehr: Dadurch, dass sie auch Unschuldige um jeden Preis verurteilten, nur um ihre Scheinmacht zu behalten, waren sie sogar *schädlich*. Sie nahmen dem Volk wertvolle Mitglieder, welche ihm helfen konnten, wenn sie nicht Strafen erleiden mussten. Die Richter, so wie Aristophanes sie darstellte, waren Heuschrecken. Sie nahmen nur (für sich und die Demagogen), gaben aber nichts zurück. Gerechtigkeit fütterte keine Menschen.

5.3 Sykophanten

Wohl keine Berufsgruppe in Athen außer den Demagogen musste den Aristophanischen Hass so häufig und nachhaltig spüren wie die Sykophanten (*sykon* = Feige, *phaino* = ans Licht bringen). Seine Lösung wäre wahrscheinlich gewesen, sie alle aus dem Staat zu verbannen.[235] Dabei handelte es sich um Menschen, die aus Aristophanes' Sicht keinen ehrbaren Beruf ergriffen hatten, sondern stattdessen anderen Menschen ruinöse Prozesse an den Hals warfen. Ein Beispiel aus den *Vögeln* liefert gleichsam eine Definition:

> SYKOPHANT: O nein, ich bin Gerichtsbote auf den Inseln
> Herum und Sykophant –
> PEITHETAIROS: Ein schönes Amt!
> SYKOPHANT: Prozeßaufspürer! Um von Stadt zu Stadt
> Zitierend mich zu schwingen, brauch ich Flügel.
> PEITHETAIROS: Geht das Zitieren denn mit Flügeln besser?
> SYKOPHANT: O nein, es ist nur der Piraten wegen!
> Und heim dann kehr ich mit den Kranichen,
> Statt mit Ballast den Kropf gefüllt mit – Klagen!
> PEITHETAIROS: Das ist dein Handwerk also! Noch so jung
> Und schon Spion und Sykophant auf Reisen?
> SYKOPHANT: Was soll ich machen? „Graben kann ich nicht."
> PEITHETAIROS: Es gibt, bei Gott, doch ehrliche Gewerbe,
> Von denen sich ein Mensch in deinem Alte
> Ernähren sollt, und nicht vom Händelstiften!
> SYKOPHANT: Salbader! Flügel brauch ich, nicht Moral!
> ((*Vögel*; V. 1421-1435)

Aus dieser prägnanten Stelle lässt sich eine Definition aufstellen: Ein Sykophant war ein moralisch verwerflicher Prozessaufspürer, der – zu anderer Arbeit nicht imstande – reiche

Bürger vor Gericht brachte, um von der erwarteten Verurteilung, genauer: dem Anteil an der Strafe zu leben. Diese Definition und die Reaktion des Herrschers von Wolkenkuckucksheim („noch so jung…"; „es gibt doch ehrliche Gewerbe") zeigen sehr deutlich, was Aristophanes von diesem „Beruf" hielt – nichts. Dazu kommt, dass Peithetairos einen Versuch unternimmt, den jungen Sykophanten argumentatorisch umzustimmen:

> PEITHETAIROS: Und so will auch ich
> Mit wohlgemeinten Worten dich beflügeln
> Zur Ehrlichkeit –
> SYKOPHANT: Das willst du? – Ich will nicht!
> PEITHETAIROS: Was willst du denn?
> SYKOPHANT: Nicht schänden mein Geschlecht!
> Ererbt hab ich das Sykophantenhandwerk!
> Drum gib mir schnelle, leichte Fittiche,
> Vom Habicht oder Falken, daß die Fremden
> Ich herzitieren, hier verklagen kann
> Und dann auffliegen abermals –
> PEITHETAIROS: Verstehe!
> Du meinst: gerichtet soll der Fremde sein,
> Noch eh er hier ist?
> SYKOPHANT: Völlig meine Meinung!
> PEITHETAIROS: Er schifft hierher, indes du dorthin fliegst,
> Um sein Vermögen wegzukapern?
> SYKOPHANT: Richtig!
> Flink wie ein Kreisel muß das gehen!
> PEITHETAIROS: Verstehe!
> Ganz wie ein Kreisel! – Ei, da hab ich eben
> Charmante Flügel Marke Kerkyra! Zeigt ihm die Peitsche.
> SYKOPHANT: Au weh, die Knute?
> PEITHETAIROS: Schwingen sind's, mit denen
> Du mir hinschwirren sollst „flink wie ein Kreisel"! *Peitscht ihn durch.*
> SYKOPHANT: Au, Au!
> PEITHETAIROS: So fliege doch, Halunke, fliege!
> Erzgauner, tummle dich, frischauf! – Ich will
> Die Rechtsverdreherpraxis dir versalzen!
> (*Vögel*; V. 1448-1468; Herv. im Orig.)

Zur Definition lässt sich folglich addieren: Der Sykophant verschmähte Moral, auch wenn sie ihm nützen sollte (Aufnahme in die Vogelstadt); er hatte sein „Handwerk" (eine besonders schöne Pointe Aristophanes') „ererbt"; er verklagte am liebsten in Abwesenheit, damit sich sein Opfer nicht wehren konnte; ihm war allein mit Gewalt und Verbannung beizukommen. Die Position des Dichters scheint klar: Die Sykophanten mussten weg. Es bedarf jedoch einer näheren Betrachtung, um die Zwiespältigkeit der Aristophanischen Position zu erkennen.

Wie im vorigen Kapitel ausgeführt, gab es Demagogen, welche Interesse hatten, Prozesse anzustrengen. Mögliche Ziele waren: Politische und wirtschaftliche Konkurrenten, also ebenfalls reiche Menschen im Staat. Jedoch zeigt der Prozess des Sokrates, dass auch andere Gruppen im Visier der „Prozessaufspürer" waren: Sokrates war politisch (jedenfalls direkt) nicht besonders aktiv; er war ein treuer Staatsbürger, der für Athen gleich mehrfach in den Krieg gezogen und den Staat verteidigt hatte; er war zwar Bürger, jedoch keinesfalls ein wirtschaftliches Schwergewicht. Worin also bestand die Sünde des Philosophen, dass auch er „zum Wohle des Staates" angeklagt wurde? Er verbreitete Ideen, welche einer oligarchischen oder gar tyrannischen Staatsführung im Wege standen. Genau dies war jedoch im Sinne der Demagogen; jeder, der gegen die Regeln klagte, welche die Demagogen begünstigten, machte sich in deren Augen verdächtig. Damals wie heute war es jedoch keinesfalls im Sinne eines Volksführers, selbst gegen neue, gar der breiten Masse nützende Ideen aufzutreten; er brauchte Instrumente: Dies waren die Sykophanten.[236] Aristophanes hat darauf in seiner Kritik von der *scheinbaren* Macht und dem Reichtum der athenischen Richter bereits hingewiesen. Selbst die Anklage Kleons gegen Aristophanes spricht dafür: Kleon sagte, nicht allein *er* wäre vom Dichter angegriffen worden; ihm war es wichtig, dass *Athen als Ganzes* von Aristophanes vor den Gesandten lächerlich gemacht wurde. Ironischerweise brauchte Kleon für diesen Fall nicht einmal Sykophanten: Vor aller Augen wurden die *Babylonier* aufgeführt; das „Verbrechen" des Aristophanes war somit nicht mehr durch Sykophanten zu vermitteln. Es bleibt jedoch der unangenehme Gedanke, dass Sykophanten und Demagoge zusammengehörten; sollten Erstere verschwinden, musste Letzterer dies auch. Dazu aber – und das ist einer der Hauptkritikpunkte und Aufträge des Aristophanes – war das Volk Athens nicht bereit.

Das Problem greift jedoch tiefer, denn es *gab* ja den Anklagepunkt eines Verbrechens „wider das Volk". Gleichzeitig gab es die Einrichtung der Beteiligung von „Prozessaufspürern", d.h. Klägern an der Summe, welche bei einer erfolgreichen Verurteilung fällig wurde. Das Problem des Sykophantentums war damit institutionell; es *lockte* geradezu moralisch verwerfliche Personen an, einzig auf Gewinn ausgehende Klagen anzustrengen und belohnte gerade diese Menschen auch noch. Genauso wie der Demagoge war der Sykophant zwar im Gesetzbuch nicht vorgesehen, aufgrund mangelnder institutioneller Kontrolle jedoch zu einer *informalen Institution* geworden.[237] Da das Volk in der radikalen Demokratie letztendlich stets auch Rechtsgegenstand ist, weil es sich durch sämtliche Anwürfe bedroht sieht, stellt der Sykophant die deviante Abnormalität der Demokratie dar.[238]

Kann also der Sykophant als echt athenische Institution bezeichnet werden, als Ausfluss der Demokratie? Einerseits ja, denn die radikale Demokratie *versuchte* durch das Gerichtssystem, alle Bürger auf eine Stufe zu heben, indem es sie für Gerichtsarbeit *gleich* entlohnte. Wenn man sich aber in Erinnerung ruft, dass dies einen hohen Preis in Form von Armut haben konnte, wenn einmal nicht über einen Bürger gerichtet wurde, musste dies groteske Auswirkungen haben: Es waren gerade *nicht* die Bürger, die vielleicht ein Verbrechen begangen hatten *ungeachtet ihrer Vermögensverhältnisse*, die vor Gericht belangt wurde, nein: Es waren die Reichen, die geschröpft wurden, weil bei ihnen für die Sykophanten etwas zu holen war.[239]

Nichtsdestotrotz hinderte keine attische Institution das wuchernde Sykophantentum; Aristophanes musste dies wissen. Wenn er also die Sykophanten angriff, so nahm er seine Attacke an der denkbar einfachsten Stelle vor: an den Auswüchsen, nicht aber an der Wurzel des Problems. Die lag in der Anklage „wider das Volk" selbst: Ein solcher Vorwurf konnte alles bedeuten. Wenn die Bauern ihr Getreide nicht rechtzeitig ablieferten, konnte es geschehen, dass die Stadtbevölkerung hungerte. War es also gerechtfertigt, sie zu verklagen, weil sie „gegen das Gemeinwohl" gehandelt hatten? Theoretisch hätte ein solcher Fall stattfinden können. Ein realer Fall liest sich weit dramatischer: Nach der siegreichen Arginusenschlacht 406 v. Chr. unterließ es der Admiral, die Gefallenen zu bergen und rückzuführen; stattdessen setzte er den fliehenden Spartanern nach. Er und andere Feldherrn wurden daraufhin zum Tode verurteilt. Es waren Prozesse wie diese, welche der Justizreform bedurften.

Es war jedoch klar, dass Aristophanes nicht *das Volk* und seine Einkünfte angriff, da er sonst den Volkszorn vielleicht selbst hätte spüren müssen. Abschließend muss daher gesagt werden: Indem Aristophanes einen Missstand ansprach (die Sykophanten), der zwar bedauerlich, jedoch nicht wesentlich entscheidend ausfiel, schützte er sich selbst vor Kritik und unternahm dennoch einen bescheidenen Versuch, die Rechtspraxis zu reformieren. Bedauerlicherweise muss jedoch erwähnt werden, dass er dies nicht *konstruktiv* tat, indem er Vorschläge machte, wie Abhilfe geleistet werden könnte; stattdessen beschränkte er sich auf Kritik, indem er eine Berufsgruppe anprangerte. Dieses Vorgehen betrifft auch den folgenden Abschnitt.

5.4 Richtsucht

In den *Wespen* findet sich eine Kritik an der Gruppe an Richtern, die den Chor der Wespen darstellen, welche in der Geschichte der Literatur wahrscheinlich einmalig ist: Richtsucht als Krankheit. Doch zuvor muss noch der Richt*stolz* aufgezeigt werden. Dieser wurde zwar zuvor bereits angeschnitten, seine Behandlung ist für die Diagnose der Richtsucht jedoch unerlässlich. In den *Wespen* berichtet Philokleon von ihm:

> PHILOKLEON: Nun sprich: habe ich nicht gewaltige Macht, gewaltig wie Zeus, der Allmächt'ge?
> *Immer schneller werdend*: Und spricht man von *mir* nicht grad wie von Zeus?

Denn wenn im Gerichtshof wir lärmen und schrein,
Da bleiben sie stehn, die vorübergehn,
Und sprechen: „Allmächtiger Zeus, das Gericht!
Wie es donnert und tobt!"
Und schleudr ich den Blitz, dann schnattern vor Angst
Und Entsetzen die reichen, hochachtbaren Herrn,
Und kacken sich voll;
Und du selber, du fürchtest mich – fürchtest mich sehr,
Bei Demeter, ja du! Ich aber, ich will
Verdammt sein, wenn ich dich fürchte!
(*Wespen*; V. 619-630; Herv. im Orig.)

Gleich viermal fallen Götternamen; gleich zweimal vergleicht sich Philokleon mit Zeus – der

richterliche Hochmut erscheint ganz erstaunlich ausgeprägt. Jegliche Zurückhaltung ist

aufgegeben, von einem besonnenen Richter findet sich keine Spur mehr. Man will sich gar

nicht ausdenken, wie der Richter reagierte, widerspräche ihm einer der Angeklagten vor

Gericht. Zeus ist im wahrsten Sinne unwiderstehlich: Es findet sich kein irdisches Mittel,

seiner Macht zu trotzen (vgl. *Ilias*, 8. Gesang). Genau dies ist es, was Philokleon ausdrücken

möchte: Wer dem Gott widerspricht, frevelt allein schon durch diese Tat. Gerechtigkeit ist vor

diesem Stolz nicht mehr möglich, denn: Der allmächtigste der Götter ist dafür bekannt, völlig

willkürlich und ohne Rücksicht auf andere zu handeln (davon zeugen bereits seine zahlrei-

chen außerehelichen Affären). Wie der „Gott" Philokleon die vor Gericht Stehenden ein-

schätzt, beweist folgende Stelle:

PHILOKLEON: So tret ich hinein und bin leidlich gerührt, rein weggewischt ist da
mein Ingrimm!
Doch bin ich erst drinnen – da tu ich von all dem Versprochenen nicht das geringste!
Da hör ich sie alle, die Stimmen, die laut Freisprechung verlangen, mit Gleichmut!
Gibt's irgend was Schönes, was Süßes, das dort nicht ein Richter zu hören bekäme?
Die heulen mir vorm wie arm sie sei'n, und die Not, die sie drückt, sie vergrößern
Sie zwanzigfach noch, bis ihr Elend so groß, herzbrechend ist just – wie das meine!
Der erzählt mir Histörchen, ein anderer bringt mir Äsopische Fabeln und Schwänke,
Ein andrer macht Witze und sucht meinen Zorn durch Zwechfellerschütterung zu lindern!
Und kann uns das alles nicht rühren das Herz, dann schleppen sie plötzlich die Kinder
An der Hand herbei, die Bübchen sowohl als die Mädchen; da sitz ich und horche:
Sie blöken zusammen und hängen die Köpf, und um ihretwillen beschwört mich
Der Vater, als wär ich ein Gott, mit Furcht und Zittern, ihn nicht zu verdammen!
„O wenn dich das Blöken des Lämmleins erfreut, so erhöre die Stimme des Bübchens!"
Ergötz ich mich aber an Schweinchen, laß ich durch des Töchterchens Stimme mich
rühren!
(*Wespen*; V. 560-573)

Die Stelle ist ganz außergewöhnlich, weil sie eine Degeneration beschreibt: Zu Beginn sind es

noch *menschliche* Stimmen, die der Richter hört, wie sie flehen und weinen. Dann folgen von

den Angeklagten erzählte „Histörchen", Philokleon vergleicht sie mit den Äsopischen Fabeln

– nicht ganz zufällig: Die Helden dieser Fabeln sind keine Menschen mehr, es sind Tiere. Von dieser Stelle an treten Kinder auf (also schon nicht mehr „ganze", erwachsene Menschen), bis die vor den Richtern Stehenden nur noch „blöken" und mit „Lämmlein" und „Schweinchen" verglichen werden. Aristophanes gelingt an dieser Stelle eine doppelte Ausweitung: Wie er den Abstand vom Menschen zum Gott (Philokleon → Zeus) verringert, vollzieht er dasselbe mit dem Abstand Mensch zum Tier (Angeklagter → Lamm/Schwein). Dabei benötigt Philokleon diese Abstandsverringerung zu Zeus, da sonst nicht ersichtlich wird, wie er die zweite den Angeklagten zum Tier rechtfertigen will. Diese Konstruktion gewinnt ihre besondere Perversion in der Form der Demokratie, in der alle *per Gesetz* vor demselben gleich sind und es eigentlich keine Menschen zweiter Klasse geben sollte. Philokleon überwindet diese Gleichheit in tyrannischer Absicht, um mit den Angeklagten wie *er* will verfahren zu dürfen. Wer hätte in Attika einem Menschen verwehrt, über ein Tier eine Züchtigung zu verhängen, selbst wenn diese Strafe ungerechtfertigt gewesen wäre? Die Entmenschlichung der Angeklagten (und deren Angehörigen) ließ einen solchen Schluss zu. Es nimmt nicht wunder, dass Philokleons Sohn Bdelykleon ermattet ausruft:

> BDELYKLEON: Schwer ist es und fordert Verstand und Geist, mehr als der Komödie zukömmt,
> Zu heilen ein Übel so alt und so zäh, ins Fleisch schon gewachsen dem Volke.
> (*Wespen*; V. 650f.)

Das Übel, von dem sein Vater geheilt werden soll, und von dem offenbar das ganze Volk befallen ist, soll im weiteren als „Richtsucht" bezeichnet werden. Aristophanes lässt die Krankheit zu Beginn aus dem Munde eines der Sklaven benennen:

> ZWEITER SKLAVE *steht auf und wendet sich an das Publikum*:
> Die Krankheit unsres alten Herrn ist die:
> Er ist *Philheliast* wie keiner sonst,
> Das Richten seine Leidenschaft! Und kommt
> Er auf die erste Bank nicht, seufzt er schrecklich.
> (*Wespen*; V. 177-181; Herv. im Orig.)

Kein Zweifel: Die „Versammlungsliebe" (*philos* = Liebe, *heliaea* = Versammlung) ist nunmehr pathologisch; der Patient „seufzt schrecklich", wenn er niemanden verurteilen darf. Doch ist er keinesfalls allein mit dieser Krankheit, denn auch der Chor ist von ihr befallen:

> CHOR: Doch vielleicht mach ihm Ärger, daß da gestern
> Dieser Kerl doch ist entwischt uns,
> Trügend und lügend, daß er
> Stets gut athenisch gesinnt sei:
> Hab zuerst uns doch berichtet
> Von der Sache in Samos!
> Deshalb hat er sicher Fieber,
> Und das wäre bei ihm kein Wunder!

> Doch, lieber Kollege, steh auf, nagt's auch am Herzen,
> Werde nicht schwarz noch vor Ärger!
> Heute kommt ein fetter Verräter
> Dort aus Thrakien. Halt an den dich,
> In den Stimmtopf wirf ihn rein!
> (*Wespen*; V. 278-290)

Die ganze Stadt, so scheint es, besteht nur noch aus Richtern, und es „nagt am Herzen", nicht täglich jemanden zu verurteilen. Spätestens hier wird deutlich, dass die ganze Stadt schwere Suchtmerkmale an sich hat, denn kein „Kerl" darf „entwischen", wenn er einmal vor Gericht stand; alles wird der Richtsucht untergeordnet. Selbst die Beteuerung, „stets gut athenisch gesinnt" zu sein (d. h. sich an den Verhaltenskodex von Athen zu halten) hat keine Auswirkung und es nährt sich der Gedanke, dass es ohnehin unwichtig ist, *was* die Angeklagten von sich geben – sie werden ohnehin verurteilt. Doch an dieser scheinbar so unscheinbaren Stelle ist mehr enthalten: Der Kerl ist entwischt und der *Eindruck* der Richter ist, dass er betrogen und gelogen hat – da er nicht mehr in Athen ist und der Prozess offenbar dadurch fehlerhaft wird (denn nur einen Tag später steht ein neuer Prozess an), drängt sich der Gedanke auf, dass das Gericht kein Instrument der *Wahrheitsfindung* mehr ist, da die Wahrheit wegen der Flucht nicht mehr gefunden werde *kann* und der Angeklagte *trotzdem* im Nachhinein durch die Richter verurteilt wird. Sollte diese Gleichung stimmen, so zeigt Aristophanes anschaulich, wie irrelevant das Instrument des Gerichtes zur Wahrheitsfindung geworden ist. Es spielt keine Rolle, *ob* jemand etwas getan hat oder nicht – sobald er vor Gericht steht, wird er verurteilt. Genauso gut könnte man einen Automatismus einführen.

Bisher wurde die Richtsucht und das Gerichtswesen überhaupt nur von der Richterseite (Wespenchor und Philokleon) betrachtet, doch welche Auswirkungen hatte diese Praxis für die Angeklagten? Wie in den bisherigen Stellen bereits klar geworden sein dürfte, ging ein Verfahren für gewöhnlich nicht gut für sie aus:

> CHOR: Dem *Laches* gilt es heute!
> Der hat, sagt man es allgemein, 'nen Bienenkorb voll Silber.
> Drum hat auch Kleon, unser Hort, uns gestern aufgeboten,
> Heut früh, mit Proviant an Gift und Galle für drei Tage,
> Hier zu erscheinen, um ihn scharf für seine Schuld zu strafen.
> Kam'raden, vorwärts, eilen wir, bevor der Morgen dämmert!
> (*Wespen*; V. 240-245; Herv. im Orig.)

Laches' Schuld lag auf der Hand: Er war zu reich. Der Bienenkorb voll Silber musste an Kleon (zu großen Teilen) und an die Richter (zu weit kleineren Teilen) gehen, dafür wurden sie vom Demagogen mit „Gift und Galle für drei Tage" verproviantiert. Doch weit schlimmer erscheint folgender Tatbestand:

PHILOKLEON *innen an der Tür*: Laßt mich gleich hinaus, ihr Schurken,
Zum Richten – sonst entwischt Drakontides.
SKLAVE: Das wär dir ärgerlich?
PHILOKLEON: Mir hat der Gott
In Delphi prophezeit: wenn einer mir
Entwischte, müßt ich selbst dafür verdorren.
(*Wespen*; V. 156-160; Herv. im Orig.)

Diese Stelle ist so aufschlussreich und bisher so vernachlässigt, dass es geradezu sträflich wäre, sie einfach zu übergehen: Der Vers, sonst müsste Philokleon „selbst dafür verdorren", wenn er Drakontides *nicht* verurteilte, ist wichtig: *Jeder* konnte vom Gericht belangt werden. Drakontides war offenbar Athener Bürger, damit war er potentieller Richter und damit war er für jeden anderen Athener Bürger potentiell gefährlich. Jeder Bürger konnte Philokleon verklagen. Aristophanes zeigt, dass man keine gesonderte Behandlung der potentiellen Opfer Philokleons braucht – diese bestanden aus der *gesamten* Bürgerschaft Athens. Niemand war sicher vor Verfolgung; ein jeder konnte einen anderen verdorren lassen oder musste mit der Gefahr leben, selbst zu verdorren. Darin bestand ein wesentlicher Grund für die üble Behandlung von Athener Mitbürgern durch die *Heliasten* – es war die blanke Angst, selbst an der Reihe zu sein. Der Dichter stattete diese Einsicht übrigens mit der höchsten Autorität aus, die das damalige Griechenland aufbieten konnte: Der „Gott in Delphi" (d.h. das Orakel) sprach Wahrheit; es galt als dumm, sich seiner Weisheit zu widersetzen. Nichtsdestotrotz ist die Wirkung einer solchen Haltung zur *Gerechtigkeit* natürlich fatal: Sie untergräbt die Rechtsprechung *in toto* und verunmöglicht sie.[240]

Diese Haltung ist den Richtern in den *Wespen* jedoch – jedenfalls augenscheinlich – nicht bewusst, im Gegenteil – stolz berichten Sie:

CHOR: Nichts, mein Bester, fürchte gar nichts!
Denn von mir lernt der da, wenn er
Muckst, was echter Schmerz ist, und ums
Leben kämpfen. Denn er wisse,
Daß man nicht mit Füßen treten
Darf der heil'gen Götter – Volksgerichtsbeschluß!
(*(Wespen*; V. 374-379)

Und mit dieser Argumentation kann alles gerechtfertigt werden: Das Volk will es. In dem Moment, in dem der Bürger als Angeklagter vor das Gericht tritt, ist er *kein* Bürger Athens mehr; stattdessen ist er der Außenseiter, das Geschwür, welches aus der Mitte der Bürgerschaft entfernt werden muss. Aristophanes zeigt sehr deutlich, wie ein Riss *innerhalb* einer Gesellschaft institutionell erzeugt werden kann. Durch „heil'ger Götter Volksgerichtsbeschluss" wird ein Band erzeugt, welches als gläubiger Athener Bürger nicht durchschnitten werden darf. Der Angeklagte wird dadurch zu einer Minderheit, die keines Schutzes mehr würdig ist. Man könnte von einer „Tyrannei der Massen" sprechen. Diese Richtermassen müssen tagen, und zwar immer:

> CHOR: Beim versammelten Volk setzt keiner was durch als ein Redner, der immer beantragt,
> Das Gericht zu entlassen, nachdem es auch nur einen einzigen Handel geschlichtet!
> (*Wespen*; V. 594f.)

Das Gericht darf niemals enden, weil der Ausschluss störender Elemente niemals enden darf. Es gibt immer jemanden, der dem Volkskörper zu nahekommt, der ihm Leid zufügen oder sich einfach nur einer Kontrolle entziehen will. All dies ist nicht akzeptabel und muss sanktioniert werden. Die Richter *müssen* richten; im Volk ist das bekannt: Wer diesen Missstand anspricht, indem er vorschlägt, „das Gericht zu entlassen", der setzt als Redner nichts mehr durch. Er beschneidet dem Volk seine Macht und einen Teil seiner Einkünfte – auch heute würde ein solcher Redner an unüberwindbare Grenzen stoßen. So aber geschah es, dass die Richtsucht die ganze Stadt betraf und nicht ohne weiteres „geheilt" werden konnte.[241]

Zur Verteidigung muss allerdings zugegeben werden: Der Athenischen Demokratie fehlten allerdings Kontrollmittel, wie sie einem modernen Rechtsstaat zur Verfügung stehen. Ein Beispiel wäre der Vorwurf der Befangenheit. Da die Richter *unmittelbar* an den Einkünften aus der Urteilsvollstreckung beteiligt wurden, waren sie alle befangen und hätte kollektiv ausgetauscht werden müssen, um ein gerechtes Verfahren zu ermöglichen. Auch waren die Beweggründe zur Tat für die Richter nicht wichtig: *Warum* ein Mensch eine Tat begangen hatte war für die Urteilsfindung unerheblich.[242] Paradoxerweise war dies nur konsequent: Da der Angeklagte von Vornherein als Schuldiger feststand, noch bevor der erste Zeuge geladen war, spielte das Motiv logisch folgend keine Rolle mehr. Was hätte dies auch ändern können? Verminderte Schuldfähigkeit aufgrund geistiger Einschränkungen oder Drogenkonsum waren keine Gegenstände, mit denen sich eine forensische Forschung jener Zeit hätte beschäftigen können. Es zählte allein der Tatbestand, auch wenn die Durchführung der Tat selbst für die Richter nicht von Belang war. Zuletzt muss beachtet werden, dass der Begriff der „Bagatelle" in Athen keine Anwendung fand, ja nicht einmal finden konnte: Da die Richter selbst an den Einkünften aus den Strafen beteiligt waren, hatten sie ein Eigeninteresse daran, dass es keine „Bagatellen" gab, dass also jedes noch so kleine Vergehen als Kapitalstrafsache behandelt werden musste (man erinnere sich an den Besitz eines Korbs voll Silber, der bereits zur Vor-Verurteilung ausreichte).[243] Es ist also davon auszugehen, dass aufgrund des Mangels moderner Instrumente und institutionellen Ausprägung der Richtsucht die Stadtbevölkerung ein veritables Krankheitsbild aufwies.

114

Es verwundert keineswegs, dass der besorgte Sohn, Bdelykleon, es dennoch unternahm, seinen Vater zu heilen. Er versuchte dies auf dieselbe Weise, wie heute Heroinsüchtige in kontrollierte Bahnen gelenkt werden sollen – mit einer abgeschwächten Droge. Was den modernen Heroinabhängigen das Methadon, sollte Philokleon das Hausgericht sein.[244] Der Hund Labes wird verdächtigt, einen Sizilischen Käselaib gestohlen und gefressen zu haben. Philokleon als alleinige Jury soll über das Schicksal des Hundes (Androhung der Todesstrafe!) entscheiden und natürlich verfällt er in seine Praxis der Vorverurteilung:

> BDLEYKLEON: Hier steht er schon, der Angeklagte, Labes!
> PHILOKLEON: Verfluchter Lump! Ein Dieb in jedem Blick!
> Wie er die Zähne fletscht! Mich schreckst du nicht!
> (*Wespen*; V. 899-901)

Das Schicksal des Hundes scheint besiegelt, da das Urteil ja bereits feststeht. Der Ankläger „Hund von Kydathen" (von einem Sklaven gespielt) hält eine flammende Anklage, die Philokleon nur noch bestimmter in seinem Urteil werden lässt:

> HUND VON KYDATHEN: Ich bitte,
> Sprecht ihn nicht frei, er ist von allen Hunden
> Der größte Egoist beim Fraß […].
> Drum straft ihn scharf! Denn hinter einem Busch,
> Das wißt ihr, haben nie zwei Diebe Platz!
> Macht nicht, daß ich umsonst mich heiser belle,
> Sonst bell ich euch in Zukunft niemals wieder!
> (*Wespen*; V. 921-923. 927-930)

Die Drohung entsetzt Philokleon; er will Labes sofort richten, auch aufgrund der Drohung des Klägers. Da Labes – als Hund, der er nun einmal ist – sich nicht verteidigen *kann*, übernimmt Bdelykleon diese Aufgabe, indem er seinem Vater die Indizien aufzählt. Für diesen selbst überraschend zeigt diese Vorgehensweise Wirkung:

> BDELYKLEON: Ach guter Mann, erbarme dich des Unglücks:
> Sieh, dieser Labes frißt das Abfallfleisch,
> Vom Fisch die Reste: vielseitig ist er.
> *Auf den Hund von Kydathen zeigend*:
> D e r liegt dir vor der Schwell, und das ist alles.
> Bringt einer was ins Haus, gleich will auch er
> Sein Teil davon; bekommt er nichts, so beißt er.
> PHILOKLEON: Weh, wie geschieht mir? Werd ich wirklich weich?
> Was Seltsames beschleicht mich und ich bin gerührt!
> (*Wespen*; V. 967-977; Herv. im Orig.; Sperr. im Orig.)

Die Vorgehensweise des Bdelykleon wirkt, der Vater spricht den Hund Labes frei. Philokleon muss mit seinem Stimmsteinchen entscheiden, ob Labes freikommt. Sein Sohn betrügt ihn dabei, indem er seinen Vater verwirrt, sodass dieser den Stein in den Topf für den Freispruch wirft. Die Verwirrung ist Philokleon anzuhören:

> PHILOKLEON: Wie lautet die Entscheidung?
> BDELYKLEON: Das wird sich zeigen! – Labes, du bist frei!
> *Philokleon fällt um.*
> Wie wird dir Vater, Väterchen! Frisch Wasser!
> Komm, Vater, richt dich auf!
> PHILOKLEON: So ist er wirklich
> Frei – freigesprochen?
> BDELYKLEON: Ja!
> PHILOKLEON: Das ist mein Tod!
> BDELYKLEON: Steh auf, mein Vater, mach dir keinen Kummer!
> PHILOKLEON: Wie werd ich die Gewissensbisse tragen?
> Weh, freigesprochen hab ich einen! Oh!
> Wie wird mir's gehen? Verzeiht mir, heil'ge Götter!
> Unwissend tat ich's, meiner Art zuwider!
> (*Wespen*; V. 993-1002; Herv. im Orig.)

Aristophanes zeigt an diesem Prozess sehr schön, wie sehr die attische Rechtsprechung pervertiert war und wies gleichzeitig in gewisser Weise den Weg in die Moderne: Der vorgefassten Meinung der Jury korrespondiert der Kläger: Dieser hat wie der Richter ein Interesse daran, dass Labes verurteilt wird, denn wenn nur noch *ein* Hund in der Küche die Reste fressen darf, geschieht dies zum Vorteil des Hundes von Kythaden. Die Indizien sprechen allerdings gegen die Aussage des Letzteren; Aristophanes zeigt hier Bemerkenswertes: Dem Hausgenossen Philokleon hätte dringend auffallen müssen, *was* Labes frisst – die Reste. Dass er sich selbst als Augenzeugen nicht vertraut und stattdessen auf eine erlogene Anklage baut, zeigt, wie große Schäden die Richtsucht bereits angerichtet hat: Der Richter ist *blind* – oder er gibt vor, es zu sein. Dass *Justitia* blind sei entspringt zwar einer späteren Epoche – an dieser Stelle erhält die Wendung jedoch einen unangenehmen Beigeschmack. Wie nützlich für einen Staat ist ein Richter, der für die Gerechtigkeit blind geworden ist? Des Weiteren ist bedenklich, dass Philokleon sich zwar nicht von weinenden Kindern erweichen lässt, von einem armen Hund und dessen wahrscheinlichem Schicksal allerdings schon. Auch dies beweist zweierlei: Der Mensch vor Gericht zählt für den Richter Athens nicht mehr als Teil der Gemeinschaft, er darf zum Tier degradiert werden und wird aus der Gemeinschaft ausgestoßen. Außerdem muss der Richter zum Mitgefühl gezwungen werden – für seine Mitmenschen ist ihm dies vollständig ausgetrieben worden. Schließlich hat der Freispruch für den Richter *negative*, ja *bedrohliche* Konsequenzen: Erst fällt er um, sein Kreislauf kann der Gerechtigkeit nicht standhalten. Dann fürchtet er um sein Gewissen, weil er einem gerechten Verfahren beigewohnt hat (auch wenn dies durch Bdelykleons Betrug einen bitteren Geschmack erhält) – er befürchtet aufgrund des Freispruchs zu sterben! Zuletzt *entschuldigt* er sich bei den Göttern, weil er den Hund freigesprochen hat, obwohl er gerade diesen gegenüber eigentlich zur Wahrheitstreue verpflichtet wäre.

Es gibt Anzeichen einer Bewertung dieser Krankheit, die bereits Aristophanes vorgenommen hat, etwa wenn er Philokleon sagen lässt:

> PHILOKLEON: Ja, ich werde hier gut bewacht,
> Da schon längst ich mit euch sonst ging'
> Zu den Urnen, um vor Gericht
> Anzustell'n etwas Böses.
> (*Wespen*; V. 321-324)

Man stelle sich einmal vor, ein heutiger Richter würde morgens zum Gericht gehen mit der geäußerten Absicht, „*etwas Böses* anzustellen" – wie würde sein Umfeld reagieren? Würde es ihn einfach gewähren lassen, als Staatsbeamter mit dieser Gesinnung „Recht" zu sprechen? Im Athen des Aristophanes scheint dies allerdings eine natürliche Auffassung gewesen zu sein, denn an anderer Stelle wiederholt Philokleon seine Absicht, an der ihn nur sein Sohn zu hindern scheint:

> CHOR: Narr du! Unter welchem Vorwand, sprich, verfährt er so mit dir?
> Welche Absicht hat er denn?
> PHILOKLEON: Richten soll ich nicht, ihr Männer, gar nichts Böses soll ich tun,
> Wohl sein soll ich mir es lassen, meint er, doch das will ich nicht.
> (*Wespen*; V. 338-341)

Aristophanes scheint mit diesen Aussagen einen Zwiespalt aufzuzeigen: Nur sehr selten würde ein moderner Süchtiger *vor* der Therapie zugeben, etwas „Böses" mit seiner Sucht zu tun. Der Grad dieser Reflexion ist verdächtig. Die gesamte Richterschaft hört zu und hindert ihn nicht, denn offenbar sind auch sie sich ihrer Taten bewusst und der Einschätzung derselben. Einerseits stellt Aristophanes Philokleon das gesamte Stück hindurch als Verrückten dar, der nicht einmal im fingierten Hausgericht von seiner absurden Leidenschaft lassen kann;[245] andererseits zeigt der Dichter, dass sich der Delinquent seiner Taten durchaus bewusst ist. Denn *dass* seine Taten Folgen haben, ist durch seine Richtertätigkeit offenbar. Es ist die Rationalität, die verwundert.[246] Die Bewertung als „Bosheit" anstelle von „Unwissenheit" ist also gerechtfertigt. Aber warum berührt dieser Umstand Philokleon so wenig?

Eine abschließende Antwort auf diese Frage könnte in der Haltung und vor allem der Darstellung der Richter vonseiten des Dichters selbst liegen: Aristophanes porträtiert die Richter keinesfalls als widerliche, unheilvolle Kreaturen, die – wie beispielsweise Demagogen und Sykophanten – schnellstmöglich aus dem Staat entfernt werden müssten. Stattdessen werden *therapeutische* Mittel wie das Hausgericht angewandt, um den Richtsüchtigen zu heilen. Der

Komödiant hat als genialer Kopf sehr wohl erkannt, dass es für die Richter im Staat keinen Ersatz gibt; anders fällt dieses Urteil über Demagogen und Sykophanten aus: Es gäbe Beamte und *betroffene* Ankläger, die beide ungeliebten Berufsgruppen ersetzen könnten, ja sollten. Aristophanes ist jedoch sehr bewusst, dass es für die Gruppe der Richter selbst keinen Ersatz geben *kann*, soll nicht der Staat in Ungerechtigkeit versinken. Aristophanes sieht die Möglichkeit, das Rechtswesen zu reformieren, statt es abzuschaffen, er braucht dafür aber das Theatervolk selbst. Dieses bestand ja aus jenen Richtern, die er in den *Wespen* dem Spott aussetzte. Sie sich zum Feind zu machen, wäre seinem Reformvorhaben hinderlich gewesen. Er *musste* daher die Richter mit einer gewissen Sympathie belegen.[247]

Eine weitere Interpretation betrifft den Sohn: War dieser ein *alter ego* des Dichters selbst?[248] Bdelykleon wirkt teilweise tatsächlich wie die Vernunft selbst und darüber hinaus als Reformer des verrotteten Gerichtswesens, etwa wenn er *erst* die Indizien im Hausprozess begutachten will, *bevor* er das Urteil spricht. Auch spricht die Vorgehensweise, dass Dichter sich zuweilen des Chors in dem Stücken bedienten, um eigene Botschaften zu überbringen, eher dafür als dagegen. Dennoch muss beanstandet werden, dass Bdelykleon am Ende des Stückes *nicht* erfolgreich ist: Sein Vater verfällt der Verrücktheit; der ehemalige Richtsüchtige begeht selbst Straftaten in schneller Folge. Sollte sich Aristophanes also als Reformer selbst in das Stück projiziert haben, so hätte er seine eigenen Reformvorschläge durch das komische Ende *ad absurdum* geführt. In der völligen Aufhebung der Ordnung läge allerdings nur ein Gewinn für das Stück, nicht für die Reform. Dennoch muss zugegeben werden: *Wenn* eine Figur in den *Wespen* die Position des Dichters repräsentieren sollte, dann *konnte* es nur der Sohn sein, wenn auch *ex negativo*: Der Chor selbst fiel aus, da er selbst krank war. Dennoch: Aristophanes hätte das chaotische Ende verhindern und einen geläuterten Chor und Philokleon präsentieren können. Für das Stück selbst wäre dies wahrscheinlich viel weniger witzig gewesen – vielleicht lag darin der Hauptbeweggrund des Dichters, ein Ende mit lustigem Schrecken zu schreiben?

6   Aristophanes und die Frauen

Aristophanes behandelte Frauen in seinen Komödien auf verschiedenste Weise – unter anderem auch despektierlich: Abschnitt eins zeigt betrübliche Beispiele dieser weitverbreiteten Art von Frauendiskriminierung in den Aristophanischen Stücken. Dabei ist nicht anzunehmen, dass er der einzige war, der sich dieser Herangehensweise bediente; er ist allerdings der einzige Vertreter der Alten Komödie, dessen Material wir in ausreichender Fülle besitzen, daher wird die Einstellung zu Frauen in seinen Stücken – jedenfalls sowie sie negativ oder gar herabwürdigend ausfällt – hier behandelt. Anschließend zeigt Abschnitt zwei die Situation der attischen Frau im damaligen Athen auf; ohne diese Information wären viele Stellen, ja ganze Stücke nicht zur Gänze verständlich. Die attische Frau, jedenfalls die Bürgerinnen, wurden von der Öffentlichkeit segregiert und in totaler Abhängigkeit von ihren Männern gehalten. Dieser Abschnitt versucht, Stellen in den Aristophanischen Stücken zu finden, welche das starre gesellschaftliche Klima aufzubrechen versuchen – wenn auch nur im Theaterstück. Wie es einen Widerstreit Alt gegen Jung in den Aristophanischen Stücken gibt, so existiert auch ein Konflikt zwischen Mann und Frau. Dieser Kampf findet wesentlich im Stück *Lysistrate* statt, daher bildet dieses Stück den Kern des Abschnitts drei. Allerdings soll abermals nicht nur die bloße Meinung des Dichters zu den Emanzipationsbestrebungen aufgezeigt werden; zusätzlich wird versucht zu erklären, welche Ängste die Männer seiner Zeit vor einer Emanzipation ihrer Ehefrauen hatten. Nicht zuletzt wird nach weiblichen Heldinnen in Aristophanes Stücken gefragt und danach, warum sie scheitern mussten. Abschließend wird gefragt, inwiefern Aristophanes – trotz des Eingangsabschnitts – emanzipatorisches Gedankengut beigelegt werden kann. Die Schar starker Frauen in seinen Stücken ist einfach zu groß, um diese Frage nicht zu stellen, daher soll sie untersucht und – soweit dies an dieser Stelle möglich ist – eine Antwort präsentiert werden.

6.1   Despektierliches

Aristophanes' Bild von Frauen mag auf den ersten Blick verstören. Die zahlreichen übersexualisierten, phallischen Bilder mögen an dieser Stelle unberücksichtigt bleiben – sie gelten als konstitutives Merkmal der Alten Komödie selbst und wurden ist vielen Studien besprochen (so auch in fast allen, in den Endnoten aufgeführten). Stattdessen sollen die Zuschreibungen behandelt werden, die der Dichter den Frauen beilegt – teilweise aus dem Munde von Frauen! Beispiele dafür gibt es viele:

> LYSISTRATE: Ach, Kleonike, sieh, mir brennt das Herz,
> Voll Ärger bin ich über uns – uns Weiber,
> Daß wir, beim Männervolk verrufen als
> Nichtsnutzig –
> KLEONIKE: Und bei Zeus, das sind wir auch!
> LYSISTRATE: Es war doch ausgemacht: wir wollen hier
> Uns treffen, wicht'ge Dinge zu beraten:
> Nun schlafen sie und kommen nicht!
> (*Lysistrate*; V. 9-15)

Stünden diese Verse in einem modernen Theaterstück – der berechtigte Vorwurf des Sexismus wäre sicherlich nicht weit. Pikanterweise schreibt ein *Mann* diese Selbststilisierung *Frauen* zu – er implementiert damit seine eigenen Ansichten in sein Stück (*Lysistrate*), welches sogar den Namen einer *Heldin* trägt. Kritiker dieses Vorwurfs könnten einwenden, die Frauen würden sich einen Auftrag geben, bei den Männern *nicht* mehr als nichtsnutzig verrufen zu sein; dann bliebe allerdings immer noch die Frage, *was genau* bei den Männern für diesen Ruf gesorgt haben könnte. Lysistrate gibt die Antwort: Die Frauen haben verschlafen. Ob das allerdings für einen derart weitgreifenden Vorwurf ausreicht? Doch selbst wenn diese Stelle nicht gänzlich als Misogynie gewertet werden sollte, die folgende Stelle ist schon prägnanter:

> CHOR: Ja, über Weiber, von Natur vermessen, frech und schamlos;
> Geht doch an Niederträchtigkeit nichts in der Welt als Weiber!
> (*Thesmophoriazusen*; V. 531f.)

Auch dies ist einem *weiblichen Chor* in den Mund gelegt und überrascht daher. Überhaupt ist der Chor der Frauen in den *Thesmophoriazusen* alles andere als emanzipatorisch eingestellt, wie folgendes vergiftetes Lob beweist:

> CHOR: Nie hab ich ein Weib geübter,
> Herzumstrickend intressanter,
> Nachdrucksvoller je reden hören.
> Alles, was sie sagt, ist richtig,
> Alles hat sie schön entwickelt,
> Alles im Geiste wohl erwogen,
> Ihre tiefdurchdachten Worte
> Wohlbegründet Punkt für Punkt!
> (*Thesmophoriazusen*; V. 433-339)

Dieses Lob, so schön es sich ausnimmt, verliert an Wert durch den Zusatz „ein Weib": Der Chor der *Frauen* hat nie zuvor eine Frau ein wohldurchdachtes Argument vortragen hören? Der Chor hat nie zuvor eine denkende Frau angehört („alles im Geiste wohl erwogen")? Er vernahm nie zuvor eine „intressante" [sic!, JD] Rede einer Frau? Alle positiv konnotierten Attribute dieser Rede werden in ihr Gegenteil verkehrt durch den Zusatz, dass sie von einer

Frau stamme. Aristophanes trennt damit Frauen von den denkenden Wesen (also für ihn: Männer) ab. Doch es gibt noch ärgere Stellen; eine davon ganz zu Beginn seiner Karriere in den *Acharnern*:

> DIKAIOPOLIS: Vergnügt zum ersten Male seit
> Sechs Jahren grüß ich dich, ins Dorf
> Zurückgekehrt mit dem Vertrag.
> Juchhe, an Krücken geht der Krieg,
> Und lahm ist selbst der Lamachos.
> Denn zehnmal lust'ger ist's, Phales, Phales,
> Des Nachbars hübsche Magd beim Reisigklauen
> Im Phelleuswäldchen zu erwischen und –
> Rund um den Leib zu packen, zu heben,
> Ins Gras zu werfen, zu zücht'gen, ha
> Phales, Phales!
> (*Acharner*; V. 266-276)

Der an dieser Stelle so „vergnügt zum ersten Male seit sechs Jahren" von seinen Abenteuern berichtet, ist einer der hervorstechendsten Helden der Aristophanischen Komödiantenkarriere: die „gerechte Stadt" (= *Dikaiopolis*). Und was der Held beschreibt, ist unzweifelhaft eine Vergewaltigung! Der Tatbestand ist klar: Selbst wenn die Magd Reisig stiehlt (beim Nachbarn, nicht bei Dikaiopolis selbst), so würde kein modernes Gesetzbuch es erlauben, die Übeltäterin ins Gras zu werfen und „zu zücht'gen". Dies wird bestätigt durch den Dämon, den Dikaiopolis anruft: Phales. Dieser steht für den Phallus-Kult beim Dionysos-Fest.[249] Aristophanes stellt damit unmissverständlich dar, wie die Szene zu bewerten ist.

Dies wirft Fragen auf und ist nur ein kleiner Ausschnitt aus vielen despektierlichen Szenen über Frauen aus den elf Komödien des Aristophanes. Eine Gesamtschau allein dieses Viertels des Gesamtwerks des Dichters verstört und stellt Aristophanes in ein überaus misogynes Licht. Frauen werden in den Komödien der Trunksucht beschuldigt, als lasterhaft beschrieben, als vulgär, als betrügerisch, als ehebrecherisch, als lügnerisch, als abergläubisch.[250] Diese Zuschreibungen finden zwar heute auch noch zumindest teilweise statt; allerdings fällt es schwer, sich diese als von den Zuschauern ernstgenommene, *die Realität abbildende* Beschreibungen vorzustellen. Zurecht wurde aus der Tatsache, dass solche Vorurteile *keine* moralische Entrüstung aufseiten der Zuschauer provozierten, geschlossen, dass der Status von Frauen im Allgemeinen zu Zeiten der Alten Komödie nicht besonders hoch war.[251] Allerdings wurde bereits festgestellt, dass es nur wenige Stellen im griechischen Theater im Allgemeinen gab, die Frauen als derartig moralisch verwerflich darstellten.[252] Bestand dieses Frauenbild also für Aristophanes allein?

Wenn man sich das Zitat zu Beginn dieses Kapitels aus der *Lysistrate* in Erinnerung ruft, so fällt auf, dass die Heldin *nicht* bemängelt, dass es Frauen an politischer *Kompetenz* mangelt – Lysistrate und Kleonike bemängeln den Willen, etwas an der Situation von Frauen zu *ändern*. Der Wille zur Revolte ist spärlich; auch später, wenn der Plan ausgebreitet wird, die Männer durch Sexentzug vom Krieg abzuhalten, zeigen die Frauen aus der *Lysistrate* nur wenig Enthusiasmus, sich politisch zu engagieren.[253] Man könnte daraus folgern: Aristophanes provoziert mit seiner Misogynie eine Reaktion der Frauen, sich leidenschaftlicher für ihre Rechte einzusetzen. Allein die Tatsache, dass zwei der Helden (Lysistrate aus dem gleichnamigen Stück, Praxagora aus den *Ekklesiazusen*) Frauen sind, damit tragende Positionen wahrnehmen, könnte bereits gegen ein misogynes Frauenbild des Dichters sprechen und in der Tat – wie noch zu sehen sein wird, stellen diese beiden Frauen (dazu kommt noch Mika aus den *Thesmophoriazusen*) überraschend starke weibliche Persönlichkeiten dar, welche den übrigen Beschreibungen durchaus zu widersprechen scheinen.

War Aristophanes also ein Sexist oder nicht? Dazu passt als Teilantwort eine Namensgeschichte: In der *Lysistrate* gibt es zwei Figuren mit „sprechenden" Namen: Myrrhine bedeutet „Myrtenbeere"; dies war ein geläufiger Hetairen-, also ein Kurtisanenname; die beste Übersetzung wäre „Miss Kirsche". Dies klingt eindeutig sexistisch und ist es wahrscheinlich auch, denn diese Frau hat in der *Lysistrate* Geschlechtsverkehr. Problematisch wird es, wenn man sich ansieht, wie ihr Sexualpartner heißt: Kinesias von Paionidai. Dieser Name wiederum ist so überaus sexistisch, dass seine Übersetzung nicht hierhin gehört, weil er die Skala für Geschmack um ein Vielfaches überschreiten würde. In den Endnoten findet sich ein Versuch.[254] Wenn man Aristophanes einen Sexisten nennen will, so muss wenigstens zugegeben werden, dass er sich über die Namen *beider* Geschlechter lustig macht. Die Fairness endet allerdings an dieser Stelle: Die Verfehlungen des männlichen Geschlechts – wie z.B. die Vergewaltigung – werden nicht behandelt.[255] Eine gehörige Portion Sexismus darf man dem Dichter daher ruhig unterstellen.

Es hat Versuche gegeben, die Übersexualisierung in den Stücken vom Charakter des Publikums herzuleiten.[256] Dem muss allerdings entgegengehalten werden, dass *jeder* Sexismus stets einer Haltung entspricht, welche dem Denken des Einzelnen entspringt. Das heißt: Selbst wenn abfällige Meinungen über Frauen im Allgemeinen in der Attischen Gesellschaft Gemeingut gewesen wären, so hätte sich Aristophanes dennoch dagegen entscheiden können, diese zu reproduzieren. Dass er genau dies *nicht* getan hat, sagt auch über seinen Reformwillen Einiges aus. Offenbar reichte dieser nicht aus, die Frauenfrage zu diskutieren. Im weiteren Verlauf des Kapitels soll dieses vorläufige Ergebnis untersucht werden.

6.2 Segregation und Abhängigkeit

Woher kommt Aristophanes' Einstellung zu Frauen? Hat er diese etwa selbst gewählt? Eine Stelle in den *Thesmophoriazusen* verdeutlicht, dass es Ängste in der Athenischen Gesellschaft vor allem unter den Männern gab, die heute in ihrer extremen Form vielleicht nicht mehr ohne weiteres verständlich sind. Die *Frau* Mika referiert über die tiefsten Ängste der Männer:

> MIKA: Ihr Fraun, es ist, bei Gott, nicht Eitelkeit,
> Warum ich aufstand, um zu reden! Nein,
> Vielmehr empört schon lang mein armes Herz,
> Daß ich euch seh mit Kot beworfen von
> Euripides, dem Sohn der Hökerin,
> Und hören muß, wie er euch schnöd verleumdet!
> Denn welchen Schandfleck hängt er uns nicht an!
> Verlästert er uns nicht, wo nur zusammen
> Sich finden Schauspieler, Chor und Publikum!
> Nennt läufig uns, mannstoll, ehbrecherisch,
> Schwatzhaft, versoffen, falsch, wortbrüchig, treulos,
> Verdorben durch und durch, die Pein der Männer!
> Drum, wenn die Männer heim vom Schauspiel kommen,
> Gleich sehn sie scheel uns an, durchspähn das Haus,
> Ob nicht ein Buhler irgendwo versteckt.
> Wie wir es sonst getrieben, das ist alles
> Nun aus! So hat er uns mit bösen Lehren
> Verdorben die Männer! Flicht ein Weib auch nur
> Ein Kränzchen, heißt's: die ist verliebt! Und läßt
> Im Hin- und Hergehn sie ein Töpfchen fallen,
> Gleich fragt der Ehemann: „Um wen zerbrach
> Der Topf? Nicht war, ‚dem Hausfreund aus Korinth'?"
> (*Thesmophoriazusen*; V. 383-404)

Die Szene ist streng durchdacht, sie ist ein Meisterwerk komödiantischer Kunst: 1. Mika beschwert sich, dass die Frauen Athens vom Tragöden Euripides „mit Kot beworfen", sprich: in seinen Stücken verleumdet werden. 2. Sie zählt die Schimpflichkeiten auf, deren Euripides sie bezichtigt. 3. Die Männer sehen dies auf dem Theater und nehmen dergleichen bei ihren eigenen Frauen an. 4. Der entscheidende Satz ist: „Wie wir es sonst getrieben, das ist alles nun aus!" – Haben die Frauen ihre Männer also bisher stets betrogen und wurden diese also durch Euripides lediglich ihrer Schandtaten überführt? 5. Die Männer seien nun übersensibel; sie witterten hinter jeder Kleinigkeit einen Verrat. Aristophanes hat in mehr als zwanzig Versen wohldurchdachten Arguments nur diesen einen, aber gewichtigen Zweifel gesät.

Denn was genau veranlasste Mikas Wut? War es die *Verleumdung* der Frauen oder etwa die *Aufdeckung* der Taten? Diese Unterscheidung stellt den Sinn der ganzen Rede auf den Kopf: Im ersten Fall ist Mikas Empörung berechtigt, denn Euripides, der keinesfalls das Gebaren *aller* Athener Frauen kennen konnte, darf natürlich keine Unschuldigen verleumden. Im zweiten Fall jedoch ist Mikas Empörung bloße Scheinheiligkeit: Die Frauen sind all dessen schuldig, was ihnen vorgeworfen wird. In dieser Interpretation ist Euripides kein Lügner, sondern ein Spion, den die Frauen loswerden wollen, damit er ihre Betrügereien nicht länger aufdeckt und ihren Männern auf dem Theater in seinen Stücken mitteilt. Aristophanes ist *bewusst* ambivalent, denn auch er weiß: *Einige* Frauen werden Charakterzüge wie die oben beschriebenen haben und die Aufdeckung durch Euripides zurecht erfahren. Eine wichtigere Folge aber war: Jeder Mann auf dem Theater, der den kleinsten aller Verse der *Thesmophoriazusen* („wie wir es sonst getrieben, alles aus") hörte, wurde in seinem Verdacht nur bestätigt. Paradoxerweise sprang Aristophanes damit *innerhalb des Stückes* heimlich auf eine Meta-Ebene: 1. Er ließ Mika eine Anklage gegen Euripides vorbringen, indem sie ihn der Verleumdung bezichtigt. 2. Die Männer auf dem Theater, die das Stück des *Aristophanes* sahen, glaubten ihre Befürchtungen bestätigt. 3. In Wahrheit war es also nicht *Euripides*, sondern *Aristophanes*, der die Vorurteile der Männer bestätigte und die (vorgeblichen) Machenschaften der Frauen aufdeckte. Es wäre sehr wahrscheinlich höchst interessant gewesen zu untersuchen, was die Männer (und Frauen?), die aus den *Thesmophoriazusen* nach Hause zu ihren Liebsten gingen, dachten…

Denn die Wirklichkeit Athens war nicht so verspielt, wie es das Stück vermuten lässt. Ein fast schon spielerischer Vers aus den *Ekklesiazusen* zeigt verschämt die Segregation der attischen Gesellschaft hinsichtlich Geschlechtertrennung auf:

> ERSTE FRAU: Und dann: sooft mein Mann zum Marktplatz ging,
> Setzt ich, gesalbt am ganzen Leib, der Sonne
> Mich aus den ganzen Tag und ließ mich bräunen.
> (*Ekklesiazusen*; V. 62-64)

Diese drei Verse verraten viel: Erst wenn der Mann aus dem Haus ging, war es auch der Ehefrau gestattet, das Haus zu verlassen – aber nur heimlich. Nicht einmal zur Bräunung der Haut durfte sie sich im Beisein des Mannes draußen sehen lassen. Daraus lässt sich vermuten: Der Freigang der attischen Ehefrau war überaus eingeschränkt. Es spricht viel dafür, dass diese Segregation tatsächlich stattfand, denn die Räume Athens waren streng verteilt: Dem Mann gehörte die politische Sphäre (*polis* = Stadt, Staat), und damit der *gesamte* Raum der Stadt; der Frau blieb allein der Haushalt. Frauen waren – wie Sklaven, Kinder und Fremde – vom Wahlrecht ausgeschlossen; sobald sie das Haus einmal verließen, waren sie vollständig in der Hand ihrer Begleiter; selbst im Haus gab es eigene „Ehefrauenräume" – die Wirtschaftsräume, Geld betreffend, gehörten jedoch sicherlich nicht dazu.[257]

Es wurde mitunter angenommen, die Frauen hätten sich mit dieser Einteilung arrangiert: Das oberste Ziel der beiden Gatten wäre ein funktionierender *Oikos* (= Haushalt, daher *Ökonomie* = Haushaltslehre) gewesen, d. h. Frauen wären zum Wohle der kleinen Gemeinschaft einverstanden gewesen, ein Leben nicht weit über dem der Sklaven zu führen.[258] Jedoch waren sie nicht nur finanziell abhängig – sie durften auch keinerlei Eigentum besitzen.[259] Man kann sich leicht vorstellen, wie es Frauen zu Aristophanes' Zeiten gegangen sein muss, wenn sie ihr Schicksal mit dem der Sklaven verglichen – zumal es auch weibliche Sklaven gab, auf die der Hausherr natürlich ebenfalls ein volles „Zugriffsrecht" besaß. All die Beschreibungen in diesem Abschnitt sprechen der Glorifizierung der Alten Demokratie in Athen Hohn, zu der noch bis ins frühe zwanzigste Jahrhundert viele Gelehrten neigten.[260]

Umso erstaunlicher mutet es an, wenn die Komödie sich über diese Gepflogenheiten hinwegsetzt, denn die Komödie durfte alles. War dies so? Allein die Erscheinung einer Lysistrate, die sich in einem nach *ihr* benannten Stück über männliche Vorherrschaft hinwegsetzt und den politischen Raum okkupiert, musste den konservativ gesinnten *männlichen* Zuschauern im Theater wie ein Affront erscheinen. Dabei fällt jedoch eines auf: Lysistrate übertritt ihre eigene Sphäre, um sich eine fremde *anzueignen*, aber zur zeitweilig: Sie will diese Sphäre nicht behalten – anders als die Männer in jenem Stück –, stattdessen will sie die „natürliche" Ordnung wiederherstellen. Die Männer sollen zurückkommen und Frieden schließen, damit die Frauen so weiterleben können wie bisher. Dies scheint der Zweck des Aufstandes in der *Lysistrate* zu sein.[261]

Dasselbe gilt für die *Ekklesiazusen:* Praxagora tritt als *Eindringling* in die *Ekklesia*; das Ungewöhnliche dieses Vorgangs beschreibt bereits der Name des Stückes: „Frauen in der Versammlung". Der Unterschied zur *Lysistrate* ist allerdings frappierend: Die nach dem Peloponnesischen Krieg aufgeführten *Ekklesiazusen* drängen dazu, den Frauen die Macht im Staat *für alle Zeit* zu übertragen. Den Einbruch in die männliche Sphäre, den Lysistrate nur unternimmt, um den *Status quo* wiederherzustellen, nutzt Praxagora, um Letzteren für immer zu überwinden. Natürlich geht mit diesem Einbruch die Gefahr eines Verbrechens einher: Praxagora und Lysistrate begehen schwere sittliche Vergehen, indem sie den herrschenden Männern einen Großteil ihrer Einflusssphäre rauben.[262] Die Einschätzung Aristophanes' als Sexist erhält erste Risse, denn: Er musste in seinen Stücken nicht so weit gehen, Frauen *sämtliche* Grenzen überschreiten zu lassen; er hätte sich auch mit umgänglicheren Stoffen begnügen können.

Für diesen Mut könnte es einen einfachen Grund gegeben haben: Die Männer waren im Theater nicht unter sich. Vermutungen über Frauen im Theater der Alten Komödie gibt es schon lange.[263] Sie wurden allerdings bis in moderne Zeiten nicht allgemein für möglich gehalten. Der Glaube an eine Segregation beruhte auf einfachen, augenscheinlich plausiblen logischen Annahmen: Frauen und Männer waren im Haushalt getrennt und hatten eine klare Aufgabenverteilung: Die Frau war für die Reinlichkeit und die Verpflegung der Familie zuständig; dem Mann gehörte die öffentliche, die politische Sphäre. Das Theater behandelte Politisches und Mythisches – beides war den Männern vorbehalten. Dennoch reicht auch dies nicht aus, um Frauen *grundsätzlich* und von Vornherein vom Theaterbetrieb auszuschließen. Dazu kommt, dass Frauen in den *Thesmophoriazusen* über die Verleumdung des Euripides wussten. Wie sollten sie davon wissen, wenn die Männer sie nicht einweihten? Attischer Sitte gemäß wurde Politisches nicht mit der Ehefrau beredet; es liegt also durchaus nahe, dass Frauen im Theater saßen und den üblen Nachreden des Tragöden beiwohnten.

Dazu kommt eine innerlogische Spezifikation der Stücke *Lysistrate* und *Ekklesiazusen*: Aristophanes hätte diese beiden als bloße „Lästerstücke", als lustiges Theaterwerk einzig und allein zu dem Zweck, Frauen zu verunglimpfen, schreiben können. Dagegen sprechen verschiedene Argumente: 1. Die Stücke haben einen rebellischen Charakter und lassen Männer im Allgemeinen nicht gut aussehen. Wenn Aristophanes sich also über jemanden lustig machte, so waren dies in der *Lysistrate* und de *Ekklesiazusen* eindeutig die Männer. Zum Lästern waren diese Stücke also nicht geeignet, wenn das Theaterpublikum aus den Menschen bestand, über die man sich lustig machte. Der Erfolg wäre Aristophanes damit eher verwehrt worden. 2. Wichtiger aber noch ist, dass es besser zum Aristophanischen *Kanon* passte, wenn auch Frauen in den Rängen Platz genommen hätten. Die Stücke passen hervorragend zusammen, weil sie alle einen gewissen sozialreformerischen Anstrich pflegen. Zwei Stücke, die lediglich dazu geschrieben wurden, eine Gruppe der Athener zu verhöhnen, nur weil sie Frauen oder Männer *waren*, nicht weil sie moralisch Verwerfliches *getan* hatten (wie Demagogen und Sykophanten), passte nicht in das *Corpus Aristophanicum*.

6.3 Geschlechterkampf

Ein sozialreformerischer Ansatz hat noch nie ausgereicht, einen Missstand zu beseitigen, im Gegenteil: Für gewöhnlich rief ein solcher Versuch heftigste Gegenwehr hervor. Auch der Streit der Geschlechter in der *Lysistrate* geht diesen Weg, denn der geschilderte Einbruch der

Frauen in die männliche Sphäre hätte im Erfolgsfall konkrete Folgen gehabt, welche gesell-schaftlich etablierte Strukturen in Unruhe hätten versetzen können:

> CHOR DER MÄNNER: Geben wir nur einen kleinen Finger ihnen, hängen sie sich dran
> Fest wie Kletten, und geschäftig sind sie dann mit Hand und Fuß.
> Und am Ende baun sie Schiffe, segeln aus und liefern uns
> Seegefechte, die Verwegnen! – wie einst Artemisia!
> Wenn sie noch die Reitkunst treiben, streich ich unsre Ritter aus:
> Von Natur schon sind die Weiber reitgewohnt und sattelfest!
> Oh, die stürzen nie beim Reiten! Sie die Amazonen an,
> Wie auf Mikons Bild sie kämpfen mit den Männern hoch zu Ross!
> Wohl am besten wär's, zu nehmen all und ins durchbohrte Holz
> Ihnen gleich hineinzustecken diesen langen Schwanenhals!
> (*Lysistrate*; V. 672-681)

Die Angst ist klar benannt: Wer den Frauen Anfangsrechte zugesteht, muss ihnen auch die übrigen gewähren, denn: Mit welcher Berechtigung sollte man ihnen dies verweigern? Wer anfängt, den Frauen *einige* Rechte zuzugestehen, die bisher den Männern vorbehalten waren, wird es argumentatorisch immer schwieriger haben, ihnen die restlichen zu verwehren. Aus der Tirade sticht ein Name heraus: Artemisia. Diese Frau war in den Perserkriegen Herrsche-rin von Halikarnassos an der kleinasiatischen Küste und stand in Diensten der Perser, also *gegen* Athen (Herodots *Historien*, 7. Buch). Artemisia wurde stets als Negativbeispiel für eine Frau mit zu viel Macht beschworen, vor allem deshalb, weil diese Kommandeurin überaus erfolgreich war und etliche Verbündete und Athener in die Flucht schlug. Die Athener *Männer* hatten also durchaus ein Interesse daran, das abschreckende Artemisia-Argument ins Feld zu führen.

Problematisch an dieser Argumentation war allerdings, dass sie völlig am Problem vorbei-ging: Es stand nicht im Raum, dass *alle* Frauen ähnliche Machtfülle und Zerstörungspotenzial entwickeln würden wie Artemisia, schon allein aufgrund der Tatsache, dass sie eine Königin war und Athen eine Demokratie blieb (die Macht blieb also auf viele verteilt). Auch war nicht zu befürchten, dass aufgrund eines Rechteausgleichs zwischen Frauen und Männern die Letzteren plötzlich *ihre* Rechte verlieren und die Frauen allein die Macht ergreifen würden. All dies stand jedoch im Raum und wurde durch das Bild der „Amazonen, die hoch zu Ross mit den Männern kämpfen" noch verstärkt – wobei auch hier wohlweislich verschwiegen wurde, dass der Amazonenstaat *ausschließlich* aus Frauen bestand, anders als Athen.

Abgesehen von Vorurteilen dieser Art existierten jedoch auch *reale* Gefahren: Das attische Bürgerrecht war ein kompliziertes Gebilde, welches auf eine *männliche* Erbfolge ausgerichtet war. Ein *außereheliches* Kind mit Sklavinnen und staatsfremden Frauen konnte dem Ehemann nicht gefährlich werden; auf Abenteuer mit Athener Bürgerinnen jedoch standen schwere Strafen. Für den Ehebrecher waren die Folgen dabei weniger gravierend als für den Gehörnten: Seine ihn betrügende Ehefrau konnte angeben, *er* wäre der Vater. Die Folgen konnten erbrechtliche Schwierigkeiten zwischen dem Kuckuckskind und seinen rechtmäßigen Kindern sein. Da das Bürgerrecht und das Ansehen der Familie vererbt wurde, standen an dieser Stelle schwere sozialrechtliche Verwerfungen im Raum.[264]

Dazu kommt, dass *Liebes*heiraten eher selten waren: Der Mann heiratete im besten Alter (um die dreißig), Frauen sobald sie dazu berechtigt waren (unter zwanzig); die Interessen beider Parteien dürften sich daher nur wenig überschnitten haben. Ein Mann nahm also eine völlig Fremde in *sein* Haus auf, deren Loyalität er sich nie sicher sein konnte: Was sollte sie daran hindern, die Interessen ihres Vaters durchzusetzen, indem sie Teil einer gerissenen Heiratspolitik war und nur wenig auf ihren Ehemann gab? Athen war durchzogen von Machtkämpfen einflussreicher Familien, jeder Haushalt stand in direkter Konkurrenz mit anderen Haushalten hinsichtlich Einfluss und Wirtschaftskraft. Jeder Ehemann nahm also eine potenzielle Feindin in sein Haus auf. Auch wenn uns diese Einschätzung heute übertrieben erscheint – die Gefahr bestand durchaus, dass die eigene Ehefrau ihn verriet.

Es nimmt daher nicht Wunder, dass die Ehemänner dieser potenziell bedrückenden Sphäre, dem *Oikos*, entfliehen wollten und sich auf die öffentliche Sphäre, die *Polis*, beschränkten. Dort herrschten sie unter sich; dort war der Konkurrenzkampf offen und ehrlich, weil jeder sichtbar mit jedem konkurrierte. Gefährlich wurde es für die Bürger, wenn sie *fremde* Haushalte betraten: Da jeder Mann das unumschränkte Hausrecht genoss und mit Eindringlingen verfahren konnte wie mit seiner Frau, seinen Kindern und Sklaven, durfte er auch mit Fremden so verfahren und sie gegebenenfalls züchtigen. Dieser Schmach wollte sich natürlich niemand aussetzen; daher betrat kein Mann ungeladen das Haus eines anderen. Die einzige Ausnahme bestand darin, dass der fremde Mann das Haus betrat, wenn der Ehemann nicht daheim war – er beging damit einen den Ehemann peinlich berührenden Affront, denn dieser bewies dadurch, dass jemand *ohne seine Erlaubnis* sein Haus betrat, dass er *nicht* Herr seines Hauses war. Dazu kam, dass er signalisierte, jeder andere Mann könne sein Eigentum (dazu zählte rechtlich auch die Ehefrau) nehmen. Der Ehrverlust war unbeschreiblich, wenn dies geschah und öffentlich bekannt wurde. Aristophanes schildert die männliche Angst in den *Thesmophoriazusen*:

> CHOR: An das Publikum richten wir jetzo das Wort und gedenken uns selber zu loben!
> Zwar schimpfen jetzt all auf das Frauengeschlecht und setzen es schmählich herunter:
> Wie seien, so lügt man, der Fluch der Welt und der Urquell alles Verderbens!

Wir gebären nur Haß, Zank, Kummer und Not und Empörung und Krieg! – Nun wohl-
an denn!
Wenn ein Fluch wir sind, warum freit ihr uns denn, warum, wenn wir wirklich ein
Fluch sind?
Was verbietet ihr uns, auf die Straße zu gehen, ja, nur aus dem Fenster zu gucken?
Was bemüht ihr euch denn mit so ängstlichem Fleiß, zu hüten den Fluch und zu halten?
Und geht nun ein Weibchen mal irgendwohin, und ihr findet sie dann außer Hause,
Dann tobt ihr wie rasend, anstatt euch zu freun und den Göttern zu opfern, daß endlich
Ihr entschwunden ihn seht aus dem Hause, de Fluch, und ihr nimmer ihn trefft in der Stube.
Und schläft man einmal in der Freundin Haus, wo man müd sich gescherzt und gefeiert,
Da laufen sie denn an den Betten herum und suchen den Fluch zu erwischen.
Kaum gucken wir einmal zum Fenster hinaus, will den Fluch ein jeder betrachten,
Und zieht man verschämt sich ein bißchen zurück, da gaffen sie nur noch verrückter,
Ob der Fluch nicht noch einmal am Fenster erscheint?
(*Thesmophoriazusen*; V. 785-799)

Die Angst der Ehemänner – das soll an dieser Stelle unmissverständlich klargestellt werden –
war keinesfalls immer berechtigt und sicherlich in den meisten Fällen haltlos und übertrieben.
Auch glaubten nicht alle Ehemänner, dass sie zu jener bedauernswerten Gruppe gehörten, die
Hörner aufgesetzt bekam. Die Ehe diente der Produktion *legitimer* Nachkommen.[265] Wenn
diese Legitimität infrage gestellt wurde, konnten die politischen Rechte der Nachkommen-
schaft angegriffen werden. Die Familie konnte in Verruf und erhebliche wirtschaftliche
Schwierigkeiten geraten, da der Leumund einer Familie in handelsrechtlichen Angelegenheiten oft alles bedeutete. Das attische patriarchalische Recht in seiner ungerechten Ausgestal-
tung zielte einzig auf den Erhalt dieser Legitimität. Diese bei weitem nicht ausreichenden
Erklärungen zu den attischen Ehesitten sollen keine Entschuldigung, stattdessen *Verständnis*
für die (teilweise berechtigten) Ängste der Ehemänner hervorrufen.

Keine Revolution ohne Kampf – und Szenen des Kampfes gibt es genügend bei Aristophanes.
Nachdem sich die Frauen in der *Lysistrate* auf der Akropolis verschanzt haben, blasen die
alten, zurückgebliebenen Männer zum Kampf:

CHOR DER ALTEN: Nun denn, so stürmen wir hinaus zur Burg im Lauf, Philurgos!
Rund um die Weiber häufen wir hier auf die Stämm und Klötze,
Und alle, die die Freveltat beschlossen und begonnen,
Auf einem Holzstoß, eines Sinns, mit eigner Hand verbrennen
Wir all zusammen, doch zuerst muß dran das Weib des Lykon!
Nein, spotten, bei Demeter, soll meiner nicht das Weibsvolk!
(*Lysistrate*; V. 266-271)

Der Hass der Männer ist spürbar und irrational: Keiner der im Felde stehenden *jungen*
Männer würde es seinem Vater verzeihen, wenn dieser seine Mutter verbrannte. Die Alten
scheinen jedoch selbst im Krieg zu stehen:

CHOR DER ALTEN: Hilf, Nike, daß wir in der Burg den Übermut der Weiber
Jetzt züchtigen und über sie ein Siegsdenkmal errichten!
(*Lysistrate*; V. 317f.)

Aristophanes feines Gespür für Paradoxien zeigt sich auch hier: Die Alten rufen Nike an, die *Göttin* des Sieges und vertrauen darauf, dass diese ihnen trotz des Angriffs auf ihre Geschlechtsgenossinnen hilft. Als einer der Beamten Athens einschreiten will, rufen sie ihm zu:

CHOR DER MÄNNER: Verschwendet, edler Ratsherr, hast du nun genug der Worte!
Was läßt du mit den Bestien auch dich ein in lange Reden?
Vergaßt du ganz die Wäsche, die mit uns in unsern Kleidern
Sie vorgenommen kaum zuvor, und das noch ohne Lauge?
CHOR DER FRAUEN: Ja, darf man mir nichts, dir nichts auch sich so an seinem Nächsten
Vergreifen? Wenn du's wieder wagst, gleich setzt es blaue Augen!
Ich will ja gerne ruhig sein und sittsam wie 'ne Jungfer,
ich tue keiner Seele was, kein Wasser will ich trüben,
Nur muß man in mein Wespennest nicht stechen noch mich reizen!
(*Lysistrate*; V. 467-475)

Es sind nicht nur die Männer, welche auf der Bühne zu Gewalt aufrufen; die Frauen stehen ihnen in nichts nach. Die Bühne der *Lysistrate* muss für alle Theaterzuschauer ein Spektakel dargeboten haben, von dem sie noch lange zu berichten wussten – ganz gleich, ob Männer *und* Frauen unter den Zuschauern anwesend waren. Die gebotenen Kampfszenen mussten für jeden aufwühlend wirken, da sich jeder Zuschauer mit mindestens einer der Kampfverbände identifizieren konnte. Ein letztes Beispiel soll genügen, die Bedeutung des Kampfes einzufangen:

CHOR DER MÄNNER: Wild, unbändig wie die Weiber ist kein Tier auf Erden mehr,
Unbezwingbar gleich dem Feuer, frecher als das Panthertier!
CHOR DER FRAUEN: Wenn du solches weißt, warum denn führst du Krieg mit mir, du Narr?
Und doch kannst du mich zur treuen Freundin haben, wenn du willst!
CHOR DER MÄNNER: „Nein, die Weiber samt und sonders haß ich all mein Leben lang."
(*Lysistrate*; V. 1013-1017)

Die Fronten scheinen nur auf einer Seite verhärtet: Die Männer „hassen die Weiber samt und sonders ihr Leben lang"; die Frauen machen ein Angebot, sie „zur treuen Freundin zu haben". Aristophanes verteilt die Schuld dieses Konfliktes sehr eindeutig und lässt keinen Zweifel daran, wen *er* für hauptschuldig an den Verwerfungen hält. Dabei sehen die Männer die Sinnlosigkeit ihres Kampfes durchaus ein: „Unbezwingbar gleich dem Feuer" seien die Frauen; wie sollte ein Sieg da möglich sein? Das Friedensangebot der Frauen nimmt sich angesichts dieser Aussichtslosigkeit viel vernünftiger aus.

Aristophanes brauchte für seine reformerischen Ideen Heldinnen, und er kreierte sie. Zunächst Lysistrate:

> RATSHERR: So berichte nur schnell, sonst kriegst du noch –
> LYSISTRATE: Hör mich und bleibe
> Mit den Händen nur ruhig, und halte dich still!
> RATSHERR: Ich vermag es nicht! Halte da einer
> Die Hände zurück in der Wut!
> EINE FRAU: Ei! ei! Da kriegst du nur um so gewisser!
> RATSHERR: Das, krächzende Vettel, weissagst du dir selbst!
> *Zu Lysistrate* So berichte denn du mir!
> LYISTTRATE: Das werd ich!
> Wir ertrugen es stets in der vorigen Zeit und im Jammer des Krieges geduldig,
> Sittsamer Natur, wie wir Frauen nun sind, wie ihr Männer auch immer es triebet.
> Wir durften nicht mucksen, so hieltet ihr uns! Und ihr wart doch gewiß nicht zu loben!
> Wir durchschauten euch wohl, und wir ahnten nichts Guts, und da kam denn, wenn wir zu Hause
> Still saßen, zu Ohren uns oft, wie verkehrt ihr die wichtigsten Dinge behandelt!
> Da fragten wir wohl euch, im Herzen betrübt tief innen, doch lächelnden Mundes:
> „Was habt ihr im Rate des Volks heut früh nun wegen des Friedens beschlossen?
> Was kommt an die Säule?" – „Was kümmert das *dich*?" – war die brummende Antwort des Mannes,
> „Ich rate dir, schweig!" – Und ich schwieg!
> EINE FRAU: Ei was? Ich hätte gewiß nicht geschwiegen!
> RATSHERR: Hättest du nicht geschwiegen, so hättst du geschrien!
> LYSISTRATE: So schwieg ich denn lieber zu Hause!
> Nicht lange, so hörten wir wieder: ihr habt noch verkehrtere Dinge beschlossen!
> Und so fragten wir wieder: „Nein, sage mir, Mann, was macht ihr für dumme Beschlüsse!?"
> Da sah er mich an von der Seit und begann: „Wenn du ruhig nicht bleibst bei dem Webstuhl,
> Dann setz ich zurecht dir den störrischen Kopf! Denn der Krieg ist die Sache der Männer!"
> RATSHERR: Und er hat dir's bei Zeus, wie er mußte, gesagt!
> LYSISTRATE: Wie er mußte? Wieso du Verrückter!
> Zu verbieten den Fraun, mit ersprießlichem Rat euch Übelberatnen zu dienen?
> (*Lysistrate*; V. 506-526; Herv. im Orig.)

Es fällt schwer in Lysistrate keine Heldin zu sehen, angesichts der einleitenden Bemerkungen über den Status und die Möglichkeiten von Frauen, Politik zu betreiben, vor allem aber angesichts der Gefahren für eine Ehefrau durch ihren Mann, wenn sie ihm nicht zu Willen war.[266] Die Heldin vereint sämtliche Eigenschaften, die von einem heutigen Mediator verlangt würden: Sie bleibt ruhig angesichts gegen sie anbrandenden Hasses; sie versucht stets, das bessere *Argument* zu bringen, anstatt sich auf die Gewalt zu verlassen; sie analysiert die politische Lage im Staat und sinnt auf brauchbare Beschlüsse statt ideologische Strategien; sie setzt sich freiwillig einer strafenden Gewalt aus in einem Staat, der diese Gewalt gegen sie legitimieren würde; zuletzt hebt sie sich sogar gegen ihre Mitstreiterinnen ab, die wiederum mit Gewalt antworten wollen und so das ganze Unternehmen in Gefahr bringen. Sie steht in der Komödie völlig allein mit ihrer Ansicht, die Besetzung der Akropolis würde ausreichen, sodass ein Kampf überflüssig würde. Aristophanes wäre jedoch nicht der gewitzte Satiriker, wenn er seine Heldin ohne Hilfe ihre Sache durchstreiten ließe. Er bringt ein Beispiel, wie *jede* Frau im Staat heldenhaft auftreten kann. Lysistrates Gefährtin Myrrhine fragt besorgt, wie sie reagieren sollte, wenn die Männer die Befriedigung ihrer körperlichen Gelüste von ihnen verlangten:

> MYRRHINE: Und wenn sie uns zur Kammer mit Gewalt
> Woll'n ziehn?
> LYSISTRATE: Dann hältst du dich am Pfosten fest!
> MYRRHINE: Und wenn er schlägt?
> LYSISTRATE: Dann mach's ihm, aber schlecht!
> Wo man Gewalt braucht, ist die Lust nicht groß!
> Verleid es ihm auf jede Art, er läßt
> Dich schon in Ruh! Der Mann hat keine Freude,
> Wenn ihm das Weib nicht gern zu Willen ist.
> (*Lysistrate*; V. 160-166)

Widerstand um jeden Preis, auch um denjenigen einer erlittenen Vergewaltigung durch den eigenen Ehemann; dieses Ideal macht aus jeder attischen Ehefrau eine Heldin: Die Frauen opfern sich, ihren Körper, um dem Staat zum Frieden zu verhelfen. Selbst wenn dieses Bild eines der Satire sein sollte, hinterlassen die starken Farben, in denen es gemalt ist, Eindruck. Aristophanes konnte danach nicht anders, als den Frauen im Stück zum Sieg zu verhelfen.

Ein Gleiches könnte für die *Ekklesiazusen* gelten; Aristophanes lässt diese Komödie jedoch zwiespältig enden (siehe Kapitel 8). Nichtsdestotrotz ist auch Praxagora, wenn auch weniger kampfeslustig, eine Heldin, die eine Totalumwandlung der Verhältnisse unternimmt:

> PRAXAGORA: Ja, darum doch, bei diesem Morgenrot,
> Beginnen wir das kühne Werk, das Ruder
> Des Staats in unsre Frauenhand zu nehmen,
> Gewillt, allein des Staates Wohl zu fördern:
> Denn jetzt allein geht's nicht mit Segeln, nicht mit Rudern!
> (*Ekklesiazusen*; V. 105-109)

In gewisser Hinsicht ist Praxagoras Aufgabe noch wesentlich größer als die von Lysistrate: Während Letztere lediglich den Status quo wiederherstellen will, wenn auch mit brachialen Mitteln, so strebt Erstere eine Konversion des Staates selbst an, indem sie die Macht in Frauenhände legen will.

Eine letzte Heldin soll hier zu Wort kommen; diese ist in der Forschung verdächtig unterrepräsentiert und verdient schon aus diesem Grund eine erhöhte Aufmerksamkeit. Mikas Rede zu Beginn dieses Kapitels findet in den *Thesmophoriazusen* eine Fortsetzung, in der sie sich gegen den demagogisch redenden Mnesilochos (den Verwandten des Euripides) wie auch gegen ihre Mitstreiterinnen, den Frauenchor, durchsetzen muss:

> CHOR: Ja, über Weiber, von Natur vermessen, frech und schamlos;
> Geht doch an Niederträchtigkeit nichts in der Welt als Weiber!
> MIKA: Hört, bei Aglauros, hört, ihr Fraun, ihr seid nicht recht bei Sinnen,
> Ihr müßt behext sein oder sonst vom bösen Geist besessen,
> Daß ihr von diesem Teufelsweib uns alle laßt beschimpfen!
> Hilft jemand sonst, nun gut – wo nicht, so holen wir, wir selber
> Mit diesen Mägden Kohlen, wo nur welche sind, und sengen
> Ihr kahl den Schoß, damit fortan sie sich gewitzigt hüte,
> Sie, selber eine Frau, den Fraun so Schlechtes nachzureden!
> MNESILOCHOS: Um Gottes willen, nicht den Schoß! – Wie? Hier, wo Redefreiheit
> Doch herrscht und jede Bürgerin darf ihre Meinung sagen –
> Weil hier ich für Euripides gesprochen, wie ich dachte,
> Dafür nun soll ich büßen und von euch mich rupfen lassen?
> MIKA: So, du dafür nicht büßen? Du, die einz'ge, die es wagte,
> Zu sprechen für den Menschen, der an uns so schwer gefrevelt,
> Der recht absichtlich Stoffe nahm, um schlechte Fraun zu zeigen,
> Wie Phädra und Melanippe; doch Penelope, die stellt er
> Nie dar, weil jedermann sie kennt als tugendhafte Gattin!
> MNESILOCHOS: Ich weiß, warum: Man nenne mir von heut'gen Fraun nur eine
> Penelope, doch Phädren sind sie alle miteinander.
> (*Thesmophoriazusen*; V. 531-550)

Mika verwundert sich über den Frauenchor und kämpft verbissen gegen den Demagogen, der als Frau verkleidet ihre Freundinnen auf seine Seite gezogen hat. Mikas Verzweiflung ist spürbar und berechtigt: Sie hatte den Antrag gegen Euripides eingebracht; diese fremde Frau sprach wider jede Vernunft dagegen. Aristophanes schien den Widerstand gegen diese Heldin besonders groß gestalten zu wollen: Sahen sich Praxagora und Lysistrate noch mit einer Frauentruppe verbunden, die treu zu ihnen stand, musste Mika den sie umgebenden Frauenchor zur Besinnung rufen. Doch Mika erscheint ambivalent: Rät sie nicht sogar zu Gewalt, indem sie dem Neuankömmling „den Schoß kahl sengen" will; ist sie etwa von anderer Gesinnung als Lysistrate und Praxagora, die beide ihre Ziele gewaltlos zu erreichen suchen? Mika scheint ihr Ziel etwas zu forsch verfolgen zu wollen und nicht unverdient tritt sie in die Falle, die Mnesilochos ihr stellt: Gilt denn Redefreiheit bei den Frauen nichts? Aristophanes zeigt auf, dass eine Heldin sich an gewisse moralische Vorbedingungen halten muss, wenn sie in seinem Stück ihr Ziel erreichen will.

Es wurde gefragt, warum Aristophanes – Abkömmling einer eindeutig durch *männliche* Dominanz geprägten Gesellschaft und eines ebenso patriarchalen Bürgerstandes – in seinen Stücken weiblichen Helden so viel Raum gab. Für moderne Leser mag dieser Raum nicht übermäßig groß erschienen – in nur drei der elf Komödien spielen Frauen tragende und nur zwei davon die Hauptrollen –, für attische Theaterzuschauer seiner Zeit könnte dieser Anteil jedoch geradezu revolutionär viel gewesen sein.[267] Bei aller vorstechenden Emanzipationsbereitschaft muss auf der anderen Seite jedoch stets festgehalten werden, dass der Raum der Alten Komödie einer der Phantasie war: Männer, die starken Frauen auf der Bühne sahen und diesen zujubelten, konnten dennoch nach Hause gehen und ungestraft ihre Frauen schlagen. Die Diskrepanz war kein Zufall; sie war organisch gewachsen.[268] Die attische Gesellschaft musste zeitgleich mit einem Krieg leben, der ihre vitalen Handelsinteressen absehbar zerstörte; angesichts dessen erschien die Behandlung der Frauenfrage nachrangig und es ist nicht bekannt, ob und inwiefern sich an der Situation der Bürgerinnen Athens in der Folge der Aristophanischen Komödien etwas signifikant verändert hätte.

6.4 Feminismus und Emanzipation?

> CHOR DER FRAUEN: *Frei* bin ich, frei geboren!
> (*Lysistrate*; V. 379; Herv. im Orig.)

Dieser Ruf nach der rechtmäßigen Freiheit der Frau *an sich* steht am Anfang des Kampfes, am Beginn der Belagerung durch die Männer. Aristophanes hat ihn wohlplatziert, um ihm den Gehalt zu geben, der ihm gebührt. Er ist das Manifest, das Flugblatt, die Parole – die Frauen der *Lysistrate* sollen wissen, *wofür* sie die Entbehrung einer Belagerung durch ihre Liebsten (denn auch diese waren unter den sie belagernden Männern) auf sich nahmen. Es verwundert nur vordergründig, dass die Frauen *nicht* ihre endgültige Befreiung von der männlichen Eheherrschaft forderten: Der Krieg war wichtiger; ein solcher Versuch konnte erst *nach* dem alles entscheidenden Krieg gegen Sparta in Angriff genommen werden (nämlich in den viel später aufgeführten *Ekklesiazusen*).[269] Dennoch wurde dieser Ausruf als Parole eines protofeministischen Utopias gelesen.[270] Inwiefern jedoch hält diese Einschätzung einer Untersuchung stand?

Die Frauen der *Lysistrate* gehen nicht ohne Grund auf die Straße; der Ruf nach Freiheit ist nicht ihr einziger Antrieb:

> CHOR DER FRAUEN: Sollt ich da der Stadt nicht dienen, wenn ich kann, mit gutem Rat?
> Zwar bin ich ein Weib, doch seht ihr, hoff ich, drum nicht scheel mich an
> Wenn ich Beßres biet, als was ihr alle Tage seht und hört:
> Geb ich doch mein Teil zum Ganzen: meine Söhne bring ich dar!
> Aber ihr, elende Greise, steuert nichts mehr bei: ihr habt
> Durchgebracht die „Persergabe", die die Väter euch vererbt,

Und aus eigenem Vermögen tragt ihr dafür gar nichts bei.
Ja, ihr bringt's dahin, daß bald das Ganze von euch aufgelöst!
Ihr, ihr wollt noch mucksen? – Trittst du im geringsten mir zu nah,
Mit dem ungegerbten Stiefel schlag ich dir die Zähne ein!
(*Lysistrate*; V. 648-657)

Es wird deutlich: Es ist *nicht* die Frauenbefreiung, welche den Ausschlag gibt zum Aufstand gegen die Männer; es ist deren Unfähigkeit zur Erreichung des Friedens mit Sparta. Die Frauen tragen diese Last wesentlich mit: Sie „bringen ihre Söhne dar", während die den Krieg verteidigenden Greise „nichts mehr beisteuern". Welcher attische Bürger konnte einer Mutter abverlangen, ihre Söhne sterben zu sehen, während Menschen, die nichts mehr zu verlieren haben, den Krieg wollten? Der Rat der Frauen ist einfach: Die Männer haben versagt; alles ist besser, als deren Politik länger zu ertragen. Aristophanes zeigt, dass die *Kritik* in der *Lysistrate* die Antriebsfeder ist, nicht die *Gestaltung*, denn diese haben auch die Männer unternommen, wenn auch erfolglos. Der scheinbare Feminismus der Frauen entpuppt sich zumindest in der *Lysistrate* als eine Kritik männlicher Fehler, nicht als echter Gestaltungswille der Frauen. Es ist daher nur folgerichtig, dass die Frauen die vorher etablierten Verhältnisse wieder erreichen wollen: Sie wollen ihre Söhne, keine Rechte. Dazu passt, wie Lysistrate von den Frauen charakterisiert wird:

CHOR *zu Lysistrate, die heraustritt*:
Heil dir, mannhafteste Zierde der Fraun! Nun erprobe dich, zeige dich wacker,
Unerschrocken, gewandt, streng, milde, gerecht, diplomatisch, hochherzig, als Heldin!
Denn die Ersten vom Volk der Hellenen, von dir mit Zauberstricken gefesselt,
Dir stellen anheim, dir vertrauen sie es an, all ihre Beschwerden zu schlichten!
(*Lysistrate*; V. 1108-1111; Herv. im Orig.)

Zwar wird Lysistrate als „Heldin" verehrt, aber als „mannhafteste Zierde der Fraun". Lysistrate ist also der bessere Mann, weil die *anderen* Männer versagt haben. Aristophanes will keine Frauen an der Regierung, es sei denn, sie agieren wie Männer. Die hervorstechendsten Tugenden Lysistrates sind es, „wacker" und „unerschrocken" und damit mutig zu sein; erst *danach* folgen die vermeintlich weiblichen Tugenden der Gewandtheit, Milde, Diplomatie. Aristophanes hat den perfekten *Mann* darstellen wollen, und er benötigte dazu eine Figur, die kein Mann ist – eine Frau. Sobald die Wiederherstellung der Ordnung erreicht ist, dürfen Lysistrate und alle anderen Heldinnen wieder ins zweite Glied zurücktreten.[271] Eine solche Charakterisierung nimmt der Chor der Frauen in den *Thesmophoriazusen* selbst vor:

CHOR: Billig sollt ein Weib, das einen braven Mann dem Staat gebar,
Einen Hauptmann oder Feldherrn, Ruhm und Rang dafür empfahn,
Und den Ehrenplatz beim Skiren- und beim Stenienfest und sonst
Bei den andern hohen Festen, die wir feiern unter uns!
Doch ein Weib, das einen niederträcht'gen Mann geboren hat,

Einen Schiffshauptmann, der feig ist, einen schlechten Steuermann,
Niemals vor des braven Mannes Mutter pflanze die sich hin,
Hinten soll sie, kurz geschoren, sitzen!
(*Thesmophoriazusen*; V. 831-838)

An der *Frau* liegt es letztendlich, ob ein Mann gut für den Staat wird, denn sie erzieht die Jungen. Letztendlich rückt damit Aristophanes das Bild doch wieder gerade: Die Männer kümmern sich um die Politik, wenn sie fertig ausgebildet sind; für den Nachwuchs sind die Frauen zuständig. Auf diese fällt es letztendlich, wenn ihre Söhne versagen: „Hinten soll sie, kurz geschoren, sitzen!"

Indem die Frauen der *Lysistrata* und *Ekklesiazusen* die öffentliche Sphäre der Demokratie betreten, bringen sie den Konflikt zwischen *Oikos* (Haushalt) und *Polis* (Stadt) an die Öffentlichkeit. Frauen haben nach altattischer Lesart in der ersten Sphäre zu bleiben; ihnen ist der Zugang zur zweiten versagt. Aristophanes zeigt, dass diese Sicht inkonsequent ist: Die Frauen der *Lysistrate* (und mehr noch der *Ekklesiazusen*, siehe Kapitel 8) transformieren den politischen in einen haushaltlichen Bereich allein durch ihre Anwesenheit.[272] Die Welt der Frauen – die eigenen vier Wände – entpuppen sich bei näherem Hinsehen als viel zu eng bemessen, um eine angemessene Existenz zu sichern.[273] Die Frauen wollen mehr und sie nehmen es sich.

Aristophanes berührt in der *Lysistrate* ein Paradoxon, welches die attische Staatsform überschattet: Ein demokratisches Staats- und ein monarchisches Ehesystem treffen aufeinander; dabei ist eines von beiden klar im Vorteil.[274] Denn wenn die attische Demokratie Bestand haben soll, so darf sie niemals auf politischer Ebene ein monarchisches Prinzip entwickeln; sie würde ihren demokratischen Charakter vollständig einbüßen. Die attische Demokratie ist zu Aristophanes' Zeiten Anwürfen der Demagogen, welche samt und sonders tyrannische Züge aufweisen, ausgesetzt. Umgekehrt gilt dies jedoch keineswegs im gleichen Maße: Der Staat würde nichts verlieren, wenn Frauen und Männer gleichberechtigt wären, im Gegenteil: Die Lasten wären auf mehr Schultern verteilt und könnten leichter getragen werden. Die *Lysistrata* zeigt dies sehr deutlich: Wenn die Energien, die auf den Kampf Männer gegen Frauen verschwendet werden, gebündelt würden, so könnte der Krieg wenn nicht gewonnen, so doch *ad acta* gelegt werden. Das monarchische Prinzip der Alleinherrschaft hat Schwächen und Lysistrata nutzt diese gnadenlos aus; Aristophanes zeigt auf, dass die Haushaltsmonarchie nicht so gerechtfertigt ist, wie allgemein angenommen wird.

Alles scheint darauf hinzudeuten, dass Aristophanes ein frühemanzipatorischer Denker war, der den Frauen Rechte zuteilen wollte, vielleicht sogar Gleichberechtigung im Sinne hatte. Dagegen steht die Inkonsequenz, die Lysistrate befällt: Sie hat alles gewonnen, die Griechen liegen zu ihren Füßen, der Krieg ist vorbei und Griechenland im Frieden vereint. Was läge da näher, als die Frau aus der Gewalt des Mannes zu befreien? Sie hingegen befreit die Griechen aus den Fängen des Krieges, um die weibliche Hälfte erneut in die Obhut ihrer Männer zu geben, weil dies – so scheint es ihr – die natürliche Ordnung ist.[275] Es wurde versucht, diese ernüchternde Bilanz mit der Anwesenheit männlicher Theaterzuschauer zu erklären, welche angesichts der Bestätigung all ihrer Ängste – z. B. der Übernahme der Macht im Staat durch Frauen – besänftigt werden mussten.[276] Dies ist allerdings aufgrund des sonst überall hervortretenden Muts von Aristophanes nur wenig glaubhaft.

Und letztendlich gab es auch nichts, vor dem sich die Männer Athens wirklich fürchten mussten: Die *Lysistrate* wurde in einem Rahmen gespielt, in welchem nur noch die Alten die Belange der Männer verteidigen konnten, weil *alle* Jungen im Feld standen. Die Männer auf den Zuschauerrängen wussten, dass sie selbst eine solche Machtübernahme niemals gelingen lassen würden. Die *Ekklesiazusen* zeigten, wie *verkleidete* Frauen die Männer sogar dazu brachten, ihren Besitz aufzugeben (siehe Kapitel 8) – auch dazu hatten die Männer Athens eine klare Haltung: Dies würde niemals geschehen, da der Besitz (auch der Frauen) das alles entscheidende Element männlicher Dominanz im Staat war. Außerdem würden sie es sofort erkennen, wenn eine Horde schlecht verkleideter Frauen die *Ekklesia* eroberte. Die *Thesmophoriazusen* schließlich beschrieben zwar eine Versammlung, allerdings eine kultische, keine politische: Beschlüsse, welche dort getroffen wurden, sowie Heldinnen, welche sich dort hervortaten, konnten der *realen politischen* Dominanz der Männer Athens nicht gefährlich werden. Alles in allem waren die Rahmenbedingungen, welche Aristophanes seinen weiblichen Helden zur Verfügung stellte, so ungefährlich, dass er sich nur mit viel Wohlwollen als „Feminist" bezeichnet werden dürfte. Ein letzter Versuch, diesen Eindruck zu ändern, wird in Kapitel 8 unternommen

7 Krieg und Frieden

Der Krieg fand als alles überragendes Thema zu Aristophanes' Zeit natürlich auch seine Entsprechung in den Komödien. Dabei ist Aristophanes' Herangehensweise jedoch ungewöhnlich: Im *Frieden* befreit einer seiner Helden vereint mit ganz Hellas die Friedensgöttin und lenkt so den Blick für das militärische Desaster auf eine Frage, die im attischen Alltag oftmals untergegangen sein muss – die nach der Verantwortlichkeit der Menschen den Göttern gegenüber. Immerhin waren die Menschen göttlich erschaffen und damit deren Eigentum. Außerdem mussten auch Friedensgötter geehrt werden. Diese Fragen waren im tiefgläubigen Griechenland keine geringen und werden daher behandelt. Jeder Krieg hat seine Opfer; jedes Opfer hat trauernde Hinterbliebene; jeder Hinterbliebene hat Friedenssehnsucht, damit er nicht weitere geliebte Menschen verliert. Aristophanes hatte ein ausgezeichnetes Gespür für die Sorgen und Nöte seiner Mitbürger und nahm daher eine ausgeprägte Friedenssehnsucht wahr, auch wenn auch dies im attischen Alltag oftmals unterrepräsentiert war. Die Frage nach der Verantwortung spielte dabei eine gewichtige Rolle, denn der Frage nach dem „Wie lange noch" folgte schon bald „Wer ist daran schuld?" Aristophanes hatte eine überraschende, wenn auch kosmopolitische Antwort: alle. Der zweite Abschnitt zeigt, welche positiven Folgen ein Frieden haben kann – auch dazu hat sich Aristophanes in gewohnt spöttischer Weise ausgelassen.

7.1 Die Göttin und der Frieden

Aristophanes gilt im Allgemeinen als Kriegsgegner. Als Beispiel hierfür wird gern der *Frieden* herangezogen, und in der Tat: Das Stück beginnt mit dem Unmut der Götter über den Krieg, in dem Griechen gegen Griechen und nicht – wie es sein sollte – gegen Barbaren kämpfen. Der Abenteurer Trygaios (er fliegt mit einem Mistkäfer zum Himmel; dies ist die vielleicht phantastischste Szene des Aristophanischen Oeuvre) begegnet nach seiner Reise zum Olymp zunächst nur Hermes, der ihn über den Auszug der Götter informiert:

> TRYGAIOS: Weswegen zogen denn die Götter aus?
> HERMES: Aus Ärger über die Hellenen! Haus
> Und Hof erhielt dann zum Quartier der Krieg.
> Der darf mit euch nun schalten, wie er will.
> Sie selber zogen in den höchsten Äther,
> Um nichts zu sehen von eurem Blutgemetzel
> Um nichts von eurem Klaggeschrei zu hören.
> (*Frieden*; V. 203-209)

Vater Zeus ist unzufrieden mit einem Teil seiner Kinder (Menschen), deswegen zieht er mit dem anderen Teil (Götter) so hoch hinauf, dass er das „Klaggeschrei" nicht mehr hören muss. Aristophanes ist hier allerdings inkonsequent: Zeus ist *allmächtig*; es wäre ihm ein Leichtes, mit einem Machtwort oder einem göttlichen Zeichen den Krieg zu beenden. Stattdessen zieht er weg, um dem Elend nicht mehr beiwohnen zu müssen. Außerdem überrascht, *wen* er als Statthalter auf dem Olymp zurücklässt: Den Krieg selbst. Dass dieser den großen Konflikt zwischen Sparta und Athen *nicht* zu beenden suchen würde, liegt auf der Hand:

> DER KRIEG *kommt mit einem riesigen Mörser heraus*:
> Du Brut, du Brut, verruchte Menschenbrut!
> Euch soll das Wetter in die Zähne fahren!
> TRYGAIOS: Apollon! Dieser Mörser, welch ein Umfang!
> Wie furchtbar! Und der Krieg erst – welch ein Blick!
> Der ist's, der Schreckliche, vor dem wir zittern,
> Der Stierschildschwinger, der uns Beine macht!
> KRIEG *wirft Lauch in den Mörser*: Hinein mit dir, verdammtes Prasiai,
> Drei – fünffach – hundertfach Verderben dir!
> TRYGAIOS *aus dem Versteck gegen das Publikum:*
> Das macht uns wenig noch, ihr Männer: denn
> Dies Ungemach betrifft nur die Spartaner.
> KRIEG *wirft Zwiebeln hinein*: Ha, Megara, mit Stumpf und Stiel zerstampft
> Seist du zu einem Zwiebeltränenmus!
> TRYGAIOS *wie oben*: Potz Tausend, welche bitteren Jammerströme
> Sind für die Megarer mit eingeschüttet!
> KRIEG *wirft Käse hinein*: Sizilien, ha, auch du sollst untergehn!
> TRYGAIOS *wie oben*: Weh, welch ein Land wird da wie Käs zerrieben!
> KRIEG *schüttet Honig hinein*: Nun oben drauf noch Honig von Athen!
> TRYGAIOS *wie oben*: Du, nimm dir andern Honig – dieser kostet
> Vier Obolen; spare den athenischen!
> KRIEG: Tumult, mein Sklave!
> TUMULT *kommt heraus*: Rufst du?
> KRIEG: Wart, dich soll!
> Was, müßig stehen? Kennst du diese Faust? *Schlägt ihn.*
> TUMULT *heulend*: Das beißt! Ach lieber Herr, au weh, au weh!
> Hast du die Faust mit Zwiebeln eingerieben?
> KRIEG: Fort, hol die Mörserkeul!
> TUMULT: Ach, Herr, wir haben
> Hier keine! Erst seit gestern sind wir hier!
> KRIEG: So lauf und hol mir eine von Athen!
> TUMULT: Ach Gott, ich laufe schon, sonst krieg ich Prügel! *Ab,*
> TRYGAIOS *aus seinem Versteck gegen das Publikum*:
> Nun, arme Menschenkinder, sagt, was tun?
> Ihr seht, wie groß, wie nah uns die Gefahr!
> Denn wenn er nun die Mörserkeule bringt,
> Dann sitzt er hin und stampft die Städt' in Stücke!
> Dionysos, hilf! Den Hals brich vorher ihm!
> (*Frieden*; V. 236-267; Herv. im Orig.)

Dieser Krieg ist in seiner Gestaltung wirklich furchterregend: Er kennt kein Erbarmen, nicht einmal gegen seine Sklaven und Mitgötter: Jede Stadt in Hellas hatte mindestens einen Patron, welcher für die Stadt kultisch bürgte. In dem Augenblick, in welchem der Krieg Athen „zermalmt", musste er in Streit mit Athene geraten, Zeus' Lieblingstochter. Es sind Städte, die untergehen, zu Beginn allerdings jene, die den *Athener* Trygaios nicht oder nur wenig rühren. Sein Friedenseifer scheint nicht sonderlich ausgeprägt, wenn der Krieg nur feindliche Städte zerstört. Er horcht erst auf, als es gegen Athen geht. Interessant ist die Einführung des Sklaven „Tumult", womit Aristophanes die innenpolitische Sphäre mit einbezieht: Es war das Volk von Athen, welches den Krieg beschloss und sich dann Demagogen auserkor, welche den Krieg nicht beenden, sondern fortführen wollten (z.B. Kleon). Geradezu hellsichtig nimmt sich allerdings ein anderes Detail aus: *Erst* wird Sizilien zermalmt, *dann* kommt Athen in den Mörser – Aristophanes hatte wohl zu einer Zeit, in der die Sizilische Expedition (415 bis 413 v. Chr.) noch nicht einmal bedacht worden war, eine Ahnung, dass sich dieser Zug für Athen verderblich auswirken würde. Doch Tumult kehrt zurück:

> KRIEG: Nun?
> TUMULT: Herr!
> KRIEG: Du bringst sie nicht?
> TUMULT: Das Ding – die Keule –
> Ist weggekommen aus Athen – du weißt:
> Der Gerber, der ganz Hellas sonst zermalmte!
> TRYGAIOS: Hochheilige Athene, o wie gut,
> Daß er zur rechten Zeit für unsere Stadt
> Umkam, eh er dies Mus uns eingerührt!
> KRIEG: So geh und hol 'ne andre, geh nach Sparta,
> Marsch, fort!
> TUMULT: Ich geh!
> KRIEG: Und komm nur schnell zurück!
> TRYGAIOS *wie oben*: Wie wird's uns gehen, ihr Männer? Not und Jammer!
> Ist etwa unter euch ein Eingeweihter
> Von Samothrake, oh, so soll er beten,
> Daß unterwegs Tumult ein Bein verstaucht!
> TUMULT *zurückkehrend*: O weg, ich Unglücksel'ger, ich Verlorner!
> KRIEG: Was? Wieder nichts gebracht?
> TUMULT: Auch den Spartanern
> Ist ihre Mörserkeule weggekommen!
> KRIEG: Halunke, wie?
> TUMULT: Ins thrakische Gebiet
> Verliehn sie sie und kriegten sie nicht wieder.
> TRYGAIOS *wie oben*: Schön! Das ist wohlgetan, ihr Dioskuren!
> Vielleicht geht's gut! Ihr Sterblichen getrost!
> KRIEG *den Mörser reichend*: Da nimm das Zeug und trag's ins Haus zurück,
> Ich mach mir drin jetzt eine andre Keule!
> (*Frieden*; V. 268-288; Herv. im Orig.)

Diese Szene ist zu auffällig, um nicht absichtlich so geschrieben worden zu sein: Die Mörser-keulen tragen Namen und einer („der Gerber") ist nur zu bekannt: Kleon. Die „spartanische Mörserkeule" war Brasidas. Der Zufall wollte es, dass beide Kriegstreiber an nur einem Tag in der Schlacht bei Amphipolis 422 v. Chr. starben und dem Krieg damit die wichtigsten Instrumente für eine Weiterführung des Krieges („Städtezerstampfen im Mörser") fehlten. Während der Krieg also seine wichtigsten Werkzeuge verloren hatte und Zeit benötigte, sich eine neue „Mörserkeule" zu zimmern, wäre genügend Zeit gewesen, Frieden zu schließen. Dies stellt eine Warnung des Dichters an das Volk Athens dar, der aufzeigen will, dass „der Krieg" sich nach gewisser Zeit eine neue „Kriegskeule" zimmert, die Zeit also drängte. Jedoch hatte der Krieg zuvor für diesen Fall vorgesorgt: Als Trygaios Hermes fragt, wo die Friedensgöttin Eirene sei, erhält er zur Antwort:

> HERMES: Drum weiß ich nicht, ob ihr die Friedensgöttin
> Noch je zu sehn bekommt.
> TRYGAIOS: Wo ist sie denn?
> HERMES: Der Kriegsgott warf sie in ein tiefes Loch.
> TRYGAIOS: Ei, wo denn?
> HERMES *auf die Mitteltür der Szene deutend, die eine zugeschüttete Höhle vorstellt*:
> Da hinunter, und du siehst,
> Wie er's mit Steinen zugedeckt, damit
> Ihr nie heraus sie kriegen sollt.
> (*Frieden*; V. 221-226; Herv. im Orig.)

Die Friedensgöttin ist also verschüttet, so tief, dass ein Einzelner sie nicht herausbekommt. Aristophanes zeigt die Machtverhältnisse: Der Krieg ist so mächtig, dass er Eirene allein überwinden kann, aber er ist es deshalb, weil hinter ihm viele stehen, die Kriegsinteressen verfolgen. Eirene hingegen ist während der Zeit, zu der Aristophanes den *Frieden* schreibt und aufführt so schwach, von nur so wenigen getragen, dass sie die Behandlung über sich ergehen lassen muss. Trygaios fasst den Plan, dass *alle zusammen* Eirene wiederhervorholen könnten. Er ruft erst die Spartaner und Argiver…

> TRYGAIOS: Weg, Lamachos, versperr uns nicht den Platz!
> Was soll uns hier dein Wauwau? Scher dich, Mensch!
> Ich seh schon lang: auch die Argiver ziehn
> Nicht an und lachen nur, wie wir uns placken,
> Und kriegen noch von beiden Seiten Brot.
> HERMES: Nun, ihr Spartaner, Freund, die ziehn doch wacker!
> TRYGAIOS: Ja, die von ihnen, die im Holzblock stecken,
> Die möchten wohl: allein der Schmied sagt: nein!
> (*Frieden*; V, 473-480)

…dann die Athener…

TRYGAIOS: Auch euch, Athener, sag ich: faßt doch endlich
An einem andern End an als bisher!
Ausrichten könnt ihr nichts, ihr richtet nur!
(*Frieden*; V. 503-505)

…bis er schließlich sein Ziel erreicht: Die Göttin wird befreit, weil sich die Städte vertragen:

HERMES auf den Chor deutend: Sieh nur,
Wie traulich miteinander dort die Städte
Verkehren, lachen, ganz versöhnt, vergnügt!
TRYGAIOS: Obwohl doch ihr Gesicht zerbleut, blessiert,
Schröpfköpfe an den blauen Flecken sitzen.
(*Frieden*; V. 538-542)

Es gibt Schäden, aber der Frieden zwischen Athen und Sparta ist wichtiger als die davongetragenen Blessuren. Tatsächlich wurde ein Jahr nach dem Tod von Kleon und Brasidas in der Schlacht bei Amphipolis Frieden geschlossen: Im „Nikiasfrieden" (benannt nach dem gemäßigten athenischen Heerführer Nikias) sollte ein fünfzig (!) Jahre währender Friede den Konflikt beenden – bereits kurze Zeit darauf war er jedoch wieder hinfällig, weil er die Ursachen des Krieges nicht behoben hatte. Nichtsdestotrotz wurde der *Frieden* des Aristophanes gerne als programmatisches Stück und als Festspiel aufgefasst, weil es einen erstrebenswerten Zustand voraussah und ihn bereits im Vorfeld feierte.[277]

Der *Frieden* des Aristophanes ist ein Kollektivstück; allein kann niemand Frieden schließen, sei es durch Kapitulation des Gegners (dieses Schicksal ereilte Athen 404 v. Chr., dem endgültigen Ende des Peloponnesischen Kriegs), sei es durch friedliche Beilegung des Konfliktes.[278] Dabei musste diese Einstellung zum Krieg, der auch von Handels- und Imperialinteressen Athens ausging, dort zwiespältig gesehen werden: Es musste Choreuten geben, welche die Spartaner und damit den verhassten Feind darstellen, der viele Athener Söhne auf dem Gewissen hatte und als Urheber des Krieges gesehen wurde.[279] Aristophanes ging mit dem *Frieden* einen mutigen Schritt, denn dieses Stück hätte auch scheitern können, weil der Feind geradezu menschlich dargestellt wurde. Dies verbindet den *Frieden* mit der *Lysistrate*, denn auch dort treten Spartanerinnen für den Frieden zwischen beiden Städten ein und stellen sich gegen ihre Männer. Außerdem verbeugte sich Aristophanes so vor dem tragischen Altmeister Aischylos, der in seinen *Persern* einen ähnlichen Weg gegangen war, indem er die Besiegten nach dem verlorenen Krieg darstellte. Aristophanes zeigte: Die Darstellung eines Friedens auch *gegen* die Interessen der *eigenen* Leute benötigte Mut.

Damit war allerdings nicht geklärt, wer letztendlich am Ausbruch des Krieges Schuld trug. Eirene erhebt schwere Vorwürfe, vorgetragen von Hermes:

CHOR *zu Hermes*: Aber, freundlichster der Götter, sag uns nun auch, wo sie nur
All die vielen, langen Jahre war, die Göttin, fern von uns?
HERMES: Hört, ihr weisen Bauersleute, und beherziget mein Wort,
Wenn ihr gründlich wollt erfahren, wie sie euch abhanden kam!
Ihr den ersten Stoß gegeben hat der arme Phidias.
Darauf Perikles – weil ihm bangte vor des Freundes Mißgeschick,
Weil er euer Treiben kannte, eure bissige Natur –,
Nur um sich zu sichern, steckt' er selber unsre Stadt in Brand,
Warf hinein den kleinen Funken: das megarische Edikt,
Blies sie an, des Krieges Flamme, daß in Hellas allem Volk
Nah und fern vor Rauch die Augen überliefen, hier wie dort.
Solches hörte kaum der Weinstock, sieh da fuhr er prasselnd auf,
Und die Fässer, eins auf andre zornig polternd, schlugen sich,
Und kein Ende war des Haders: und die Göttin war entflohn!
(*Frieden*; V. 601-614; Herv. im Orig.)

Die Lesart ist wie folgt: Es war eben nicht *nur* Sparta, welches den Krieg begann; Athen und die übrigen Städte gerieten in einen Krieg, in welchem Akt auf Akt folgte und letztendlich die Göttin vertrieb. Aristophanes spricht hier nicht das aus, was viele Zuschauer erwartet haben: „Sparta ist schuld!" Stattdessen verweist er auf die „bissige Natur" des Menschen und dessen Kriegsneigung. Schon bald war „kein Ende des Haders". Der Dichter zeigte an dieser Stelle, dass eine Kriegsschuld nicht so leicht verteilt werden konnte, wie es gerne von der einen Seite gesehen wurde. Außerdem wies er auf die Komplexität der Kriegsschuldfrage hin:

HERMES: Als die Untertanenstädte nun erfuhren, wie ihr euch
Gegenseitig in den Haaren lagt und euch die Zähne wiest,
Machten sie Intrigen wider euch, aus lauter Steuerangst,
Und gewannen durch Bestechung Spartas angesehne Herrn.
Die, von Haus aus feil und schmutzig, gegen Gäste stets perfid,
Stießen schnöd hinaus die Göttin, griffen hastig nach dem Krieg.
Doch auch dort – der Großen Vorteil war der Bauern Untergang:
Denn aus unsern Häfen liefen Flotten aus und straften dort
Auch Unschuldige und aßen ihnen ihre Feigen weg.
(*Frieden*; V. 619-627)

Das Chaos des Krieges, welches Aristophanes beklagt, verhindert eine klare Zuteilung: Der Krieg besteht eben *nicht* nur aus zwei Armeen, eine aus Sparta, die andere aus Athen; er ist komplex, weil auch die Verbündeten eigene Interessen verfolgen. Noch etwas wird angesprochen: In den Staaten selbst gibt es Parteien: „Spartas feine Herren, von Haus aus feil und schmutzig" lassen sich bestechen. Was Aristophanes von Athens „feinen Herren" hielt, war im Kapitel über die Demagogen bereits deutlich geworden. Der Komödiant zeigte, dass die Elite den Krieg wollte – in Athen war es auch genau diese, welche Handels- und Imperialinteressen vertrat und Expansionsgelüste hegte, wohingegen die einfache Bauernschaft deutlich friedfertiger war und in einem Krieg mit Sparta nur verlieren konnte. Diese werden von Hermes in seiner Erzählung natürlich auch bedacht:

HERMES: Als sodann das arbeitsame Volk herein vom Lande kam,
Merkt's es nicht, daß es genauso ward verraten und verkauft.
Sondern, weil sie ohne Trauben waren und den Feigen hold,
Sahn sie zu den Zungenhelden auf; und die begriffen wohl,
Daß die armen, brotbedürft'gen Leute nichts vermögen hier;
Und mit doppelzüngiger Gabel trieben sie die Göttin fort,
Die vor Heimweh doch nach unsrem Land uns häufig noch erschien;
Und die reichsten und fettsten von den Bündnern stießen sie
Mit dem angehängten Vorwurf: „Dieser hält's mit Brasidas!"
Was dann abfiel, darum balget ihr wie junge Hunde euch;
Denn die arme Stadt, die bleibe, saß in tausend Ängsten da,
Was ihr ein Verleumder vorwarf, was es war, sie aß es auf.
Als die Bundesgenossen sahen, wie man ihnen Schläge gab,
Stopften sie mit blankem Golde euren Treibern voll den Mund.
Diese wurden reiche Leute, Hellas aber öd und leer,
Und ihr merktet nichts, ihr Blinden! Aber schuld an allem war
Nur der Gerber!
(*Frieden*; V. 632-648)

Natürlich merkte jeder aufmerksame Theaterbesucher, dass Hermes *der Gott* natürlich abgesetzt wird von irdischen, demagogischen Umtrieben, sodass das Urteil aus seinem Mund tatsächlich die Meinung des Aristophanes wiederspiegeln dürfte. Es waren Gier und Angst, welche den Rest des athenischen Staates, vor allem die Bauern, mit in den Krieg zogen. Der Vorwurf, aus dem Krieg Vorteile zu ziehen, weitete sich also auf den gesamten Staat aus: Es *gab* keine Unschuldigen, weil *alle* gewinnen wollten:[280]

TRYGAIOS *zur Friedensgöttin*: Doch du, o Göttin, warum schweigst du, sprich!
HERMES: Sie mag nicht sprechen hier vorm Publikum;
Sie zürnt, weil man sie so behandelt hat.
TRYGAIOS: So mag sie doch mit dir ein Wörtchen reden!
HERMES *zur Friedensgöttin*: Wie bist du denn auf sie zu sprechen, Holde?
Sprich, Lanzenschaftverwünschungssüchtigste! *Hält sein Ohr an sie*:
Schon gut! Ich weiß – du klagst – verstehe schon! –
Nun denn, so hört, weshalb sie sich beschwert:
Nach der Affäre in Pylos kam sie selbst
Mit einer Kiste voll Verträgen her,
Und dreimal habt ihr sie hinausvotiert!
(*Frieden*; V. 657-667; Herv. im Orig.)

Die Friedensgöttin *selbst* wurde in der *Ekklesia* vorstellig? In der Tat: Nach der Affäre um Pylos bat Sparta um Frieden, den Athen zwar annehmen wollte, jedoch zu so überharten Bedingungen, dass die Spartaner wieder unverrichteter Dinge abzogen. Mehr und mehr kristallisiert sich heraus, was der Grund für den Peloponnesischen Krieg war, jedenfalls wenn es nach Aristophanes geht: Gier. Selbst in der deutlichsten der Anti-Kriegskomödien, der *Lysistrate*, bleibt sich der Dichter treu: Nicht *eine* Seite trägt die Schuld allein, es waren beide Seiten:

LYSISTRATE: Nun, ihr Spartaner, wend ich mich an euch!
Wißt ihr's nicht mehr, wie Perikleidas einst
Von Sparta flehend kam und am Altar
Im Heroldspurpur bleich sich niederwarf
Und um ein Hilfsheer bat? – Messener schlugen
Euch damals und des Erderschüttrers Arm!
Und Kimon führte dann dreitausend Schilde
Euch zu, und Lakedaimon war gerettet.
Zum Dank für solchen Dienst verwüstet ihr
Nun Attika, das Land, das euch geholfen!
[…] LYSISTRATE *zum Prytanen*: So? Meinst du, euch Athener sprech ich frei?
Wißt ihr's nicht mehr, wie die Spartaner kamen,
Zur Zeit, wo ihr de Sklavenkittel trugt,
Und der thessal'schen Männer viel erschlugen
Und viel von Hippias' Helfern und Verschwornen: –
Die einz'gen, die an jenem Tag euch halfen,
Die euch befreit und statt des Sklavenkittels
Sein Bürgerkleid dem Volk zurückgegeben?
(*Lysistrate*; V. 1137-1156; Herv. im Orig.)

7.2 Friedenssehnsucht

Waren also *alle* Athener auf der Seite der Friedenssuchenden? Wie aber konnte es dann
geschehen, dass überhaupt ein Krieg ausbrach? Die Erzählung erscheint zu einfach und ist es
auch, wie Aristophanes im *Frieden* zugibt. Der Chor klagt an:

CHOR: Besser, als den gottverfluchten Hauptmann rumstolzieren sehn
Mit drei Büschen auf dem Helme und dem schreien roten Rock!
Und er schwört drauf: „Echter Purpur, aus 'ner sard'schen Färberei!"
Aber muß im purpurroten Rock der Mensch ins Treffen gehen,
Ja, dann wechselt er die Farbe – böse Hemdenfärberei!
Auf der Flucht ist er der erste, einem „gelben Roßhahn" gleich,
Schüttelt er die Büsch – indes ich lauernd steh am Vogelgarn.
Und daheim nun erst, da hudeln sie uns, halt's der Henker aus!
Schreiben einen auf zum Kriegsdienst, löschen andre wieder aus,
Schreiben wieder, löschen wieder; „morgen", heißt es, „geht's ins Feld!"
Nichts ist eingekauft, man wußte nichts, als man von Hause ging.
Und so kommt man an das Standbild Pandions und sieht sich da
Auf der Liste und läuft in großer Not mit saurer Miene fort.
Also machen sie's dem Landvolk – denn den Städtern geht's vielleicht
Besser – diese Schildabwerfer, Gott und Menschen gleich verhaßt!
Aber einmal doch, so Gott will, rechnen wir mit ihnen ab,
Den verfluchten Missetätern,
Die zu Haus den Löwen spielen, aber in der Schlacht den Fuchs!
(*Frieden*; V. 1173-1190)

Aristophanes beschreibt die Kriegslust, den Stolz, zur Kriegerkaste zu gehören, die sich in
Athen – anders als in Sparta, wo die Elite der Spartiaten sich fortwährend im Krieg wähnte –

erst bilden konnte, wenn tatsächlich ein Krieg ausbrach. Wie die *Realität* des Krieges aussah, war den jungen Soldaten nicht bewusst, denn „man wußte nichts, als man von Hause ging." In Sparta wurde jeder Junge zum Kriegsdienst erzogen, die erwachsenen Männer übten dieses Handwerk ihr Leben lang aus. Nicht grundlos stellten die Spartaner das beste Landheer Griechenlands; daher zog sich Athen zu Beginn des Krieges stets hinter seine unüberwindbaren Mauern zurück und ließ die Spartaner wüten. Lange Zeit war die Flotte der Athener die einzige entgegenzusetzende Kraft, die ihnen die Herrschaft zur See sicherte. Gab es also niemanden in Athen, der wirtschaftlich vom Krieg abhängig war und den Frieden verabscheute, außer der tatendurstigen und überheblichen Jugend? Aristophanes zeigt, dass es doch derartige Wirtschaftszweige gab:

> WAFFENHÄNDLER: Trygaios, weh, du hast mich ruiniert!
> TRYGAIOS: Was ist dir, Armer? Hast du Helmbuschwehen?
> WAFFENHÄNDLER. Um Brot und Nahrung hast du mich gebracht!
> Auf seine Begleiter deutend: Und dort den Lanzenschäfter und auch jenen!
> (*Frieden*; V. 1210-1213)

Diejenigen, dank denen ein Krieg überhaupt erst geführt werden kann, beschweren sich lautstark bei demjenigen, der ihnen den Frieden brachte.[281] Es liegt eine Spur Unehrlichkeit in dieser Beschwerde: Sowohl der Waffenhändler als auch der Lanzenschäfter gehen davon aus, dass *sie selbst* niemals im Felde stehen müssen, denn wer sollte dann die Armee mit Waffen versorgen? Während also die beiden dafür sorgen, dass stets Mordwerkzeuge bereit liegen, müssen sie selbst nie ihr Blut vergießen – diese Aufgabe überlassen sie gerne anderen. Aristophanes spielte mit einer Einstellung zum Krieg, welche ihn in Schwierigkeiten bringen konnte: Von den ersten Epen des Homer an war es stets der kriegerisch-heroische Akt, der im Theater der Mythen – also in der Schwesterdisziplin, der Tragödie – besungen wurde; wer diese kriegerischen Denkmäler als hohl und überholt darstellen wollte, begab sich auf gefährliches Terrain.[282] Nicht alle Theaterzuschauer mussten hinsichtlich dieser Tradition derselben Auffassung wie der Dichter gewesen sein, auch aus einem anderen Grund: Die Demokratie war, wie der Krieg, eine kollektive Anstrengung, welche das Individuum in einem Volkskörper subsummierte. Die glorreiche Vergangenheit, auf die sich Athen wiederholt bezog, hatte nicht zuletzt mit den Perserkriegen zu tun, also mit einer gewaltvollen Anstrengung. Ein Teil dieser Heldengeneration, dieser Retter Griechenlands, lebte sogar noch. Umso erstaunlicher, wie klar Aristophanes Stellung bezog. Als die Hellenen vereint ziehen, um Eirene zu befreien, beschwören Hermes und Trygaios die Griechen:

> HERMES: Wer herzhaft mit angreift an dem Seil,
> Der braucht, so Gott will, nie zum Spieß zu greifen!
> TRYGAIOS: Vielmehr vergnügt in Frieden soll er leben

Und wacker schüren, seine Dirn im Arm.
HERMES: Wer aber lieber Krieg und Händel hat. –
TRYGAIOS: Den lasse, o Dionysos, Lanzensplitter
Ein um den andern ziehn aus seinen Rippen!
HERMES: Und wer aus lauter Freud am Manövieren
Die Auferstehung, Göttin, dir mißgönnt –
TRYGAIOS: Verlier den Schild wie eins Kleonymos!
HERMES: Und wünscht ein Lanzenschmied, ein Waffenkrämer
Den Krieg, nur dem Profit zulieb, der falle –
TRYGAIOS: Wer, feldherrschsüchtig, hier am Strang nicht zieht,
Und Wer, ein Sklav, ans Überlaufen denkt –
TRYGAIOS: In Räuberhand und koste Brot und Wasser!
HERMES: Juchhe, juchhe, o Silberbogenspanner!
TRYGAIOS: Vom Bogenspanner schweig, ruf nur Juchhe!
HERMES: Nun gut: Juchhe denn nur, juchhe, juchhe!
TRYGAIOS: Für Hermes, Grazien, Horen, Aphrodite!
HERMES: Und Ares –?
TRYGAIOS: Nein!
HERMES: Und Schlachtendämon?
TRYGAIOS: Nein!
(*Frieden*; V. 437-456)

So deutlich hatte sich Aristophanes zuletzt in den *Acharnern* geäußert, der ersten seiner großen Anti-Kriegskomödien. Wie dort Dikaiopolis verwandelt auch hier Trygaios das Ergebnis in ein Fest („Juchhe") und verspottet diejenigen, die sich am Krieg selbst bereichern wollen. Der Dichter hat nichts als Verachtung übrig für diejenigen, die sich dem Friedenswillen in den Weg stellen.

Wie bereits erwähnt, erreichten Sparta und Athen nach der Aufführung des *Friedens* einen *echten* Frieden, der – auch wenn er nicht lange genug hielt – auch der Tatsache geschuldet war, dass beide Staaten erschöpft waren. Athen wie Sparta hatten sowohl geographische Verluste als auch solche an Menschen erlitten, ganz zu schweigen von den wirtschaftlichen Einbußen.[283] Es lag daher nahe, eine Verschnaufpause zu erzielen, selbst wenn der Nikiasfrieden von einigen Kriegstreibern von vornherein als solche gesehen wurde. Dazu kam, dass beide Städte wahrscheinlich von der Totalität des Krieges überrascht wurden: Sie hatten nicht mit einer jahrzehntelangen kriegerischen Auseinandersetzung gerechnet, wie sie vor dem Peloponnesischen Krieg auch durchaus unüblich waren.[284] Selbst die großen Perserkriege waren Kampagnen des Großkönigs gewesen, welche sich im Vergleich zum innerhellenischen Krieg als vergleichsweise kurz ausnahmen. So kam es, dass Lysistrate 411 v. Chr., als der Krieg also schon Jahrzehnte dauerte, ausrief:

LYSISTRATE: Habt ihr Barbaren, Feinde nicht genug,
Daß ihr vertilgt hellen'sche Städt' und Männer?
(*Lysistrate*; V. 1133f.)

Doch selbst dieses Moment schien nicht zu wirken, denn nach der *Lysistrate* dauerte der Krieg noch weitere volle sieben Jahre, bis er mit der bedingungslosen Kapitulation Athens endete. Aristophanes wusste schon zuvor, zu Zeiten des *Friedens*, dass er die *Handelsmacht* Athen an ihrer Achillesferse, den wirtschaftlichen Einbußen, packen musste:

> TRYGIAOS: Schlag nieder den Krieg und den polternden Lärm,
> Und Viktoria sollst du uns heißen!
> Verbanne bei uns die Verdächtigungssucht,
> Die so zierlich und glatt
> Und geschwätzig uns widereinander hetzt!
> Laß wieder durchströmen den Lebenssaft
> Der Verträglichkeit
> Das Hellenenvolk, das gesamte! Betau
> Uns mit friedlichem Sinn und versöhnlichem Geist!
> Laß schauen uns wieder die Fülle des Markts:
> Großmächtige Zwiebeln und Knoblauch, dazu
> Frühgurken, Melonen, Granaten!
> (*Frieden*; V. 991-1002)

Vor allem den Bauern innerhalb der Mauern Athens mussten diese Verheißungen wie eine Verhöhnung vorkommen: *Sie* mussten die Hauptlast des Krieges schultern, während es die großspurigen Handelsherren waren, die den Krieg verursacht hatten. Erst in zweiter Instanz hatten diese zu leiden, denn wenn die Bauern „Zwiebeln und Knoblauch" nicht mehr lieferten, konnten auch die Händler diese weder essen noch mit ihnen handeln. Bereits in den *Acharnern* hatte Aristophanes auf dieses Moment rekurriert; im *Frieden* erneuerte er offenbar die These, dass den Athenern eher mit wirtschaftlichen Verlockungen als mit den drohenden Gefahren einer Niederlage beizukommen war.[285] Doch selbst dies half nicht: Noch siebzehn Jahre wütete der Krieg gegen Sparta und seine Verbündeten.

Politisches Theater benötigt Figuren, welche die Botschaft des Autors glaubhaft vermitteln können. Aristophanes bediente sich zu diesem Zweck herausragender Persönlichkeiten, wie dies oben bereits an Lysistrate aus dem gleichnamigen Stück und an Praxagora aus den *Ekklesiazusen* gezeigt wurde. In den Friedensstücken (*Lysistrate* kann dazu gezählt werden, wurde allerdings bereits behandelt) sind dies Dikaiopolis in den *Acharnern* und Trygaios im *Frieden*. Diese beiden unterscheiden sich jedoch sehr in ihrem Vorgehen: Dikaiopolis wird als Einzelkämpfer gleich zu Beginn herausgestellt, wenn er klagt:

> DIKAIOPOLIS: Doch um den lieben Frieden
> Bemüht sich niemand hier! – O Stadt, o Stadt! –
> Ich, in der Volksversammlung stets der erste,
> Ich nehme Platz; in meiner Einsamkeit
> Dann seufz ich, gähne, strecke, lüfte mich,
> Sinniere, schreibe, kratz im Haare mich, und schau

Ins Feld hinaus und bet um Frieden, fluche
Der Stadt und denke: wär ich nur daheim,
Auf meinem Dorf: dort hör ich niemals: kauft,
Kauft Kohlen, Essig Öl! Da wächst in Fülle
Das alles. Und zu kaufen braucht man nichts.
Nun, weil ich einmal hier bin, will ich auch,
Verlaßt euch drauf, eins poltern, schreib, die Redner
Aushunzen, die nicht für den Frieden sprechen.
(*Acharner*; V. 27-40)

Aristophanes muss lange über die Figur nachgedacht haben, denn Dikaiopolis ist Bauer, d.h. er ist bereits *qua Beruf* ein Einzelgänger, der *seinen* Hof bewirtschaften muss. Natürlich lebt er nicht allein auf dem Hof – seine Frau, Bedienstete, Sklaven kommen in den *Acharnern* ebenfalls vor –, aber als *politische* Figur fungiert er allein. Doch zeigt diese Stelle ein Paradoxon auf: Dikaiopolis *muss* nicht für den Frieden sprechen, da auf seinem Hof „alles in Fülle wächst"; dieser Held verliert durch den Krieg also wirtschaftlich nichts. Sein Friedenseifer ist zunächst altruistischer, dann egoistischer Natur, weil er generell den Frieden dem Krieg vorzieht. Damit hebt er sich durchaus von der allgemeinen Stimmung ab, wie oben bereits gezeigt wurde: Der Krieg hatte gerade erst begonnen, außer der Pest (die nie thematisiert wurde) waren die schweren Verwerfungen noch nicht geschehen und es war auch noch nicht erahnbar, welch schweres Ende Athen 404 v. Chr. bevorstand.[286] Dass Dikaiopolis' Haltung angesichts der damaligen Stimmung von Kriegs- und Rachelust schwer zu verteidigen sein würde, thematisiert Aristophanes ebenfalls:

CHOR: Fragst du noch, Unverschämter,
Du abscheulich garst'ger Mensch,
Deines Vaterlands Verräter?
Hast du Frieden nicht allein
Ohne uns gemacht und wagst,
Noch die Augen aufzuschlagen?
(*Acharner*; V. 287-292)

Dies ist die Kehrseite des „Helden" Dikaiopolis, der Frieden „ohne die anderen gemacht" hat (dieser Umstand wird im nächsten Kapitel behandelt). Trygaios hingegen geht anders vor: Er weiß mittlerweile, dass er allein keinen Frieden erhalten kann. In der Tat scheint Aristophanes dieser Umstand in den *Acharnern* noch entgangen sein, wenn er schnell Frieden mit den Spartanern zu erreichen sucht: Was, wenn die Spartaner keinen Frieden wollen?[287] Trygaios weiß, dass *beide* Seiten den Krieg ablehnen wollen müssen, damit sein Plan gelingt. Diese Figur ist daher reifer als die erste; sie reflektiert mehr und bindet andere ein. Von den beiden Friedenshelden mag Dikaiopolis heroischer sein; Trygaios ist überlegter, daher ist sein Plan weniger utopisch.

Was Dikaiopolis von Trygaios unterscheidet, geht jedoch noch darüber hinaus: Wenn der Frieden als Einzeltat aufgefasst wird, so ist die *Interaktion* mit anderen handelnden Subjekten damit beendet. Das heißt: Dikaiopolis kann eigentlich keinen *Vertrag* abschließen, da keine weitere den Frieden tatsächlich *aushandelnde* Person in den *Acharnern* auftritt. Der Vertrag muss wackelig bleiben, weil keine Bedingungen, keine Konditionen und erst recht keine Sanktionen bekannt werden: Was, wenn die Spartaner oder Dikaiopolis selbst den Frieden brechen? Diese Fragen bleiben ungeklärt. Im *Frieden* jedoch gibt es diese Möglichkeit, auch wenn sie metaphorisch überhöht beschrieben wird: Durch eine gemeinsame Anstrengung der Städte wird Eirene, die Friedensgöttin selbst, ausgegraben und wiedereingesetzt. Auch wenn Aristophanes in diesem Stück *keinen* Friedensvertrag präsentiert, so besteht doch die *Möglichkeit* dazu, weil die kriegführenden Parteien im Stück anwesend sind und durch die Rettungsaktion bereits ihren Friedenswillen bekundet haben. Es gibt Vermutungen, welche Aristophanes eine Mitwisserschaft von den *tatsächlichen* Verhandlungen zum Nikiasfrieden bescheinigen.[288] Auch wenn der Zeitpunkt für die Veröffentlichung des Stückes und der tatsächliche Abschluss verdächtig naheliegen, gibt es Hinweise darauf, dass dem nicht so war: Erstens benötigte selbst ein komödiantisches Genie wie Aristophanes Zeit, um ein Stück zu schreiben; der Aufführungszeitpunkt beschreibt demnach lediglich den *Endpunkt* einer längeren Schaffensphase, sodass man davon ausgehen darf, dass zu jener Zeit, als Aristophanes begann, das Stück zu schreiben, die Hoffnung auf einen tatsächlichen Frieden noch weitaus geringer war. Zweitens lässt nichts im Stück selbst darauf schließen; wenn Aristophanes Bescheid gewusst hätte, so würde durch eine derartige Andeutung sein Ruhm nur gesteigert, ihm wären hellsichtige Fähigkeiten bescheinigt worden. Warum hätte er sich diese Möglichkeit entgehen lassen sollen, zumal ihm dann der Sieg bei den Festspielen wahrscheinlich sicher gewesen wäre (der *Frieden* erreichte nur den zweiten Platz)? Drittens darf davon ausgegangen werden, dass wenn der Frieden bereits in aller Munde gewesen wäre, dies die ganze Stadt gewusst hätte. Aristophanes pflegte allerdings nur auf Begebenheiten zu rekurrieren, die er ablehnte (Demagogie, Sykophantentum, Kriegslust); er hätte demnach die für ihn positiv einzustufende Erscheinung eines Friedens wahrscheinlich unkommentiert gelassen.

Befürwortete Aristophanes also Frieden *an sich*? Dagegen scheint zu sprechen, dass er in der *Lysistrate* einen kriegerischen Weg vorzeichnet, um den Frieden zu erreichen: Die Frauen besetzen die Akropolis; sie werden belagert; das Geschehen wogt hin und her wie in einer Schlacht; schließlich siegen die Frauen mit ihrer Feldherrin Lysistrate. Doch abgesehen davon darf durchaus gesagt werden, dass er strikter Kriegsgegner war, und zwar von Anfang an.[289]

Schon in seiner ersten vollständig überlieferten Komödie lässt er seinen Helden Dikaiopolis

den Kriegsbefürworter verhöhnen, weil dieser in die Schlacht ziehen muss:

> LAMACHOS: Ich Unglücksel'ger!
> DIKAIOPOLIS: Du hast ja auf dem Schild die große Gorgo!
> *Zu den Sklaven*: Schließt zu das Haus und packt den Korb voll Speisen!
> LAMACHOS *zu seinem Sklaven*: He, Junge, bring mir den Tornister raus!
> DIKAIOPOLIS *zu dem seinigen*: He, Junge, bring den Speisekorb heraus!
> LAMACHOS: Kommißbrot, Junge, bring heraus und Zwiebeln!
> DIKAIOPOLIS: Seefische mir – die Zwiebeln lieb ich nicht.
> LAMACHOS: Das Pökelfleisch – und wenn's auch ranzig ist.
> DIKAIOPOLIS: Das Frischfleisch mir, ich laß es dort schon kochen.
> LAMACHOS: Bring mir den Federbusch zu meinem Helm!
> DIKAIOPOLIS: Und mir die Tauben und die Krammetsvögel!
> LAMACHOS: Gar schön und weiß sind doch die Straußenfedern.
> DIKAIOPOLIS: Gar schön und gelb sind die gebratnen Täubchen.
> LAMACHOS: Hör, Mensch, laß ab, zu spotten meiner Rüstung!
> DIKAIOPOLIS: Hör, Mensch, laß ab, nach meinem Korb zu schielen!
> LAMACHOS: Das Futteral zum dreimalhohen Helmbusch!
> DIKAIOPOLIS: Und mir die Schüssel mit dem Hasenbraten!
> LAMACHOS: Zerfraßen wohl die Motten mir die Büsche?
> DIKAIOPOLIS: Eß ich den Hasenpfeffer wohl vor Tische?
> LAMACHOS: Hör auf einmal und laß mich ungeneckt!
> (*Acharner*; V. 1095-1113; Herv, im Orig.)

Diese Stelle konnte den Kriegstreibern nicht gefallen, zeigt sie doch unmissverständlich auf,

was ihnen entging: das Schwelgen im Überfluss, den sich die Athener mit ihrem Handelsim-

perium erarbeitet hatten. Es ist jedoch Vorsicht geboten: In der Forschung wurde zurecht

darauf verwiesen, dass die Meinung eines *Helden* in einem Stück nicht notwendigerweise die

Meinung des *Autors* widerspiegeln müsse.[290] Auch wenn dies sicherlich zutrifft – die Menge

an Beispielen aus den überlieferten Komödien und die drastisch abwertende Haltung zu

Kriegstreibern wie Lamachos lassen gerade *nicht* vermuten, dass Aristophanes den Krieg mit

Sparta fortführen wollte, im Gegenteil: Wenn es eine Seite gab, zu der das Pendel eindeutig

ausschlug, so war es diejenige des Friedens; alles andere beruhte auf Vermutungen und wäre

damit weitaus ungesicherter.

8 Utopie

Von Aristophanes waren es neben den *Wolken* oftmals die großen Utopien, die im Gedächtnis blieben; sie bildeten auch meistens diejenigen Komödien mit dem größten schöpferischen Gehalt. Es soll damit nicht ausgedrückt werden, dass jede der utopisch beginnenden Entwürfe auch heute noch als ein solches, positiv konnotiertes Konzept gelten würde. Dies gilt bereits für die Ideen des Individualfriedens und der Marktfreiheit, welche charakteristisch sind für die *Acharner* und im ersten Abschnitt ihre Behandlung finden. Was nach grenzenloser Freiheit klingt, entwickelt bei näherer Betrachtung durchaus Schattenseiten. Dasselbe gilt für den zweiten Abschnitt, welches den *Plutos* behandelt und die Idee der Nivellierung von Arm und Reich. Sollte ein Mensch darüber verfügen, die Gesellschaft monetär gleich zu stellen? Was auf den ersten Blick wie Erfüllung der Träume sämtlicher Sozialphilosophen aussieht, benötigt dennoch eine solide Fundierung. Inwiefern der *Plutos* diese liefern kann, sodass auch die Theaterzuschauer überzeugt würde, ist Gegenstand dieses Abschnitts. Die vielleicht für seine damaligen Zuschauer überraschendste seiner Utopien waren die *Ekklesiazusen*. In ihnen entwickelte Aristophanes abermals gleich zwei Ideen: Die Herrschaft der Frauen und einen vollständigen Kommunismus. Während sich emanzipatorisch gesinnte Geister vielleicht noch mit ersterem abfinden konnten, überstieg letzteres mit einiger Sicherheit die kühnsten Träume der Athener. Selbst in unserer Zeit erscheint die gänzliche Überführung des Privateigentums in Gemeinbesitz noch als Träumerei einiger wenig Vermögender – wie mag es da erst den Zuschauern der *Ekklesiazusen* gegangen sein? Den Abschluss bildet das vielleicht großartigste (und überdies längste) der erhaltenen Stücke des Aristophanes – der Vogelstaat. Zwei Athener, überdrüssig vom Elend ihrer Stadt, entfliehen der Menschenwelt und begeben sich zu den Vögeln, die sie zum Bau einer Stadt anstacheln, welche zwischen den Menschen und den Göttern und damit an einer entscheidenden Stelle liegt. Der eine von ihnen wird Herrscher, entwickelt jedoch schon bald Charakterzüge, welche die *Vögel* durchaus in eine Dystopie in der Liga von *1984* und *Brave New World* verwandeln könnten.

8.1 Individualfrieden und Marktfreiheit

Gleich in Aristophanes' erster vollständig erhaltenen Komödie erschafft eine „gerechte Stadt" (Hauptfigur Dikaiopolis) sich einen Raum, den er allein bewohnen und bewirtschaften darf – fernab jeglichen staatlichen Einflusses. Die Gründe sind oben bereits angeschnitten worden, der Vorgang selbst mutet jedoch phantastisch an: Enttäuscht von der wenig friedlichen athenischen Politik sendet er seinen Sklaven aus, Frieden mit den Spartanern zu schließen:

> DIKAIOPOLIS: Nimm, hier sind acht Drachmen, geh und mache
> Mir Frieden gleich mit Sparta, aber nur
> Für mich allein, mein Weib und meine Kinder
> (*Acharner*; V. 128-130)

Der Plan gelingt, denn der Sklave kommt mit guten Nachrichten zurück:

> DIKAIOPOLIS: Doch hast du mir den Frieden?
> AMPHITHEOS: Sieh her, drei Sorten zum Probieren: hier
> Ist einer von fünf Jahren; kost einmal.
> DIKAIOPOLIS *probiert, dann ausspuckend*:
> Pfui!
> AMPHITHEOS: Nun?
> DIKAIOPOLIS: Von dem da will ich nichts, der schmeckt
> Nach Pech und neuen Schiffen.
> AMPHITHEOS: Nun, so koste
> Hier diesen von zehn Jahren.
> DIKAIOPOLIS: Dieser schmeckt
> Wie Wein bei schleppenden Verhandlungen
> Mit den Verbündeten, kurz: essigsauer!
> AMPHITHEOS: Nun denn, da ist ein dreißigjähr'ger, gut
> Zu Wasser und zu Lande
> DIKAIOPOLIS: Heil, Dionysos!
> Der schmeckt wie Nektar und Ambrosia;
> Da heißt's nicht mehr: „Drei Tage Proviant!"
> Der kommandiert: „Geh frei, wohin du willst!"
> (*Acharner*; V. 187-199; Herv. im Orig.)

Der Bauer will nicht nur einen kurzen Frieden, denn der „schmeckt nach neuen Schiffen" – nach neuer Eroberungslust Athens also, das sich seiner Flotte rühmte. Dikaiopolis weiß sehr wohl, dass ihm ein kurzer Frieden nichts nützt; er will Freiheit für sich und seine Familie. „Geh frei, wohin du willst!" ist genau jene Freizügigkeit, die er sich mit seinem (mindestens) dreißigjährigen Frieden gewähren kann. Auch zehn Jahre sind ihm zu kurz – er weiß um die Verpflichtungen Athens den Verbündeten gegenüber, die natürlich alle selbst Kriegsziele verfolgen. Interessant ist, dass Aristophanes Frieden in Form von Wein ausgibt. Der Bauer gehört nicht zu denjenigen, die mit Friedensschlüssen in Papierform in Berührung kommen – ihn erreicht der Frieden in Form von Naturalien wie Wein. Bereits nach diesen beiden Stellen wird das spätere Problem der *Acharner* offenbar: Warum schließt Dikaiopolis *ausschließlich* für ihn und seine Familie Frieden? Warum nicht auch für seine weitere Verwandtschaft, seine Freunde, seine Nachbarn, den Staat? Ist Dikaiopolis vielleicht so unbeliebt, dass er niemand anderes hat? Steht die „gerechte Stadt" vielleicht allein da?

Es ist wiederholt daraufhin gewiesen worden, dass dieser „Individualfrieden" nicht unproblematisch ist.[291] Man muss die Situation einmal von außen betrachten: Ein Bürger ist unzufrieden mit dem Krieg, schließt daraufhin für sich selbst Frieden und genießt dessen Früchte in vollen Zügen. In Friedenszeiten wäre ein solches Theaterstück sicher nicht aufrührerischen Charakters gewesen, aber Athen befand sich im Krieg. Was mochten die Bürger in den Rängen denken; was sollten sie von den Kriegstreibern halten, die sie in den totalen Krieg mit Sparta geführt hatten? Die Subversivität der Komödie in Gestalt einer Utopie zeigte hier die Widersprüche auf, die Paradoxien, in denen sie aufgeführt wurden. Die Stadt feierte Feste im Krieg. Die Bürger wollten ihn anfangs (sie stimmten mehrheitlich dafür), nun aber jubelten sie einem Komödienschreiber zu, der ihnen dringend von der Fortführung abriet. Und dass sie ihm zujubelten, beweist die Tatsache, dass die *Acharner* den ersten Platz errangen. Die Zuschauer bezeugten also, dass sie einerseits gut unterhalten wurden, außerdem aber auch der Meinung des Autors waren. Für die Stadtoberen konnte eine derartige Komödie durchaus gefährlich sein.

Dies gilt natürlich auch für den nächsten Aspekt, denn Dikaiopolis geht mit seiner Forderung nach einem Individualfrieden noch einen Schritt weiter.[292] Während das restliche Athen im Kriegszustand *blieb*, erschuf er sich mit dem Friedensschluss ein eigenes Territorium, denn dass eine Fläche eines Staates im Krieg steht, eine andere hingegen nicht, ist ein Widerspruch, den schon die Antike nicht billigte. Mitten im Krieg also beging Dikaiopolis zumindest geistigen Verrat am Volk Athens, da er dasselbe im Kampf mit Sparta allein ließ und dafür noch vom Chor gerühmt wurde:

> CHOR: Ei seht doch, wie's dem Manne glückt,
> Habt ihr gehört, wie alles
> Nach Wunsch ihm geht? Wie der Vertrag
> Ihm Früchte trägt, die schönsten?
> Auf seinem Markte sitzt er da,
> Und kommt ein Ktesias oder sonst
> Ein Sykophant, er haut ihn derb
> Ums Ohr: der duckt sich heulend.
> Hier macht dir keiner Konkurrenz
> Und kauft dir weg die Waren,
> Abwischen wird kein Prepis hier
> An dir den weiten Hintern,
> Da stupft dich kein Kleonymos,
> Im Festtagsrock stolzierst du rum,
> Und kein Hyperbolos begießt
> Den Kopf dir mit Prozessen.
> (*Acharner*; V. 836-851)

Spätestens diese Stelle, gegen Ende des Stückes gelegen, stimmt verdächtig: Dikaiopolis hat nicht nur seine Freiheit vom Krieg erlangt, sondern auch von allem anderen. Keine Prozesse, keine Sykophanten, keine wirtschaftliche Konkurrenz beschweren mehr sein Leben. Ein *Staat* in dem Sinne, wie ihn Athen vorstellte, existierte für Dikaiopolis von da an nicht mehr. Was sollte in einem Ein-Mann-Staat auch verwaltet werden? Jedoch wären die Konsequenzen gravierender: Was, wenn alle Athener, zumindest die in den Theaterrängen, sich so verhielten und Privatstaaten gründeten? Es scheint, als hätte der Privatvertrag mit Sparta alle Probleme des Bauern gelöst.[293] Es ist jedoch darauf hingewiesen worden, dass Aristophanes die Bürger Athens mit keiner Verszeile der *Acharner* dazu aufruft, dem Beispiel des Dikaiopolis zu folgen.[294] Allerdings: Auch wenn dies stimmt – warum sollte angesichts der schönen Früchte seines Handelns noch eine explizite Aufforderung nötig sein?

Die Möglichkeit, dass Bürger dem Beispiel der „gerechten Stadt" folgten, wurde in der Forschung beiseite gewischt mit folgender Begründung: Erstens besagt bereits der *Name* der Hauptfigur, dass es nicht möglich ist, Dikaiopolis zu folgen, da niemand eine Stadt *ist* und auch keine sein kann, da eine solche *per definitionem* stets aus mehr als einem Individuum bestehen muss.[295] Zweitens sei die ganze Geschichte so fernab der Realität, dass niemand die Lust verspüren könne, einer phantastischen Geschichte zu folgen.[296] Schließlich wurde vermutet, Aristophanes wollte keine *parallele Gegenwart*, sondern eine vorgelagerte Frühzeit konstituieren, gewissermaßen einen Naturzustand, in welchem die Individuen noch vereinzelt waren und sich gleichsam Staaten zueinander auf Augenhöhe befanden.[297] Der Punkt stimmt nachdenklich: Warum sollten Bürger angesichts der Vorführung eines Theaterstücks aufspringen und sich darum kümmern, den gezeigten Zustand zu erreichen? Würde jemand angesichts eines Films über einen Bettler oder einen Diktator versuchen, deren Leben zu kopieren?[298]

Schwieriger gestaltet sich hingegen die letzte Folge aus dem Vertrag von Dikaiopolis: Seine Marktfreiheit befähigt nicht nur ihn, Handel zu treiben, sie begünstigt auch andere:

> LAMACHOS: Wohlan, ich schwöre Krieg den Peloponnesiern,
> Für ewige Zeit, ich will sie schädigen
> Zu Lande und zu Wasser, bis ich sie vernichtet.
> DIKAIOPOLIS: Und ich verkünde allen Peloponnesiern,
> Böotern, Megarern: Treibt Handel und Wandel
> Auf meinem Markt – nur nicht mit Lamachos!
> (*Acharner*; V. 620-625)

Dieser scheinbar so verständliche Ausruf musste für den Rest Athens einen schweren Affront bedeuten, denn die Peloponnesier (Sparta), Böoter und Megarer waren *Feinde* Athens. Hier findet sich die vielleicht folgenreichste Konsequenz aus den Handlungen des Dikaiopolis, denn sie ist paradox: Indem Dikaiopolis mit den Feinden Athens handelte, kam nicht nur *ihm* dies zugute, sondern auch ihnen. Dadurch wurde die Erschöpfung der Kriegsparteien hinausgezögert, der Krieg damit effektiv *verlängert*. Aristophanes *wollte* zwar eine Anti-Kriegskomödie schreiben, was er aber tatsächlich schuf, war eine *kriegsverlängernde* Komödie. Dieser Fakt ist bisher nicht beachtet worden; er stellt den vielleicht größten Beweis dar, dass Aristophanes kein Programm, sondern in der Tat eine Utopie ersten Ranges schreiben wollte: Subtile Unmöglichkeit verhinderte die Nachahmung.

Dazu passt, dass sich Dikaiopolis nicht so selbstlos präsentiert, wie es vielleicht zu Beginn den Anschein hatte: Er hat durchaus moralische Fehler. Zunächst lädt er den Megarer zwar ein, dass dieser bei ihm Handel treibt. Allerdings bemerkt Dikaiopolis, dass dieser seine zwei Töchter verkauft, die er vorher in einen Sack zum Verkauf gesteckt hat unter der Androhung, sie würden sonst verhungern:

> DIKAIOPOLIS *greift hinein*: Was ist das?
> MEGARER: Spürst's denn net? e Säule ist's.
> DIKAIOPOLIS: Ein Schwein? W o wachsen die?
> MEGARER: In Megara;
> Des seiet keine Säule?
> DIKAIOPOLIS: Mir scheint: nein.
> (*Acharner*; V. 787-780; Herv. im Orig.; Sperrung im Orig.)

Obwohl er den Menschenhandel (!) also bemerkt, ruft Dikaiopolis schnell:

> DIKAIOPOLIS: Der Handel ist geschlossen, wart ein wenig. *Ab ins Haus.*
> MEGARER: 's goht prächtig! Meit's der Hermes gut mit mir,
> Verhandl i au mein Weib und no mei Mutter.
> (*Acharner*; V. 815-817; Herv. im Orig.)[299]

Auch mit dem Thebaner verhandelt er nicht ehrenhaft, sondern wie der Attische Seebund und mit seinen Bundesgenossen:

> THEBANER: I meant au wissa, wear dean Ool miar zahlt.
> DIKAIOPOLIS: Den gibst du mir als Marktzoll, Freund, und wenn
> Du sonst was zu verkaufen hast, so sag's.
> (*Acharner*; V. 895-897)

Der Thebaner muss einen völlig überflüssigen „Marktzoll" bezahlen, denn da *ausschließlich* Dikaiopolis auf *seinem Privatmarkt* mit anderen Menschen und Staaten handelt, bedarf es keiner Verwaltungsgebühren; es gibt schlechthin nichts zum Verwalten. Das Geld, welches Dikaiopolis vom Thebaner verlangt, dient also ausschließlich seiner persönlichen Bereicherung. *Frei* ist der Markt daher nur für eine einzige Person: Dikaiopolis. Damit dies auch so bleibt, stößt er zuletzt gar seine eigenen Zunftgenossen, die Athener Bauern, von seinem

Markt und aus seinem Staat:

> BAUER: Ach, nur ein einzig Tröpfchen Frieden gieße
> Mir hier in dieses Näpfchen, dahinein!
> DIKAIOPOLIS: Kein Nadelspitzchen voll! Jetzt packe dich!
> BAUER: O Jammer, meine lieben, schönen Öchslein! *Ab.*
> CHOR: Der hat an seinem Frieden doch
> Ein köstlich Gut und scheint nicht sehr
> Geneigt, davon zu spenden!
> (*Acharner*; V. 1033-1039; Herv. im Orig.)

Der „Held" Dikaiopolis, die „gerechte Stadt", verhält sich zwar legitim (es ist immerhin *sein*

Markt), jedoch höchst ungerecht. Niemand sonst soll profitieren, das hat er gleich zur Eröff-

nung seines Marktes klargestellt:

> DIKAIOPOLIS: Das wären denn die Grenzen *meines* Markts!
> Und freien Handel haben hier mit mir
> Die Peloponnesier, Megarer, Böotier,
> Mit *mir*, versteht sich, nicht mit Lamachos!
> Als Marktaufseher stell ich an, durchs Los
> Gewählt, drei tüchtige – Rindslederriemen.
> Kein Sykophant betrete diesen Platz,
> Kein Spürhund, der nach fremden Waren schnüffelt.
> Jetzt bring ich noch die Säul, auf der mein Frieden
> Geschrieben steht, um sie hier aufzustellen.
> (*Acharner*; V. 719-728; Herv. im Orig.)

Es gibt eine schillernde Grenze, ab der eine Utopie in eine Dystopie umschlagen kann: Die

Città del Sole von Tommaso Campanella ist ein typisches Beispiel dafür: Ein von ihm als

ideale Stadt geplanter Entwurf entpuppt sich aus heutiger Sicht als Überwachungsalptraum,

der jeden modernen Kontrollstaat in den Schatten stellte, sollte er je verwirklicht werden.

Ähnlich muss Dikaiopolis' Individualfrieden bewertet werden: Der griechische Haushalt

sollte möglichst autark, möglichst *autonom* (*autonomía* = selbstgesetzlich) sein; aus dieser

Sicht erscheint die erste Utopie des Aristophanes sinnvoll gestaltet: Dikaiopolis *ist* autonom.

Das Erschrecken tritt ein angesichts der Entwicklung des Helden, der zwar einen Idealzustand

für sich erschafft, sich dabei moralisch allerdings zum Antihelden entwickelt. *Er* profitiert,

während alle anderen verlieren. Dieser Umstand verwundert sogar noch mehr, wenn man

bedenkt, dass Dikaiopolis in einer Demokratie aufgewachsen ist, welche nach modernem

Verständnis nach einem Gefühl der *Gemeinschaft* funktionieren sollte. Die „gerechte Stadt"

aus den *Acharnern* verkörpert nichts davon.[300] Aristophanes scheint es gerade darum gegan-

gen zu sein, den Namen des Protagonisten ins totale Gegenteil zu verkehren, in die Ungerech-

tigkeit schlechthin.[301]

Es wurden verschiedene Interpretationen angestrengt, *warum* Aristophanes seinen Helden so katastrophal scheitern lässt.[302] Ein interessanter Ansatz lässt vermuten, dass der Dichter einen Mitbürgern einen Spiegel vorhalten wollte: Es waren die nur *scheinbar* autonomen Athener, die gerne frei und friedlich leben wollten, stattdessen aber in einem zerstörerischen Krieg reüssierten, den sie nur unwesentlich, d.h. nicht genügend ablehnten.[303] Doch selbst wenn dies der Ansatz des Aristophanes war – erfolgversprechend schien es von Vornherein nicht zu sein, die Athener mittels eines unmoralischen Charakters zur Friedfertigkeit zu erziehen. Es wurde angemerkt, dass es *nur* drei Personen waren, denen Dikaiopolis seinen Frieden und seinen Marktwohlstand verweigerte.[304] Jedoch trägt diese Entlastung keinesfalls: Aristophanes *konnte* nicht alle Personen Athens ansprechen, er musste auswählen; er entschied sich für drei Charaktere und sie wurden abgewiesen. Diese dürfen durchaus stellvertretend für die Bürgerschaft Athens genommen werden. Im Übrigen zeigt die letzte Textstelle, dass er von vornherein *geplant* hatte, allein zu profitieren („die Grenzen *meines* Marktes, nur mit *mir* soll gehandelt werden"); diese Stelle lässt am Eigensinn des Protagonisten keinerlei Zweifel. Ein letzter Ansatz merkt an, dass Dikaiopolis es *zunächst* friedlich versucht hat, die Bürger zum Frieden zu bewegen, dass sein fehlender Anfangserfolg aufgrund der mangelnden Anteilnahme seiner Mitbürger eine gewisse Berechtigung zu seinem letztendlich egoistischen Verhalten liefern könnte.[305] Diese Lesart würde allerdings eine Art Selbstjustiz rechtfertigen, die kein moderner Staat akzeptieren könnte und zu deren Vermeidung auch die antike athenische Polis Gerichte eingesetzt hatte. Darüber hinaus hing die Weigerung der *Ekklesia*, Dikaiopolis beizuspringen, mit einer Freiwilligkeit zusammen, wie sie der Demokratie damals und heute eigen ist: Niemand kann zu Handlungen *gezwungen* werden, wenn sie nicht klar vom Gesetz vorgegeben werden. Die Versammlung war keineswegs dazu verpflichtet, nach Dikaiopolis' Wunsch Frieden zu schließen, daher war sein Ansinnen auch nicht einforderbar.

Aristophanes' Idee vom Individualfrieden und dem Umschlag in die Eigensinnigkeit ist nicht neu, sie war es nicht einmal in der Antike. Zum Abschluss dieses Kapitels sollen zwei Beispiele angeführt werden: dasjenige von Otanes bei Herodot und das der Reichsbürger in modernen Zeiten. Herodot schreibt im dritten Buch seiner *Historien* die Geschichte der Machtergreifung Darius' im Perserreich und verbindet diese Geschichte geschickt mit einer Verfassungsdiskussion, in welcher die Vorteile der Königsherrschaft (für welche Darius höchstselbst Partei ergreift und die sich letztlich durchsetzt) mit denen der Oligarchie (vertreten von Megabyzos) und der Demokratie – diese wurden von Otanes vertreten. Ein Alleinherrscher oder auch nur eine Handvoll Herrscher könnten nie mit Gerechtigkeit herrschen, da sie stets ihre Interessen durchzusetzen suchten. Otanes unterlag argumentatorisch; als es jedoch zu einer Abstimmung kam, beanspruchte er folgendes Vorrecht für sich und seine Familie:

> „Ihr Männer, die ihr mit mir euch verschworen! Es ist ja nun klar, dass einer von uns König werden muss, mag er nun durch das Los dazu bestimmt sein oder so, dass wir es dem Volke der Perser überlassen, wen es wählen will, oder auf irgendeine andere Weise; ich will darüber nun mit euch nicht streiten, denn ich will weder herrschen noch beherrscht werden; aber unter der Bedingung sehe ich von der Herrschaft ab, dass ich keinem von euch untertänig werde, weder ich selbst noch meine Nachkommen." Als er dies gesagt hatte und die sechs [Mitverschwörer, JD] diese Bedingung ihm zugestanden, ließ er sich nicht weiter mit ihnen ein, sondern trat aus ihrem Kreise. Und so ist auch jetzt dieses Haus das einzige in Persien, welches frei ist und nur insoweit untertänig der Herrschaft, als es selbst will, insofern es die Gesetze der Perser nicht übertritt.[306]

Die Ähnlichkeit der Geschichten von Otanes mit derjenigen von Dikaiopolis wurden schon früher erkannt.[307] In der Tat ist die Übereinstimmung frappierend: Otanes verabschiedet sich mit seiner Familie *endgültig* von der persischen Herrschaft und ihrer Gerichtsbarkeit. Allerdings stechen auch die Unterschiede klar ins Auge: Während Dikaiopolis sich heimlich mit den Spartanern zum Frieden verschwört, bespricht sich Otanes offen und ehrlich zwar nicht mit dem persischen Volk als Ganzem, aber mit den künftigen Machthabern des Reiches. Otanes' Anliegen gewinnt damit soviel an Legitimität, wie Dikaiopolis sich gerne zugestände. Der Charakter des Aristophanischen Helden verblasst angesichts der Lauterkeit des Herodotischen noch weiter. Dabei spielt es keine Rolle, dass beide Begebenheiten rein fiktiv sind: Auch die Verfassungsdiskussion bei Herodot hat sich so nie ereignet.

Das zweite Beispiel ist realer, es kann an dieser Stelle nur am Rande angerissen werden, beschäftigt die politischen Diskussionen in Deutschland allerdings seit einiger Zeit: das Phänomen der Reichsbürger. Dabei ist das Feld bei Weitem zu groß, als dass es an dieser Stelle genügend beschrieben werden könnte; stattdessen soll das Beispiel des „Königs von Deutschland" Peter Fitzek vorgestellt werden.[308] Dieser hatte 2012 sein „Königreich Deutschland" ausgerufen und sich selbst gleich zum Souverän dieses „neuen Landes" erklärt – ganz wie Dikaiopolis. Mit brauner Ideologie, Verschwörungstheorien und Erneuerungsphantasien weckte er Erinnerungen an das dunkelste Kapitel deutscher Geschichte. Er hatte Pseudo-Institutionen für sein „Königreich" geschaffen und mit Getreuen besetzt. Die „Verwaltung" des „Königreichs" erinnerte durchaus an diejenige aus den *Acharnern*:

> Auch für das Gemeinschaftsleben in seinem *Königreich* berief sich Fitzek auf religiöse Vorstellungen: Laut Schöpfungsgeschichte müsse jedes Lebewesen einen Beitrag leisten. Sobald sie die Einbürgerungspapiere für knapp 400 Euro bezahlt hatten, konnten die Menschen in seinem System leben, das ja angeblich ohne Steuern funktionierte. Wegen der schlanken Verwaltung müssten sie nur vier Stunden arbeiten, den Rest der

Zeit, drei bis vier Stunden, könnten sie „ehrenamtlich" für das Gemeinwesen tätig sein, um es weiter zu verbessern. Das alles geschah in klarer Hierarchie. Zum Thema Gleichberechtigung steht in der Verfassung nur ein Satz: „Kein Deutscher darf gegenüber einem Ausländer benachteiligt werden." Dass alle gleichberechtigt etwas zu sagen hätten, sei wider die Natur, findet Fitzek. Und kein Zweifel bestand, wer in seiner Monarchie der Chef war. „Die Menschen folgen immer nur jemandem, der weit über ihnen steht", erklärte er dem MDR 2015.[309]

Die tyrannischen Tendenzen teilte Fitzek zweifellos mit Dikaiopolis, allerdings blieb Ersterer mit dem Gemeinwesen notwendig verbunden, das er doch so gerne abstreifen wollte – er benötigte Geld und Untertanen aus jenem „Nachbarland" BRD. Der zweite große Unterschied: Fitzek *selbst* wollte autonom bleiben, seinen Jüngern jedoch verwehrte er die Freiheit, die er sich selbst zugestand. Der König verhielt sich letztendlich jedoch feindlich gegenüber der sein „Königreich" umgebenden Bundesrepublik, wurde verhaftet und zu einer Gefängnisstrafe verurteilt. Dieses letzte Verhängnis ist der Hauptunterschied zwischen Dikaiopolis und Fitzek. Dennoch: Der Drang nach eigenmächtigem Austritt aus einem Staat bei gleichzeitiger Gründung eines neuen verbindet die beiden zweifellos und zeigt die Aktualität des Sezessions-Gedankens.

8.2 Abschaffung von Arm und Reich

Aristophanes schrieb eine Komödie – es war seine letzte vollständig erhaltene –, in dem er weiniger auf das Lachen der Zuschauer zielte, als vielmehr eine Abhandlung liefern wollte hinsichtlich der Voraussetzungen und Möglichkeiten einer Abschaffung von Arm und Reich: den *Plutos*. Der Inhalt ist aus einem der vorigen Kapitel bekannt; die Notwendigkeit einer solchen „Komödie" verdient allerdings nähere Betrachtung. *Warum* sah sich Aristophanes genötigt, das durchaus schwierige Thema einer gerechten Verteilung von Reichtum in einer eigenen Komödie zu behandeln? Warum hat er nicht – wie zuvor auch – auf Gegebenheiten rekurriert, welche klar und einfach benannt werden konnten, wie die Demagogie und das Sykophantentum?

Die Situation Athens *nach* dem Ende des Peloponnesischen Krieges war keineswegs befriedet: Nach der Kapitulation und dem Schleifen der „Langen Mauern" Athens (404 v. Chr.) erfolgte eine Einsetzung von dreißig Tyrannen durch Sparta, welche auf den vormals *demokratischen* Staat eine verheerende Wirkung hatten. Obwohl diese Oligarchenherrschaft bereits 403 v. Chr. beendet und wieder ein demokratisches Regime eingesetzt wurde, war dies keineswegs das Ende des Ungemachs: Im „Korinthischen Krieg" 395 bis 387 v. Chr. kämpfte Athen zusammen mit den ehemaligen Verbündeten Spartas – Argos, Theben und Korinth – gegen Sparta, weil die Verbündeten ihre Interessen nicht gewahrt sahen. Die Aufführung des

Plutos (388 v. Chr.) fällt daher exakt in jene Zeit, in welcher sich Athen nach Frieden sehnte, ihn allerdings nicht erhielt.

Kein Krieg wurde je *ohne* Geld geführt und *immer* waren es die ärmeren Schichten, welche die Lasten des Krieges zu schultern hatten. In Athen war dies nicht anders. Die ehemalige Hegemonialmacht Athens war bedeutend ärmer nach 404 v. Chr., vor allem, weil Sparta die Kolonien besetzte und spartanische Besatzungen und ihnen freundlich gesonnene Regierungen einsetzte (wie auch in Athen mit den dreißig Tyrannen; in den anderen Städten hatten diese Satellitenregierungen jedoch wesentlich länger Bestand). Das Handelsimperium existierte also nicht mehr, und auch in Athen selbst hatte der Krieg monetär verheerende Wirkungen: Die Sizilische Expedition 415 bis 413 v. Chr. kostete allein 3.500 Talente – eine ungeheure Summe. Die absolut letzte Reserve von 1.000 Talenten wurde bereits 412 v. Chr. verbraucht – rund acht Jahre vor Kriegsende. Nach angestellten Rechnungen verfügte Athen um 378 v. Chr. über *weniger als ein Drittel* des Vermögens von 427 v. Chr.[310] Der Reichtum Athens brach also in verheerendem Maße ein. Dazu kam, dass die jungen Männer Athens zu einem Großteil im Krieg gefallen waren, sodass der Staat sich auf wirtschaftliche Dürrephasen einstellen musste: Den Staat bewirtschaftende Generationen mussten erst nachwachsen.[311]

Verschiedene Quellen berichten, dass der Reichtum – oder vielmehr: die Armutsverwaltung – nach dem Peloponnesischen Krieg in die falschen Hände geriet: Die Adligen, Sykophanten, Staatsobere, welche nur wenig bis kein Blut im Krieg gelassen hatten, konnten anschließend wirtschaftlich prosperieren, weil das Gegengewicht der Bauern teilweise auf den Schlachtfeldern geblieben war.[312] Es war damit nicht nur die finanzielle, sondern nach einigen Forschern auch *politische* Realität, welche Aristophanes mit der Beschreibung einer Alternative spiegeln wollte.[313] Es muss sich in der Folge erst noch zeigen, inwiefern Aristophanes diesem ihm unterstellten Anspruch auch tatsächlich gerecht wurde.

Dass die nach Meinung auch des Dichters *falschen* Personen am Ende des Krieges profitierten, drückt Aristophanes mit der Metapher des *blinden Reichtums* aus. Chremylos findet den Reichtum in Person und ist erstaunt ob seiner körperlichen Versehrung – Plutos ist blind:

> CHREMYLOS *ihm die Augen betastend*: Wie kommst du zu dem Unglück denn? Erzähle!
> PLUTOS: Das hat mir Zeus getan! Der gönnt den Menschen
> Nichts Gutes: Einst als Jüngling droht ich ihm,
> Bei Braven, Weisen, Biedern würd ich nur
> Einkehren! Dafür schlug er mich mit Blindheit,
> Damit ich nur von ihnen keinen fände.
> So neidisch ist er auf rechtschaffne Leute!
> (*Plutos*; V. 86-92; Herv. im Orig.)

Zeus ist neidisch auf den Plutos, weil dieser die *Gerechten* belohnen will? Man muss dazu wissen, dass sich Gerechtigkeit in der griechischen Antike auch durch Tempeldienst ausdrückte. Dass die „Braven" also *Zeus* beleidigen würden, ist angesichts dessen unwahrscheinlich. Gerade das einfache Volk war es, welches sich seiner Gläubigkeit befleißigte, auch in schweren Zeiten – ganz wie in der Moderne.[314] Jedoch zeitigte die leicht absurd anmutende Maßnahme des Zeus ihre Folgen:

> CHREMYLOS: So fromm und rechtlich auch
> Ich war, ich darbte, war blutarm –
> KARION: Ich weiß!
> CHREMYLOS: Ja, andre wurden reich, die Tempelräuber,
> Volksredner, Sykophanten, Schurken –
> KARION: Freilich!
> (*Plutos*; V. 28-31)

Es wird deutlich: *Völlig* wollte Aristophanes seine Abneigung gegen seine alten Feinde nicht ablegen, denn die Demagogen und Sykophanten stellen weiterhin ein Feindbild dar. Wichtiger erscheint jedoch bereits hier das Hauptthema: Chremylos *selbst* ist von der Armut geschlagen, natürlich völlig ungerechtfertigt. Denn während er „fromm und rechtlich" war, profitierten andere „Schurken". Auffallend ist, dass sich Aristophanes hernach nicht mehr um diese kümmert, obwohl sie ja ihren Reichtum nicht verdienten. Es ist dem Protagonisten nicht um eine Rechtsprechung gelegen; er verfolgt einen anderen Plan: Die Abschaffung der Armut selbst. Zu diesem Zweck will er den Plutos von seiner Blindheit heilen.[315] Chremylos muss jedoch zuerst Überzeugungsarbeit leisten:

> CHREMYLOS: Wenn du jetzt wieder wie vorzeiten sähest,
> Willst meiden du die Schlechten dann?
> PLUTOS: Ja sicher!
> CHREMYLOS: Und gingest nur mit Guten um?
> PLUTOS: Gewiß!
> Seit langem hab ich keinen mehr gesehn!
> CHREMYLOS: Kein Wunder! Denn auch ich, mit guten Augen,
> Sah keinen!
> PLUTOS: Laßt mich gehn, ihr kennt mich jetzt!
> CHREMYLOS: Nein, nein, jetzt halten wir dich doppelt fest!
> PLUTOS: Nun, sagt ich's nicht voraus, ihr würdet mich
> Aufhalten?
> CHREMYLOS: Hör, ich bitte dich, verlaß
> Mich nicht! So weit du suchst, du findest keinen,
> Der an Charakter besser wär als ich!
> KARION: Bei Zeus, es lebt kein zweiter – außer mir!
> PLUTOS: So sprechen all, ich kenn's! Und haben sie
> Mich dann und sind sie reich – Spitzbuben werden
> Sie gleich, unübertrefflich niederträchtig!
> CHREMYLOS: Recht hast du! Doch es sind nicht alle schlecht.

PLUTOS: Bei Zeus, doch, samt und sonders!
(*Plutos*; V. 95-111)

Diese Schlüsselszene verrät einiges, was für den weiteren Verlauf von entscheidender Bedeutung ist: 1. Der Plutos will zwar geheilt werden, allerdings fürchtet er um die Folgen. Er traut den Menschen nicht, dass sie ihn für das Gute einsetzen würden, und er hat vermutlich recht damit: Zu oft schon haben die dann plötzlich Begüterten ihre Mittel für sich behalten, anstatt zu teilen. 2. Chremylos durchläuft eine Wandlung: Zuerst stellt er Bedingungen für die Heilung von Plutos; dann will er ihn unbedingt heilen – notfalls auch mit Gewalt; zuletzt bietet er an, *selbst* dieser Unübertreffliche zu sein, dem der Reichtum seine Wirkung anvertrauen kann („du findest keinen, der an Charakter besser wäre als ich"). Aristophanes hat an dieser Stelle auf geniale Weise den Wankelmut dargestellt, der den Plutos umgibt: Die Menschen können nicht von ihm lassen; sie verhalten sich widersprüchlich. Die Ausgangslage für eine sinnvolle Verwendung des Reichtums durch Chremylos' Hände ist somit vorbelastet. Dennoch findet er das passende Argument, den Plutos zu seinen Gunsten zu bewegen:

CHREMYLOS: Gewiß wird keiner
Mehr kaufen, wenn nicht *du* das blanke Geld
Ihm in die Hand gibst; so daß du allein
Den Zeus, wenn er dich kränkt, vom Thron kannst stürzen!
PLUTOS: Du meinst, sie opfern meinetwegen ihm?
CHREMYLOS: Das will ich meinen! Ja! Denn alles, was
Bei Menschen schön und groß und herrlich ist,
Stammt nur von *dir*; denn Geld regiert die Welt!
KARION: So hat auch mich ein Bettelgeld zum Sklaven
Gemacht, den früher einmal freien Mann!
(*Ploutos*; V. 139-148; Herv. im Orig.)

Das Argument ist bestechend: Der eine, der alles verändern könnte – Chremylos höchstselbst – zählt auf, was „die Menschen" alles nur durch Plutos haben, ganz so, als wäre er davon völlig unbelastet. War es nicht der ungerecht verteilte Reichtum, der ihn erst auf Plutos Spuren brachte? Doch das Argument hat ein Gutes, welches am Ende aufscheint: Gerade *weil* Chremylos selbst als Freier einmal zum Bettler abstürzte, kann er – man möchte meinen: *nur er* – mit dem Plutos umgehen und ihn abschaffen. Jedoch: Gerade *dies* ist *nicht* sein Weg; er will den entgegengesetzten Weg einschlagen:

CHREMYLOS: Denn ein Leben wie das, das die Sterblichen jetzt, die Armen, führen
– wir kennen's! –
Wem kommt es nicht vor wie verkehrt und verdreht, ja, wahrhaftig, die pure Verrücktheit?
Nichtswürdige Schurken, und ihrer sind viel, die besitzen die Fülle des Reichtums,
Unehrlicherweise zusammengescharrt! Doch viele der redlichsten Männer
Sind im Elend und nagen am Hungertuch und verkehren mit dir nur, o Armut!

Drum sag ich: wenn sehend der Reichtum wird und der Armut ein Ende bereitet,
So kann er auf keinem anderen Weg die Menschen glücklicher machen.
(*Plutos*; V. 500-506)

Die Armen müssen *alle* reich werden! Denn wenn alle reich sind, ist es niemand mehr *gegenüber einem anderen*; stattdessen können alle Bürger den Reichtum genießen und ihr Leben fernab jeglicher finanzieller Sorgen fristen.[316] Es wurde bereits darauf hingewiesen, dass es sich hier um eine Phantasielösung für ein reales Problem handelt.[317] Doch trifft die Fragestellung, inwieweit Aristophanes für ein reales Problem eine real zu verwirklichende Lösung anbietet, nicht den Kern des Arguments: Der Dichter *kann* keine Lösung anbieten, das gibt der Rahmen nicht her. Außerdem ist er sich der Illusion bewusst, die er erzeugt. Niemand hatte im Athen seiner Zeit die Absicht, das Geld abzuschaffen oder etwa alle reich zu machen. Für derartige, geradezu sozialistischen Versuche fehlte den Athener ohnehin das Geld und die nötige Muße. Es ging Aristophanes um etwas anderes. Der wichtigste Aspekt von Plutos' Blindheit sind die *Folgen* seiner Erkrankung: Zum Einen muss festgehalten werden, dass er einmal sehen *konnte*; er wurde sehend geboren und von Zeus dann mit Blindheit geschlagen. Diese Tatsache in Athener Verhältnisse übersetzt bedeutet, dass es einmal sozial gerechte Verhältnisse in Athen gab. Es war Zeus, der die soziale Situation veränderte, nicht der Krieg. In gewisser Hinsicht war Aristophanes an dieser Stelle unehrlich, denn er sagte den Athenern *nicht*, dass ihr imperiales Streben den Krieg mitverursachte; stattdessen soll es der Gott gewesen sein und damit etwas Unveränderliches, das man in Ruhe der Schuld bezichtigen konnte. Allerdings kann nicht einmal der Komödiant die Tatsache verschweigen, dass Kriege auch und vor allem mit Geld geführt werden. Chremylos und sein Sklave Karion sprechen über den Plutos:

> KARION: Prunkt nicht durch ihn allein der große König?
> Versammelt sich das Volk nicht seinetwegen?
> CHREMYLOS: Und wer bemannt im Krieg die Schiff' als du?
> KARION: Bezahlt nicht er die Söldner in Korinth?
> [...] CHREMYLOS: *Zu Plutos*: geschieht nicht jedes Ding durch dich allein?
> Bist du nicht allereinzigst Grund und Ursach
> Von allem, gut und bös? – Gewiß, du bist's!
> KARION: Und Meister wird im Kriege jedesmal,
> Wem dein Gewicht du in die Schale legst!
> PLUTOS: Ich soll das alles, ich allein, vermögen?
> CHREMYLOS: Zum Wetter auch, noch zehnmal mehr als das!
> Drum hat an dir kein Mensch sich noch ersättigt.
> (*Plutos*; V. 170-173. 181-188; Herv. im Orig.)

Aristophanes vollführt hier die Wendung der Schuldfrage vom Volk weg hin zu Zeus und zu Plutos selbst und damit zu metaphysischen Entitäten, die nicht für ihre Schuld haften können. Zwar kommen Menschen in dieser Rechtfertigung vor, doch sind sie unschuldig; sie sind einzig und allein vom Geld abhängig. Aristophanes musste sich durchaus fragen lassen, was vom Menschen noch übrigbleibt, wenn er die Reichweite fremder Einflüsse so ausdehnte. Weiterhin ergibt sich die Frage: Wenn der Plutos für das Übel der Welt *allein* verantwortlich ist – warum ist Chremylos dann den Weg gegangen, der *alle* Menschen diesem Einfluss aussetzt? Warum hat er den Plutos nicht erschlagen, als er die Chance dazu hätte, und so die soziale Ungleichheit zwar für alle auf Null gestellt, aber doch ein für allemal abgeschafft?[318] Außerdem übergeht der Dichter die Frage: Sind wirklich *alle* arm? Gibt es keine Reichen mehr in Attika?[319] Dies erscheint wenig glaubhaft angesichts des Zeugnisses des Plutos:

> PLUTOS: Unheimlich wird mir, weiß der Himmel, stets,
> Wenn ich ein fremdes Haus betreten soll:
> Noch niemals hab ich Dank dafür geerntet.
> Führt mich mein Unstern hin zu einem Filz,
> Der scharrt mich auf der Stell im Boden ein;
> Kommt dann ein Freund, ein Ehrenmann, zu ihm
> Und spricht ihn um das kleinste Sümmchen an,
> So schwört er, niemals hab er mich gesehn.
> Komm ich zu einem lockern Zeisig, wirft
> Mich der um Würfel und um Dirnen weg,
> Und augenblicks lieg ich nackt vor der Tür.
> (*Plutos*; V. 234-244)

Die Sorge des Plutos ist *berechtigt*, denn was er hier beklagt, ist der Ausgangspunkt jeder seiner Erscheinungen bei Menschen: Diese berauschen sich dann an ihm und vergessen ihn wieder. Er kann den Menschen kein Glück bringen, wenn er *allein* genossen wird, denn früher oder später korrumpiert er jeden aus einem einfachen Grund: Das Privileg, welches er gewährt, wird nur selten geteilt („so schwört er, niemals hab er mich gesehn") und durch exakt diese Gegenüberstellung des Neureichen und des „Freundes, eines Ehrenmannes" wird Ersterem das das Privileg erst bewusst, sodass er es verspielt („Würfel und Dirnen"), also einsetzt. Es erscheint wohlfeil, *die Reichen* als Inbegriff der Ungerechtigkeit zu bezeichnen, weil sie ihren Reichtum nicht teilen.[320] Vor allem fällt dies negativ ins Gewicht, weil der Dichter unerwähnt lässt, wie er diejenigen beurteilt, die ihren Reichtum *verdient* haben. Wie gerecht erscheint es, einem Menschen das *ehrlich erworbene* Vermögen zu entziehen?[321]

Chremylos hingegen ist clever: Da er dem Plutos die verantwortungsvolle Verwendung versprochen hat und *nicht* enden will wie alle anderen Reichen vor ihm, will er den Reichtum – und damit die Last, die Verführung – mit allen Bürgern Attikas teilen, so auch mit seinem Nachbarn:

> BLEPSIDEMOS: Doch seltsam ist: wenn er im Glücke sitzt,
> Daß er sich seine Freunde kommen läßt!

Denn das ist nun gewiß nicht landesüblich.
CHREMYLOS *für sich*: Ich will ihm nur die blanke Wahrheit sagen!
Zu Blepsidemos: ja, besser geht's mir heut, Blepsidemos,
Als gestern, drum nimm auch, als Freund, dein Teil!
(*Plutos*; V. 591-596; Herv. im Orig.)

Chremylos teilt, er wendet damit das böse Omen ab, welches übermäßiger, weil allein verfügbarer Reichtum mit sich bringt, und die Komödie findet ein zwar phantastisches, aber doch gelungenes Ende: Die Menschen teilen das Vorhandene, das nun im Überfluss vorhanden ist, sie leben glücklich zusammen und verwalten das, was vom Krieg übrig geblieben ist.[322] Doch es sind nicht *alle* glücklich.

Denn der Dichter dreht die Spirale metaphysischer Figuren, welche im Stück *in persona* auftreten, weiter:

Penia, in trister Aufmachung, ärmlich gekleidet, tritt Chremylos in den Weg.
PENIA *zu den beiden, die Miene machen zu entfliehen*:
Was habt ihr vor, unsel'ge Menschenwürmer,
Welch himmelschreiend kühnen, sünd'gen Frevel?
Wohin? Was flieht ihr? Haltet!
BLEPSIDEMOS: Herakles!
PENIA: Elende, bitterelend soll's euch gehen! –
Ha, unerträglich! Ihr erdreistet euch
Zu tun, was noch, solang die Erde steht,
Kein Mensch, kein Gott gewagt? – Ihr seid des Todes!
CHREMYLOS: Wer bist du mit dem Leichenantlitz, Weib?
BLEPSIDEMOS: Wie's scheint, der tragischen Erinyen eine,
Denn wild, tragödienmäßig schaut sie drein.
[…] PENIA: Ich bin die Armut, eure Hausgenossin
Seit Jahren!
BLEPSIDEMOS: Götter, ach, wo flieh ich hin? *Flieht ein Stück.*
CHREMYLOS: He du, wohin? Du feiger Hasenfuß!
Bleib doch!
BLEPSIDEMOS: Um keinen Preis!
CHREMYLOS: So bleib doch! Wir,
Zwei Männer, reißen aus vor einem Weib?
BLEPSIDEMOS: Du Narr, die Armut ist's, das schrecklichste
Scheusal, das auf der weiten Welt zu finden!
(*Plutos*; V. 415-424. 437-443; Herv. im Orig.)

Penia *muss* natürlich schrecklich aussehen, sonst würde niemand vor ihr fliehen. Doch gibt es mit dieser Stelle Schwierigkeiten: Erstens hat Chremylos die Armut bereits überwunden, und zwar für alle Zeit. Wie aber kann sie auftreten, wenn sie rein *zeitlich* betrachtet schon nicht mehr existiert? Denn sie tritt *nach* der Heilung des Plutos auf. Ist also doch nicht *sämtliche* Armut beseitigt? Zweitens ist zwar ersichtlich, warum Penia schrecklich aussehen muss; warum muss Plutos dies aber *ebenfalls*? Wenn er das genaue Gegenteil Penias darstellen soll, so wird nicht sofort deutlich, warum er nicht als strahlende Schönheit durch die Lande zieht, sondern stattdessen als alter, blinder Mann? Drittens macht sich Aristophanes eines weiteren logischen Fehlers schuldig: Wenn zuvor „kein Mensch, *kein Gott*" gewagt hatte, die Armutsverhältnisse zu regeln, wie konnte dann Zeus genau dies tun? In Vers 87 wird genau dies behauptet: Zeus schlug den Plutos aus niederen Beweggründen mit Blindheit und sorgte damit direkt dafür, dass einige Menschen arm wurden, andere hingegen reich – und zwar in beiden Fällen immer die falschen. Es wurde zur Auflösung dieser Stelle versucht, Plutos und Penia als offensichtliche Gegensätze darzustellen.[323]

Penia *soll* schockieren, ungeachtet aller Widersprüche in ihrem Auftritt.[324] Die mythischen Verstrickungen und ihre realen Personifizierungen, die ja *in Form von Zuschauern* in den Rängen saßen – der eine reich, der andere arm –, mussten ihre Wirkung entfalten und ließen mit Sicherheit über die Widersprüche hinwegsehen. Ein Hinweis ist im Vergleich mit den „Erinyen" gegeben: Diese Rachegöttinnen plagten die Menschen ja tatsächlich, indem sie die Gewissensbisse der attischen Mythologie darstellten.[325] Man kann sich nur entfernt vorstellen, was die Theaterränge sahen, als Blepsidemos Penia als Erinye bezeichnet...

Noch verstörender aber als die äußere Erscheinung Penias mag das in den Zuschauerrängen ankommen, was sie sagt:

> PENIA: Wenn der Reichtum fortan, von der Blindheit kuriert, gleichmäßig die Güter verteilte,
> Da würde von Stund an kein Mensch sich der Kunst noch nützlichen Wissens befleißigen;
> Denn wenn diese beiden beseitigt sind, dann wird sich jeder bedanken,
> Zu hämmern, zu schmieden, zu zimmern, zu baun Galeeren und Wagen und Räder,
> Zu schneidern, zu schustern und Ziegel aus Lehm zu bereiten, zu walken und gerben!
> Wer pflügte den Acker, wer hackte den Grund, wer streute die Saat der Demeter,
> Wer rührte die Hand, wenn behaglich er könnt und in müßiger Ruhe genießen?
> CHREMYLOS: Ah, papperlapapp! Die Geschäfte, die du da aufzählst, besorgen die Sklaven
> Und mühn sich für uns!
> PENIA: Die Sklaven? Woher bekommst du dann aber die Sklaven?
> CHREMYLOS: Die Sklaven! Die kauft man natürlich für Geld!
> PENIA: Doch vor allem – wo werden Verkäufer
> Sich finden, wenn keinem an Geld es gebricht?
> CHREMYLOS: Oh, irgendein gieriger Händler
> Kommt immer hierher aus Thessalien noch, wo die Seelenverkäufer zu Haus sind.
> PENIA: Wenn es kommt, wie du es eben ausgemalt, da verschwinden die Seelenverkäufer,
> Und diese gerade von allen zuerst; denn ein Reicher – wird der sich entschließen,
> Ein Gewerbe wie das zu betreiben, bei dem er sein eigenes Leben aufs Spiel setzt?
> Du selber alsdann mußt pflügen und säen, mußt hacken und schaffen und schwitzen;
> Mühseliger dann ist dein Leben als jetzt.
> (*Plutos*; V. 510-526)

Penia zeigt in ihrem ersten Argument, dass Chremylos Überlegung geradezu naiv ist: Wer soll denn arbeiten, wenn jeder reich ist, und woher soll alles kommen? „Die Sklaven" ist seine Antwort; dies ist auf doppelte Weise widerlich: Zum Einen, weil er damit den Status des reichen Mannes einschränkt auf den *freien Bürger* – Sklaven kommen nach ihm *nicht* in den Genuss den propagierten Freiheit. Zum Anderen aber ist seine Aussage furchtbar, weil sie unreflektiert ist: Noch kurz *vor* der Heilung des Plutos von dessen Blindheit musste *Chremylos selbst* den Reichen als Armer dienen, war damit dem Sklavenstatus nicht so fern. Penia zeigt mit ihren letzten Versen gerade, dass er in diesen Status wieder zurückfallen könne, wenn seine Sklavenphantasie nicht so verlaufen sollte, wie er sie sich vorstellt. Tatsächlich hat Penia hier das wesentlich bessere Argument, weil sie die Notwendigkeit der Arbeit betont, weil sie die Logik auf ihrer Seite hat und weil ihr Argument wesentlich moralisch wertvoller ausfällt als Chremylos' Antwort. Doch Penia hat weitere Pfeile im Köcher:

> CHREMYLOS: Nun, sagt man nicht immer: die Bettelei sei die leibliche Schwester der Armut?
> PENIA: *Ihr* sagt's, die ihr stellet zusammen wohl auch Dionysios und Thrasybulos.
> Mein Leben, bei Zeus, ist von ferne nicht gleich dem beschriebnen und wird es auch niemals;
> Denn ein Bettler ist der, der gar nichts hat und in Hunger und Kummer dahinlebt,
> Arm aber, wer mäßig und sparsam ist und sein Leben widmet der Arbeit
> Und zum Überfluß freilich es niemals bringt, doch gesichert auch bleibt vor dem Mangel.
> CHREMYLOS: O wie selig der Mann, bei Demeter, den du geschildert! Er spart, und er knickert
> Und rackert sich ab und erübrigt zuletzt nicht die Kosten zu seinem Begräbnis!
> PENIA: Ja, spöttle nur, taub für ein ernstes Gespräch, mit Komödienspäßen versuch es
> Zu bestreiten, daß ich an Gestalt wie an Geist weit bessere Männer als Plutos
> Erschaffe! Was triffst du für Leute denn an auf der Seite des Reichtums? Gesellen,
> Die das Zipperlein plagt, dickwanstige Herrn mit geschwollenen Wampen und Waden;
> Doch die meinen sind schlank wie die Wespen und straff und im Kampfe den Feinden ein Schrecken!
> (*Plutos*; V. 549-561; Herv. im Orig.)

Chremylos macht an dieser Stelle einen Punkt: Arbeit zahlt sich nicht *immer* aus; zu oft versinkt der Fleißige trotzdem in Schulden und kommt nicht vorwärts. Doch das Argument Penias ist stärker: Der Reiche tut sich (vor allem zu Zeiten Aristophanes') nicht gerade durch Fleiß hervor; er ist oft krank, weil er seinen Körper nicht stählt („Zipperlein"). Penia hingegen kann starke, arbeitsame, intelligente Männer ins Feld führen („schlank wie die Wespen und straff und im Kampfe den Feinden ein Schrecken"). Doch haben beide Seiten entscheidende Schwächen: Aus Chremylos spricht der Frust; er hat sich abgeplagt und blieb *vor* der Heilung des Plutos doch arm – ein Zustand, den er unmöglich gutheißen kann. Und die Männer der Penia sind *deswegen* so hervorragend, weil sie es sein *müssen*, weil sie sonst kein Auskommen hätten. Sie bleiben den Beweis schuldig, dass sie sich *nicht* wie Reiche verhielten, wenn sie die Möglichkeit – sprich: den Reichtum – dazu hätten. Dieses Argument geht daher unentschieden aus, weil beide unehrlich sind. Das letzte Argument überrascht:

> PENIA: Auch der Ehrbarkeit muß ich gedenken, und leicht ist die Mühe, den Satz zu beweisen:
> Rechtschaffenheit wohnt bei der Armut nur, bei dem Reichtum Laster und Frevel!
> CHREMYLOS: Sehr rechtschaffen ist wohl das Stehlen dann auch, Einbrechen und Häuserdurchwühlen?
> PENIA: In den Städten ferner, sieh doch, wie es geht mit den Rednern: solange sie arm sind,
> Da handeln sie ehrlich und redlich am Volk und am Staate – wer könnte sie schelten?
> Doch wenn sie sodann vom gemeinsamen Gut sich bereichern, da wandeln sie plötzlich
> In gefährliche Feinde des Volkes sich um, in Schurken und Landesverräter!
> CHREMYLOS: Ja, leider, das ist nicht gelogen von dir, so ein garstiges Maul du auch sonst hast!
> (*Plutos*; V. 563-570)

Penia macht hier scheinbar einen Punkt: Dem Reichtum wohnen Laster und Frevel inne, denn wie sonst wurden die Reichen reich, während die übrigen Athener um sie herum verarmten? Sie sind die einzigen, die sich Luxus leisten können („Laster") und die nicht teilen, *obwohl* es ihrer Umgebung schlecht geht („Frevel"). Doch Chremylos kann den justiziablen Punkt leicht kontern, denn auch und gerade arme Menschen in seiner Zeit neigen zu Kavaliersdelikten, auch weil es *müssen*, um zu überleben. Penia erweitert ihr Argument: Ihr geht es nicht um das einzelne Delikt; ihr geht es um die großen Verbrecher, die samt und sonders Plutos erlegen sind: „Redner" verwandeln sich in „Schurken und Landesverräter", wenn es ihnen nützt und sie bereichert. Aristophanes hatte an dieser Stelle sicherlich die Beispiele des Kleon und des Alkibiades im Sinne, welche – einmal an der Macht – in seinen Augen nur noch unnütze Kriegstreiberei (Kleon) und Verrat an Athen (Alkibiades) betrieben.

Dennoch: Die Argumente Penias mögen den Theaterrängen des Aristophanes nicht gefallen haben; stichhaltig waren sie trotzdem.[326] Wichtiger ist aber, dass ihre Argumente – sie werden fast alle von ihr gewonnen – auf der *Moral* basieren: Es wäre schlicht unfair und falsch, *alle* gleichzustellen, auch wenn diese Möglichkeit durchaus ihren Charme hätte.[327] Chremylos mag Punkt für Punkt anführen – Penia gewinnt immer, weil sie die besseren Argumente *für die Zukunft* bereithält. Aristophanes wusste dies und auch, dass seine Zuschauer es wussten. Diese mochten zu Beginn über die Erscheinung Penias erschrocken gewesen sein; als sie ihre Argumente ausbreitete, wusste sie jeden auf ihrer Seite.[328] Doch was machte dies mit dem Helden der Geschichte, mit Chremylos? Aristophanes lässt ihn Penia erbarmungslos fortjagen:

CHREMYLOS: Nun scher dich zum Henker, und muckse nun
Nicht ein Wörtchen mehr!
Denn hättest du auch recht, recht geb ich dir nie!
PENIA: „O Argos, du hörst, was er Schreckliches spricht!"
CHREMYLOS: Ruf Pauseon: er ist ja dein täglicher Gast!
PENIA: Wie ergeht mir's, o weh!
CHREMYLOS: Zum Geier mit dir, fort, hebe dich hinweg!
PENIA: O, wo flücht ich mich hin?
CHREMYLOS: In den Block, in den Block! Nur nicht gesäumt!
Marsch, packe dich fort!
PENIA: Er wird kommen, der Tag, wo ihr beide zurück
Die Verstoßne ruft!
(*Plutos*; V. 598-609)

Es ist nicht ganz klar, *warum* Aristophanes sie hier so barsch hinfort jagen lässt: Hatte er selbst Skrupel, seine bis dahin perfekt scheinende Utopie zu verstümmeln? Wusste er keine weiteren Argumente, welche seinem Helden hätten helfen können? Tatsache ist, dass Chremylos aufgibt, indem er brachiale Gewalt anwendet und die arme alte Frau wegjagt.[329] Es wurde versucht zu erklären, dass Plutos gewinnen muss, um das Stück zu einem guten Ende zu führen.[330] Dann aber muss gefragt werden, *wie gut* ein Stück sein kann, in dem er Held die argumentatorisch Stärkere mit brachialer Gewalt beiseite wischt, nur um das letzte Wort zu haben? Diese Frage wiegt umso schwerer, wenn man bedenkt, dass die meisten Zuschauer seit Jahren Aristophanische Stücke sahen und gewohnt waren zu sehen, wie der Dichter die gerechtere Seite gewinnen ließ und moralische Appelle daraus folgerte. War diesmal also alles anders? Es ist versucht worden, das Auftreten Penias im Stück als tragisches Element zu sehen, als letztendliche Verbeugung vor der Gerechtigkeit.[331] Jedoch: Was sollte dies bringen, wenn die Gerechtigkeit *nicht* siegte? Sollte der Zuschauer mit dem *tragischen* Gefühlt nach Hause gehen, dass diesmal das *Ungerechte* gesiegt hatte?

Das flaue Gefühl musste sich noch verstärken, wenn die letzte Konsequenz des *Plutos* anerkannt wird: Aristophanes schafft den Staat ab und die Politik *als solche* gleich mit. Die *Polis* als gemeinverbindendes Element wird unnötig, wenn alle Menschen glücklich sind, weil sie reich sind. Die Gesetzgebung wird überflüssig, weil niemand, wenn er erst reich genug ist, mehr Gesetze übertreten wird, da er alles, was er benötigt, kaufen kann. Dies hat natürlich (aus Aristophanes' Sicht erfreuliche) Aussichten für die Menschen, die im (ehemaligen) Staate wohnen:

GERECHTER: Komm, Junge, folge mir, wir müssen hin
Zum Gott!
KARION: Sieh da, wer kommt? Wer bist du, Freund?
GERECHTER: Ein Mann, unglücklich sonst, jetzt überglücklich.
KARION: SO bist du offenbar ein braver Mann?

GERECHTER: Gewiß!
KARION: Was suchst du hier?
GERECHTER: Ich will zum Gott!
Denn große Güter hat er mir beschert!
Ein hübsch Vermögen erbt ich von dem Vater
Und teilt es gern mit Freunden in der Not,
Im Wahn, so sei es nützlich angelegt.
KARION: Wobei dann dein Vermögen bald zerrann.
GERECHTER: So ist's!
KARION: Und darauf kamst du denn ins Elend.
GERECHTER: So ist's! Die Freunde, meint ich, denen ich
Geholfen aus der Not, sie würden mich
Im Elend nicht verlassen: nun, sie kehrten
Den Rücken mir und kannten mich nicht mehr.
KARION: Und lachten dich gewiß noch aus.
GERECHTER: So ist's!
Die Dürre brachte mich um Hab und Gut.
Doch jetzt nicht mehr! Drum bin ich eben hier,
Dem Gott dafür von Herzen Dank zu sagen.
(*Plutos*; V. 610-628)

Diese Stelle ist die vielleicht deutlichste Kritik am athenischen Staat, die der Dichter Aristophanes jemals getätigt hat: Es ist *nicht* der Staat, dessen Aufgabe es sein sollte, die Güter gerecht zu verteilen, dem der „Gerechte" danken möchte – es ist der Gott, der ihm diese Güter umsonst gibt. Der Pessimismus ist unbeschreiblich: Der Gerechte wartet, bis der Reichtum vom Himmel fällt, woraufhin er dem Gott dankt, *dass* jener gefallen ist. Der „Gerechte" kommt nicht einmal auf die Idee, den Staat zu ändern, sodass dieser ihm die Güter gewährt; er denkt auch nicht daran, *selbst* für sie zu arbeiten. Nein, „der Gott" musste es richten, und dieses Gottvertrauen schenkt er an die nächste Generation weiter („komm Junge, folge mir"), auf dass sich niemals etwas ändere. Diese Stelle ist die deutlichste Kritik des hart arbeitenden Dichters an der Gesellschaft der Athener, die immer nur auf die Versprechungen der Demagogen hörten, anstatt – wie Aristophanes es anmahnte – diese zum Teufel zu schicken und selbst für ihr Glück zu arbeiten.

Besonders bedauerlich ist, dass das *System* des Gerechten durchaus hätte funktionieren können: Wenn *alle* ihre Einkünfte teilen, bekommt jeder genau das Mittelmaß vom Reichtum ab, und allen ist geholfen. Aber ach: Die Freunde „kehrten den Rücken und kannten ihn nicht mehr" – das System basierte also auf *blindem* Vertrauen. Der Gerechte offenbart ungewollt, dass nicht nur „der Reichtum (= *Plutos*)" blind war; die Athener waren es nicht minder. Sie vertrauten den Falschen. Doch anstatt die Demagogen verantwortlich zu halten, gingen sie zum Gott. An dieser Stelle schlägt vielleicht ein Moment durch, welches die Athener Bürgerschaft in jenen Zeiten stark charakterisierte: Für den Bürger war die Idee des Reichtums mit jener der Autarkie verbunden – nur *derjenige* Haushalt konnte prosperieren, der dies ohne die Hilfe anderer zu erreichen vermochte.[332] Diese Denkweise hat natürlich eine entscheidende Schwäche: Wenn einem alles gegeben ist, verliert das autonome Leben nicht gleichsam seinen Sinn? Welche *Aufgabe* haben Mann und Frau in einem autarken Haushalt noch, wenn beiden alles ohne Anstrengung gegeben wird? Es bleibt zu konstatieren, dass durch eine solch umfassende Reform der Staat – im Großen (Polis) wie im Kleinen (Haushalt) – an Sinn verlöre, da es nichts mehr gerecht zu verteilen gäbe und das Zusammenleben nicht mehr geregelt werden müsste.[333]

Der Demagoge sollte zwar nicht – jedenfalls nicht, wenn man nicht Chremylos mit seinen Versprechen als Demagogen sehen möchte – mehr Gegenstand sein im *Plutos*; der Sykophant hingegen ist es sehr wohl, er tritt gegen Ende des Stückes als Figur auf:

> SYKOPHANT: Ruiniert, verloren bin ich, weh, ach weh!
> Ich drei-, vier-, fünfmal-, zwölf-, zehntausendmal,
> Millionenmal Unglücklicher! Au weh!
> Welch höllisch starker – Dämon warf mich nieder!
> KARION: Apollon, hilf, seid gnädig, gute Götter,
> Welch Unheil mag dem Mann begegnet sein?
> SYKOPHANT: Ist's himmelschreiend nicht, was mir geschehn?
> Verloren hab ich alles Hab und Gut,
> Durch diesen Gott! Blind soll er wieder werden,
> Wenn's in der Welt noch Rechtsgeschäfte gibt!
> GERECHTER: Aha, ich merke, wie der Handel steht:
> Da kommt ein Mann, der jetzt im Unglück steckt;
> Der, dünkt mich, ist wohl nicht vom besten Schlag!
> KARION: Nun, dann geschieht's ihm recht, wenn er verdirbt!
> SYKOPHANT: *Wo* ist er? Wo? Ihn mein ich, der uns alle
> Steinreich im Nu versprach zu machen? Doch
> Herunter hat er manchen ganz gebracht!
> KARION: Wem hat er das getan?
> SYKOPHANT: Wem sonst als mir?
> KARION: Zum Diebsgelichter hast du wohl gehört?
> SYKOPHANT: Beim Zeus, ihr seid mir selbst ein saubres Paar!
> Es kann nicht anders sein: ihr habt mein Geld!
> KARION: Schaut doch, bei Demeter, wie barsch er auftritt,
> Der Sykophant! Der Hunger macht ihn rasend!
> SYKOPHANT *zu Karion*: Wart, Bursche, komm nur gleich mit vor Gericht,
> Gefoltert auf dem Rade sollst du deine
> Spitzbüberein gestehn!
> KARION *drohend*: Gleich setzt es was!
> GERECHTER: Beim Retter Zeus, ganz Hellas ist dem Gott
> Zu großem Dank verpflichtet, wenn er nun
> Die Sykophanten ganz und gar vernichtet.
> (*Plutos*; V. 850-878; Herv. im Orig.)

Die Szene verdient, in voller Länge präsentiert zu werden, weil sie das Problem des Sy-kophantentums einmal von unerwarteter Seite betrachtet: Was, wenn es keine Sykophanten mehr gäbe, weil die Gerichte keine Verhandlungen mehr führten, da jeder alles hat, niemand dem anderen etwas wegnehmen muss und Prozesse daher gänzlich überflüssig geworden sind? Gewiss erscheint die Vorstellung auf den ersten Blick reizvoll: Die Menschen lebten in Eintracht zusammen. Doch beweisen der „Gerechte" und Karion, dass dem nicht so ist: Es gibt eben *nicht* nur Verbrechen aus monetären Beweggründen, sondern auch solche aus Hass und Rache: Die Verderbnisphantasien, die Karion den Sykophanten betreffend hat, sind gewiss dem Gemeinwohl abträglich; und dass Rache aufgrund der vielen ungerechten Prozesse, welche es vorher durch Sykophanten gab, vielleicht sogar angemessen ist, hilft nicht bei der Etablierung eines *gerechten* Gemeinwesens. Selbstjustiz dürfte auch im neuen, sorgenfreien Staat des Chremylos nicht geduldet werden – zumal niemand mehr ein Interesse daran hat, Konflikte publik zu machen oder gar über andere zu richten. Dennoch bemüht sich der Sykophant, seine Wichtigkeit zu betonen:

> GERECHTER: Wovon hast du gelebt denn, ohne Arbeit?
> SYKOPHANT: Von öffentlichen und Privatgeschäften,
> Die ich besorge.
> GERECHTER: Du? Wieso?
> SYKOPHANT: Ich will's!
> GERECHTER: Wie wärest du ein Ehrenmann, du Gauner,
> Der nichts, als was ihn gar nichts angeht, treibt?
> SYKOPHANT: Nichts angehn soll es mich, dem Vaterland,
> So gut ich kann, zu dienen? O du Gimpel!
> GERECHTER: Heißt Händel stiften denn dem Staate dienen?
> SYKOPHANT: Ist's doch Verdienst, als Stütze der Gesetze
> Zu sorgen, daß sie niemand übertritt.
> GERECHTER: Setzt denn der Staat zu diesem Zweck nicht eigens
> Die Richter ein?
> SYKOPHANT: Allein, wer soll denn klagen?
> GERECHTER: Wer will!
> SYKOPHANT: Und der, der klagen will, bin ich!
> Und so liegt mir das Wohl der Stadt am Herzen!
> GERECHTER: Gerechter Zeus! Ein saubrer Anwalt das!
> Sag, möchtest du nicht lieber ganz gemächlich
> In Muße leben?
> SYKOPHANT: Leben wie ein Schaf?
> Was ist das Leben ohne Tätigkeit?
> (*Plutos*; V. 906-923)

Die Ironie liegt auf der Hand und ist doch bitter in ihrer ganzen Konsequenz: Der Sykophant entpuppt sich als *einziger* Mensch; alle anderen leben wie Schafe. Selbst wenn – wie Chremy-los es vorschwebt – die Arbeiten von Sklaven ausgeübt werden sollten, wären die reichen Herren doch wie Steine: Für den Staat nutzlos, und da er aus ihnen (den Bürgern) besteht, würde er restlos absterben. Es war der Sykophant, der neue Gesetze anstieß, indem er auf Missstände aufmerksam machte, wenn auch nur, um dafür zu sorgen, dass der größte Missstand – er selbst – abgestellt würde. Es erscheint dem Ansinnen des Aristophanes als gegenläufig, dass erst Penia, nun sogar der Sykophant das bessere Argument erhält: Nur der tätige Mensch kann *überhaupt* als Mensch gelten; wer sich dagegen verwehrt, muss mit dem Vorwurf leben, ein Schaf zu sein.[334]

Der Vorwurf wird deutlicher, wenn man bedenkt, dass es gerade der „Gerechte" ist, der den Sinn des Sykophanten nicht erkennt und ihn vertreiben will.[335] Dabei muss natürlich anerkannt werden, dass der Sykophant das Gute für den Staat gerade *nicht* um des Staates Willen tun will; er handelt gänzlich aus egoistischen Motiven heraus.[336] Diese Tatsache ändert jedoch nichts an der grundsätzlichen Notwendigkeit eines funktionierenden Gerichtswesens, und das athenische hatte seine Ankläger in Form von Sykophanten. Das attische Gerichtswesen der Zeit von Aristophanes war auch *deshalb* besonders fortschrittlich, *weil* es Zivilprozesse gab, die angestrengt werden konnten. Der Sykophant war sicherlich eine der unappetitlichen Auswüchse dieses Systems. Er war es aber nicht, weil die *Institution* des Sykophanten unappetitlich war, sondern lediglich, weil die Menschen, die dieses Amt ausführten, niedere Beweggründe hatten (auch wenn diese zumindest teilweise durch das Amt bedingt waren). Wieder einmal zeigt Aristophanes an dieser Stelle die große Verquickung von Gerechtigkeit und Wohlstand und präsentiert seine These, dass wenigstens die Reichen aus der alten Republik – vor der Verwandlung durch Chremylos und den sehenden Reichtum – verdorben waren.

Jedoch: Wie sind die neuen Reichen einzuschätzen? Da Chremylos als Protagonist charakterlich am besten beschrieben ist, soll die Frage lauten: Reiht sich Chremylos ein in die Reihe der Aristophanischen Helden? Als Einstieg mögen die ersten Verse des Stückes genügen. Sein Sklave Karion erzählt von seinem Herrn:

> KARION für sich: Zeus und ihr Götter all, welch traurig Los,
> Bei einem halbverrückten Herrn zu dienen!
> Denn wenn der Diener auch das Beste rät,
> Wofern dem Herrn nicht so zu tun beliebt,
> Trägt doch der Diener an dem Unglück mit.
> So will's das Schicksal! Meines Leibes Herr
> Bin nicht ich selber, sondern, wer ihn kauft.
> (*Plutos*; V. 1-7)

Diese Stelle ist aufschlussreich; sie verrät bereits viel über Chremylos: Zum Einen ist er „halbverrückt"; er reiht sich damit hinter Dikaiopolis ein, der einen Privatstaat erschuf, und

Trygaios, der auf einem Mistkäfer auf den Olymp flog. So gesehen passt er hervorragend zum Typus des Aristophanischen Helden. Zum Anderen aber wird bereits an dieser Stelle deutlich, dass die Figur komplexer ist, dass sie sich nicht klar als Held oder Anti-Held einteilen lässt: Sein Sklave berät ihn, doch auf arbeitende Menschen pflegt Chremylos nicht zu hören; stattdessen läuft er auf Geheiß eines Orakels einem blinden Gott hinterher in der Hoffnung, dadurch zu Reichtum zu kommen:

> CHREMES: Unzweideutig war *Apollons* Spruch:
> Dem Ersten, dem ich aus dem Tempel tretend
> Begegne, soll ich folgen, und nicht lassen
> Von ihm, bis er mit mir nach Hause komme!
> KARION: Und wem bist du zuerst begegnet?
> CHREMYLOS *(auf Plutos deutend, der sich indessen gesetzt hat)* Dem!
> (*Plutos*; V. 40-44; Herv. im Orig.)

Dass allein die Tatsache des *Umherstreifens* schon ein Beweis für die Faulheit Chremylos' ist, wird daraus deutlich, dass er dieselbe Zeit für gewinnbringende Arbeit nutzen könnte. Doch dazu ist er nicht bereit. Diese Haltung zieht sich durch das Stück bis hin zum folgenschweren Disput mit Penia, den er nur gewinnt, weil er sie davonjagt: Zu einem echten Streit mit nachvollziehbaren Argumenten drängt es ihn nicht. In dieser Hinsicht unterscheidet er sich fundamental von früheren Helden: Dikaiopolis kämpft gegen seine Ratsgenossen, Trygaios zieht indirekt gegen Götter zu Felde und Lysistrate legt sich gleich mit allen Männern Athens an – Chremylos dagegen ist eher bescheiden in seinem Auftritt.

Diese Eigenschaft hat allerdings auch gute Seiten gezeigt: Dikaiopolis wollte von seinem Individualfrieden und dem daraus folgenden Gewinn nichts abgeben; Chremylos hingegen teilt gerne seinen Reichtum mit seinem Nachbarn Blepsidemos – und das, *obwohl* die Ausgangslage (angesichts der Schilderung des Reichtums von seinen früheren Erfahrungen) anderes hätten vermuten lassen.[337] Auch kann vielleicht der moralische Fehler des Helden ins Positive verkehrt werden: Seine Gier sorgt für ein sorgloses Leben für *alle*, nicht nur für ihn.[338] Vielleicht muss daher das Urteil über Chremylos milder ausfallen, als dies auf den ersten Blick erscheinen mag: Er ist ein Mensch. Seine Vorgänger (Dikaiopolis, Trygaios, Lysistrate) hatten für die Erreichung ihrer Ziele fast übermenschliche Fähigkeiten nötig; Chremylos kann sich darauf berufen, dass seine *Schwächen* zu einem besseren Leben seiner Mitmenschen führen. Dagegen spricht auch nicht das rüde Vorgehen gegen Penia: Sie will ebenfalls *nicht* das Beste für die Menschen; sie will das Gleichgewicht. *Altruistische* Motive sind ihr damit auch nicht beizulegen. All dies führt zu komplexen, verworrenen Figuren und Konstellationen, welche keine abschließende Beurteilung zulassen.[339]

Wie aber steht es mit dem Stück, dem *Plutos* selbst? An diesem Alterswerk des Aristophanes scheiden sich die Geister. Während die Einen es als Meisterwerk feiern, als letzten ganz großen Wurf, verurteilen es andere im Vergleich zu früheren Werken als minderwertig.[340] Diese Bewertungen gehen sicherlich zu weit, weil sie beide Extreme bedienen, welche das Werk nicht liefern kann: Für eine vollständige Ablehnung ist es zu komplex, die Themen zu wichtig, zu zeitlos aufbereitet. Für ein Heldenstück ist der Protagonist zu uneindeutig, der scheinbare Gegner Penia zu stark in seiner Argumentation. Es bleibt nichts anderes übrig, als auch das Stück als *dauernd herausfordernd* zu bewerten. Dies gilt auch für das utopische Element: Die Armut ist *nicht* beseitigt worden, der Reichtum ist nach wie vor ungerecht verteilt – der *Plutos* muss zumindest vorerst eine Aufforderung bleiben.

8.3 Frauen an der Macht

Dass Aristophanes Frauen und die Politik zusammendenken konnte – eine Eigenschaft, die unter den Dichtern und Politikern seiner Zeit keinesfalls allgemein war –, wurde bereits oben anhand der *Lysistrate* aufgezeigt. Tatsächlich lohnt es sich, einen letzten Blick auf das früheste der „Frauenwerke" des Dichters zu werfen, um die Bedeutung der *Lysistrate* für die *Ekklesiazusen* zu zeigen. Der Anspruch der *Lysistrate* war *nicht*, ein spezifisches politisches Projekt durchzusetzen, trotzdem scheint dies an einer Stelle durch:

> LYSISTRATE: Wenn aber hier die Fraun zusammenkämen,
> Die von Böotien, von der Peloponnes
> Und wir, vereinigt retten wir dann Hellas!
> (*Lysistrate*; V. 39-41)

Der panhellenische Gedanke ist keinesfalls neu zu Aristophanes' Zeit, folgt hier jedoch einem anderen Ziel: Lysistrate will die Frauen *temporär* versammeln, um „Hellas zu retten".[341] Sobald die Rettungsaktion vollzogen ist, soll die Frauenschar wieder getrennte Wege gehen. *Echte* Politik folgt einem anderen, einem dauerhafteren Ziel als demjenigen der kämpferischen Frauen. Politik will die *Zukunft* gestalten. Dass Frauen die besseren Herrscher in einem Staat sind, findet sich auch bereits in der *Lysistrate*:

> RATSHERR *zu Lysistrate*:
> So verlang ich denn nun zu erfahren, bei Zeus, von euch Weibern die lautre Wahrheit:
> Was bewog euch, sagt, zu verschließen die Burg und die Tore vor uns zu verrammeln?
> LYSISTRATE: Nur in Sicherheit brächten wir gerne das Geld, nicht verführen euch
> soll es zum Kriege!
> RATSHERR: So? Ist denn das Geld Ursache des Krieges?
> LYSISTRATE: Und die Ursach aller Verwirrung!
> Nur, damit sich Peisandros besacken kann und die Stellenjäger, drum rühren

Stänkereien sie auf! Nun, meinethalben wohl! Die mögen nun ganz nach Belieben
Hantieren in Zukunft! Die Gelder jedoch sind vor *ihren* Krallen gesichert!
RATSHERR: Ei, was hast du denn vor?
LYSISTRATE: Und das fragst du noch? – *Wir* verwalten fortan die Finanzen!
RATSHERR: Das wollt ihr, verwalten den Schatz wollt ihr!
LYSISTRATE: Und was hast du dagegen zu sagen?
Und verwalten wir denn nicht das Geld auch zu Haus, da ja alles durch unsere Hand geht?
RATSHERR: Das ist nicht das gleiche!
LYSISTRATE: Wieso denn?
RATSHERR: Das Geld ist bestimmt zu den Kosten des Krieges!
LYSISTRATE: Unnötig vor allem ist eben der Krieg!
RATSHERR: Ei, wie sollen wir sonst denn uns retten?
LYSISTRATE: *Wir* werden euch retten!
RATSHERR: Wer? – Ihr?
LYSISTRATE: Ja, wir! Wir selber!
RATSHERR: Daß Gott sich erbarme!
(*Lysistrate*; V. 483-495; Herv. im Orig.)

Krieg vernichtet den Staat; er wird durch das Geld begünstigt; die Männer verwalten dieses; sie verantworten den Krieg. Die Frauen müssen also den Staat übernehmen, damit der Krieg endet. Diese durchaus schlüssige Argumentation bleibt jedoch eindimensional: Wenn der Krieg vorbei ist, endet auch die Beweiskette. Lysistrates Bemühen zielt auf einen bestimmten Zweck ab: Die Wiederherstellung. Das perfekte Gemeinwesen existiert für sie bereits, es liegt zu Zeiten des Stückes allerdings in der Vergangenheit (vor dem Krieg, als die Männer noch zuhause bei ihren Frauen waren) und muss lediglich wieder etabliert werden. So revolutionär die *Lysistrate* anmutet – letztendlich ist die Stoßrichtung eindeutig konservativ.[342] Dies wird noch verstärkt durch die Tatsache, dass die Frauen erst mühsam zur Revolution und zum Sexstreik ermutigt werden mussten: Aristophanes zeigte in jener Komödie gerade *nicht* das Bild von tatkräftigen Frauen, die sich in eine dauerhafte Politik einmischen wollten.[343] Wie groß war also die Kontinuität von der *Lysistrate* bis zu den *Ekklesiazusen*? Wie noch zu sehen sein wird, unterschieden sie sich in fundamentalen Hinsichten, weswegen es verkehrt wäre, eine direkte Folge der einen Komödie aus der anderen abzuleiten oder gar Praxagora mit Lysistrate gleichzusetzen.[344]

Der Plan Praxagoras ist einfach: Sie will sich und die anderen Frauen in ausreichender Zahl als Männer verkleiden, dann so früh zur Volksversammlung erscheinen, dass keine *biologischen* Männer mehr zu Abstimmung gelassen werden (oder jedenfalls nicht genügend) und dann per einfachem Volksbeschluss den Frauen im Staat die Macht übertragen. Wir bekommen keine direkte Schilderung, aber ein Freund von Praxagoras Mann erzählt diesem, was in der *Ekklesia* vorfiel:[345]

CHREMES: Und also hub er an zum Volk zu reden:
„Den Weibern übergebt die Staatsgewalt!"
Und „Bravo!" scholl's, es lärmt' und schrie die Bande
Der Schuster. Aber die vom Land, die knurrten
Dagegen!
BLEPYROS: Nun, beim Zeus, sie waren klug!
CHREMES: Sie blieben in der Minderheit! – Er schrie
Und schrie und rühmte hoch die Fraun und schalt
Auf dich –
BLEPYROS: Was sagt' er denn?
CHREMES: Zuerst: du seist
Ein Schuft –
BLEPYROS: Und du?
CHREMES: Das frag ein andermal!
– Und dann: ein Dieb –
BLEPYROS: Nur ich?
CHREMES: Und dann, bei Zeus,
Ein Sykophant!
BLEPYROS: Nur ich?
CHREMES: Bei Zeus, und all
Gegen das Publikum: Der Haufe da!
BLEPYROS: Wer wird das auch bestreiten?
CHREMES: Das Weib hingegen sei mit Weisheit voll
Gepfropft, geldschöpferisch; sie plaudern nie
Von ihrem Thesmophorenfest was aus:
Doch du und ich, wir schwatzen aus dem Rat.
BLEPYROS: Beim Hermes, ja, da hat er nicht gelogen.
CHREMES: Die Weiber, sagt' er, leihn einander Kleider
Und Schmuck und Geld und Trinkgefäße unter
Vier Augen, ohne Zeugen: dennoch geben
Sie alles treu und redlich wieder heim:
Wir, meint er, sei'n im Unterschlagen stark.
BLEPYROS: Ja, beim Poseidon, selbst wo Zeugen sind!
CHREMES: Sie prozessieren, wühlen nicht und stürzen
Nicht um die Republik, kurzum, er lobt'
Und pries die Fraun als wahre Tugendmuster!
BLEPYROS: Und der Beschluß?
CHREMES: Zu übertragen ihnen
Den Staat: das sei allein noch in Athen
Nie dagewesen!
BLEPYROS: Und das ward…
CHREMES: Beschlossen!
(*Ekklesiazusen*; V. 429-457; Herv. im Orig.)

Der Plan ist clever, birgt aber eine entscheidende Schwachstelle: Er delegitimiert den Staatsstreich und beweist, dass er das ist, was man vermuten darf – Betrug. Man muss fragen,
inwiefern es den Frauen anders möglich gewesen wäre, die Macht im Staat zu übernehmen
und diesen besser zu führen als ihre Männer, doch diese Verse entstammen keiner aufge-
zeichneten, *echten* Volksversammlung; sie sind Teil einer Utopie. Es gibt drei Möglichkeiten,

die Entscheidung des Aristophanes für den Betrug zu bewerten: Entweder er stand nicht wirklich hinter dem Plan und wollte ihn von Vornherein delegitimieren – und seine Frauenherrschaft gleich mit. Oder er spekulierte auf den Gewinn beim Theaterwettbewerb und wollte seinen Zuschauern ein Spektakel bieten; und was wäre spektakulärer gewesen als ein Staatsstreich, der den Frauen die Herrschaft *unrechtmäßig* in die Hände legt? Die überwiegend männlichen Zuschauer hätten mitfiebern können, wann den unverschämten Frauen das Ruder wieder aus den Händen gerissen worden wäre. Die meisten der anwesenden Bürger werden noch mit dem Ende der *Lysistrate* (rund zwanzig Jahre zuvor) vertraut gewesen sein – auch dort wurde letztendlich die männliche Herrschaft wiedereingesetzt.

Schließlich gibt es noch eine weitere Möglichkeit, und diese ist die wahrscheinliche: Aristophanes handelte nach dem Motto „Der Zweck heiligt die Mittel".[346] Der Dichter wusste, dass die Frauen auch in seinen Stücken niemals auf legalem Wege die Macht erringen konnten – andernfalls wäre es als völlig unglaubwürdig verworfen worden. An dieser Stelle zeigt sich eine erste große Verschiedenheit zur *Lysistrate*: Dort waren die Frauen stets ehrlich geblieben; sie kämpften ohne Betrug, dafür allerdings mit Gewalt für ihre Sache.[347] Es wurde gemutmaßt, dass es noch einen weiteren Beweggrund gab, der Aristophanes dazu verleitete, die männliche Herrschaft in der Versammlung zu brechen: Als die *Ekklesiazusen* uraufgeführt wurden, hatte Aristophanes dreißig Jahre Krieg durchlebt, der in einem Destaster endete; und nach dem großen Krieg wurde es nicht besser, im Gegenteil: Athen stürzte sich schon bald wieder in einen Konflikt. Das Motiv für den alten Dichter wäre demnach schlicht *Resignation* gewesen.[348] In der Tat gewinnt diese Hypothese an Gewicht, wenn man bedenkt, was Aristophanes alles *vor* den *Ekklesiazusen* versucht hatte: Er beschwor die Athener, *keine* Demagogen mehr zu wählen – prompt wählten sie Kleon ein weiteres Mal. Er hatte versucht, die Sykophanten loszuwerden, die er als Gift für das attische Gerichtswesen ansah – doch noch im *Plutos* (nach den *Ekklesiazusen* aufgeführt) werden sie besprochen, also gab es sie noch immer. Er hatte versucht, die attische Richtsucht anzuprangern und lächerlich zu machen in der Hoffnung, dass die Athener davon lassen könnten – doch der sogenannte „Arginusenprozess", in dem zehn siegreiche (!) Admiräle zum Tode verurteilt wurden, geschah *nach* den *Wespen*. Es scheint daher nur konsequent, dass Aristophanes endlich die verheerende Wirkung gefunden hatte, die all diese Missstände zu verantworten hatte: die männliche Dominanz im Staat.

Warum also gelang Praxagoras Umsturz, wo Lysistrate ihren nicht einmal ernsthaft in Angriff nahm? Aristophanes nahm sich in der Zeichnung des Charakters der Praxagora mehr Zeit; sie wirkt eher wie eine überlegte Staatslenkerin, die auch zu Komplotten bereit ist, als Lysistrate, die zwar stets streitlustig, jedoch auch absolut ehrlich auftritt. Praxagoras Reden wirken wie diejenige eines Demagogen, wie das folgende Beispiel belegt:

> PRAXAGORA: Ich flehe zu den Göttern,
> Daß den Beschlüssen sie Gelingen geben.
> Mir liegt des Landes Wohl so sehr am Herzen
> Wie euch! Mit Kummer seh ich und Verdruß,
> Die gegenwärtige Lage unsrer Stadt.
> Von schlechten Führern, seh ich, läßt das Volk
> Sich leiten, und wenn jemand einen Tag
> Rechtschaffen, ist er zehn dafür dann schlecht! –
> Ein anderer kommt! Der macht es schlechter noch.
> Schwer ist es, mißgelaunten Herrn zu raten,
> Euch, die ihr meidet, die euch lieben möchten.
> Und die's nicht wollen, bittet und bestürmt!
> Es war die Zeit, wo in der Volksversammlung
> Man noch Gewinn nicht sucht': Agyrrhios galt
> Da noch für schlecht: doch jetzt – wer sie ums Geld
> Besucht, der freilich lobt den Brauch: wer nichts
> Bekommt, der hält für todeswürdig jeden,
> Der nur für Lohn in die Versammlung geht.
> (*Ekklesiazusen*; V. 171-188)

Sie klagt – ganz wie Dikaiopolis in den *Acharnern* – die gegenwärtige Praxis der schlechten Regierungsführung an. Dafür fleht sie zu den Göttern und heiligt damit ihre Bitte. Nicht ungelegen mag es ihr kommen, dass mit Athene eine *Frau* die Schutzgöttin Athens darstellt. Ihre Bitte ist jedoch bereits hier unterschieden von derjenigen Lysistrates: Sie ist auf Dauer angelegt.[349] Die schlechten Führer, die „einen Tag gut, dafür zehn Tage schlecht" sind, bedrohen das Wohl der Stadt auf Dauer. Die Lohnpraxis in der *Ekklesia* und die Bestechung haben noch immer Bestand – ein Umstand, den der Dichter Aristophanes *hinter* der Figur der Praxagora besonders verwerflich finden muss, da er ihn den Athenern wiederholt und nachdrücklich zur Last gelegt hatte. Praxagora zeigt sich also offen für Kritik an den gegenwärtigen Zuständen und will die Bürger mit einbinden, wie die folgende Passage vermerkt:

> CHOR: Wohlan, wir erwarten nun deine Befehle,
> Was uns ferner noch bleibt zu verrichten, damit du des willigen Eifers dich freuest.
> Noch nie bin mit einer gewandteren Frau als dir ich zusammengewesen.
> PRAXAGORA: Bleibt hier nur indessen! Zur Leitung des Staats, zu der ihr mich eben berufen,
> Bedarf ich des Rats, und ich bitt euch darum, euch alle: denn dort im Getümmel
> Kühn tratet ihr mir in der größten Gefahr zur Seite und zeigtet euch mannhaft!
> (*Ekklesiazusen*; V. 514-519)

Anhand dieser Verse, welche bereits *nach* dem erfolgreichen Coup der Staatsübernahme durch die Frauen gesprochen werden, kann Weiteres zu den Fähigkeiten Praxagoras addiert werden: Sie hat Charisma und wirkt damit auf die Athener, sodass diese sich in ihre Gewalt begeben. In gewisser Weise ist sie damit demagogischer als Lysistrate, die stets kämpferisch auftrat und damit zumindest die *männliche* Hälfte gegen sich aufbrachte.[350] Praxagora hingegen hat eine vereinigende Kraft, denn ihr wird die Leitung *des Gesamtstaats* aufgetragen; sie soll also auch die Männer führen. Jedoch tut sie dies nicht allein, wie es nach Tyrannen- oder Demagogenart wäre: Sie „bedarf des Rats", damit der Staat gut gelenkt wird. An dieser Stelle muss bemerkt werden, dass sie den Chor auffordert, „ihr in der größten Gefahr zur Seite zu treten" und sich „mannhaft" (!) zu zeigen – sie vertritt sehr deutlich die Ansicht, dass Athen einer Führung bedarf, weil der rein demokratische Wettkampf der Stadt nicht nur genutzt hatte.[351]

Doch ist Praxagora überhaupt dazu befähigt, Athen zu führen? Wie bereits gezeigt wurde, tritt sie als geschickte Rhetorikerin auf; sie weiß das Volk um sich zu sammeln.[352] Sie sagt sogar, *wo* und *von wem* sie gelernt hat, so zu reden:

> EINE FRAU: Schön, Herzchen! Exzellent, Praxagora!
> Wo hast du, Schelmin, das so schön gelernt?
> PRAXAGORA: Zur Zeit des Schreckens wohnt ich auf der Pnyx
> Mit meinem Mann, dort lernt ich's von den Rednern.
> (*Ekklesiazusen*; V. 242-245)

Des Weiteren glaubt sie eindeutig an die Demokratie; zu keiner Zeit versucht sie, die Macht Athens zu ergreifen und eine Tyrannis zu installieren. Stattdessen besteht sie auf einer weiterhin breiten Machtverteilung – zwar in den Händen der Frauen, allerdings hatte die vorhergehende Demokratie ja auch *allein* in den Händen der Männer gelegen. Darüber hinaus tritt sie mutig auf, wie bereits ihr Name sagt: *Praxagora* bedeutet „die auf dem Markt Tätige" und wie oben bereits beschrieben wurde, galt die öffentliche Sphäre und vor allem der Markt als rein männlich konnotiert. Sie geht Verachtung und Spott seitens der Männer also keineswegs aus dem Weg.[353] Zuletzt: Sie hat das Wohl des Staates im Auge, nicht den persönlichen Profit; dies qualifiziert sie als eine Art Philosophen-Königin Platonischer Prägung – eine weise Demokratin, die das Wohl des Volkes verfolgt.[354] Alles in allem erscheint Praxagora also als sehr gut qualifiziert für eine Führungsrolle; sie übernimmt diese von den Männern Athens.

Aristophanes wird in den *Ekklesiazusen* nicht müde, den Männern, genauer: deren Egoismus die Hauptschuld für die miserable Lage Athens anzulasten:

> BLEPYROS: Wo kommst du denn her?
> CHREMES: Aus der Volksversammlung.
> BLEPYROS: Wie? Ist sie denn schon aus?
> CHREMES: Ja, ziemlich früh!

Du lieber Gott, was nicht die Mennigschnur
Zu lachen gab und die bespritzten Leute!
BLEPYROS: Hast du dein Dreiobolenstück?
CHREMES: Ja, hätt ich's!
BLEPYROS: Du kamst zu spät?
CHREMES: Beim Zeus, und schäme mich!
BLEPYROS: Beim Zeus, doch nur des leeren Beutels wegen!
Was war denn schuld?
CHREMES: Das dichte Volksgedräng,
Das mehr als je die Pnyx heut überschwemmte!
Das sind ja lauter Schuster, dachten wir,
Wie wir die Leute sahn! „Weißwimmelnd" war
Fürwahr die Volksversammlung anzuschaun!
So kam ich um mein Taggeld, wie noch viele!
BLEPYROS: Auch ich bekäme nichts, wenn ich noch ginge?
CHREMES: Und wenn du mit dem zweiten Hahnenschrei
Gekommen wärst, (mit Geste:) nicht so viel!
BLEPYROS: Weh, ich Ärmster!
„Bewein, Antilochos, mich Lebenden
Mehr als" – Obolen! „Alles dahin!"
(*Ekklesiazusen*; V. 376-393; Herv. im Orig.)

Man möchte sich erstaunt die Augen reiben, denn diese Verse stehen unmittelbar vor der Beschreibung des Coups der Frauen und sie *beweisen* dessen Legitimität. Was die zwei Freunde am meisten zu ärgern scheint, ist nicht, dass die Frauen ab sofort die Macht übernähmen, nein: Das entgangene Dreiobolenstück schmerzt sie weit mehr als die verlorene Macht. Zynisch könnte man hinzufügen: Wenn die Männer die Macht nicht vermissen und sich lediglich um ihren Sold sorgen, den sie als Stimmvieh in der *Ekklesia* erhalten sollten – warum hatten diese Gestalten jemals die Macht inne? Wurde es aus dieser Sicht nicht höchste Zeit, dass die Frauen die Macht übernahmen?[355]

Die Bestechlichkeit in der *Ekklesia*, die hier nicht zum ersten Mal beklagt wird, ist vor allem ein Element, was den *Einzelnen* begünstigt: Der einzelne Mann sieht jeden Tag zu, dass vom Topf etwas zu ihm kommt. Diese Praxis war Aristophanes so verhasst, dass er sie in einigen Stücken geißelte, doch an dieser Stelle wird sie konstruktiv: Sie liefert die negative Blaupause für das zukünftig positive Verhalten der Frauen in der Versammlung. Diese hätten nichts als die Gemeinschaft im Sinn und sorgten sich nicht groß um ihr persönliches Wohl. Natürlich ist diese Sichtweise unfair, und Aristophanes war dies sehr wohl bewusst: In der damaligen athenischen Demokratie war es *ausschließlich* der Mann, der den Unterhalt besorgen musste; an seiner Bezahlung für die Erfüllung demokratischer Pflichten (wie dem Besuch der *Ekklesia*) hing daher nicht nur *sein* Wohl, sondern das seiner gesamten Familie, *einschließlich* der Frauen.

Doch Aristophanes ist es an dieser Stelle um etwas andere gelegen: Die Männer bekommen in keiner Sekunde mit, dass sie betrogen werden; sie schöpfen keinen Verdacht, dass sich verkleidete Frauen unter ihnen befinden. Dabei ist die Verkleidung offensichtlich: Die Frauen kommen alle gleich gekleidet („das sind ja lauter Schuster"), sie sind so zahlreich in *einheitlicher* Kleidung vertreten, dass dies den Männern auffallen *müsste*, wenn sie tatsächlich der Versammlung folgten. Dass sie dies nicht taten und sich stattdessen nur um die Bezahlung kümmerten, gereichte ihnen letztlich zum politischen Verderben. Dennoch gewinnen die Frauen aus einem bestimmten Grund an Sympathie: Sie *verbünden* sich und sind damit die demokratischeren Bürger Athens. Aristophanes beurteilt das Verhalten der Frauen als der attischen Demokratie angemessener als das egoistische Verhalten der Männer.[356] Er führt, um dies weiterhin zu untermauern, an, dass Frauen *schon immer* mehr Gemeinsinn zeigten als ihre Männer:

> PRAXAGORA: Du aber, Volk, du bist an allem schuld!
> Denn aus dem Staatschatz zieht der Bürger Sold,
> Doch jeder sucht allein Gewinn für sich!
> Hin schleppt der Staat sich lahm wie Aisimos.
> Folgt meinem Rat, dann blüht euch wieder Glück!
> Den Weibern, rat ich, müssen wir den Staat
> Ganz überlassen! Führen sie zu Hause
> Doch auch die Wirtschaft als Verwalterinnen!
> ALLE: Vortrefflich! Bravo! Sprich nur weiter! Sprich!
> PRAXAGORA: Daß sie in allem besser sind als wir,
> Will ich beweisen: Heut noch waschen sie
> Nach altem Brauch die Woll in warmem Wasser,
> Und eine wie die andre! Keine siehst
> Du Neues je probieren! – O Athen,
> Wie wärst du wohlgeborgen, hieltest du's
> Wie sie, und fragtest nicht nach neuern!
> Noch sitzen sie beim Kochen, grad wie sonst,
> Sie tragen auf den Köpfen, grad wie sonst,
> Sie feiern Thesmophoria, grad wie sonst,
> Sie backen ihre Kuchen, grad wie sonst,
> Sie quälen ihre Männer, grad wie sonst,
> Sie lassen Buhler ein noch, grad wie sonst,
> Sie naschen gern was Leckres, grad wie sonst,
> Und trinken gerne Puren, grad wie sonst,
> Und lassen gern sich nehmen, grad wie sonst! –
> Ihr Männern, ihnen übergebt die Stadt,
> Macht nur nicht viel Gerede, fragt nicht lang:
> Was werden sie wohl tun? – Ohn alle Klauseln
> Laßt sie regieren! Faßt nur dies ins Auge:
> Zum Besten unsrer Krieger tun sie alles,
> Als ihre Mütter; wer versorgte besser
> Mit Nachschub sie als die, die sie gebar?
> Geld schafft die Frau, erfindungsreich, am besten,

Und wenn sie herrscht, wird sie doch nie betrogen;
Denn wer versteht sich auf Betrug wie sie?
Viel andres wüßt ich noch! – Genug! – Wenn ihr
Mir folgt, so werdet ihr gar glücklich leben!
(*Ekklesiazusen*; V. 205-241)

Praxagora beginnt mit einer Generalanklage: „Du Volk bist schuld", aber woran denn? Das Volk ist schuld, dass es die Aufopferungsbereitschaft der Frauen in seinen Heimen nie zu würdigen gewusst hat.[357] Aristophanes zeigt eine banale Wahrheit auf: Ohne die Frauen Athens könnten die Männer Athens nicht existieren; die Politik der Stadt wird wesentlich mitbestimmt durch die Politik des Haushaltes. Ohne Letztere kann Erstere nicht existieren; andersherum muss dieser Sachverhalt jedoch nicht in gleichem Maße zutreffen. Die Mütter, Frauen, Schwestern, Töchter taten stets alles zum Besten des Staates und wurden doch nicht so gewürdigt, wie es ihrer tragenden Rolle angemessen gewesen wäre. Es wurde demnach höchste Zeit, diesen Missstand zu ändern und die Politik des Haushaltes – und damit die Politik der Gemeinschaft – auf die Politik der Stadt zu übertragen. An dieser Stelle liegt das vielleicht stärkste Bild vor, das Aristophanes jemals vom Wirken einer Gemeinschaft gezeichnet hat: Sie steht für einander ein, auch ohne direkte Belohnung. Die Frauen Athens führen ihren Männern diese einfache Leitlinie höchst wirksam vor.[358] Aristophanes zeigt auch an dieser Stelle wieder, dass die „auf dem Markt Tätige" (Praxagora) die Grenzen ihrer Macht nicht überschreiten muss, um wirkmächtig zu werden: Tatsächlich *besitzen* die Frauen bereits Macht im Staat, wenn auch indirekt.

Hatte Aristophanes also ein *Faible* für weibliche Politik? Kann man von der für antike Literatur ungewöhnlichen Häufung weiblicher Heldinnen und gar der Machtübernahmephantasien seitens der Frauen davon ausgehen, dass Aristophanes eine solche befürworten würde? Die Frage der Frauenrechte wurde bereits angesprochen; an dieser Stelle soll es daher ausschließlich um die *politische* Seite gehen, vor allem hinsichtlich des utopischen Charakters. Wie bereits angesprochen war, trifft diese Vermutung für die *Lysistrate* nicht oder nur in sehr geringem Maße zu – Lysistrate war keine Revolutionärin.[359] Die Verhältnisse wurden wieder ins „rechte Licht" gerückt; die Männer übernahmen wieder die Macht. In den *Ekklesiazusen* jedoch ist dies anders: Die Frauen *bleiben* an der Macht, es *gibt* keine Auflösung, welche die Männer wieder an ihren angestammten Platz rücken würde.[360]

Dennoch mahnen einige Kommentatoren zur Vorsicht. Zum Einen ist Praxagora zwar im Stück als Frau dargestellt, *äußerlich* aber waren die Schauspieler samt und sonders Männer, und so muss etwas in Betracht gezogen werden, das aus der reinen *Lektüre* eines Stückes nicht ersichtlich wird: Praxagora wie auch schon Lysistrate und die anderen Verschwörerinnen bis hin zu Mika, der weiblichen Heldin aus den *Thesmophoriazusen*, treten *männlich* konnotiert auf.[361] Sie wirken zwar für weibliche Emanzipation, behalten aber den männlichen Rahmen nichtsdestotrotz bei. Sie übernehmen die von Männern geschaffene *Ekklesia*, um dort ihren Betrug zu bewirken; sie erobern die eindeutig männlich konnotierte Akropolis (und geben sie anschließend wieder zurück); was sie aber nicht tun, ist, die weibliche Politik des Haushaltes zu implementieren: Das *Fürsorge*-Prinzip bleibt unterkomplex. Dabei waren gerade sie es (s.o.), die auf diesen Umstand und auf ihre Leistung in diesem Bereich hingewiesen haben. Aristophanes ist somit in dieser Hinsicht wieder einmal inkonsequent.

Ein anderer Kritikpunkt betrifft das *Heldentum*, welches Aristophanes propagiert: Die Frauen sind erstaunlich langsam in der Entwicklung revolutionärer Kompetenzen und selbst Praxagora gibt an, ihre Fähigkeiten nur *durch ihren Mann* entwickelt zu haben.[362] Ihre männlichen Counterparts hingegen, zum Beispiel Dikaiopolis, entwickeln diese Fähigkeiten aus sich selbst: Der einfache Bauer errichtet ein eigenes Staatsgebiet, erlässt Zölle und handelt auf *seinem* Markt mit Bürgern aus anderen Staaten – alles Fähigkeiten, die der einfache Mann wohl nicht von Geburt an und auch nicht mittels einer umfassenden Ausbildung erhalten hat. Warum aber braucht Praxagora dann „Anschauungsunterricht"? Aristophanes scheint ein klares Bild hinsichtlich weiblicher politischer Vorbildung gehabt zu haben.

Es lohnt sich vielleicht, als kleinen Exkurs eine andere Heldin, diesmal aus der Tragödie, zu betrachten: Antigone aus dem gleichnamigen Stück des Sophokles. Diese Heldin nimmt sich des in der Rebellion gefallenen Bruders an und will ihn begraben, womit sie allerdings gegen ein Gebot des neuen Herrschers Kreon verstößt, der dies unter Todesstrafe verboten hat. Es kommt zum tragischen Konflikt: Der Frevel wird aufgedeckt und Antigone muss sich vor Kreon verantworten:

> KREON *zu Antigone*: Du sprich, doch ohne Umschweif, kurz gefaßt,
> War dir der Ausruf des Verbotes klar?
> ANTIGONE: Wie sollt er nicht? Er war ja laut genug.
> KREON: Du wagtest mein Gebot zu übertreten?
> ANTIGONE: War's doch nicht Zeus, der dieses mir geboten,
> Noch Dike, hausend bei den untern Göttern,
> Die dies Gesetz festsetzten unter den Menschen.
> Auch hielt ich nicht für so stark dein Gebot,
> Daß Menschenwerk vermöcht zu überholen
> Das ungeschriebene, heilige Recht der Götter.
> Denn nicht von heute oder gestern, ewig
> Lebt dieses ja, und keiner weiß, seit wann.
> Um dieses wollt ich nicht in Strafe fallen
> Bei Göttern, nur aus Angst vor Menschenwitz.
> (*Antigone*; V. 445-459; Herv. im Orig.)

Die Ähnlichkeiten mit Praxagora sind leicht ersichtlich und waren bereits Gegenstand von Forschungen.[363] Wie Praxagora wendet sich Antigone an die Götter, um aktive Politik zu betreiben. Dabei ist die Reichweite von Praxagoras Ansprüchen, die eine totale Umwandlung des Staates vorsehen, natürlich größer als Antigones Anmaßung, die ein Gebot des Herrschers umgeht. Beide stellen sich männlicher Dominanz in den Weg, sie verkörpern durchaus etwas Heldenhaftes. Warum aber gilt der Name Antigone bis heute als Sinnbild für das Unbeugsame in der griechischen Literatur, wohingegen der Name Praxagora weitgehend unbekannt ist? Vielleicht liegt dies an den Unterschieden: Anders als Antigone muss Praxagora für ihren Frevel nicht sterben, obwohl mit einiger Sicherheit auch Männer in den attischen Theaterrängen der Komödie ihr Vorgehen für todeswürdig hielten. Außerdem – und dies mag den noch größeren Ausschlag gegeben haben – hat sie Erfolg: Der Staat *wird* fortan von Frauen regiert; Antigones „Triumph" war nur von kurzer Dauer, da sie kurz nach ihrer Privatrevolte zum Tode verurteilt wurde. Dennoch hat die Forschung Praxagora sträflicherweise bisher nur unwesentlich ins Blickfeld genommen. Denn ihr Ideenreichtum ist noch größer als gedacht: Ihr schwebt auch eine Umwandlung des Wirtschaftssystems vor:

> PRAXAGORA: Daß ich Gutes euch rate, des bin ich gewiß! – Doch das Publikum –
> ob es geneigt ist,
> Sich mit neuen Ideen zu befassen und nicht an veralteten Sitten und Bräuchen
> Hartnäckig zu hängen, das fragt sich noch sehr und erfüllt mich mit ernster Besorgnis.
> CHREMES: Was das Neue betrifft, da befürchte nur nichts! Von Regierungsmaximen
> erscheint uns
> Nur die eine: „Das Neuste das Beste!" probat, und das Alte verachten wir gründlich!
> PRAXAGORA: Nun, wohlan denn! Es falle mir niemand ins Wort und störe mich
> nicht in der Rede,
> Bis er meine Gedanken vernommen und klar den entwickelten Plan sich gemacht hat.
> Hört: Alles wird künftig Gemeingut sein, und allen wird alles gehören,
> Sich ernähren wird einer wie alle fortan, nicht Reiche mehr gibt es noch Arme,
> Nicht besitzen wird der viele Morgen Lands und jener kein Plätzchen zum Grabe;
> Nicht Sklaven in Meng wird halten der ein' und der andre nicht einen Bedienten,
> Nein, allen und jeden gemeinsam sei gleichmäßig in allem das Leben!
> BLEPYROS: Wie? Alles gemeinsam, wie soll das gehn?
> […] BLEPYROS: Wie aber, wenn einer nicht Äcker besitzt, nur Silber und goldne
> Dareiken:
> Verborgene Schätze?
> PRAXAGORA: Die liefert er ab der gemeinsamen Kasse, und tut er
> Das nicht…
> BLEPYROS: Einen Meineid leistet er frech; so hat er ja die Schätze erworben!
> PRAXAGORA: Das kann ihm doch aber aufs ganze gesehn nicht im mindesten nützen!
> BLEPYROS: Wieso denn?
> PRAXAGORA: Aus Mangel wird nie mehr ein Mensch etwas tun; denn alles ist Ei-
> gentum aller,
> Brot, Kuchen, Gewänder, gepökeltes Fleisch, Wein, Erbsen und Linsen und Kränze.
> Wer nicht abliefern will, profitiert dabei nichts! Ja, besinne dich nur und belehr uns!

[...] PRAXAGORA: Zu Prozessen kommt es in Zukunft nicht mehr.
BLEPYROS: Das macht deinen Plan mir zunichte!
CHREMES: Auch ich bin ganz dieser Ansicht!
PRAXAGORA: Verrückt! Worum sollt' man denn noch prozessieren?
BLEPYROS: Da gibt es genug, bei Apollon! Nur eins will ich nennen zuvörderst: Wenn einer
Seine Schuld ableugnen dem Gläubiger will?
PRAXAGORA: Was für Geld zu verleihen denn hat er,
Wenn alles zusammen Gemeingut ist? Du begreifst doch: er müßt es ja stehlen!
CHREMES: Bei Demeter, das hast du bündig erklärt.
(*Ekklesiazusen*; V. 583-595. 601-607. 652-658)

Der Plan erscheint geradezu bizarr einfach: Wenn Alles Allen gehört, hat niemand mehr Mangel zu leiden. Unter Strafe muss jeder mitmachen; Prozesse wird es nicht mehr geben; nur wer mithilft, darf sich aus dem gemeinsamen Topf bedienen. Praxagora errichtet ein frühkommunistisches Regime und überzeigt sogar ihre männlichen Widerparts („das hast du bündig erklärt"). Dies gilt für alles: Sexualität, Kinder, wirtschaftliche Erfolge wie auch Niederlagen, politisches Handeln – einfach alles wird fortan unter der strengen Kontrolle der Frauen geregelt.[364]

Wie realistisch wäre ein solcher Plan gewesen? Hätte es Interessenten gegeben, welche für die Abschaffung *jeglichen* Privateigentums gestimmt und damit die Gesellschaft als Ganze gerne nivelliert gesehen hätten? Neben der Frauenregierung wurde dieser Aspekt bisher in der Forschung heiß diskutiert und es gab zumindest Kommentatoren, welche Chancen für eine Realisierung sahen, wenn auch nur geringe.[365] Dazu kommt, dass die Idee – welche auch Platon in seiner *Politeia* verfolgen wird – keinesfalls neu ist oder gar von Aristophanes erfunden wurde: Phaleas von Chalcedon lebte im fünften oder vierten Jahrhundert v. Chr. – auf jeden Fall aber *vor* der Veröffentlichung der *Ekklesiazusen* 392 v. Chr. – und trug bereits kommunistische Ideen vor. Das Endziel sollte die Gleichheit der Bürger sein; zu diesem Zweck sollten etwa Mitgiften für reiche Bürgertöchter gerechter verteilt oder in bestimmten Fällen gar aufgehoben werden.[366] Im Gegensatz zu Praxagora schwebte Phaleas allerdings kein Umsturz in Form eines Betrugs vor; er wollte seinen Kommunismus über längere Zeit durch langsame Angleichung erreichen.

Andere Autoren denken daran, die Anleihen für den Aristophanischen Entwurf in Sparta zu suchen. Prinzipiell wird dafür eine Aussage Praxagoras herangezogen:

BLEPYROS: Doch sag, wer besorgt denn den Ackerbau?
PRAXAGORA: Die Sklaven! – Dein ganzes Geschäft ist,
Nach dem Schatten zu schaun: wenn zehn Fuß er mißt, dann verfügst du gesalbt dich zum Essen.
(*Ekklesiazusen*; V. 646f.)

Dieses Modell – eine einander gleichgestellte Bürgerelite, die sich von Sklaven (in Sparta: Heloten) versorgen lässt – stammte in der Tat aus Sparta und war in Griechenland zu Zeiten Aristophanes nicht unangesehen.[367] Die Gründe hierfür liegen auf der Hand: Sparta war erfolgreich; vor allem Athen musste dies im Peloponnesischen Krieg bitter erkennen. Außerdem hatte die ewige Rivalin nach der Kapitulation von 404 v. Chr. eine oligarchische Elite in Athen eingesetzt und sich also auch dadurch zumindest einige Freunde geschaffen (auch wenn diese Elite schon ein Jahr später wieder entmachtet wurde).

Es nimmt nicht Wunder, dass ein solches Modell attraktiv war: Gleichheit für die Bürger, Sklaven zu ihrer Bedienung, was vor allem für die die bereits Armen interessant war. Wenn der Reichtum neu verteilt wurde – ganz gleich nach welchem wirtschaftlichen Prinzip –, so konnte dies für sie wahrscheinlich nur eine Besserung bedeuten, denn: Wieviel ärmer hätten sie noch werden können? Es ist daher verständlich, dass Aristophanes auf dieses revolutionäre Konzept auch für Athen rekurrierte; der Erfolg für Originalität seines Entwurfs war ihm sicher und seine Praxagora konnte als weitblickende Denkerin nur gewinnen: Sie hatte ein Konzept, welches nicht allein darin bestand, die Macht *von anderen* nur zu übernehmen, auch und vor allem um sich deren Eigentum zu nehmen, im Gegenteil: *Dieser* Weg war ihr durch ihr Postulat vom Kommunismus versperrt, wenn sie nicht ihrem eigenen Diktum zum Opfer fallen wollte. Die Selbstlosigkeit der Praxagora ist hier ins Extrem gesteigert. Wenn die Frauen über den Staat wachten und die Sklaven die schwere Arbeit erledigten – worin bestand dann eigentlich noch die Aufgabe der Männer?

Die Antwort ist erschütternd: im Nichtstun. Die Männer *konnten* nichts mehr tun, da für alles gesorgt würde: Die harte Arbeit würden, wie berichtet, die Sklaven verrichten. Das politische Geschäft besorgten ab sofort die Frauen, weil die Männer sich als gänzlich unfähig dazu gezeigt hatten. Und eine Umkehr der Arbeiten – Frauen in der Öffentlichkeit, Männer im Haushalt – kam nicht infrage, weil Praxagora den Männern auch das nicht zutraute. Es blieben daher zwei Aufgaben übrig: Die Fortpflanzung und der Genuss. Für letzteren ist folgende Stelle bezeichnend:

> BLEPYROS: Und die Tafel, wo richtest du diese?
> PRAXAGORA: Die Gerichtshöf all und die Hallen der Stadt in Gesellschaftssäle verwandl ich.
> BLEPYROS: Mit der Rednerbühne, was machst du mit der?
> PRAXAGORA: Dort stell ich die Wassergefäße
> Und die Weinkrüg auf! Dort mögen wohl auch Kriegslieder zu Ehren der Tapferen
> Anstimmen die Knaben, auch Lieder des Spotts, wenn sich einer als Memme benommen,
> Damit er beschämt sich entferne vom Mahl.
> BLEPYROS: Beim Apollon, die Sache gefällt mir!

Wo stellst du die Urnen zum Losen denn hin?
PRAXAGORA: Auf dem Marktplatz stell ich sie neben
Das Harmodiosbild, und ich lade das Volk, und ich ziehe die Lose für alle:
Froh wandelt dann jeder, sein Los in der Hand, wo der Buchstab eben in hinweist.
Und der Herold ladet die Männer mit **K** in die Königshalle zum Schmause,
Und sie folgen dem Ruf, und die Männer mit **T**, die gehen in die Halle des Theseus,
Und die Männer, für die aus der Urne ein **N** ist gesprungen, die wandern ins Kornhaus.
BLEPYROS: An den Säulen zu **n**agen?
PRAXAGORA: Zu essen; was sonst?
BLEPYROS: Und wenn einem sein Buchstab im Topf bleibt
Und er kleinen erhält, der den Saal ihm bestimmt, den verjagen die andern vom Essen?
PRAXAGORA: Nein, solches ist nie zu befürchten bei uns,
Wo im Überfluß alles für alle parat!
(*Ekklesiazusen*; V. 671-686; Fettdr. im Orig.)

Spätestens an dieser Stelle kann von einer *Umkehrung* der Rollen für Frauen und Männer keine Rede mehr sein – die Männer haben schlicht *keine* Rolle mehr. Sie verkümmern zu Drohnen, zu reinen Befruchtungsmaschinen. Man mag sich die Gesichter auf dem Theater vorstellen, vor allem von Männern, die diesem Schauspiel beiwohnen mussten. Eine größere Demütigung in komödiantischer Form war ihnen wohl bis dahin nicht geboten worden. Vor allem der mangelnde Widerstand ihres *qua Gesetz* bisher eigentlich übergeordneten Ehemannes Blepyros fällt auf; es hat den Anschein, als vertrete Aristophanes die Theorie: Wenn für das leibliche Wohl der Männer gesorgt ist, so wollen sie kein Mitspracherecht im Staat mehr.[368] In gewisser Hinsicht bevölkert Aristophanes seine Utopie mit unzähligen Kopien von Dikaiopolis.[369] Zur Erinnerung: Der Held der *Acharner* ist so enttäuscht von der Politik, dass er für sich, seine Familie und alle Zeit einen Privatfrieden aushandelt, durch den er fröhlich vor sich hinlebt, seine Sklaven und Frauen die Arbeit machen lässt und von den Früchten lebt, die diese einbringt. Einziger Unterschied: Dikaiopolis betreibt *selbst* seinen Markt; er treibt selbst die Zölle sein – so gesehen steigert Aristophanes dessen Verhalten in den *Ekklesiazusen* nur noch in ein groteskes Ausmaß.

Einige Kommentatoren haben hier einen Widerhall aus Aristophanes' Jugend vernehmen wollen:[370] Wie eingangs beschrieben, war des Dichters Mutter überaus dominant und degradierte seinen Vater; damit allein war sie bereits außergewöhnlich. Allerdings kann diese Interpretation keinesfalls ausreichen: Warum sollte Aristophanes das Erlebte aus seiner Kindheit im Alter wiederauffrischen wollen und damit vor allem *sich* dem Spott aussetzen? Wenn in unseren Tagen bekannt ist, dass Zinodora ihren Ehemann beherrschte, war es nur umso präsenter in der attischen Gesellschaft. Der Dichter hätte sich unnötigerweise blamiert, wenn er bei der Konzeption der *Ekklesiazusen* seine Mutter im Sinn gehabt hätte. Dazu kommt, dass die Erinnerung an seine Mutter seine innovativen Konzepte überstrahlt hätte und er sie nahtlos dort fortgeführt hätte, wo er zwanzig Jahre zuvor aufhörte – in der *Lysistrate*. Tatsächlich wäre *diese* Heldin in ihrer Renitenz gegen die männliche Vorherrschaft ein weitaus besseres Echo Zinodoras gewesen als Praxagora. Als letztes muss bemerkt werden, dass Blepyros und Praxagora *Eheleute* sind und nicht Sohn und Mutter, dass also das Verhältnis der beiden zueinander ein gänzlich anderes ist. Die Theorie, dass Aristophanes seiner Mutter in den *Ekklesiazusen* ein (unfreiwilliges) Denkmal setzte, verliert damit an bedeutend an Gehalt.

Es muss dennoch gefragt werden: Regt sich an keiner Stelle Widerstand gegen Praxagoras Pläne? Die Antwort lautet: Doch, aber von unerwarteter Position aus. Es ist eine menschliche Disposition, die sich sträubt, ihr Hab und Gut der Allgemeinheit zu überantworten: der Eigennutz. Ein „Mann" weigert sich, seine Habseligkeiten zum Markt zu bringen, wie es Praxagoras Gebot war:

> MANN *für sich*: Ausliefern sollt ich meine Hab? – Ich wär
> Ein Narr, der seinen Vorteil schlecht versteht!
> Nein, beim Poseidon, überlegen will
> Ich erst und prüfen, wie die Sache geht.
> Was, mein Erspartes, meinen sauern Schweiß
> Für nichts und wieder nichts wegwerfen? – Nein!
> Klar in dem Handel muß ich sehn zuerst!
> (*Ekklesiazusen*; V. 746-752; Herv. im Orig.)

Zu seiner Verteidigung: Wer aufgewachsen ist im Bewusstsein, dass die Autarkie unter *männlicher* Herrschaft die angemessene Daseinsform ist, der wird sich naturgemäß sträuben, alles abzuliefern, was ihm seiner Meinung nach gehört. Der Mann verschweigt natürlich, dass seiner Ehefrau wie auch seinen Sklaven ein Anteil an der Habe gebührt; sie haben sie mit erwirtschaftet. Es geht daher nicht nur um *sein* Erspartes, das der ganzen Familie steht auf dem Spiel. Seine Vorsicht hat also einen Grund und ist in neuerer Zeit im „Gefangenendilemma" wieder aufgegriffen worden, einem Konzept aus der Spieltheorie. Die Frage für den „Mann" lautet: Woher soll ich wissen, dass alle anderen ebenfalls ihr Eigentum in Gemeinbesitz überführen? Wenn ich als erster diesen Schritt wage, muss ich damit rechnen, dass ich ihn als einziger vollziehe und alle anderen nicht; die Folge wäre, dass ich als einziger arm würde, während alle anderen von meinem Besitz profitierten. Wenn ich meinen Besitz aber nicht abliefere und alle anderen tun dies, so muss ich mit Bestrafung rechnen und das Konzept als Ganzes verliert. Moderne mathematische Berechnungen hätten ihn beruhigen können: Es wäre besser, er lieferte sein Hab und Gut ab und vertraute darauf, dass alle anderen genauso handelten, vor allem deshalb, weil alle die gleichen Ängste hätten. Nur: Diese Berechnungen standen der damaligen Bevölkerung allerdings nicht zur Verfügung und es muss fraglich erscheinen, ob sie danach gehandelt hätte.

Das eigentliche Problem des Mannes besteht jedoch in etwas anderem sein Zögern bleibt nicht unentdeckt:

> CHREMES: Was? Nicht gehorchen soll ich dem Gesetz?
> MANN: Narr! Welchem?
> CHREMES: Dem vom Volk erlassenen.
> MANN: Erlaßnen? – Welch ein Dummkopf bist du doch!
> CHREMES: Ich dumm?
> MANN: Von allen Eseln weit und breit
> Der größte!
> CHREMES: Weil ich das Gebot befolge?
> MANN: Befolgt ein kluger Mann denn ein Gebot?
> CHREMES: Ich hoffe, der zuerst!
> MANN: Ein Schafskopf, ja!
> CHREMES: Du lieferst also nicht ab?
> MANN: Wird mich hüten,
> Bevor ich sehe, was die Mehrheit tut!
> CHREMES: Sie wird es tun! Sie rüsten all ihr Gut
> Zur Übergab!
> MANN: Ich glaub's erst, wenn ich's seh.
> (*Ekklesiazusen*; V. 762-773)

Der „Mann" tut den Beschluss Praxagoras ab mit der Behauptung, wer so handelte, sei dumm. Dabei muss eines beachtet werden: Seine vorherige Befürchtung, die anderen Besitzer würden selbst eigensüchtig handeln, entpuppt sich als haltlos: Chremes gibt seine Sachen ab, „weil er das Gebot befolgt". Während der „Mann" aber zuvor noch einen *berechtigten* Zweifel hegte, gerade weil er noch *nicht* sehen konnte, dass seine Nachbarn gemäß dem Erlass handeln würden, begeht er hier den ersten moralischen Fehler: Er *will* nichts abgeben und verstößt *absichtlich* gegen das Gesetz. Dabei ist seine Weigerung alles andere als klug: Praxagora erließ das Gesetz zum Gemeinbesitz in einer Zeit großer wirtschaftlicher Unruhe; die Leute waren deutlich ärmer als noch die Generationen vor ihnen. Wenn der „Mann" also nicht zur reichsten Elite gehört, so handelt er sträflich unklug: Es könnte sein, dass er *durch seinen Besitz* mehr verliert (!) als gewinnt. Eine paradoxe Situation: Der Besitz des „Mannes" könnte ihn, wenn er unter dem allgemeinen Durchschnitt liegt, ärmer machen als wenn er denselben abgäbe. Außerdem tritt noch ein Moment hinzu, welches modernen Eigentümern und selbstständig am Markt Tätigen nur allzu bekannt ist: Der „Mann" trägt das volle unternehmerische Risiko: Während Missernten und Handelsdefizite durch die Allgemeinheit ausgeglichen werden können, indem *alle* etwas weniger essen und niemand hungern muss, kann es sein, dass ausgerechnet *er* am Ende Hungers sterben muss – er kann sich aufgrund seines Eigennutzes auf niemanden verlassen.

Doch der „Mann" geht noch weiter: *Er* zerstört das Konzept Praxagoras eigenhändig:

> MANN: Nun geh ich auch: was soll ich lange noch
> Hier stehn, wenn so des Volkes Wille lautet.
> CHREMES: Wo willst du hin? Du hast ja nichts geliefert!
> MANN: Zum Essen!
> CHREMES: Eh du abgibst? – Nicht, wofern
> Die Fraun gescheit sind!
> MANN: Werde geben!
> CHREMES: Wann?
> MANN: An mir, mein Bester, soll's nicht fehlen!
> CHREMES: Wie?
> MANN: Nun, andre, denk ich, liefern später noch.
> CHREMES: Zum Schmause gehst du dennoch?
> MANN: Sollt ich nicht?
> Ein Patriot muß für den Staat nach Kräften
> Mitwirken.
> CHREMES: Und verjagt man dich, was dann?
> MANN: So komm ich heimlich!
> CHREMES: Peitscht man dich, was dann?
> MANN: Verklag ich sie!
> CHREMES: Verlacht man dich, was dann?
> MANN: Stell ich mich an die Tür –
> CHREMES: Was tust du dort?
> MANN: Den Tafeldienern reiß ich weg die Speisen.
> CHREMES: Dann komm – nach mir!
> (*Ekklesiazusen*; V. 853-898)

Der „Mann" beweist seine ganze Niedertracht: Er will am Schmaus teilhaben, den *die anderen* beisteuerten, aber er will nicht abliefern – noch nicht. Dies jedenfalls ist die Vertröstung, die er Chremes zukommen lässt: später. Jetzt will er erst einmal schmausen, und niemand wird ihn daran hindern können. Doch beweist er nur, dass *er* der einzige Dumme ist: Das Objekt seiner Begierde, das Festmahl mit den dazugehörigen Speisen, zeigt den hohen Lebensstandard, den auch er sich wird leisten können, wenn er seinen Besitz teilt.[371] Dieses einzelne Individuum zeigt die Schwäche von Praxagoras ehrgeizigem Plan: Wenn ein einziger Besitzer *nicht* so handelt wie alle anderen, so hat dies verheerende Folgen.[372]

Einige Kommentatoren der *Ekklesiazusen* äußerten die Vermutung, Aristophanes hätte ein bewusst absurdes Werk geschaffen; es sei nie ernst gemeint gewesen.[373] In gewisser Hinsicht stimmt dies zweifellos: Die utopischen Vorstellungen von Frauenherrschaft waren nicht zur Realisierung gebracht worden, gerade *weil* sie utopisch waren.[374] Selbst moderne Gesellschaften kämpfen um die politische Teilhabe von Frauen am Staat; der Kommunismus ist noch nicht einmal *ernsthaft* versucht worden, jedenfalls nicht, wenn man die fehlgeschlagenen Versuche des zwanzigsten Jahrhunderts als das bezeichnet, was sie waren und noch immer sind: Diktaturen, in denen *einer* Person oder *einer* Dynastie bzw. Kaste alles gehört. Einigen Stimmen in der Forschung zufolge legt die *Utopie* in der Komödie das bloß, was unter der Oberfläche schlummert: Die Frauen sehnten sich nach mehr Mitbestimmung, und nach dem verlorenen Krieg mit seinen immensen Verlusten an Männern war durchaus eine Chance da, den *Status quo* zu ändern.[375]

Die *Absurdität* der *Ekklesiazusen* könnte man aber auch durchaus positiv kommentieren: Die Utopie gab der politischen Minderheit der Frauen eine Stimme; sie brachte diese wenigstens einmal zur Geltung.[376] Wie die Geschichte von Antigone berichtet, kamen Frauen in der Tragödie vor und es geschah ebenfalls, dass sie tragende Rollen erhielten. Aber ihre Erfolge waren nicht von Dauer aus dem einfachen Grund, dass niemand dies einem ernsthaften Theaterstück geglaubt hätte. In einem *unernsten* Theaterstück wie der Komödie des Aristophanes mochte dies durchaus geschehen. Man ist durchaus geneigt, Aristophanes eine solche Haltung beizulegen: Er steht hinter mehr Partizipationsmöglichkeiten für Frauen, würde dies – wie jeder andere Mann in Athen – jedoch niemals offen zugeben. So muss ihm mangels besseren Wissens (denn der Schluss des Kommunismus- und Frauen-Regierungs-Experiments bleibt offen) eine ambivalente Haltung beigelegt werden.[377]

Bestand der *Sinn* der Frauenherrschaft für Aristophanes also doch nur in theatralischer Darstellung von Unerhörtem?[378] Oder entsprach die Idee ganz einfach dem Zeitgeist, wie dies für die zahlreichen Kommentatoren der Fall zu sein scheint, die Platons *Politeia* mit Aristophanes' *Ekklesiazusen* teilweise so stark in Verbindung bringen, dass die Vermutung naheliegt, der eine hätte vom anderen abgeschrieben und umgekehrt?[379] Dazu einige Anmerkungen: Zum Einen muss an dieser Stelle eine ausgiebige Untersuchung, inwiefern der Eine vom Anderen beeinflusst wurde, unterbleiben – obwohl der Gegenstand sicherlich interessant und erhellend wäre. In der Tat haben sich ca. die Hälfte der in den Endnoten dieses Kapitels erwähnten Autoren zu diesem Thema geäußert; der geneigte Leser kann sich dort also genügend einlesen und eine eigene Meinung bilden. Zum Anderen aber legen – soviel sei dazu gesagt – fast alle Kommentatoren *Aristophanes* eine frühere Autorenschaft der kommunistischen Ideen bei.

Was den Gedanken des Zeitgeistes dieser Ideen angeht lag es nahe, dass die Frage der Emanzipation *irgendwann* gestellt wurde, ganz wie es auch in der Moderne Zeit dafür wurde. Bisweilen muss Aristophanes also eine diesbezüglich progressive Haltung – wenn auch nur im komischen Segment – bescheinigt werden. Denn trotz des Rahmens der Alten Komödie kann sich niemand des Eindrucks erwehren, dass es dem Dichter nicht allein um billige Lacher gelegen war. Dafür war Praxagoras Plan zu ausgefeilt und entsprang zu sehr einem genialen Geist. Waren die *Ekklesiazusen* also absurd? Ja und nein: Der Rahmen war es; der Inhalt sicherlich nicht.

8.4   Der Vogelstaat

Die vielleicht wirkmächtigste der Aristophanischen Utopien fängt harmlos an. Euelpides und Peithetairos, zwei junge Männer aus Athen, suchen nach einer neuen Heimat, nachdem sie ihre alte frustriert verlassen haben:

> EUELPIDES: Denn wißt, ihr Herrn Zuschauer, unsre Krankheit
> Ist just das Gegenteil von der des Sakas:
> Der, nicht Staatsbürger, drängt sich ein, doch wir,
> Von Stamm und Zunft und Haus aus makellos,
> Vollbürger, nicht verjagt, aus eignem Antrieb
> Entflogen spornstreichs unsrer Heimat; – nicht
> Als wär uns diese Stadt verhaßt und wäre
> Nicht herrlich, groß und weit und allen offen,
> Die drin ihr Geld verprozessieren wollen!
> Denn einen Monat oder zwei nur zirpen
> Im Laub die Grillen: doch ihr ganzes Leben
> Verzirpen im Gerichtshof die Athener.
> Dies ist der Grund, warum wir hier marschieren
> Mit Korb und Topf und Myrthenreis; wir streifen
> Herum und suchen einen Friedensort,
> Um dort dann unsre Wohnung aufzuschlagen.
> (*Vögel*; V. 30-45)

Ironischerweise ist es die in Kapitel fünf behandelte attische Krankheit der Richtsucht, welche die zwei Protagonisten aus ihrer Heimatstadt vertreibt. Welche verheerenden Wirkungen das Richtwesen der Athener zeitigen konnte, wurde bereits aufgezeigt; das Gefühl, genau davor fliehen zu wollen, konnte den Theaterzuschauern also durchaus bekannt sein. Einige Kommentatoren verorten Peithetairos und Euelpides unter den *Kleruchen*: Diese waren Vollbürger, die ein Stück Land in zumeist erobertem Gebiet zugelost bekamen und dort ihre vollen Rechte wie auch ihre vollen Pflichten (Steuern und sonstige Abgaben) behielten.[380] In der Tat mutet die Flucht der beiden wie die Suche nach etwas Neuem an, nach einer Utopie vor weißem Grund. Man darf Situationen wie diese durchaus im Rahmen der weit ausgreifenden griechischen Kolonisation verorten, in deren Periode der Dichter lebte.[381] Euelpides und vor allem Peithetairos werden also bestenfalls als Kolonisten bezeichnet, die als Bürger aus gutem

Hause in eine noch für Menschen unentdeckte Welt aufbrechen, um dort ihr Glück zu finden. Das Ziel der beiden ist es, die Vögel dazu zu bringen, dass sie die Herrschaft über den Kosmos übernehmen:

> PEITHETAIROS: O Einfalt! Du hast dich nicht umgetan und deinen Äsop nicht gelesen,
> Der es deutlich doch sagt, daß die Schopflerch einst der erste der Vögel gewesen,
> Eh die Erde noch war! Und da sei ihr am Pips ihr Vater gestorben und habe
> Fünf Tag' unbeerdigt gelegen, dieweil die Erde noch nicht existierte;
> Aus Verzweiflung grub dann im eigenen Kopf sie ein Loch zu des Vaters Bestattung.
> EUELPIDES: So liegt denn der Vater der Schopfloch jetzt, der sel'ge, begraben in Schopfloch.
> PEITHETAIROS: Und wenn sie nun lang vor der Erde, lang vor den Göttern gelebt, da gebührt doch
> Als den Ältesten ihnen mit Fug und Recht die Gewalt und das Zepter der Herrschaft!
> EUELPIDES: Beim Apollon, gewiß! Drum laß dir nur ja lang wachsen in Zukunft den Schnabel,
> Denn das Zepter wird Zeus abtreten so schnell nicht dem eichenpickenden Schwarz-specht!
> PEITHETAIROS: Daß wirklich nun aber die Götter nicht vorzeiten die Menschen be-herrschten,
> Sondern Vögel als König herrschten, dafür gibt's hundert und tausend Beweise.
> So war, zum Exempel, vor Zeiten der Hahn souveräner Regent und Gebieter
> Im persischen Reich, vor den Fürsten lang, vor Dareios und Megabazos,
> Drum heißt er denn auch, weil er einst dort gebot, der persische Vogel noch heute.
> EUELPIDES: Drum stolziert er auch noch auf den heutigen Tag mit der aufrecht spit-zen Tiara
> Auf dem Kopfe umher, wie der große Schah, er allein von sämtlichen Vögeln.
> (*Vögel*; V. 471-487)[382]

Peithetairos weiß sehr wohl, dass Äsop *Fabeln* geschrieben hat; in diesen reden zwar auch Vögel, jedoch sind die Geschichten bewusst allegorisch angelegt. Dass Äsop als Stammvater der Geschichte genommen wird und nicht Hesiod oder Homer, wie es Platon beispielsweise selbstverständlich sieht, überrascht ebenfalls. Es sind jedoch zwei *persische* Namen, welche an dieser Stelle die meiste Aufmerksamkeit auf sich ziehen: Dareios als Vertreter der Monar-chie und Megabazos als Fürsprecher der Oligarchie sind vertraut – nur Otanes fehlt! Dieser Name, aus einer obigen Stelle bekannt, wird nicht genannt – und zwar mit Recht: Otanes ist der Vertreter der Demokratie. Spätestens an dieser Stelle könnte den Vögeln bereits dämmern, dass, selbst wenn sie die Macht in Griechenland übernehmen sollten, sie diese gleich wieder an eine Elite oder an einen Tyrannen abzugeben haben. Vögel sollen „als König herrschen" – diese Verlockung ist alt, und schon immer war sie effektiv. Sie wird seit langem zur Verfüh-rung des Volkes eingesetzt: Denn natürlich kann *jeder* König werden – aber leider nicht *alle*! Diesen Kniff bemerken die einzeln angesprochenen Vogelarten viel zu spät. Sie befinden sich bereits im Netz:

PEITHETAIROS: Der Hellenen König und Herrscher war in selbigen Zeiten der Weihe!
CHOR: Der *Hellenen* auch?
PEITHETAIROS: Und er führte zuerst als ihr Herr und Gebieter den Brauch ein,
Vor dem Weih in den Staub sich zu werfen.
[…] PEITHETAIROS: Im Ägyptenland und im weiten Gebiet der Phönizier herrschte der Kuckuck,
Und sobald sein „Kucku" der Kuckuck rief, da machten sich schnell auf die Beine
Die Phönizier all und schnitten ihr Korn auf den Äckern, Gerste und Weizen.
(*Vögel*; V. 499-501. 505-507; Herv. im Orig.)

Es sind drei berühmte Völker, die Peithetairos anführt und alle schulden den Vögeln Dank, denn wo wären sie ohne diese? Der Chor – mittlerweile nicht mehr als einzelne Vögel angesprochen, sondern als *eine Kehle* sprechend – kann gar nicht glauben, dass sogar die *Hellenen* den Vögeln ihre Herrschaftszeichen schulden. Diese Hervorhebung ist gewollt, denn damals hatten einzig *hellenische* Staaten Demokratien; damit standen sie eigentlich vom Glauben an Herrschaftszeichen ab. Doch natürlich ist der größte Gewinn für die Vögel ein anderer:

PEITHETAIROS: Doch das Schlagendste, Freunde, das kommt erst jetzt! *Zeus* selber, der Herrscher von heute
Steht da, der König der Könige, doch mit dem Vogel, dem Adler, zu Häupten;
Mit der Eule sein Kind, die Athena; sein Knecht und Getreuer Apoll mit dem Habicht.
(*Vögel*; V. 514-516; Herv. im Orig.)

Die Stoßrichtung ist eindeutig, denn der Verführer will das große Ziel: „Zeus selber" ist ein Usurpator! Denn selbst ihm ist ein Vogel übergeordnet. Wie kommt der Gott dazu, dem Adler seinen angestammten Königsitz streitig zu machen? Die Menge der Vögel ist empört, aber sie tobt nicht – Zeus ist ein Gott und als solcher gebührt ihm ein Ehrensitz. Peithetairos muss die eine Zutat hinzufügen, welche noch jeden geschickten Demagogen ans Ziel brachte – Neid:

PEITHETAIROS: So hat man vorzeiten euch überall als heilig verehrt und gewaltig!
Jetzt sieht man euch für Tölpel, für Sklaven euch an,
Und schlägt euch wie wütende Hunde tot,
Und schießt nach euch. In den Tempeln sogar
Sind Vogelsteller und lauern euch auf
Mit Netz, Leimrute, mit Schlinge und Garn,
Mit Dohne, mit Sprenkel und Meisenschlag.
Und sie fangen und bringen euch schockweis zu Markt,
Und da kommen die Käufer und tasten euch ab.
(*Vögel*; V. 522-530)

Die Vögel müssen die Erniedrigung schmecken, die sie erst erfahren, wenn sie tot sind, denn: Eigentlich sind sie *nicht* diskriminiert, sie fühlen sich nur so.[383] Laut den Worten des Fremden gehört ihnen *eigentlich* die Welt, warum haben sie diese also noch nicht inne? Stattdessen werden sie getötet, um anderen Göttern als Opfergabe zu dienen! Dieser Frevel muss gesühnt

werden, und Peithetairos hat den perfekten Plan dafür:

> PEITHETAIROS: So vernehmt mein Wort: Eine Stadt muß erstehn zu Behausung
> sämtlicher Vögel;
> Dann müßt ihr die Luft, den unendlichen Raum, müßt Himmel und Erd ihr begrenzen,
> Wie Babylon rund mit Mauern umziehn, kolossal aus gebackenen Quadern!
> EUELPIDES: Kebriones, ha, und Porphyrion! Welch himmelanstrebender Stadtbau!
> PEITHETAIROS: Und sobald sie dann steht, die erhabene Stadt, dann verlangt ihr von
> Zeus, daß er abdankt;
> Und will er nicht dran und schlägt er es ab und besinnt er sich nicht gleich eines bessern,
> Dann erklärt ihr ihm selber den *heiligen Krieg* und verbietet sämtlichen Göttern,
> Durch euer Gebiet auf den Strich zu gehen mit himmelansteigender Rute,
> Wie sie früher so oft ehbrecherisch geil zu Alkmene hiernieder sich ließen,
> Zu Alope, Leda und Semele; und kommen sie dennoch, dann müßt ihr
> Ihre Eicheln verplomben, damit sie hinfort die Weiberchen lassen in Ruhe.
> 'Nen Vogel schickt ihr dann ohne Verzug zu den Menschen hinab als Gesandten
> Und gebietet: als Königen sollen sie *euch* von der Stund an opfern, den Vögeln;
> Und nach *euch* kriegen die Götter ihr Teil; und es steht dann geziemenderweise
> Den Göttern stets ein Vogel zur Seit, wie er eben für jeglichen passend:
> So, wer Aphrodite ein Opfer weiht, der streue dann Körner dem Sperling,
> Und wer dem Poseidon ein Schaf darbringt, der bedenke die Ente mit Weizen.
> Wer dem Herakles opfert, bediene zugleich mit Honigkrapfen die Kropfgans,
> Wer dem König Zeus einen Schafbock weiht – Zaunkönig ist ebenfalls König,
> Und es ziemt sich *vor* Zeus ihm den Mückenbock mit kräftigen Hoden zu schlachten!
> (*Vögel*; V. 550-569; Herv, im Orig.)

Es ist so geschickt wie heimlich, wie Peithetairos *seinen* Gründungsakt beginnt: „So vernehmt

mein Wort", denn nur darauf wird es fortan ankommen.[384] Wenn eines aus der griechischen

Mythologie bekannt ist, dann dieses eherne Gesetz: Wer den Gründungsakt einer Stadt

vollzieht, dem gebührt die erste Königswürde. Da nützt es den Vögeln nichts, dass er wieder

Vogelnamen aufzählt – diese können allenfalls zu seinen Herolden und Beamten werden, nie

jedoch an der Regierung teilhaben. Der Bau, den er „mit Mauern umziehn will", gerät so nicht

zur Trutzburg; Peithetairos errichtet ein Gefängnis, von wo aus er seine Vogelsklaven

beherrschen will und diese fortan den Rest der Welt kontrollieren sollen. Geradezu zynisch

erscheint da der Ausspruch, den sein Mitverschwörer Euelpides tätigt:

> EUELPIDES *gegen das Publikum*:
> Potz Wetter, das nenn ich mir Könige, die weit besser als Zeus für uns taugen!
> (*Vögel*; V. 319; Herv. im Orig.)

Dieser Ausspruch fasst zusammen, was gerade geschehen ist: Die Vögel haben sich freiwillig

einem Herrscher unterworfen; sie halten sich für Könige, weit besser als Zeus; dieser war

stets nur fern und hat die Menschen zwar dann und wann mit Schicksalsschlägen getroffen,

nie jedoch übermäßig. Nun jedoch hat die Welt einen König Peithetairos, der weit besser zur

Herrschaft taugt, weil er vor seinen Untertanen (Vögel) steht; über anderen seiner Untertanen (Menschen) thront; die letzte Gruppe (Götter) von den notwendigen Opfergaben der Menschen aushungern kann – und sein Herold (Euelpides) dies auch noch als Warnung *„gegen das Publikum"* kundtut![385]

Es ist in der Tat ein Handbuch für angehende Diktatoren, welches Aristophanes hier liefert:[386] Der Betrug des Volkes geht voraus: „Ihr wollt doch gar keine Demokratie, solange ihr *als Volk* herrschen könnt!" Dann folgen die bekannten Großmachtphantasien wie Weltherrschaft sowohl über Menschen als auch über Götter, bevor es schließlich zu spät ist, die eigene Freiheit noch zu behaupten. Dabei ist diese Aufgabe der eigenen Freiheit völlig unnötig: Die Vögel beherrschen bereits den Raum zwischen den Menschen und den Göttern – eine Stadt erscheint da nur folgerichtig (insofern folgt Aristophanes *wirklich* der Äsopischen Fabel).[387] Im Übrigen jedoch bleibt es bei der Mauer in der Vogelstadt, was ebenfalls folgerichtig ist:[388] Essen und Schlafen sowie die Fortpflanzung werden auf der Erde vollzogen, in der eigentlichen Vogelstadt gibt es schlichtweg nichts zu tun als zu sitzen, was natürlich die Aufgabe des Herrschers ist.

Ein Zweites kommt noch hinzu: Die Vögel sind so abhängig von ihrem neuen Herrscher, dass sie ihm nicht widersprechen *könnten*, selbst wenn einige dies in Betracht zögen: Er *allein* vollzog den Gründungsakt und *er* allein repräsentiert den Staat.[389] Diese Herrschaft muss nicht zwingend etwas Schlechtes für die Vögel bedeuten; es gab in der griechischen Geschichte nicht nur blutrünstige Tyrannen, einige Könige behandelten ihr Volk gut. Die Vögel – wenn auch nur der Wiedehopf und sein *Diener* – erhalten jedoch früh bereits eine Warnung, in welche Richtung sich das Denken der zwei Athener bewegt:

> EUELPIDES *zum Diener*: Was bist denn du nun aber für ein Tier?
> DIENER: Ein Vogelsklave bin ich!
> EUELPIDES: Hat denn wohl
> Ein Kampfhahn dich besiegt?
> DIENER: Oh nein! Doch als
> Mein Herr zum Wiedehopf wurde, bat er mich,
> Als Vogel mitzugehn und ihm zu dienen.
> EUELPIDES: Braucht denn ein Vogel auch noch Dienerschaft?
> DIENER: Er wohl, vermutlich, weil er Mensch einst war […].
> (*Vögel*; V. 69-75; Herv. im Orig.)

Es spielt nur eine unwesentliche Rolle, dass es Euelpides, nicht Peithetairos ist, der sich hier Unverschämtheiten erlaubt, noch *bevor* Peithetairos das Vogelreich gründete – Mensch bleibt Mensch – dies gibt sogar der „Vogelsklave" zum Ausdruck: Sein Herr benötigt einen Sklaven nicht, weil er ein Vogel *ist*, sondern weil er ein Mensch *war*. Die Zuschauer mussten bereits an dieser Stelle stutzig werden: Wie konnte ein Mensch ein Vogel werden und *warum* sollte er dieses Schicksal wählen? *Wer* der Vogelherr ist, wird im weiteren Verlauf deutlich.

Wie Peithetairos zu regieren gedenkt, wird in der Art und Weise deutlich, wie er mit seinen neuen *Untertanen*, den Göttern (!) umgeht:

> IRIS *tragisch*: Tor, frevler Tor, erwecke nicht den Grimm
> Der Götter, daß nicht „Dike dein Geschlecht
> Ausreute mit dem Rachedurst des Zeus"
> Und mit „likymnischen Glutblitzen dich
> Und deines Hauses Zinnen niederäschre!"
> PEITHETAIROS: Du, hör jetzt auf, den Schwall mir vorzusprudeln!
> Glaubst du, du hast 'nen „Lyder oder Phryger"
> Vor dir, de solcher Kinderpopanz schreckt?
> Ich sag dir: wenn mich Zeus noch weiter ärgert,
> Wird ich sein Marmorhaus, „Amphions Hallen
> Durch blitzetragende Adler niederäschern"!
> (*Vögel*; V. 1238-1248; Herv. im Orig.)

Wie er jedoch die Götter versucht in die Knie zu zwingen, so wendet er bei den Menschen andere Methoden an; allein: er muss dies gar nicht:

> PEITHETAIROS: Seltsam: der Herold, den wir an die Menschen
> Gesandt, er ist noch immer nicht zurück!
> EIN VOGEL *tritt auf als Herold, einen goldenen Kranz in der Hand*: O Peithetairos, o
> du Glücklichster,
> Du Klügster, Weisester, Gepriesenster,
> O dreimal Sel'ger, o – *(als Schauspieler, leise:)* Sag doch was!
> PEITHETAIROS: Was gibt's?
> HEROLD: Dich schmücken, deine Weisheit tief anbetend,
> Mit diesem goldnen Kranz des Erdballs Völker. *Überreicht ihn.*
> PEITHETAIROS: Schön Dank! Allein wie komm ich zu der Ehre?
> HEROLD: Der weltberühmten Luftstadt hoher Gründer!
> So weißt du nicht, wie dir die Menschen huld'gen,
> Wieviel Verehrer du im Lande hast?
> Eh du die neue Stadt gebaut, war alles
> Spartanomane, ging mit langem Haar,
> War schmutzig, hungerte, trug Knotenstöcke,
> Sokratisierte: jetzt dagegen gibt's
> Ornithomanen nur, und alles äfft
> Mit wahrer Herzenslust die Vögel nach.
> (*Vögel*; V. 1266-1282; Herv. im Orig.)

Die Menschen ergeben sich freiwillig: Sie freuen sich auf den neuen Herrscher. Im demokratischen Athen muss diese Szene eine ungeheure Aufmerksamkeit gewonnen haben: Nicht nur, dass die Menschen in den *Vögeln* „Ornithomanen" werden; zuvor wurden sie auch „Spartanomanen" und „Sokratisierte" – Athen muss in den Augen des Dichters in seiner Zeit in der Tat erstaunliche Wandlungen durchgemacht haben. Zur Erinnerung: Sokrates war eine nicht allgemein anerkannte Person in der Öffentlichkeit und Sparta war der Hauptfeind im noch immer verheerenden Krieg. Wer sich mit diesen beiden Begriffen angegriffen fühlte, konnte dies durchaus mit Recht behaupten; Ornithomane war da nur eine Steigerung…

Zuletzt bleibt übrig zu erwähnen, was für ein Herrscher Peithetairos seinen *eigenen* neuen Untertanen, den Vögeln selbst, gegenüber ist. Denn als die Götter schließlich einlenken und eine Delegation senden, um mit dem Herrscher zu verhandeln, fragt der größte der griechischen Helden:

> HERAKLES: Was ist denn da für Fleisch?
> PEITHETAIROS *ohne sich umzusehen*: Von Vögeln, die,
> Der Volksgewalt der Vögel trotzend, schuldig
> Gesprochen wurden!
> (*Vögel*; V. 1583-1585; Herv. im Orig.)

Der Herrscher verspeist seine Untertanen. Ein deutlicheres, grausameres Bild für eine ungerechte Herrschaft ist in der Weltliteratur nur selten entwickelt worden, und sie zeigt Wirkung: Die Götter ergeben sich. Doch die Szene offenbart mehr: Die Vögel hatten nie eine Chance. Kein Vogel käme jemals auf die Idee, einen Menschen zu braten und zu essen; umgekehrt ist dies jedoch häufig der Fall. Erschreckend ist, dass es tausend Verse gebraucht hat, bis die Vögel merkten, dass Peithetairos ein *Mensch* und damit *kein Vogel* ist: Exakt das Verhalten, welches er in dieser Szene anwendet, haben die von ihm verteufelten *anderen Menschen* ebenfalls durchgeführt.[390] Es ging ihm stets nur um seine Herrschaft; zu diesem Ziel war ihm jedes Mittel recht.

Es nimmt nicht Wunder, dass fast jeder Kommentator, der jemals die *Vögel* las, Peithetairos mit nur wenig schmeichelhaften Worten bedachte: Zu extrem sind die Verhaltensweisen, welche die vielleicht böseste Figur, die der Dichter jemals schuf, in sich vereinigt:[391] Er ist betrügerisch, weil er die Vögel absichtlich in ihr Verderben lockt. Er belügt sie hinsichtlich ihrer Bedeutung – es braucht nun einmal die brachiale Gewalt, die er in der letzten aufgeführten Szene beweist, um eine Gewaltherrschaft (auch über andere Völker) aufrecht zu erhalten. Er zeigt ihnen, dass man sich an nichts halten darf, was einen aufhalten kann auf dem Weg zur Macht; Peithetairos verlässt sein Heimatland, wo er nicht zur Herrschaft gelangen kann, um eine Herrschaft um jeden Preis im Vogelreich zu erringen. Er hält sich an keine kultischen Konventionen: Selbst die Götter sind nicht vor ihm sicher, und damit bedroht er die griechische Identität direkt, die sich oftmals selbst von den Barbaren aufgrund ihres Götterglaubens schied.[392] Er manipuliert alles und jeden um das zu erhalten, was er begehrt.[393] Er nutzt die Sehnsüchte der Vögel aus, um seine eigenen, selbstsüchtigen Ziele zu erreichen.[394] Er radiert jeden Widerstand in seinem Reich aus – indem er ihn brät.[395] Er kann dies ungestraft tun, weil er den Vögeln *tatsächlich* Erfolg bringt: Sie beherrschen am Ende des Stückes ja *wirklich* den Raum zwischen Himmel und Erde und halten Götter wie Menschen in Schach.[396] Es scheint, als hätte Aristophanes die schrecklichste Figur der griechischen Literatur geschaffen.

Um diesen Umstand zu bewerten, lohnt es sich zu schauen, *woher* Aristophanes seine vermutliche Inspiration für Peithetairos genommen hat. In der sogenannten „Bibliotheke des Apollodor" wird die Geschichte von König Tereus geschildert:

> Pandion vermählte sich mit Zeuxippe, seiner Mutter Schwester, und zeugte mit ihr Töchter, die Prokne und Philomela, und Zwillingssöhne, den Erechtheus und Butes. Als nun wegen der Landesgrenzen ein Krieg mit Labdakos ausbrach, rief er den Tereus, des Ares Sohn, aus Thrake zu Hilfe und gab ihm nach glücklich unter seiner Beihilfe beendigtem Kriege seine Tochter Prokne zur Ehe. Tereus zeugte mir ihr einen Sohn, Itys, verliebte sich aber nun auch Philomela und wußte sich diese dadurch seinen Wünschen geneigt zu machen, daß er vorgab, Prokne, die er auf seinem Landgute verborgen hielt, sei gestorben. Er schloß also eine zweite Ehe mit Philomela, schnitt ihr aber, nachdem er ihr beigewohnt, die Zunge heraus. Sie wob jedoch einige Worte in einen Schleier und tat auf diese Weise der Prokne kund, was ihr selbst begegnet war. Diese suchte nun ihre Schwester auf, tötete den Knaben Itys, kochte ihn und setzte ihn dem nichtsahnenden Tereus zur Speise vor. Darauf ergriff sie samt ihrer Schwester eiligst die Flucht. Sobald es Tereus merkte, nahm er ein Beil und verfolgte sie. Die beiden Frauen, als sie sich zu Daulia in Phokis eingeholt sahen, baten die Götter, sie möchten sie in Vögel verwandelt. Prokne wurde zur Nachtigall, Philomela zur Schwalbe. Auch Tereus wurde in einen Vogel, und zwar in einen Wiedehopf, verwandelt.
> (III 193-195)[397]

Auch wenn die Geschichte schrecklich zu lesen ist, die Ähnlichkeiten und Verstrickungen sind frappierend: Pandion ist übrigens König von Athen; damit ist die Heimat von Peithetairos benannt. König Tereus kommt aus Thrakien, einer Landschaft im heutigen Gebiet von Bulgarien, Griechenland und der Türkei. Damit nimmt diese Landschaft noch heute eine Mittelstellung ein. In der Antike galt dies umso mehr: Zwischen Asien und Europa (für die Griechen: Hellas) gelegen, kann Thrakien durchaus als irdischer Vogelstaat gelten. Tereus ist göttlichen Ursprungs („Sohn von Ares") und damit den ihn umgebenden Wesen prinzipiell übergeordnet; auch hier kann wieder Peithetairos gesehen werden, der mit erschreckender Leichtigkeit den Vögeln überlegen in. Dann ist die kannibalistische Episode so schrecklich wie bezeichnend, denn auch Peithetairos kann als Vater seiner Neubürger – der Vögel – gesehen werden, die er genüsslich verspeist. Zuletzt ist da der Vogel Wiedehopf; auch er tritt in den *Vögeln* wieder auf. Wie in der Vogeldiener-Stelle bereits erwähnt, ist er der Vogel, den Peithetairos zuerst sieht. Nicht nur das – sein Name ist Programm:

WIEDEHOPF: Wer wünscht zu sehn mein Antlitz?
EUELPIDES: Die zwölf Götter –
Traktierten, scheint's, dich schlecht!
WIEDEHOPF: Ihr spottet mein
Und meiner Schwingen? Fremdlinge, ich war
Einst Mensch –
EUELPIDES: Wir lachen dich nicht aus –
WIEDEHOPF: Wen denn?
PEITHETAIROS: Dein krummer Schnabel nur erschien uns spaßhaft.
WIEDEHOPF: So hat der Sophokles mich zugerichtet
In seinem Trauerspiel, ja, mich, den Tereus!
(*Vögel*; V. 96-102)

Die Warnung, die Aristophanes hier ausspricht, ist unmissverständlich: Die Geschichten der Rache über die Götter sind wahr. Vor den beiden Athenern steht das Ergebnis eines Verhaltens, welches die Götter nicht duldeten und bestraften, *obwohl* Tereus als Sohn des Kriegsgotts zumindest zur Hälfte einer von ihnen war. Andererseits aber scheint Aristophanes die Geschichte weiterschreiben zu wollen, denn Tereus erhält als Mitglied des Vogelstammes die Gelegenheit, sich durch seinen (scheinbaren) Nachfolger Peithetairos an den Göttern rächen zu können. In der Tat deutet auch Aristophanes dies an, denn es ist nicht ein bestimmter Gott angesprochen, stattdessen „traktierten die zwölf Götter" Tereus schlecht. Wer in der Geschichte des Apollodor nachsieht, findet ebenso den Plural, nicht etwa Ares oder Zeus. Man geht daher sicher nicht fehl, die *Vögel* und den Mythos von Tereus als miteinander verbunden zu sehen.[398]

Man darf sich fragen: Was soll das? Warum schreibt Aristophanes ein so verstörendes Stück, zumal der Bösewicht am Ende – anders als Tereus – nicht einmal bestraft wird? Nicht wenige Kommentatoren wollten in den *Vögeln* eine Metapher für das imperiale Athen sehen.[399] Die Zeichen diesbezüglich sind auch offensichtlich: Peithetairos ist Athener; dies darf bereits als größter Hinweis gelten. Er errichtet ein Imperium scheinbar aus dem Nichts wie die Handelsmetropole Athen auch. Denn es war zuvor nicht offensichtlich, dass die karge, zerklüftete Landschaft Attikas einen solchen Reichtum hervorbringen würde. Dann aber begann Athen, genau wie die Vogelstadt, ihre Umgebung zu beherrschen und zu kannibalisieren, indem sie immer mehr verlangte und auf die Bedürfnisse ihrer Verbündeten immer weniger Rücksicht nahm – ähnlich Peithetairos' Verhalten den Vögeln gegenüber. Zuletzt legt sich die Vogelstadt mit scheinbar übermächtigen Gegnern an. Es war *vor* dem Peloponnesischen Krieg weithin bekannt, dass Sparta militärisch überlegen war – ebenso wie Persien. Athen schaffte es, sich innerhalb eines Jahrhunderts *beide* zu Feinden zu machen und Kriege mit ihnen zu führen. Zur Zeit der Aufführung der *Vögel* war der große Krieg gegen Sparta zwar noch nicht beendet, aber dem Dichter schwante offenbar bereits, welches Ende der Imperialismus Athens nehmen würde.[400] Dazu trug sicherlich auch die Erfahrung der Sizilischen Expedition bei, die für Athen gerade katastrophal verlief.[401]

Auf die Tatsache, dass Aristophanes mit Peithetairos ein wahrhaft furchterregender Charakter gelungen ist, wurde bereits eingegangen. Nicht besprochen wurde jedoch, warum es einen solchen Charakter brauchte, um die politische Botschaft herüberzubringen. Nicht von ungefähr ist darauf hingewiesen worden, dass Aristophanes merklich Freude an einem solchen Charakter gezeigt hatte: Peithetairos ist fast *zu gut* gelungen, um nicht einer versteckten Leidenschaft des Dichters zu entspringen.[402] Dies gilt vor allem, da ganz zu Anfang der Karriere des Dichters bereits schon einmal ein Charakter auftrat, der sich einen Privatstaat errichtete und alle anderen auszusperren gedachte: Dikaiopolis.[403] Wer die beiden allerdings vergleicht, muss alsbald bemerkten, dass sich gewaltige Unterschiede auftun: Dikaiopolis wünscht sich Frieden; Peithetairos kann gar nicht schnell genug mit den Konflikten beginnen. Dikaiopolis berichtet oder träumt von *einem* Verbrechen (der Vergewaltigung der Magd des Nachbarn; Peithetairos brät seine Untertanen, hungert die Götter aus und hält sich die Menschen als Haustiere. Die Liste der Unterschiede ließe sich noch fortführen, es sollte allerdings ersichtlich geworden sein: Wer Dikaiopolis mit Peithetairos vergleicht, tut Ersterem schweres Unrecht an.

Dieses Urteil lässt sich auch auf den Dichter selbst anwenden: Wer Aristophanes der Tyrannenverteidigung verdächtigt, legt ihm zu große Verfehlungen bei. Es darf nicht vergessen werden, welch große Rolle das *Phantastische* in der Alten Komödie und erst recht in der Utopie/Dystopie einnimmt – die Charaktere sollen überzeichnet werden, damit sie sich von etwaigen realen Vorbildern genügend abheben können. Zum Glück gab es Kommentatoren, welche dies erkannten: Die *Vögel* sind überzeichnet; sie sollten nicht überinterpretiert werden.[404] Diese Sichtweise befreit jedoch weder den antiken Theaterbesucher noch uns heutige Leser von der Aufgabe, in den *Vögeln* einen Bildungsnutzen erkennen zu wollen.[405] Aristophanes – der ewige Mahner, der angesichts seiner zahlreichen ungehörten Erziehungsversuche etwas Neues ausprobieren wollte – versuchte in den *Vögeln*, die Geschichte nicht *direkt* auf Athen zu beziehen; stattdessen kreierte er ein phantastisches Gemeinwesen, wo Menschen mit Vögeln reden, interagieren und einen Staat gründen konnten.[406] Zweifelsohne hoffte der Dichter, dass seine Zuschauer in seinem Stück nicht nur ein lustiges Werk, sondern eine drohende Warnung, eine Dystopie erkennen würden. Ob seine Zuschauer, ob heutige Zuschauer dazu bereit oder überhaupt in der Lage waren oder sind? Glücklicherweise half Aristophanes in seinem Stück bei der Erkenntnis mit:

CHOR *an die Zuschauer*: Hat von euch Zuschauern etwa einer Lust, sein Leben froh
Mit den Vögeln hinzuspinnen, macht euch auf und kommt zu uns!
Denn was hierzulande schändlich und verpönt ist durchs Gesetz,
Das ist unter uns, den Vögeln, alles löblich und erlaubt.
Wenn es hier für Infamie gilt, seinen Vater durchzubleun,
Ei, bei uns, da gilt's für rühmlich, wenn der Sohn den Vater packt,
Tüchtig prügelt und noch auslacht: „Wehr dich, wenn du Sporen trägst!"
Ist bei euch gebrandmarkt einer als ein durchgebrannter Sklav,
Der erhält bei uns den Namen: buntgeflecktes Haselhuhn;
Und wenn unter euch ein Myser etwa ist, wie Spintharos,
Der passiert bei uns als Meise, von Philemons Vetterschaft.
Wer ein Sklav ist und ein Karer, gleich dem Exekestides,
Mag mit uns als Gimpel leben, und da hat er Vettern genug.
Wer, wie Peisias' Sohn, Entehrten heimlich öffnen will das Tor,
Ein Zaunschlüpfer mag er werden, seines Vaters würd'ge Brut;
Denn bei uns – wer wird ihn schelten, wenn er durch die Zäune schlüpft?
(*Vögel*; V. 752-767; Herv. im Orig.)

Die Frage ist klug gewählt: Hat jemand unter den Lesern Lust, unter dem Tyrannen Peithe-tairos zu leben; unter ihm zwar willkürlicher Gewalt ausgesetzt zu sein, dafür allerdings zum auserwählten Volk zu gehören? Der Bildungsnutzen ist gefunden: Wer diese Frage mit ja beantwortete, musste sich in Athen ernsthaft mit der Frage auseinandersetzen, inwiefern er in einer Demokratie gut aufgehoben war, von einem Rechtsstaat ganz zu schweigen. Diese Frage nach der *individuellen* Einstellung zum Imperialismus darf sich auch heute noch jeder Bürger einer Demokratie stellen.

9   Der andere Aristophanes – Platons Symposion

Dieses vorletzte Kapitel des Buches wird *nicht* aus Textstellen aus Aristophanes *eigenen* Werken bestehen. Stattdessen soll, wenn auch nicht vollständig, sein Abschnitt aus Platons *Symposion* referiert in Auszügen und anschließend in den Kontext eingebunden werden. Warum das *Symposion*? Weil dieses Stück seit seinem Erscheinen und erst recht in der Moderne als das nach der *Politeia* vielleicht genialste, sicherlich aber das mit Abstand schönste Stück des Urphilosophen war. Zur Einleitung: Der Dichter trifft sich mit Sokrates und anderen Geistesgrößen seiner Zeit zu einem *Symposion*, einem Gelage, welches abends beginnt und teilweise bis in die Morgen- oder gar Mittagsstunden reicht. Aristophanes ist der dritte Redner im Wettstreit der schönsten Hymne auf den Eros, das Liebesprinzip der attischen Geistes- und Gedankenwelt. Im Stück selbst ist Aristophanes nach Phaidros und Pausanias der dritte Redner (eigentlich wäre der im Abschnitt angesprochene Eryximachos der dritte in der Reihe; er muss sich aufgrund eines Schluckaufs jedoch kurzzeitig zurückziehen und überlässt Aristophanes den Vortritt). Der Meister der Alten Komödie erzählt seinen Mythos von den Kugelmenschen:

> Allerdings, lieber Eryximachos, habe nun Aristophanes begonnen, gedenke ich auf eine andere Weise als du und Pausanias zu reden. Mir nämlich scheinen die Menschen die Macht des Eros durchaus nicht erkannt zu haben; denn hätten sie das, so würden sie ihm wohl die größten Tempel und Altäre errichten und ihm die reichlichsten Opfer darbringen, während jetzt nichts von dem allen ihm widerfährt, was doch vor allem andern geschehen sollte. Denn er ist der menschenfreundlichste von den Göttern, indem er den Menschen ein Helfer und ein Arzt für diejenigen Übel ist, deren Heilung dem Menschengeschlechte die größte Glückseligkeit gewähren dürfte. Ich will daher euch seine Macht zu enthüllen versuchen, und ihr mögt wiederum andere hierüber belehren. Zuvörderst nun muß ich euch über die menschliche Natur und die Schicksale unterrichten, die sie erlitt.

> Unsere ehemalige Naturbeschaffenheit nämlich war nicht dieselbe wie jetzt, sondern von ganz anderer Art. Denn zunächst gab es damals drei Geschlechter unter den Menschen, während jetzt nur zwei, das männliche und das weibliche; damals kam nämlich noch ein drittes noch ein aus diesen beiden zusammengesetztes hinzu, von welchem jetzt nur noch der Name übrig ist, während es selber verschwunden ist. Denn Mannweib war damals nicht bloß ein Name, aus beidem, Mann und Weib, zusammengesetzt, sondern auch ein wirkliches gestaltetes Geschlecht; jetzt aber ist es noch ein Schimpfname geblieben. Ferner war damals die ganze Gestalt jedes Menschen rund, indem Rücken und Seiten im Kreise herumliefen, und ein jeder hatte vier Hände und ebenso viele Füße und zwei einander durchaus ähnliche Gesichter auf einem rings herumgehenden Nacken, zu den beiden nach der entgegengesetzten Seite voneinander stehenden Gesichtern aber einen gemeinschaftlichen Kopf, ferner vier Ohren und zwei Schamteile, und so alles übrige, wie man es sich hiernach wohl vorstellen kann. […]

> Sie waren daher auch von gewaltiger Kraft und Stärke und gingen mit hohen Gedanken um, so dass sie selbst an die Götter sich wagten; denn was Homer von Ephialtes

und Otos erzählt, das gilt von ihnen, dass sie sich einen Zugang zum Himmel bahnen wollten, um die Götter anzugreifen. Zeus nun und die übrigen Götter hielten Rat, was sie mit ihnen anfangen sollten, und sie wussten sich nicht zu helfen, denn sie wünschten nicht, sie zu töten und ihre ganze Gattung zugrunde zu richten, gleichwie sie einst die Giganten mit dem Blitze zerschmettert halten, denn damit wären ihnen auch die Ehrenbezeugungen und Opfer von den Menschen gleichzeitig zugrunde gegangen, noch auch durften sie sie ungestraft weiter freveln lassen. Endlich nach langer Überlegung sprach Zeus: „Ich glaube ein Mittel gefunden zu haben, wie die Menschen erhalten bleiben können und dich ihrem Übermut Einhalt geschieht, indem sie schwächer geworden. Ich will nämlich jetzt jeden von ihnen in zwei Hälften zerschneiden, und so werden sie zugleich schwächer und uns nützlicher werden, weil dadurch ihre Zahl vergrößert wird, und sie sollen nunmehr aufrecht auf zwei Beinen gehen. Wenn sie uns aber dann auch noch fernerhin zu freveln scheinen und keine Ruhe halten wollen, dann werde ich sie von neuem in zwei Hälften zerschneiden, so dass sie auf einem Beine hüpfen müssen wie die Schlauchtänzer." Nachdem er das gesagt, schnitt er die Menschen entzwei, wie wenn man Beeren zerschneidet, um sie einzumachen, oder Eier, mit Pferdehaaren. […]

Als nun die Körper in zwei Teile zerschnitten war, da trat jede Hälfte mit sehnsüchtigem Verlangen an ihre andere Hälfte heran, und sie schlangen die Arme um einander und hielten sich umfasst, voller Begierde, wieder zusammenzuwachsen, und so starben sie vor Hunger und Vernachlässigung ihrer sonstigen Bedürfnisse, da sie nichts getrennt voneinander tun mochten. Und wenn etwa die eine von beiden Hälften starb und die andere noch übrig blieb, dann suchte diese sich eine andere und umfasste sie, mochte sie dabei nun auf die Hälfte eines ganzen Weibes, also das, was wir jetzt Weib nennen, oder eines ganzen Mannes treffen, und so gingen sie zugrunde. Da erbarmte sich Zeus und erfand einen andern Ausweg, indem er ihnen die Geschlechtsglieder nach vorne versetzte; denn bisher trugen sie auch diese nach außen und erzeugten und gebaren nicht ineinander, sondern in die Erde wie die Zikaden. So verlegte er sie also nach vorne und bewirkte dadurch die Erzeugung ineinander, nämlich in dem Weiblichen durch das Männliche, zu dem Zwecke, dass, wenn dabei ein Mann auf ein Weib träfe, sie in der Umarmung zugleich erzeugten und so die Gattung fortgepflanzt wurde, wenn dagegen ein Mann auf einen Mann träfe, sie wenigstens von ihrem Zusammensein eine Befriedigung hätten und so, von dieser gesättigt, inzwischen ihre Geschäften nachgingen und für ihre übrigen Lebensverhältnisse Sorge trügen. Seit so langer Zeit ist demnach die Liebe zu einander, den Menschen eingeboren und sucht die alte Natur zurückzuführen und aus zweien eins zu machen und die menschliche Schwäche zu heilen.

Jeder von uns ist demnach nur eine Halbmarke von einem Menschen, weil wir zerschnitten, wie die Schollen, zwei aus einem geworden sind. Daher sucht denn jeder beständig seine andere Hälfte. […] Wenn nun dabei einmal der liebende Teil […] auf seine wirkliche andere Hälfte trifft, dann werden sie von wunderbarer Freundschaft, Vertraulichkeit und Liebe ergriffen und wollen, um es kurz zu sagen, auch keinen Augenblick voneinander lassen. Und diese, welche ihr ganzes Leben mit einander zubringen, sind es, welche doch auch nicht einmal zu sagen wüssten, was sie von einander wollen. Denn dies kann doch wohl nicht die Gemeinschaft des Liebesgenusses sein, um dessen willen der eine mit dem andern so eifrig zusammen zu sein wünscht, sondern nach etwas anderem trachtet offenbar der Seele von beiden, was sie nicht zu sagen vermag, sondern nur ahnend zu empfinden und in Rätseln anzudeuten. Und wenn zu ihnen, während sie dasselbe Lager teilten, Hephaistos und mit seinen Werkzeugen hinan träte und sie fragte: „Was wollt ihr Leute denn eigentlich voneinander?"

und, wenn sie es ihm dann nicht zu sagen vermöchten, sie von neuem fragte: „Ist es das etwa, was ihr wünscht, möglichst an demselben Orte mit einander zu sein und euch Tag und Nacht nicht voneinander zu trennen? Denn wenn es euch hiernach verlangt, so will ich euch in eins verschmelzen und zusammenschweißen, so dass ihr aus zweien einer werdet und euer ganzes Leben als wie ein Einziger gemeinsam verlebt, und, wenn ihr sterbt, auch euer Tod ein gemeinschaftlicher sei, und ihr dann wiederum auch dort im Hades einer statt zweier seid. Darum seht zu, ob dies euer Begehr ist, und ob dies euch befriedigen würde, wenn ihr es erlanget", wenn sie, sage ich, dies hörten, dann würde gewisslich kein einziger es ablehnen oder zu erkennen geben, es sei etwas anderes, was er wünschte, sondern jeder würde gerade das gehört zu haben glauben, wonach er schon lange Begehr trug: vereinigt und verschmolzen mit seinem Geliebten aus zweien eins zu werden.

Der Grund hiervon nämlich liegt darin, dass dies unsere ursprüngliche Naturbeschaffenheit ist, und dass wir einst ungeteilte Ganze waren. Und so führt die Begierde und das Streben nach dem Ganzen den Namen Liebe. Und vor Zeiten, wie gesagt, waren wir eins; nun aber sind wir um unserer Ungerechtigkeit willen getrennt worden von dem Gott, wie die Arkader von den Lakedaimoniern. Und es steht daher zu fürchten, wenn wir uns nicht gesittet betragen gegen die Götter, dass wir dann von neuem zerspaltet werden und so von Ansehen herumlaufen müssen wie die auf den Grabsteinen ausgehauenen Reliefs; mitten durch die Nase durchgesägt wie halbierte Marken.

Deswegen muß man jedermann antreiben, ehrfürchtig gegen die Götter zu sein, damit wir diesem Geschicke entgehen und dagegen dasjenige erlangen, zu welchem uns Eros Führer und Hort ist. Dem handle niemand entgegen; es handelt dem aber entgegen, wer sich den Göttern verhasst macht. Denn wenn wir mit der Gottheit uns befreunden und wir versöhnen, so werden wir den uns eigentlich angehörigen Liebling finden und erlangen, was jetzt nur von wenigen erreicht wird.
(*Symposion*; 189 St. 3A-193 St. 3B)[407]

Was zunächst auffällt, ist sicherlich der theatralische Aspekt: Die Schönheit dieser Erzählung ist unerreicht und wirkt noch lange im Hinterkopf jedes Lesers nach. Es ist nicht ganz sicher, *wer* hier spricht: War es Platon, der Aristophanes als Sprachrohr benutzte, um mit dessen klingendem Namen ein von ihm ersonnenes Konzept zu propagieren?[408] Oder ehrte der Philosoph den Dichter mit einer Geschichte, die dessen würdig war, die vielleicht sogar in einer Komödie behandelt wurde?[409] Wie bereits bekannt ist, sind leider nicht *alle* Komödien des Dichters auf uns gekommen, daher besteht durchaus diese Möglichkeit. Dass der Mythos durchaus in das Oeuvre des Denkers passt, wird in den nächsten Abschnitten ersichtlich. Vorerst aber muss die geschickte Verwobenheit von Mythos und Liebesgeschichte hervorgehoben werden.

Dieser Liebesaspekt beschreibt die erste Ebene der abstrakten Behandlung des Themas, denn Aristophanes erzählt zwar eine Geschichte der Liebe, jedoch keine Liebesgeschichte im engeren Sinn: Er bleibt abstrakt. *Die Menschen* waren einst durch ihre biologische Beschaffenheit wesentlich enger verbunden als heute noch möglich wäre – und dieser Zustand ist permanent. Der Gott Hephaistos kann zwar eine Vereinigung bewirken, allerdings scheint er dies niemals wirklich *getan* zu haben, denn in der Welt existieren keine Doppelmenschen (mehr). Die Möglichkeit einer Wiedervereinigung muss also immer reines *Potenzial* bleiben, jedenfalls bis zur Entdeckung des ersten wiedervereinigten Doppelmenschen. Den Halbmenschen bleibt hingegen die Sehnsucht nach der anderen Hälfte, diese muss all in ihrer grausamen Permanenz bestehen bleiben: Selbst wenn ein Mensch *meint*, sein perfektes Gegenüber kennen und lieben gelernt zu haben, so ist die Chance, dass dieses Gegenüber das *tatsächliche* Gegenüber ist, angesichts der ungeheuren Anzahl der Menschen auf dem Planeten verschwindend gering.

Dies hindert Aristophanes jedoch nicht daran, für uns *Nachgeborene* der getrennten Generation den Anspruch zu formulieren, unsere bestimmte andere Hälfte zu suchen.[410] Liebe wird so zum Auftrag, sie bleibt unerfüllt. Eros ist daher ein Verlangen, keine Erfüllung. Dieses Begehren *könnte* eines Tages wieder ein Ende finden, wenn wir vereinigt werden. Denn die Doppelmenschen spüren kein Verlangen, sie sind sich selbst genug.[411] In *einer* Hinsicht jedoch sind sie den Einzelmenschen unterlegen: Sie mögen vollständig sein, *spüren* diese Vollständigkeit jedoch nicht so sehr wie Einzelmenschen, die sich sexuell vereinigen.[412] Zeus' milde Gabe, um uns über unseren Verlust hinwegzutrösten, entpuppt sich bei näherem Besehen als echter Gewinn: Die Doppelmenschen fristen ein Dasein der Vollkommenheit (inwiefern dies tatsächlich zutrifft, wird sich in den nächsten Abschnitten noch zeigen), dieses Leben bedarf paradoxerweise einer Erfüllung, weil es erfüllt ist. Die Einzelmenschen haben ein Ziel, ein Verlangen, sie können den Eros spüren – dieses *Privileg* sollte nie vergessen werden.

Doch die Geschichte birgt noch mehr: Aristophanes spricht von einer Art *Naturzustand*. Philosophie und Theologie haben sich zwar schon immer in diesem Feld getroffen – man denke an die *Theogonie* des Hesiod und die Abfolge der Zeitalter –, doch an dieser Stelle ist auffällig, *wie* der Naturzustand gekennzeichnet wird. Die Markierung des Zustands der Vollkommenheit entspricht wahrscheinlich noch am ehesten Rousseaus Urzustand der Wildheit vor der Zivilisierung (aufzufinden im *Discours sur l'Inégalité*; Rousseau geht ebenfalls von einem Niedergang aus). Da sich das griechische Leben nicht zuletzt in einer Tätigkeit ausdrückte, wie oben bereits beschrieben, die Doppelmenschen allerdings einer *Erfüllung* „zum Opfer fallen", sind sie nicht unter die Griechen (der Zivilisation Angehörige), sondern unter die Barbaren (als Unzivilisierte) zu rechnen.[413]

Kompliziert wird diese Einschätzung, wenn der vorige Abschnitt mit einbezogen wird: Die wahrhaft defizitären sind die Doppelmenschen, weil sie kein Ziel vor Augen haben *können*, selbst wenn sie es wollten. So defizitär die Einzelmenschen in der Geschichte scheinen mögen

– dies haben sie ihren Eltern voraus. Will Aristophanes der Staatlichkeit einer Absage erteilen und zurück zur wilden, vollkommenen Natur? Und: Ist das Erreichen des Naturzustandes überhaupt möglich? Wenn der Naturzustand einmal verlassen wurde ist es unmöglich, wieder *dahin* zu gelangen, weil nur ein einziger, einmal erreichter anderweitiger Zustand ausreicht, um die *reine Natürlichkeit für immer* zu zerstören. Hephaistos als Gott weiß dies, daher formuliert er sein Angebot im Konjunktiv: es ist nicht möglich, wieder zu *denselben* Doppelmenschen zu werden, welche heute die Einzelmenschen ausmachen.

Bisher wurde überwiegend von *Zuständen* berichtet, ohne auf die Entwicklung Rücksicht zu nehmen. Die Doppelmenschen wachen nicht eines Tages auf und finden sich als Einzelmenschen wieder – sie werden dazu gemacht, gewissermaßen umoperiert. Der Gott Zeus hat die Macht, lebende Wesen zu verändern. Dies macht den morphologischen Aspekt der Geschichte aus. Platon ist übrigens keineswegs der erste Philosoph der griechischen Antike, der von „Doppelmenschen" berichtet.[414] Der Vorsokratiker Empedokles berichtet in einem berühmten Fragment von ihnen:

> *Da wuchsen viele Geschöpfe heran mit Doppelantlitz und doppelter Brust, mit dem Rumpf eines Rindes, aber dem Antlitz eines Menschen, und umgekehrt kamen andere zum Vorschein, Menschenleiber mit Kuhhäuptern, Mischwesen, die teils Männer-, teils Frauengestalt hatten und mit beschatteten Schamgliedern ausgestattet waren.*
> (fr. 61, Herv. Capelle)[415]

Die beiden Mythen lassen sich wunderbar verbinden: Die Wesen wuchsen aus dem Boden (Empedokles), bevor sie chirurgisch von Zeus verändert wurden (Platon/Aristophanes).[416] Natürlich ist uns als Menschen der Mythos von Platon näher (Rindermenschen, Kuhmenschen, Zwitterwesen zwischen Mann und Frau sind wohl eher unbekannt), dennoch spricht auch aus diesem Gedankengut wieder ein Auftrag: Die Menschen sollen sich entwickeln.

Dies ist der letzte, der teleologische Aspekt: *Wohin* sollen sich die Menschen entwickeln? Worin besteht der moralische Auftrag? Diese Frage führt zur Ursache der Teilung der Doppelmenschen: Sie frevelten gegen den Gott Zeus, sie „richteten ihre Blicke nach oben" (offenbar um den Himmel zu erobern, Zeus' eigene Sphäre), daher strafte er sie mit der Teilung und minderte ihre Macht. An dieser Stelle ist paradox, dass der Gott die Menschen zu schwächen suchte, indem er ihre Anzahl *vermehrte* – scheinbar garantierte der reine Aspekt der Vollkommenheit größere Macht als eine größere Anzahl. Doch die Botschaft ist klar: Rede nicht wider die Götter, sonst spalten sie dich in deinem innersten Selbst!

Doch noch etwas anderes ist hier vorhanden: Verlangen. Es scheint, als wären die Doppelmenschen doch nicht völlig frei von Verlangen, denn sie begehren göttliche Macht. Die

Vorstellung von Vollkommenheit bereitet dem Ideal ein abruptes Ende.[417] Das *wirkliche* Ideal repräsentieren fortan die Einzelmenschen: Sie wurden von den Göttern bisher nicht geteilt, daher kann davon ausgegangen werden, dass sie Zeus bisher nicht in gleichem Maße erzürnten. Die Doppelmenschengestalt ist *nicht* erstrebenswert, weil sie die Menschheit ins Verderben stürzt. Stattdessen predigt der Mythos – vor allem am Ende – Bescheidenheit den Göttern gegenüber. Ein kluger Gedanke. In gewisser Weise ist hier ein politischer Ansatz vorhanden: Gier und Verlangen spürt der Mensch von Anfang an, Bescheidenheit und Rücksicht muss er erst lernen, genauso wie die Zivilisation erst entwickelt werden muss, bevor ihre Früchte genossen werden können.[418]

Abschließend darf eine Anekdote angeführt werden. Derselbe Platon, der eigentlich dazu berechtigt gewesen wäre, Aristophanes zu verachten, weil dieser *mit*verantwortlich gemacht wurde für die Todesstrafe seines Lehrers, legt die schönste Geschichte im *Symposion* demselben Dichter zu. Und dies ist nur konsequent, denn Platon soll auch gesagt haben:

> Einen Tempel wünschten die Grazien, der nicht vergänglich,
> Suchten und fanden dabei des Aristophanes Geist.[419]

Dem ist nichts hinzuzufügen.

10 Aristophanes' Lehren für unsere Zeit

Worin bestehen nun die Lehren, welche Aristophanes für uns hat, wie kann seine politische Theorie zu Handlungsanweisungen zusammengefasst werden? Diese Aufgabe ist angesichts einer viele Jahrzehnte umfassenden Karriere mit Komödien aus vielen Phasen, die eine Vielzahl an Themen behandeln, alles andere als einfach. Sie soll trotzdem versucht werden. Im Folgenden werden in neun Absätzen die wesentlichen Erkenntnisse des Dichters zusammengefasst. Dabei fällt auf, dass sich die wesentlichen Grundsätze des Dichters, auch wenn sie sich in der Zeit ein wenig wandelten, doch im Wesentlichen gleichblieben.

Freiheit für das Theater. Kritik braucht einen freien Rahmen, sonst findet sie ihren Platz nicht. Im Falle Athens war dies die Alte Komödie, in der Tragiker und Komödianten einen festen Rahmen vorfanden, in welchem sie mehr oder weniger unbehelligt ihre Kunst aufführen konnten. Natürlich gab es Bestrebungen, die Verspottung Einzelner mittels Zensur zu verhindern; erfolgreich waren diese Versuche glücklicherweise jedoch nicht. Dies war nicht zuletzt der Theater*kultur* Athens geschuldet: Die Bürger wollten den Spott und vertraten ihn vehement. Dies kann durchaus als Beispiel für moderne Demokratien dienen, die, auch wenn sie sich herausgefordert sehen, dennoch die freie Kritik verteidigen müssen. Witz kann dabei eine durchaus korrektive Funktion innehaben; er ist wie geschaffen für zwanglose Kritik an Missständen. Diese Art des Spiegels muss unbedingt beibehalten werden, weil sie die Dringlichkeit einer Verbesserung *zwanglos* hervorheben kann. Aus diesem Grund ist jede moderne Demokratie, in welcher Satire und politisches Kabarett reüssieren, gegen Verdruss weitestgehend gefeit: Es gibt ein Ventil, durch das er abfließen kann. Aristophanes zeigte jedoch noch mehr: Kunst ist *niemals* von Staat und Gemeinschaft separiert. Sie *muss* Verantwortung übernehmen, auch wenn ihr dies zeitweise beschwerlich erscheint. Natürlich braucht das Theater (als die hier hervorgehobene Kunstform) dafür Rezipienten, welche Kritik aufnehmen und implementieren können. Dies gelingt in einem freien Rahmen besser als in einem erstarrten. Einen kritischen Aspekt stellt dabei der Spott dar: Obwohl moderne, politisch unterhaltende Kritikformen kaum ohne ihn auskommen, darf er doch nicht zu willkürlich gebraucht werden. Die Spottrichtung muss gewahrt werden, sodass nur diejenigen verspottet werden, welche mächtiger sind als der Spötter. Minderheiten und andere schwache Gruppen in der Bevölkerung müssen vom Spott ausgenommen werden, sonst wird aus ihm Rassismus, Nationalismus, Chauvinismus etc. Als Faustregel kann nach Aristophanischer Façon gelten: Wer sich nicht wehren kann, darf nicht verspottet werden. Darüber hinaus ist Spott stets persönlich und an die Person gebunden, die ihn äußert. Er *kann* nicht allgemein werden, weil er nur subjektiv geäußert werden kann. Niemals betrifft Spott etwas, was der *ganze* Staat ungerecht, falsch etc. findet. Natürlich neigt jeder Spötter dabei zur Übertreibung: Eine starre Abbildung der Wirklichkeit ist langweilig und daher nicht Rezipienten bindend. Nur was aufregt, weil es eine Überzeichnung ist, zieht Aufmerksamkeit auf sich und kann wirken. Je großflächiger dabei verspottet wird, desto größer ist die Wirkung. Selbstverständlich ist dies eine Gratwanderung, weil der heftigste Spott am leichtesten auf Minderheiten und Einzeltäter zielt. Spott in Theater, Fernsehen und anderswo darf allerdings auf diese Falle nicht hereinfallen: Kunst ist stets anstrengend und aufwendig, damit sie die Richtigen trifft. Die Suche nach einem Sündenbock hat noch keinen Missstand je beseitigt.[420]

Theater kann therapeutische Funktionen ausüben. Indem der Künstler Persönliches in sein Stück einflocht, konnte Aristophanes eine Nähe herstellen, die ohne die Appelle unwirksam würde. Dies kann durchaus als Blaupause auch für heutige Zeit gesehen werden. Wer über andere Witze reißt, tut gut daran, selbst etwas preiszugeben. Kunst darf zwar (fast) alles, sie *kann* aber bei Weitem nicht alles. Echte Veränderung muss die sie umgebende Gesellschaft herstellen; dies von der Kunst zu verlangen, wäre definitiv zu viel und würde sie überfordern. Dies ist vereinzelt sogar versucht worden und es endete stets verheerend für die Demokratie, etwa wenn Kunst und Spott als *Verursacher* gesellschaftlicher Missstände uminterpretiert wurden. Dass Spott niemals ursprünglich sein kann, leuchtet unmittelbar ein: Er benötigt stets etwas, auf das er sich *bezieht.* Damit wird aber eine eigene Richtung ausgeschlossen, die vom Spott ausgehen könnte – er bleibt passiv. Es gilt, dies stets hervorzuheben. Darüber hinaus muss Kritik stets von unten kommen, denn noch nie hat sich eine Elite selbst wirksam kritisiert oder auch nur in Betracht gezogen, sie müsste ihren Kurs ändern. Theater und Spott sind die Mittel der kleinen Leute. Dadurch gewinnen sie an Möglichkeiten, denn sie können und werden nicht wirksam unterbunden – zumindest in Demokratien. Die Therapiefunktion der Kunst besteht daher in einer Zurschaustellung von Missständen, wie dies bereits in der Alten Komödie und den Stücken des Aristophanes der Fall war, der keineswegs zurückhaltend mit seinem Publikum umging und es regelmäßig verspottete. Rückschläge und Angriffe gehören dabei zur Kunst dazu. Schon immer wurde versucht, missliebige Kritik zu unterbinden; auch hat nicht jede feinsinnige Kritik ihre Abnehmer gefunden. Dies war jedoch schon für Aristophanes kein Hindernis, das Dasein als ewiger Mahner aufzugeben, und auch moderne Kritiker tun gut daran, sich nicht entmutigen zu lassen.[421]

Konflikte gehören wesentlich zur Demokratie. Demokratie ist eine Gesellschaftsform der Vielen; Konflikte sind daher wesentlich. Menschen sind Wesen mit *unterschiedlichen* Interessen, es ist daher sinnlos, sie zu vereinheitlichen. Ein solcher Versuch widerstrebt

menschlichem Naturell. Die Demokratie ist daher die dem Menschen eigentliche Gesellschaftsform. Erstarrung und Mangel sind Verfallserscheinungen der demokratischen Verfassung, die unbedingt vermieden werden müssen – sie sind Anzeichen für eine Tyrannis bzw.
eine ähnlich rigide Konstitution. Eine mit sich ringende Demokratie zeigt an, dass sie lebt.
Aristophanes zeigte viele dieser Kämpfe in seinen Komödien, an zwei soll erinnert werden:
Alt und Jung müssen miteinander auskommen, auch wenn verschiedene Lebensphasen
zwangsläufig miteinander in Konflikt geraten. Tatsächlich ist dieses Problem unauflösbar,
denn seit jeher und für alle Zeit werden die beiden Gruppierungen um ihre Rechte kämpfen;
diese *biologische* Notwendigkeit kann nicht überwunden werden. Ein weiteres Problem betraf
das Austarieren von Arm und Reich. Aristophanes zeigte anschaulich, dass auch dieser
Konflikt weder durch Utopie noch durch andere Lösungen jemals überwunden werden kann.
Verlangen ist dem Menschen wesenseigen; dagegen anzukämpfen ist sinnfrei. Dies befreit
natürlich keineswegs von der Notwendigkeit, einen sozialverträglichen *modus vivendi* zu
entwickeln, welcher nicht zu weit von einer Nivellierung der Verhältnisse entfernt ist. Dabei
hilft ein Wesenszug, welcher sich der Gier und dem Verlangen entgegenstellt und den
Aristophanes hervorhob: Bescheidenheit kann einer Gesellschaft zur zeitweiligen Befriedung
verhelfen.[422]

Eine Gesellschaft muss gerecht sein. Gerechtigkeit betrifft das Innere der Demokratie,
Letztere kann ohne Erstere nicht existieren. Wenn Menschen einander nicht vertrauen, wenn
sie keine Gerechtigkeit erwarten, funktioniert das Zusammenspiel der Kräfte nicht, dann
entstehen die Gesellschaft bedrohende Kampfsituationen, weil jeder um *sein* Recht kämpft.
Aristophanes zeigte sehr deutlich auf, inwiefern ein korruptes Gerichtswesen den Staat
bedroht und machte dies an zwei Hauptmerkmalen fest: Zum Einen zeitigen Bestechung und
sonstige Beeinflussungen verheerende Auswirkungen, weil die Menschen sich dadurch
Gerechtigkeit *kaufen* können und dies auch versuchen. Richterliche Unabhängigkeit ist dann
kaum herstellbar. Zum Anderen neigen die Menschen zu einer Art *Richtsucht*, weil sie richten
wollen, anstatt diese Tätigkeit als notwendige Pflicht anzusehen. Für moderne Demokratien
zeigt sich diese Tendenz in Form von Vorurteilen gegenüber Einzelnen oder auch ganzen
Bevölkerungsgruppen: Was im alten Athen die Sykophanten darstellten, sind in der Moderne
Hetzer des Rassismus, des Nationalismus, der religiösen Intoleranz etc. Derartige Tendenzen
zersetzen die Demokratie von innen heraus und sind brandgefährlich. Erst wenn eine Schuld
erwiesen ist, kann sie zweifelsfrei festgestellt werden – vorher ist sie bloße Mutmaßung.
Natürlich hält Aristophanes einen weiteren Fingerzeig bereit, um diese Grundvoraussetzung
sicherzustellen: Richter benötigen eine Ausbildung. Laienrichter sind für alle oben genannten

Einflüsse leichter empfänglich, vor allem, wenn sie selbst betroffen sind. Befangenheit ist am ehesten durch Professionalität zu begegnen; dies zeigt die fortwährende, harsche Kritik des Aristophanes am System *seiner* Zeit und ist ein probates Mittel für *unsere*. Dies ist jedoch nur die eine Seite des Rechtssystems, denn muss von einem allgemeinen Gerechtigkeitssinn getragen werden, sonst finden Urteile keine Akzeptanz und das Gerechtigkeits*gefühl* kann sich in der Bevölkerung nicht einstellen. Verteilung, Leistung, Notwendigkeit sind nur einige der Parameter, an denen sich eine gerechte Gesellschaft und Gerichtsbarkeit messen lassen muss. Als Grundregel lässt sich festhalten: Eine Entscheidung ist dann gerecht, wenn sie alle Bürger ohne Ausnahme potenziell immer und aktuell als Sanktion betrifft. Niemand darf vom Recht ausgeschlossen sein.[423]

Emanzipation ist ein Basisprojekt der Demokratie. Einen besonderen Bereich der Gerechtigkeit betrifft ziemlich exakt eine Hälfte der Bevölkerung: Frauen müssen gleiche Rechte haben. Was passiert, wenn dies nicht eintrifft, hat Aristophanes wortreich vorgeführt: Segregation und Abhängigkeit und damit Lähmung sind die Folge. Es ist dabei wichtig zu erwähnen, dass Gesellschaften Entwicklungen diesbezüglich durchlaufen dürfen, wie dies auch beim Dichter Aristophanes der Fall war. Von einer Restaurierung der alten patriarchalischen Verhältnisse ging er über zu weiblichen Heldenfiguren, die eine *echte* Rechteeinforderung durchführten und dies – zumindest in Form der Utopie – auch erlangten. Der Vorwurf der Ironie, der oftmals an den Dichter erging, ist zwar zumindest zeitweise korrekt, jedoch vernachlässigbar: Wenn der Stachel angebracht ist, über eine Emanzipation auch nur *nachzudenken*, ist dies weit mehr, als den Status quo zu verteidigen und auf angestammte Rechte zu pochen. Natürlich zählt dazu die zeitweise wenig schmeichelhafte Art und Weise, *wie* der Dichter über Frauen schrieb. Dies kann und soll nicht verharmlost werden, zeigt es doch nur, dass auch bei aufgeklärten Geistern noch dringender Handlungsbedarf bestand – ganz wie in modernen Demokratien. Doch muss man Aristophanes zugutehalten, dass er nach den Gründen fragte und Ängste fand, welche die männliche Bürgerschaft vor einer Gleichberechtigung zurückschrecken ließ. Auch wenn diese Ängste keineswegs beseitigt sind und vielleicht nie werden, lohnt es doch, daran zumindest zu arbeiten. Dies war in Athen nicht möglich, für unsere um soviel aufgeklärteren Gesellschaften fällt diese Entschuldigung jedoch weg. Dabei machte bereits Aristophanes einen legitimatorischen Grund geltend: Wie kann eine Staatsform berechtigt sein, für alle zu sprechen, wenn sie der Hälfte der Bevölkerung oder sogar mehr dieses Recht verweigert?[424]

Krieg ist immer das größte Übel. Ein weiteres Anliegen, welches Aristophanes am Herzen lag, war die Verhinderung von Krieg. Natürlich lag dieser Punkt einem Dichter, der den

Großteil seines Lebens in Kriegszeiten verbracht hatte, näher als einer friedlichen Demokratie der Zeit nach dem Zweiten Weltkrieg. Dennoch macht uns der Dichter auf Umstände aufmerksam, welche auch modernes Augenmerk erfordern. Zum Einen gibt es stets Kriegsgewinnler, d.h. Menschen, die Andere zur ihrer eigenen Bereicherung in den Tod schicken. Die Waffenhersteller und Hetzredner unserer Tage gehören mit Sicherheit in diese Kategorie. Jedoch nicht nur: Auch wenn die Wirtschaft eines Landes verstärkt auf das Militär ausgerichtet ist, etwa indem sie große Summen für die Waffenproduktion ausgibt, trägt dies zur Spannungsverschärfung bei. Dabei muss festgestellt werden, dass Kriegsgewinnler für gewöhnlich eine erschreckend kleine Minderheit darstellen, dass also die große Masse stets verlieren *muss*, indem sie mit ihrem Leben für die Gewinne der Waffenhersteller bürgt. Kein Wirtschaftswachstum der Welt kann dieses Ungleichgewicht jemals wettmachen. Tatsächlich kann – zum Anderen – allein der Frieden echte Prosperität garantieren, weil nur er Sicherheit gewähren kann für Handel und Arbeit. Schon Aristophanes zeigte dies auf und packte seine Mitbürger dort, wo es sie am meisten schmerzte – beim Geld. Aristophanes genauso wie die Bürger der heutigen Gesellschaften haben am eigenen Leib erfahren, was Krieg bedeutet und warum er um jeden Preis abgewendet werden muss. Für uns bedeutet dies: Kriegsverherrlichende Propaganda und Vorbereitungen für zwischenstaatliche kriegerische Auseinandersetzungen sind unmenschlich, demokratiefeindlich und zersetzend und haben in modernen Demokratien nichts zu suchen.[425]

Demagogie schadet immer. Besonders vehement ging Aristophanes gegen die Führerschaft der Demokratie seiner Zeit vor, die Demagogen. Diese hatten, das muss bemerkt werden, kein Mandat, sich über die Interessen und Möglichkeiten ihrer Mitbürger hinwegzusetzen oder gar mehr zu beanspruchen. Dabei hat er bereits das wesentliche Merkmal der Demagogie gesehen und angeprangert: Wer einfache Antworten auf komplexe Fragen – und die Fragen der Demokratie sind *immer* komplex – bietet, hat selten Recht; er verführt das Volk, auch wenn er es gerne führen würde. Tatsächlich zeigte Aristophanes, dass die einfachen Antworten den Demagogen selbst nur selten schadeten; Kleon wurde immer wiedergewählt und feierte weiterhin persönliche Erfolge. Das Volk hingegen musste mit Armut, Elend und Tod für die Abenteuer der Demagogen bitter bezahlen. Die Art und Weise, wie es Demagogen schaffen, dass Menschen ihnen trotzdem vertrauen, ist stets dieselbe: Sie versprechen, dem Volk zu helfen, haben jedoch in Wahrheit stets selbstsüchtige Motive zur Bereicherung. Sie geben immer nur vor, der Bevölkerung zu helfen, haben dies jedoch in Wirklichkeit noch nie getan. Aristophanes wurde nicht müde, seine Mitbürger davor zu warnen, auf Bauernfänger hereinzufallen und thematisierte die Verführung immer wieder. In moderner Hinsicht trägt uns der

Dichter eine ähnliche Hausaufgabe auf: Fallt nicht auf die einfachste Antwort herein. Dies betrifft in modernen Demokratien vor allem das Phänomen des Populismus'. Dieser ist der legitime Nachfolger der antiken Demagogie und hält dieselben Gefahren bereit. Demokratien können und konnten es sich noch nie leisten, unterkomplex zu handeln und nur auf den lautesten mit der extremsten Botschaft zu vertrauen. Dies hat noch jede Demokratie in ihr Gegenteil verkehrt – vor allem das moderne Deutschland weiß davon zu berichten.[426]

Utopien können gefährlich sein. Daran muss sich eine ernsthafte Behandlung der Utopie anschließen. Dieser Komplex beginnt jedoch nicht erst bei großen Entwürfen und kompletten Gesellschaftsumwürfen; Helden können eine ähnliche Funktion haben. Allzu häufig wird jedoch nur auf die helle Seite gesehen, auf das Gegenbild zur Demagogie. Dass Helden häufig dunkle Seiten entwickeln und zu Anti-Helden oder gar bösartigen Figuren degenerieren, ist bislang unterkomplex behandelt worden. Dieser Fakt spiegelt sich in den Aristophanischen Helden wider. Gleiches gilt jedoch auch für die großen Staatsentwürfe, welche der Dichter uns anvertraute: Sein Kommunismus-Versuch scheiterte, weil er wie seine reale Entsprechung die menschliche Natur, genauer: die Habgier ausklammerte. Kommunismus kann nicht funktionieren, weil nur Engel die Beherrschung mitbrächten, welche notwendig wäre. Dieser Entwurf muss sich also den Vorwurf der Weltfremdheit gefallen lassen. Wesentlich schlimmer ist jedoch die Tatsache, dass Utopien nicht von allen so gesehen werden müssen. Mit Wonne malte Aristophanes in den *Vögeln* das Bild eines allmächtigen Despoten, der uns als wahres Schreckensbild vorkommen würde. Utopie wird durch Gier und Eigennutz zur Dystopie, zu einem Ort, an dem niemand außer einer Person oder einer kleinen Gruppe mehr leben möchte, weil sie alles besitzt und die gesamte Macht in Händen hält. Dieser Zustand verträgt sich nicht mit der Demokratie, weswegen schon Aristophanes warnend den Finger hob und uns mahnte, niemals solche Versuche zu starten. Zuletzt muss auch die erste der Aristophanische Utopie *ad acta* gelegt werden, denn auch das eremitische Dasein steht der demokratischen Gesinnungsform diametral gegenüber. Wer nur an sich denkt und am liebsten allein bleiben und wirtschaften möchte, befindet sich bereits in einer Art Monarchie und hat sich von der Demokratie zumindest innerlich verabschiedet.[427]

Demokratie muss (weiter-)entwickelt werden. Zu guter Letzt hat Aristophanes jedoch auch eine positive Botschaft für uns: Es gibt Hoffnung. Allein der Fakt, dass es Menschen gibt, welche die Zustände in ihrer Gesellschaft nicht als starr gegeben hinnehmen, ist bereits ein positiver Aspekt. Mut zur Veränderung trieb auch den Dichter an, der stets seine Mitmenschen ermahnte, sich und den Staat weiterzuentwickeln. Jahrzehntelange Ermahnungen zeugen von einem nur wenig perfekten Volk in einer imperfekten Staatsform – und Aristophanes war dies durchaus bewusst. Demokratie *kann* an kein Ende kommen. Erstarrung ist, wie bereits erwähnt, der schlimmste Zustand, in den sie geraten kann. Dabei warnte der Dichter eindringlich davor, dem Grundsatz „Neues ist immer besser" zu folgen – Altbewährtes muss konserviert werden. Wenn keine Notwendigkeit besteht, eine gut funktionierende Einrichtung zu ändern, sollte dieser Versuch auch nicht unternommen werden. Nicht jede scheinbare Verbesserung entpuppt sich als solche. Etwas anderes als das Verfahren des *trial-and-error* bleibt der gerechtesten aller Staatsformen nicht. Dieser Grundsatz gilt heute noch genauso wie vor zweieinhalbtausend Jahren – zu Zeiten Aristophanes'.[428]

Verweise

Einleitung (1)
[1] Newiger, Hans-Joachim Newiger (Hrsg.): Antike Komödien. Aristophanes; Winkler-Verlag: München (1968). Newiger, das muss angemerkt werden, macht sich eines kleinen herausgeberischen Eingriffs schuldig: In den *Wespen* verwendet er zur Verdeutlichung der Position des Sohnes *Bdelykleon* den Namen *Antikleon*. In der vorliegenden Arbeit wurde der originale Name beibehalten.

Kapitel 2
[2] Vgl. Arrowsmith: Aristophanes' Birds: The Fantasy Politics of Eros; S. 129 und 141: „In political terms, *polypragmosyne* is the very pith and spirit of Athenian enterprise, its dynamic of *pleonexia*, the expansive *hybris* of energy and power in a spirited people; an *eros* or libido, a *libido dominandi*. […] For in this Athenian empire, there was something wholly new in Greek experience; here men felt, for the first time, that, if intellect were *hybris*, it was a *hybris* which promised to deliver them from their old bondage to the earth and make them gods." (Herv. Arrowsmith). Es bleibt zu beurteilen, inwiefern sich Athen tatsächlich als *göttergleich* sah; die Überschätzung kann durch die athenische Strategie sowie den Kriegsverlauf durchaus bescheinigt werden.

[3] Meyer: Geschichte des Altertums. Band 6; S. 277 schreibt: „Ohne den Krieg ist weder Herodots universales Geschichtswerk denkbar noch die Blüte der politischen Komödie bei Eupolis und Aristophanes."

[4] Dagegen und dafür schreibt Meyer: Geschichte des Altertums. Band 6; S. 223: „Wie der Krieg sich gestaltet hatte, musste er als eine Aufopferung der Grundbesitzer und der agrarischen Interessen zugunsten der Kapitalisten und des städtischen Demos erscheinen. Von einer Unterwerfung unter Sparta war die Landbevölkerung weit entfernt; im Gegenteil, gar gern hätte sie den Feinden die Verwüstung ihrer Besitzungen heimgezahlt. […] Aber je länger Krieg dauerte, desto stärker wurde in diesen Kreisen die Sehnsucht nach einem ehrlichen Frieden, nach der Rückkehr auf das Land. Lastete doch auf ihnen der ganze Druck des Krieges; nicht nur die Zerstörung ihres Wohlstandes und ihrer Besitzungen hatten sie zu tragen, sondern zugleich den Kern der Feldarmee zu stellen." Meyer geht an dieser Stelle also von einer *historisch wachsenden* Kriegsverdrossenheit aus; es kann von einer Abkehr der Rachegedanken und einer Hinwendung zu einer Verdrossenheit in Reinform ausgegangen werden.

[5] Vgl. Hose: Personalities in Aristophanes; S. 92: „We know from Thucydides that the Peloponnesian War brought forth a crop of oracles, and the dealers in signs and wonders and prognostications must have become a plague to sensible citizens as the war went on." Dass die „Ernte" (=crop) an Orakeln die ausfallende Ernte an Getreide keinesfalls ersetzen konnte, liegt natürlich auf der Hand.

[6] Vgl. Smith: Political Activity and Ideal Economics: Two Related Utopian Themes in Aristophanic Comedy; S. 92.

[7] Vgl. Rau: Einleitung; S. VII.

[8] Vgl. ebd.; S. VIII. Rau fügt noch „Weltoffenheit" sowie „auf die Seeherrschaft gestützte Stärke" hinzu, wobei zu beachten ist, dass diese natürlich nur einseitig war und jene durch Athens vorheriges Verhalten vor allem seinen Bündnern gegenüber nur wenig bestand.

[9] Vgl. ebd.; S. IX.

[10] Vgl. ebd.

[11] Meyer: Geschichte des Altertums. Band 7; S. 200f. schreibt: „Auch die Komödie hat in ihrer ursprünglichen Gestalt den Fall Athens nicht überlebt. Es ist ergreifend zu sehen, wie Aristophanes, der uns wie kein anderer das alte Athen und die alte Komödie lebendig macht, nun auch das Bild einer gefallenen Stadt, die sich trotz aller Versuche nicht wieder aufraffen kann, und mit ihr die neue Komödie vorführen muss, die wie die neue Stadt von der alten Herrlichkeit nur noch die Trümmer bewahrt." Auch wenn diese Stilisierung reichlich übertrieben wirkt – denn Athen wirkte fort, zwar ärmer, aber keinesfalls unkriegerischer (wie Folgekriege auch mit Sparta beweisen) – ist doch an dieser Stelle der Epochenbruch auszumachen, den Meyer beschreiben möchte. Demgegenüber lässt Arnott: From Aristophanes to Menander; S. 65 explizit *Aristophanes* das Ende einleiten: „At the beginning of 405 B.C., fourteen or fifteen months before the final catastrophe overtook Athens in the Peloponnesian War, Aristophanes produced the *Frogs*. It is the last extant play of Old Comedy

proper." (Herv. Arnott) Auch wenn Arnott distinguierter an das propagierte Ende der Alten Komödie herantritt, so ist doch die Fixierung auf *einen* Autor überaus problematisch.

[12] Vgl. Arnott: From Aristophanes to Menander; S. 65f.

[13] Bloch deutet dies an in Das Prinzip Hoffnung. Erster Band; S. 505. Außerdem schreibt Major: The Court of Comedy: Aristophanes, Rhetoric, and Democracy in Fifth-Century Athens; S. 23 explizit: „Both comedy and rhetoric have Sicilian pioneers who preceded the better-preserved and better-known later Athenian practitioners." Es ist klar, der der hier gemeinte "spätere praktizierende Athener" Aristophanes ist (weil nur er in vollständig überlieferten Werken vorliegt). Zum Mimus siehe: http://www.theatrum.de/2066.html (zuletzt aufgerufen am 26.06.2019).

[14] Vgl. Möllendorff: Aristophanes; S. 3. Vgl. auch Kerény: The Birth and Transfiguration of Comedy in Athens; S. 47ff.

[15] Vgl. Gomme: Aristophanes and Politics; S. 98.

[16] Holtermann: Der deutsche Aristophanes. Die Rezeption eines politischen Dichters im 19. Jahrhundert; S. 37 schreibt: „In den spätantiken Komödientraktaten wurde daraus eine Geschichte gesponnen […]: Zunächst seien Bauern, denen von den Bewohnern der Stadt Unrecht getan wurden, nachts umhergezogen und hätten ihren Übeltäter mit Rügeliedern geschmäht (1). Die Polis habe die moralische Nützlichkeit […] solcher Rügelieder erkannt (2) und sie deshalb im Theater institutionalisiert und Dichter damit beauftragt (3). Doch der persönliche Spott sei immer mehr entartet und habe durch gesetzliche Maßnahmen eingeschränkt werden müssen (4)."

[17] Vgl. Adams: Aristophanes vs. Socrates; S. 694.

[18] Lowe: Comedy: Definitions, Theories, History; S. 6 meldet erhebliche Zweifel an: „What comedy meant for its *ancient* audiences is thus a question bound up with its history. The Greek word *komoidia* means, not altogether illuminatingly, '*komos* song'; the untranslatable *komos* is a loose term for a processional revel or mobile party such as we find in a variety of contexts formal and informal, religious and secular, civic and private (though always *in* public). When the word *komoidia* first appears to our view in fifth century, it refers to a particular kind of play that had its own distinct competition at the Athenian city dramatic festivals, differentiated from its sister genre tragedy in a number of theatrical respects." (Herv. Lowe).

[19] Dazu: Heath: Aristophanes and His Rivals; S. 143.

[20] Holtermann: Der deutsche Aristophanes; S. 43: „Dieser Text [von Horaz, JD] ist der nie in Frage gestellte Ausgangspunkt praktisch aller theoretischen Äußerungen über Aristophanes und die Alte Komödie. Bis zum Ende des 18. Jahrhunderts bildet er den konkurrenzlosen Rezeptionsfilter, durch den man die Komödien des Aristophanes las."

[21] Vgl. Möllendorff: Aristophanes; S. 38.

[22] Vgl. Cox: Structure and Meaning in Aristophanes' „Clouds"; S. 169.

[23] Vgl. Möllendorff: Aristophanes; S. 3.

[24] Vgl. Whitehorne: O City of Kranaos! Athenian Identity in Aristophanes' „Acharnians"; S. 35.

[25] Vgl. Chronopoulos, Stylianos: Spott im Drama. Dramatische Funktionen der persönlichen Verspottung in Aristophanes' Wespen und Frieden; S. 54.

[26] Vgl. Huizinga: Homo ludens. Versuch einer Bestimmung des Spielelementes der Kultur; S. 233.

[27] Der folgende Abschnitt bezieht sich auf Revermann: The Competence of Theatre Audiences in Fifth- and Fourth-Century Athens; S. 107ff.

[28] Vgl. Rau: Einleitung; S. XI.

[29] Der folgende Abschnitt bezieht sich auf: Bowie: The Parabasis in Aristophanes: Prolegomena, Acharchians; S. 27ff.

[30] Dillon: Topicality in Aristophanes' „Ploutos"; S. 174: „Even when such topics [in der Parabase, JD] relate vaguely to the themes of the play (and often the connection is not obvious), rarely would we notice the seams in the text if the parabasis were removed completely. The very separateness of the parabasis seems proof of its antiquity; we are most likely dealing with one of the original forms of Old Comedy; and as such it requires no apology." Vor allem der letzte Satz ist von entscheidender Wichtigkeit, denn er zeigt an, dass die Parabase aus *rituellen* Gründen im Stück gelassen worden sein könnte – auch wenn sie keine Funktion im eigentlichen Sinne mehr wahrnahm.

[31] Gerade in diesem Moment wurde der *Unterschied* zur Satire gesehen. Freydberg: Hearkening to Thalia: Toward the Rebirth of Comedy in Continental Philosophy; S. 403: „Old Greek comedy is

distinguished from satire and other modern genres by this quality, namely, that every character is thoroughly ridiculous and will serve here as comedy's paradigm […]."

[32] Slater: Making the Aristophanic Audience; S. 357ff. gibt eine erschöpfende Darstellung des witzigen Potentials Aristophanischer Komödie zum Besten.

[33] Vgl. Van Steen: Aspects of „Public Representation" in Aristophanes' Acharnians; S. 215 drückt es treffend aus: „All appear extremely grotesque in Old Comedy. Comedy, due to its constant recourse to the world of inversion and reversal, and because it misrepresents the world and aims at a temporary state of moral debasement, social deformation and political anarchy, seems to function in a spirit of ludic release."

[34] Vgl. Chronopoulos: Spott im Drama; S. 12.

[35] Vgl. Donelan: Evidence for and against Audience-Contact in Aristophanes (PAX 877-906, ACH. 257-83, THESM. 659-87, and NUB. 275-355); S. 518.

[36] Lenz: Komik und Kritik in Aristophanes' ‚Wespen'; S. 20 drückt es wie folgt aus: „Im Lachen aus Anlaß des Zerrbildes verabschiedet der Zuschauer den Druck der immer mitgemeinten lebensweltlichen Probleme; denn schon ihre Entstellungsgestalt, nicht erst die siegreichen Aktionen des komischen Helden geben sie dem, Lachen preis." Aus der Sicht eines deutschen Bürgers könnte man die Vorgehensweise wie folgt wenden: Regelmäßig wenn Fußball-Europa- bzw. Weltmeisterschaften anstehen, verabschiedet die Bundesregierung im Volk unliebsame Gesetze – das Mittel hat sich also bewährt.

[37] Vgl. Stark: Das Verhältnis des Aristophanes zur Demokratie der athenischen Polis; S. 331f.

[38] Bloch: Das Prinzip Hoffnung. Erster Band; S. 505 drückt es salopp aus: „So lebte der Spott des sizilischen Mimus durchaus im Volk, und auch die altattischen Komödiendichter sahen dem Volk nicht nur aufs Maul, auch ins Herz, wenn sie über hergebrachten Schlendrian lachen machten."

[39] Vgl. Gomme: Aristophanes and Politics; S. 98. Zumbrunnen: Elite Domination and the Clever Citizen: Aristophanes „Acharnians" and „Knights"; S. 656 bietet folgenden Exkurs dazu an: „Comedy, Aristotle tells us in the Poetics, 'is a representation of inferior people [*phauloteron*].' He evidently does not mean with this assertion entirely to condemn the characters of comedy. Those characters are laughable, and 'the laughable [*geloion*] is a species of the base or ugly [*aischrou*]'; but the people of comedy, Aristotle allows, are not inferior 'in the full sense of the word bad [*kakian*].' The Greek word rendered here as 'inferior,' a form of *phaulos*, can hint at a potentially more generous evaluation. In reference to either people or things, *phaulos* often does mean 'inferior' or, more strongly, 'mean' or even 'bad.' It can also, though, suggest 'easy' or 'slight' or 'indifferent.' And at times it takes on a more positive sense, particularly in regard to people who are 'simple' or 'unaffected' or just 'ordinary.' (Herv. Zumbrunnen). In diesen Worten ist *buchstäblich* ausgedrückt, *wie sehr* die Komödie den „kleinen Mann" repräsentierte.

[40] Vgl. Kranz: Geschichte der Griechischen Literatur; S. 205.

[41] Vgl. Möllendorff: Aristophanes; S. 4. Weiter unten schreibt Möllendorff, es ginge der Komödie um den „dramatischen ‚redress'", somit der „Neueinkleidung" bereits bestehender Inhalte und Institutionen." (S. 48). Chronopoulos: Spott im Drama; S. 72 drückt es wie folgt aus: „Die Komödie strebt nicht die Erzielung eines konkreten politischen Effektes an."

[42] Vgl. Spielvogel: Die Politische Position des athenischen Komödiendichters Aristophanes; S. 3f. Vgl. auch Van Steen: Aspects of „Public Representation" in Aristophanes' Acharnions; S. 214 und 219.

[43] Vgl. Meyer: Geschichte des Altertums. Band 6; S. 249ff. Vgl. auch Stark: Das Verhältnis des Aristophanes zur Demokratie der athenischen Polis; S. 344f.

[44] Van Steen: Aspects of „Public Representation" in Aristophanes' Acharnions; S. 212f.

[45] Vgl. Donelan: Evidence for and against Audience-Contact in Aristophanes; S. 518. Vgl. auch Stark: Das Verhältnis des Aristophanes zur Demokratie der athenischen Polis; S. 331f. Vgl. auch Möllendorff: Aristophanes; S. 193f.

[46] Vgl. Meyer: Geschichte des Altertums. Band 7; S. 136.

[47] Z.B. gibt Halliwell: Ancient Interpretations of onomasti komodein in Aristophanes; S. 83 zu bedenken: „It is a natural reaction to the range of personal references and allusions in Old Comedy to feel that jokes which were directly accessible to the original audiences have not only lost their immediacy, but now necessarily require antiquarian research for their understanding."

[48] Vgl. McGlew: „Speak on my Behalf": Persuasion and Purification in Aristophanes' Wasps; S. 34.

[49] Halliwell: Aristophanes' Apprenticeship; S. 34 drückt es treffend aus: „I do not believe we can be at all confident about Aristophanes' date of birth" – weswegen er das Thema mit diesem Satz auch abschließt.

[50] Vgl. Rau: Einleitung; S. VII.

[51] Das Folgende bezieht sich auf: Dracoulides, N.N.: Aristophanes: „The Clouds" and „The Wasps"; S. 48ff. Dracoulides steigert diese Befunde noch: „In these conditions, having been unable to solve his Oedipus complex (especially, since the place of the father was occupied by a phallic mother), frustrated and inhibited in his instinctual needs, Aristophanes assimilated the principles of his parents on life, morals, religion, society, politics and in particular on love, and developed an anal-sadistic character which found an outlet in his comedies." (S. 48) Es erscheint etwas überinterpretiert, einzig aufgrund seiner Komödien auf eine derart gestörte Persönlichkeit des Dichters zu schließen; vor allem, da man die Einstellungen von Aristophanes auch anders interpretieren kann, wie weiter unten noch deutlich werden wird.

[52] Vgl. Möllendorff: Aristophanes; S. 59.

[53] Major: The Court of Comedy; S. 181 schließt sich dieser Sichtweise zumindest teilweise an, vermutet sogar, dass die letzten – radikaleren – Komödien vielleicht sogar etwas mit diesem Amt zu tun hätten.

[54] Zu diesem Abschnitt: MacDowell: Aristophanes and Kallistratos; S. 21ff.

[55] Major: The Court of Comedy; S. 5 vermutet, dass bereits die *Schmausbrüder* als Produktion aus Aristophanes' Feder aufgeführt wurden.

[56] Vgl. ebd. Vgl. auch Meyer: Geschichte des Altertums. Band 6; S. 282: „Der kaum den Knabenjahren entwachsene Dichter steht mitten im Treiben der vornehmen athenischen Jugend und ihrer modernen Bildung, er hat, daran kann kein Zweifel sein, die tollen Streiche und Ausschweifungen der jungen Ritter mit herzlicher Freude mitgemacht. Aber auch hier leitet ihn nicht nur die der Komödie unentbehrliche Neigung zur Opposition, sondern seine Angriffe sind ihm wirklich Herzenssache." Dagegen gibt Halliwell: Aristophanes' Apprenticeship; S. 42 zu bedenken, dass Aristophanes nach wie vor den strengen Regeln des attischen Theaters unterworfen war, er sich somit nur in Maßen „tolle Streiche und Ausschweifungen" erlauben konnte.

[57] Vgl. Lowe: Comedy; S. 6. Vgl. auch Arnott: A Lesson from the 'Frogs'; S. 18: „A fantastic idea is the well spring of his plots, and its successful realization leads to equally fantastic after-effects." Dieses Urteil ist somit keinesfalls negativ konnotiert.

[58] Vgl. Adams: Aristophanes vs. Socrates; S. 696. Vgl. auch Arrowsmith: Aristophanes' Birds; S. 154.

[59] Dazu merkt Bloch: Das Prinzip Hoffnung. Erster Band; S. 505 durchaus kritisch an: „Die erste politische Satire war demgemäß reaktionär, war genau gegen Utopien gerichtet; ihr Meister: Aristophanes machte etliche seiner besten Komödien auf Kosten revolutionärer Hoffnung. ‚Ekklesiazusen' heißt die eine Komödie, sie verspottet den Plan des Frauenstimmrechts und der Gütergemeinschaft; die andere heißt „Vögel" und verspottet sozialistische Utopie schlechthin." Bloch vergisst jedoch zu erwähnen, dass der humoristische, „verspottende" Charakter eine Interpretation, keineswegs jedoch gesicherte Erkenntnis ist – es könnte durchaus sein, dass Aristophanes utopische Hoffnung hegte. Vgl. auch: Smith: Political Acitivity and Ideal Economics; S. 87.

[60] Vgl. Gomme: Aristophanes and Politics; S. 97ff.; an dieser Stelle wird die Bandbreite konservativer Beurteilungen aufgelistet.

[61] Vgl. Cox: Structure and Meaning in Aristophanes' „Clouds"; S. 170. Vgl. auch Smith: Aristophanes' Cloudcuckooland to Terry Pratchett's Discworld: Comedy as social conscience; S. 24f. Vgl. auch Slater: Aristophanes' Apprenticeship Again; S. 76. Vgl. auch Meyer: Geschichte des Altertums. Band 6; S. 249ff.: „Mit dem Feuereifer der Jugend warf sich Aristophanes in den Kampf. Er ist durchdrungen von der Überzeugung, dass es so in Athen nicht bleiben darf wie bisher, und so ergreift er alle Mittel, die ihm die komische Muse bietet – auch die ernsten Worte, die er in die Parabase einlegen darf –, um so die Athener aufzurütteln und ihnen ins Gewissen zu reden."

[62] Ähnlich argumentiert Slater: Waiting in the Wings: Aristophanes' „Ecclesiazusae"; S. 122, auch wenn sie „höhere Zwecke" („higher purposes") nicht ausschließt.

[63] Vgl. Fairbanks: Aristophanes as a Student of Society; S. 666.

[64] Vgl. Gross: Racine's Debt to Aristophanes; S. 210.

[65] Vgl. Halliwell: Ancient Interpretations of onomastic komodein in Aristophanes; S. 88. Vgl. auch Major: The Court of Comedy: Aristophanes, Rhetoric, and Democracy in Fifth-Century Athens; S. 43.

[66] Dieses Problem wird u. a. aufgeworfen von Rosen: Efficacy and Meaning in Ancient and Modern Political Satire: Aristophanes, Lenny Bruce, and Jon Stewart; S. 12.

[67] Dracoulides: Aristophanes; S. 51: „A few years later, Socrates' sentence of death dealt Aristophanes' conscience yet another blow, because he was held responsible for it."

[68] So bescheinigte Thirlwall Aristophanes in Gomme: Aristophanes and Politics; S. 97: „The patriotism of Aristophanes was honest, bold, and generally wise." Diese Einschätzung wird umso bitterer, als gute Meinungen böse Folgen haben können, der „ehrliche, mutige und generell weise Patriotismus" des Aristophanes somit durchaus zu Todesurteilen führen konnte.

[69] Vgl. Lowe: Comedy; S. 6. Vgl auch Gross: Racine's Debt to Aristophanes; S. 210.

[70] Vgl. Pauw: Landscaping the Body: Anatomical-Geographical Bawdy in Aristophanes and Shakespeare, and Politically Incorrect Humour; S. 7.

[71] Tatsächlich hat in letzter Zeit Fisher: The Relevance of Aristophanes: A New Look at 'Clouds'; S. 23ff. einen Versuch gestartet, „Aristophanes" Lehren für die 80er Jahre Britanniens zu ziehen – ein lesenswerter Essay.

[72] Griffith: Paul's Knowledge of Aristophanes; S. 459ff. zeigt die ganze, intensive Beweisführung.

[73] Vgl. Ludwig: A Portrait of the Artist in Politics: Justice and Self-Interest in Aristophanes' Acharnians; S. 480.

[74] Vgl. Chronopoulos: Spott im Drama; S. 131. Vgl. außerdem: Lenz: Komik und Kritik in Aristophanes' ‚Wespen'; S. 19f. Vgl. auch: Murphy: Aristophanes, Athens and Attica; S. 306.

[75] Dieser Abschnitt bezieht sich auf die interessante These von Zogg: Aristophanes' Komödien als Lesetexte; S. 1ff.

[76] Vgl. Carlson: The Arab Aristophanes; S. 156f.

[77] Newiger: Einleitung zu „Die Acharner"; S. 8 nennt dies „eine Reihe von Eigentümlichkeiten, die uns immer wieder begegnen werden" – ob er damit Eigentümlichkeiten von Aristophanes oder der Alten Komödie meint, muss offen bleiben.

[78] Vgl. Murphy: Aristophanes, Athens and Attica; S. 315f.

[79] Vgl. Newiger: Einleitung zu „Die Acharner"; S. 7f.

[80] Vgl. Rosen: Efficacy and Meaning in Ancient and Modern Political Satire; S. 7. Vgl. auch: Rau: Einleitung zu Acharner; S. 3. Vgl. auch: Whitehorne: O City of Kranaos!; S. 44.

[81] Vgl. Newiger: Einleitung zu „Die Ritter"; S. 56.

[82] Vgl. Rau: Einleitung zu Ritter; S. 3.

[83] Rau: Einleitung zu Wolken; S. 6: „Dies hat dem Stück stets größtes Interesse gesichert und Irritation und Kontroversen erzeugt; denn dieser Sokrates passt, bis auf das vernachlässigte Äußere, so gar nicht zu dem Sokrates Platons; nicht eine Schule und bezahlte Belehrung, nicht naturwissenschaftliche Spekulationen und semantische Studien und vor allem nicht die alle Werte dialektisch relativierende Sophistik; diese gerade bekämpft ja Platons Sokrates in ständiger Suche nach dem Gerechten und der Tugend. Viele Erklärer beruhigen sich dahin, Aristophanes habe nicht so sehr Sokrates persönlich karikiert, sondern mit ihm mehr oder minder den Typus des entrückten und mit seinem Treiben der Menge unverständlichen Philosophen zeichnen wollen." Dies mag so sein, Rau nennt aber im Folgesatz die Schwierigkeit, denn „Aristophanes nennt ihn doch nicht aus Belieben Sokrates." Dieser Empörung über derartige Theorien bleibt leider nicht viel hinzuzufügen.

[84] Vgl. Newiger: Einleitung zu „Die Wolken"; S. 112.

[85] Newiger übernimmt in den *Wespen* die Übersetzung von Ludwig Seeger, der statt „Bdelykleon" den Namen „Antikleon" übersetzt. Auch wenn dieser Hinweis sicherlich gut gemeint war, soll angesichts der übereinstimmenden Nutzung des Originals „Bdelykleon" – auch wenn der Name schwer auszusprechen ist – dieses beibehalten werden.

[86] Vgl. Newiger: Einleitung zu „Die Wespen"; S. 174.

[87] Vgl. Sells: Prostitution and Panhellenism in Aristophanes' Peace; S. 70.

[88] Vgl. Newiger: Einleitung zu „Die Vögel"; S. 292.

[89] Vgl. Meyer: Geschichte des Altertums. Band 6; S. 382.

[90] Vgl. Newiger: Einleitung zu „Lysistrate"; S. 363f.

[91] Vaio: The Manipulation of Theme and Action in Aristophanes' Lysistrata; S. 369 merkt trotzdem an, dass Vorsicht geboten ist angesichts durchweg positiver Kritiken: „THE LOOSE plot-structure of Athenian Old Comedy has often baffled, perplexed and irritated historians of Greek literature. Measured against an Aristotelian ideal of unified plot, the unfortunate comic dramatist is pictured as

struggling in the darkness with only limited success towards the light of Menandrian perfection. Lysistrata, however, has received a better press: qualified praise for a generally consistent and logically developed plot. But even here voices deploring certain inconsistencies of dramatic logic are raised in criticism. One could set aside such lapses in Old Comedy merely as characteristic of the genre. But by asking why they are admitted the critic may better understand Aristophanes' technique in this play, especially as regards the manipulation of its central themes." (Kapitalen Vaio).

[92] Vgl. Newiger: Einleitung zu „Die Thesmophoriazusen"; S. 417.

[93] Siehe dazu eine eindrückliche Schilderung bei Newiger: Einleitung zu „Die Frösche"; S. 465f.

[94] Vgl. Sheppard: Aristophanes' *Ekklesiazusae* and the Remaking of the *Patrios Politeia*; S. 479.

[95] Sommerstein: Aristophanes and the Demon Poverty; S. 333.

[96] Sfyroeras: What Wealth Has to Do with Dionysius: From Economy to Poetics in Aristophanes' Plutus; S. 232

Kapitel 3

[97] Vgl. Chronopoulos: Spott im Drama; S. 7.

[98] Vgl. ebd.; S. 11.

[99] Rosen: Efficacy and Meaning in Ancient and Modern Political Satire; S. 3f: „The ancient Greeks invented the term *spoudaiogeloion* for this concept, the 'serious-funny,' or, as we would say, the 'serio-comic' (Giangrande 1972). It was one way by which they tried to resolve the paradoxes of comic poets such as Aristophanes (active at Athens, during the late fifth century BCE and into the fourth), whose language could be scandalously obscene and yet seemed to address many of the pressing issues of the day head on. From this perspective, then, Aristophanes' rambunctious, often obscene attacks—on prominent politicians, for example – would somehow both make an audience laugh and leave them with a lesson of sorts from the poet-as-pedagogue." (Herv. Rosen).

[100] Vgl. Van Hook: Crime and Criminals in the Plays of Aristophanes; S. 284.

[101] Vgl. Möllendorf: Aristophanes; S. 173f.

[102] Dieser Abschnitt bezieht sich auf: Van Hook: Crime and Criminals in the Plays of Aristophanes; S. 275ff.

[103] Vgl. dagegen: Hose: Personalities in Aristophanes; S. 89: „It shows us that Athens was a small place whose citizens lived in public and were known to their fellows in the marketplace." Auch wenn die zweite Information korrekt ist (wie der Rest des Absatzes im Text belegt), muss doch die erste Behauptung zurückgewiesen werden: Wie bereits berichtet wurde, bestand die Athener Volksversammlung auf 6000 Versammelten, um vollzählig zu sein – es fällt selbst heute noch schwer (trotz vielfältiger Möglichkeiten wie sozialer Medien), 6000 Menschen so bekannt zu sein, dass diese Witze über das eigene Privatleben reißen könnten (ungeachtet der Tatsache, dass so mancher Star der modernen sozialen Medien *genau dies* versucht).

[104] Vgl. Holtermann: Der deutsche Aristophanes; S. 29: „Die Besorgnis, die namentliche Verspottung in den Komödien könnte negative Folgen haben, kam also zu Aristophanes' Zeit immer wieder auf, was in einer *shame-culture* wie der athenischen nicht verwundert, wo jede öffentliche Bloßstellung als problematisch empfunden wurde." (Herv. Holtermann).

[105] So Stark: Athenische Politiker und Strategen als Feiglinge, Betrüger und Klaffärsche. Die Warnung vor politischer Devianz und das Spiel mit den Namen prominenter Zeitgenossen; S. 156: „Alle athenischen Politiker oder Strategen, die das Vorbild für eine Komödienfigur abgaben, wären entweder ostrakisiert, verbannt, zu einer hohen Geldstrafe, atimiert oder zum Tode verurteilt worden, wenn nur ein Fünkchen Wahrheit hinter dem Spott gesteckt hätte. Daraus ist im Umkehrschluß zu folgern: Alle Vorwürfe hatten keinen realen Kern. Gleichzeitig wurden die tatsächlich von den Athenern bestraften Strategen und ihr militärisches Versagen *nicht* zum Komödienplot und sie selbst *nicht* zu Komödienfiguren gemacht."

[106] Vgl. Stow: Aristophanes' Influence upon Public Opinion; S. 92.

[107] Chronopoulos: Spott im Drama; S. 50f. macht auf zwei Postulate aufmerksam, welche einer weiteren Untersuchung bedürfen. Zum einen: „Dieses moralische Postulat erscheint in einem Kontext, in dem sich der Komödiendichter als ‚Beschützer der Stadt' stilisiert, in der er nämlich eine Rolle für sich in Anspruch nimmt, die auch sehr häufig Redner, vor allem in deliberativen Reden annehmen. In Übereinstimmung mit dieser Rolle behauptet er in der Parabase der *Wespen* (1025-28), dass er nie sein *komoidein* angewendet hat, um niederen, persönlichen Interessen zu dienen, oder dass er nie im

Auftrag anderer jemanden verspottet hat; was impliziert wird, ist, dass er die komische Verspottung nur für das Gemeinwohl eingesetzt hat." (Herv. Chronopoulos). Dass er diese Maxime in *allen* Fällen durchhalten konnte, bedarf unbedingt der weiteren Forschung und kann an dieser Stelle nicht weiterverfolgt werden. Außerdem: „Jedoch lässt sich ein grundlegender Widerspruch nicht völlig ausblenden: Wenn die Angriffe des Komödiendichters gegen mächtige Persönlichkeiten wichtig für das Gemeinwohl der Stadt sind, dann ist er verpflichtet mit den Angriffen nicht aufzuhören, solange der jeweilige Gegner mächtig bleibt. Dies läuft allerdigns [sic!, JD], immer originel [sich!, JD] zu sein, zuwider." Die Sensationslust wäre ein weiteres Forschungsfeld, welches angesichts ihres modernen Pendants interessante Kontinuitäten oder Brüche aufzudecken verspricht.

[108] Francis: Oedipus Achaemenides; S. 340: „ The intention of this long protreptic on *Acharnians* has been to supply evidence for the proposition that an Athenian dramatist could, as a matter of course, rely on his audience's fairly close acquaintance with Achaemenian, if not specifically Herodotean Persia, and in fact often did; and that in Athens during the second half of the fifth century there was at least a perception of things Achaemenian which we may think of as a 'Persian mirage.'" (Herv. Francis).

[109] Vgl. Gamel: From Thespmophoriazusai to the Julie Thesmo Show; S. 473. Sie bezieht sich allerdings (auch) auf den Skythen in den *Thesmophoriazusen*. Dessen Rolle ist allerdings so ähnlich gestaltet, dass der Beitrag auch mühelos auf den „Perser" angewandt werden kann.

[110] Vgl. Arnott: From Aristophanes to Menander; S. 70.

[111] Vgl. Dover: The Freedom of the Intellectual in Greek Society; S. 56.

[112] Oliverio: The Philosophical and Educational Big Bang: An Aristophanic-Deweyan Archaeology; S. 368 sieht genau darin das Problem – in der Erziehung: „Aristophanes's genius consists in having detected where the crisis of the *nomos* primarily occurred: in education. Better still: what we call education is the outcome of that Big Bang from which education and philosophy emerged as twins. What we call education should be understood in the light of the permanent risk of discontinuity that inhabits any intergenerational change. Once the *nomos* is no longer *basileus*, education is constitutively related to 'an invasion of the future, of the unknown,' in the two meanings of the genitive: first, the future – embodied by the new generations – invades a community as a permanent threat of disruption, in the form of the 'impulse.' The 'educational' response should not, however, consist in choking the impulse but in making it the pivot of a re-adjustment of social habits: 'Impulse is a source, an indispensable source, of liberation; but only as it is employed in giving habits pertinence and freshness does it liberate power.' Second, in education the future is invaded, in that education is constitutively projection, and not merely the replication of the past." (Herv. Oliverio). Die hier geäußerte Interpretation einer Verderbnis der Jugend, genauer: der Erziehung durch Sokrates ist jedoch zu komplex, um sie an dieser Stelle weiter auszuführen.

[113] Vgl. Steward: Aristophanes and the Pleasures of Anarchy; S. 208.

[114] Vgl. Möllendorff: Aristophanes; S. 140f. Vgl. auch Pontuso: Aristophanes as the Founder of Postmodernism Rightly Understood; S. 216f.

[115] Stroh: Die Macht der Rede. Eine kleine Geschichte der Rhetorik im Alten Griechenland und Rom; S. 83: „Aristophanes hätte so etwas nicht schreiben können, wenn es damals nicht einer allgemeineren Ansicht über Sokrates entsprochen hätte – die offenbar ins Groteske verzerrt wurde." Stroh schränkt allerdings sofort ein: „Natürlich war hier nicht der wahre Sokrates abgebildet, von dem wir mit Sicherheit wissen, dass er nie Honorar nahm und den Himmel den Spatzen überließ. Aristophanes setzte ihn offenbar mit den Sophisten gleich bzw. mit dem Zerrbild einer damals als neumodisch und bedenklich empfundenen Sophistik (wobei dieser Name nur beiläufig fällt)."

[116] Auf diesen Umstand aufmerksam gemacht haben unter anderem Erbse: Zur Interpretation der ‚Wolken‘ des Aristophanes; S. 387f. Vgl. auch Meyer: Geschichte des Altertums. Band 6; S. 283, der darauf hinweist, ob „der wahre Sokrates doch ein anderer war als der hier gezeichnete, lässt sich nicht entscheiden."

[117] Dieser Abschnitt bezieht sich auf Möllendorff: Aristophanes; S. 134ff.

[118] Vgl. Stow: Aristophanes‘ Influence upon Public Opinion; S. 88. Vgl. auch Tomin: Aristophanes: A Lasting Source of Reference; S. 88.

[119] Adams: Aristophanes vs. Socrates; S. 707 fügt hinzu: „In my view, Aristophanes was a cultural (not a political) warrior, who accurately perceived Socrates to be a prominent enemy of conservatism, and in true conservative fashion he deliberately made Socrates look ridiculous. I, therefore, hold

Aristophanes partly to blame for Socrates' execution, though I suspect he was horrified when it happened." Diesem Urteil kann man sich sicherlich bedenkenlos anschließen.

[120] Vgl. Fisher: The Relevance of Aristophanes; S. 24.

[121] Vgl. Kranz: Geschichte der Griechischen Literatur; S. 206. Vgl. auch Möllendorff: Aristophanes; S. 138. Vgl. auch Neumann: Socrates in Plato and Aristophanes: In Memory of Ludwig Edelstein (102-1965); S. 209ff. Vgl. auch Pucci: Fragments, splinters and sawdust: Aristophanes' view of Sophistic rhetoric; S. 674. Vgl. auch Rau: Einleitung zu Wolken; S. 6. Vgl. auch Tomin: Aristophanes; S. 87ff.

[122] Vgl. Tomin: Aristophanes; S. 83. Vgl. auch Baracchi: Beyond the Comedy and Tragedy of Authority: The Invisible father in Plato's Republic; S. 152: „Leo Strauss wrote that Plato's Socrates may be seen, at least in part, as 'a reaction or response to the Aristophanean Socrates' (1966, 316 n 20). The present study articulates the suggestion that the dialogue on the *Republic* may be understood as a response to Aristophanes' *Clouds*. Indeed, we shall see how the dialogue makes its own problems delineated in the comedy, how it rewrites them, and how it unfolds in an attempt to address them. In spite of its remoteness from the tone and mode of the comedy, the Platonic text offers a meticulously punctual, even contrapuntal transcription of the main thematic features of the *Clouds*—as if an infinitely compelling provocation were to be found there, calling for thinking. The philosophical venture seems to be called forth and stem from such ground—as if comedy were the matter (indeed, the subject matter) of philosophy." (Herv. Baracchi). Vgl. auch ebd.; S. 161.

[123] Vgl. Harris: St. Paul and Aristophanes; S. 152ff.

[124] Für eine breitere Behandlung eignen sich folgende Stellen: Vgl. De Boer: The Eternal Irony of the Community: Aristophanian Echoes in Hegel's Phenomenology of Spirit; S. 318ff. Vgl. außerdem: Freydberg: Hearkening to Thalia: Toward the Rebirth of Comedy in Continental Philosophy; S. 401f. Vgl. außerdem: Steward: Aristophanes and the Pleasures of Anarchy; S. 190.

[125] Vgl. Rau: Einleitung; S. XVII.

[126] Vgl. Rosen: Reconsidering the Reperformance of Aristophanes' Frogs; S. 237f.

[127] Vgl. Major: The Court of Comedy; S. 146.

[128] Vgl. Fenske/Mertens/Reinhard/Rosen: Geschichte der politischen Ideen. Von der Antike bis zur Gegenwart; S. 56

[129] Verrall: Notes on Aristophanes Knights; S. 172: „THE contest between Aeschylus and Euripides in the *Frogs* concludes, as will be remembered, with a scene in which the comparative 'weight' of their poetry is tested by a singular experiment. Standing with a balance between them, they speak single verses, each into his own scale. The scale of Aeschylus proves the heavier every time, and the cause of this superiority is explained at each repetition by Dionysus. The scene is the last episode in the literary competition proper; when it is finished, Dionysus prepares to decide (*v*. 1411), and it is followed only by a dialogue about temporary politics which, whatever its intention, has no bearing upon the literary debate. It is evident that for some reason Aristophanes was anxious about this verse- weighing business, and doubted whether, in the theatre, it was likely to take, or to be understood." (Herv. Verrall; Kapitalen Verrall).

[130] Willi: Aischylos als Kriegsprofiteur: Zum Sieg des Aischylos in den „Fröschen" des Aristophanes; S. 22: „Der Siegeswille entsprang also nicht schon der kriegerischen Thematik eines Stücks, sondern entwickelte sich erst dann, wenn nicht mehr vom blinden und in den Untergang führenden gegenseitigen Wüten zweier Bruder die Rede war, sondern die griechischen Kräfte sich geeint gegen den Feind von aussen stellten. So betrachtet liegt die Moral auf der Hand: dem Bruderzwist von Athen und Sparta muss vor dem bitteren Ende Einhalt geboten werden, und die Griechen müssen sich wieder zusammenschliessen - ihr eignes Land für das der Gegner, jenes für ihr eignes halten -, um den wahren Gegner besiegen zu wollen. Das ist im Grunde derselbe panhellenische Gedanke, der in andern Stücken des Aristophanes angelegt ist, sein prominentestes Sprachrohr aber erst zwei Jahrzehnte später, im „Panegyrikos" des Isokrates erhalten sollte. Nur Aischylos, der vor dem griechischen Bruderkrieg gewirkt hatte, konnte der Tragiker griechischer Einheit sein." Vgl. auch S. 26f.: „Der unentschiedene Dichter-Streit setzt dem Euripides ein Denkmal. Die Leistung des verstorbenen Tragikers wird derjenigen des Übervaters der attischen (27) Tragödie gleichgestellt. Trotz ihrer völligen Andersartigkeit und obschon ganz andere Kriterien gelten müssen - derselbe *literarische* Wert lässt sich der euripideischen Tragödie kaum absprechen. Was Aischylos siegen lässt, ist die ,Gunst der Stunde profitiert' Aischylos vom Krieg. Ein Athen ohne Krieg wäre auch glücklich mit Euripides." (Herv. Willi). Willi nimmt hier also eine vollständige Umdeutung des Stückes vor.

[131] Zu diesen Vorkommnissen vgl. ebd.; S. 16.

[132] Zu diesem Abschnitt siehe die erschöpfende Untersuchung von Moorton: Aristophanes on Alcibiades. Moorten stellt vor allem klar, in welcher Notlage sich Athen zur Zeit der *Frösche* befand; S. 355: „The city could still put a redoubtable fleet to sea, but it had no strategic reserves. The next crushing defeat would spell ruin. Aristophanes was fully aware of the situation." Wieder einmal erwies sich Aristophanes als hervorragender Analyst, indem er *nicht* sagte, dass die Athener Schlachtverlierer bestraft werden sollten, sondern stattdessen die Frage nach geeigneter *Führung* stellte, an der es Athen vor allem mangelte.

[133] Ranke: Perikles. Die Blütezeit Athens; S. 160: „Das eingeborene Wesen des Alkibiades wurde dadurch in seiner Entwicklung nicht gestört. Seine ehrgeizige Prachtliebe, die das Volk bezauberte – es liebte und haßte ihn, sagt Aristophanes, aber es wollte ihn haben –, erweckte die Besorgnisse der ruhigen und besonnenen Männer; sie sahen von ihm nichts als Unheil voraus."

[134] Vgl. Sheppard/Verrall: Politics in the Frogs of Aristophanes; S. 253ff.

[135] Vgl. Major: The Court of Comedy; S. 172ff.

[136] Vgl. Meyer: Geschichte des Altertums. Band 6; S. 74 der ein Beispiel gibt: „Die Art, wie er [Euripides, JD] ihre Empfindungen und Leidenschaften analysierte und auch hier die Probleme des Lebens auf die Bühne brachte, war den Athenern so neu und fremdartig, dass ihn die Komödie deshalb aufs Schärfste angriff und sogar in den Ruf des Weiberfeindes gebracht hat. Es kam hinzu, dass die immer mächtiger erwachsende Kritik, die alle bestehenden Verhältnisse auf ihre Berechtigung prüfte, auch die Stellung der Frau im Leben in ihren Bereich zog und für sie eine andere Erziehung und regere Teilnahme am Leben forderte – Gedanken, die Aristophanes zweimal (411 und 392) als Stoff zu einer Komödie verwertet hat, denen aber eben deshalb reale Strömungen von ziemlicher Intensität entsprochen haben müssen." Vgl. außerdem: Sheppart/Verrall: Politics in the Frogs of Aristophanes; S. 250ff.

[137] Vgl. Scharffenberger: „Deinon Eribremetas": The Sound and Sense of Aeschylus in Aristophanes' „Frogs"; sie unterstellt Aischylos einen „demagogic sound", der mit seinen pseudo-demokratischen Ansprüchen nur schwer in Einklang zu bringen ist. (S. 230).

[138] Sheppard/Verrall: Politics in the Frogs of Aristophanes; S. 250 schreiben explizit: „But the contrast is sincere and serious. Euripides is the poet of reason and, if you will, of sophistry. Aeschylus is the poet of religion. It is important to notice the artistic skill with which this identification of Aeschylus with religion is made. It has not always been stated with sufficient clearness." Die Unverfrorenheit, mit der Dionysos *der Gott als Vertreter der Religion* abgespeist wird, ist dennoch erstaulich und lässt an diesem Urteil zweifeln.

[139] Als frühes Beispiel siehe Blass: Zu Aristophanes' Fröschen; S. 310f.: „Hoch zu Ross stolziren [sic!, JD] Aischylos' grosse Worte; Euripides' subtile, seine […] fliegen niedrig an der Erde herum, bei einem homerischen Wagenkampfe also an der Achse und den Ridern. Ich weiss jedenfalls keine eigene oder fremde Emendation, die mir besser schiene." Auch wenn Euripides über seine unerwartete Niederlage verständlicherweise verstimmt ist, so ist die hier gelieferte Beschreibung sicherlich maßlos übertrieben. Auch Major: The Court of Comedy; S. 171: „The surface appeal of Euripides is once again not to be denied, but conflict arises when it comes to the content, the wisdom, of what he says. The contest will play on this disjunction repeatedly, but there is more to be explicated from this passage. While there is always ambivalence about Euripides, the harshness of the scenario here is unique. In *Acharnians* and *Thesmophoriazusae*, Euripides is a distinctive and bizarre artist, but ultimately innocuous. In *Frogs* he is a villain, an antagonist to the rightful ruler, Aeschylus, and additionally opposed by Sophocles, who serves as a sort of second to Aeschylus." (Herv. Major). Vgl. auch ebd.; S. 177f.

[140] Rosen: Aristophanes' „Frogs" and the „Contest of Homer and Hesiod"; S. 296ff. hat diese Tatsache erschöpfend herausgestellt und kommt zum Fazit: „Aeschylus did deploy larger-than-life heroic characters, often in military situations, and Athens was in need of a sound war policy, preferably one that was decisive and aggressive." (S. 314). Willi: Aischylos als Kriegsprofiteur; S. 15 kommt zum selben Schluss: „Aischylos erweist sich also als der bessere politische Ratgeber. Nach Dionysos' Unentschiedenheit am Ende des Dichterstreits ist es aber nicht legitim, ihm (bzw. dem Aristophanes) die pauschale Gleichung ‚besserer politischer Ratgeber = besserer Dichter' zu unterstellen. Wenn man sich hiervon lost, fällt die Aporie dahin und Dionysos' eben zitierte Worte müssen nicht unter den Tisch gewischt werden. Die Entscheidung für Aischylos ist keine literaturtheoretische Grundsatzentscheidung, sondern eine Entscheidung des Augenblicks, geboren aus der gegenwärtigen Lage Athens

und gerechtfertigt einzig und allein durch die Qualität des Dichters Aischylos unter diesem Vorzeichen. […] Angesichts dieser Schwierigkeit soll im folgenden gezeigt werden, dass Aischylos' politischer Rat der Bewertung der ‚Frösche' als ‚peace play' nicht im Weg steht. Erst damit wird die Voraussetzung dafür geschaffen, die Hauptaussage des Stücks nicht mehr im Bereich der Literaturkritik zu suchen (da der literarische Agon ja eben unentschieden bleibt). Vielmehr handelt die Komödie - ganz wie sich das für eine Alte Komödie gehört – in erster Linie von der athenischen Politik des ausgehenden 5. Jahrhunderts: der Dichterstreit ist dramatisches Mittel, nicht dramatischer Zweck." Dagegen Russo: The Revision of Aristophanes' „Frogs"; S. 5: „The death of Sophokles had therefore provoked the resurrection of Aeschylus, and yet, strictly speaking, he was the very poet of whom Athens had less need, since the tragedy of Aeschylus, and Aeschylus alone, 'had not died with him' (868); the very poet 'who did not agree with the Athenians' (807). And Euripides, over whom Dionysos had had to commit himself rather deeply, to say the least, before Herakles and the audience in the belatedly introduced and serious lines of the prologue, is not entirely in the wrong in the improvised and serious final scene, when he cries out in protest at his betrayal, as if Dionysos had held out to him personally the prospect of a return to the upper world; while Dionysos can only get out of the embarrassing situation by resorting to witticisms (1469-78).'

[141] Möllendorff: Aristophanes; S. 186: „Die an sich als geschlossen gedachte Welt des Textes und der Bühne öffnet sich in diesem Augenblick nach außen, entfaltet sich in ihren Kontext, zeigt dem Zuschauer, daß auch er, der scheinbar ästhetisch entrückte und überlegene Betrachter, am Ende in einer Rolle gefangen ist: das vor seinen Augen stattfindende Spiel ist nur ein Teil des großen Welt-Theaters." Auch wenn Möllendorff an dieser Stelle die Athener Bürger fast zu Mitspielern machen möchte – die Distanz muss bestehen bleiben, sie *kann* nicht überwunden werden, trotz der Ähnlichkeiten des komischen mit dem „Welt-Theater".

[142] Ebd.: „In den Bereich des ‚Metatheaters' gehören quantitativ wie qualitativ unterschiedliche Formen wie A-parte-Sprechen, Sprechen *ad spectatores*, Prologe und Epiloge, Einzelmotive, die als poetologische Kommentare rezipiert werden können, Thematisierungen des Theaterraumes und der Aufführungszeit, schließlich ‚Spiel im Spiel'. Ihnen ist gemeinsam, daß die dramatischen Figuren kurz- oder längerfristig ein Bewußtsein davon an den Tag legen, daß sie sich in einem Theaterstück befinden, eine Rolle spielen." (Herv. Möllendorff). Man sieht: Die Möglichkeiten der Beeinflussung der Zuschauer waren Legion – zu viele, als dass sie an dieser Stelle erschöpfend behandelt werden könnten.

[143] Vgl. Chronopoulos: Spott im Drama; S. 259.

[144] Vgl. Ludwig: A Portrait of the Artist in Politics; S. 488. Ludwig deutet an, dass das Mittel der Satire bereits im ersten überlieferten Stück, den *Acharnern* zur Geltung kam. Außerdem schreibt Dörrie: Aristophanes' Frösche, 1433-1467; S. 307: „Diese Forderung, das zeigt die enge Berührung mit der Parabase, ist Aristophanes' eigene, in der Not des letzten Kriegsjahres drängend formulierte Meinung. Selbstverständlich wußte er, nach einer Bühnenerfahrung von über 20 Jahren, an welcher Stelle des Stückes dies den Bürgern gesagt werden mußte, damit es seine Wirkung tat. Nächst der Parabase mußte das letzte Wort, das Aischylos zu den Bürgern sprach, am tiefsten in das Bewußtsein der Hörer dringen. Wenn also die letzte Bewährung, die von den beiden Dichtern gefordert wurde, damit schloß, daß Aischylos als sein Vermächtnis den Athenern dieses ans Herz legte, so durfte Aristophanes der Wirkung sicher sein." (Bezug auf die *Frösche*).

[145] McGlew: „Speak on my Behalf"; S. 23 macht darauf aufmerksam: „Yet of course, the chorus's claims on behalf of their poet are manifestly exaggerated and their protests are self-parodic; they should not be taken any more seriously as a poetic confession than Aristophanes' wasp imagery deserves as political insight." (Bezug auf die *Wespen*).

[146] Vgl. für diesen Abschnitt: McGlew: „Everybody Wants to Make a Speech": Cleon and Aristophanes on Politics and Fantasy; S. 346ff.

[147] Vgl. Möllendorff: Aristophanes; S. 180. Möllendorf merkt jedoch richtigerweise an, dass der Held all dies vermag, „um die es umgebende Gesellschaft von Grund auf umzukrempeln – ohne jedoch einen neuen Zustand zu erschaffen, dessen Dauerhaftigkeit allen Zweifeln entzogen wäre. Ein wirkliches soziopolitisches Gegenprogramm, das einer Satire eine klare Stoßrichtung verleihen würde, scheint nirgends in der Aristophanischen Komödie auf." Der Zustand ist daher weder *per se* gut noch dauerhaft – der Aristophanische Held ist stets der Held des Augenblicks.

[148] Zumbrunnen: Elite Domination and the Clever Citizen; S. 664ff. nimmt dafür das Beispiel des Helden der *Acharner* der sich zwar einen Privatfrieden erschafft, seine Mitbürger jedoch nicht teilhaben lassen möchte.

[149] Abgesehen von meiner folgenden Behandlung siehe MacDowell: The Nature of Aristophanes' ,Akharnians'; S. 155.

[150] Vgl. Möllendorff: Aristophanes; S. 191: „Strittig ist dabei, wie einheitlich die Publikumsreaktionen vorzustellen sind. Daß die Dichter eine möglichst einhellige Reaktion intendieren, ist angesichts der agonalen Aufführungssituation verständlich, gleichzeitig jedoch ist ein 17000-köpfiges Publikum, das sich aus räumlich zum Teil weit getrennten politischen Einheiten rekrutiert, gewiß nicht als ,face-to-face'-Gesellschaften zu denken und sind die Interessen des Einzelnen in Abhängigkeit von seiner sozialen und politischen Stellung sowie seiner intellektuellen und literarischen Vorbildung, seinem Wertedenken, seiner Humortoleranz und schließlich dem sehr variablen Grad seiner persönlichen Betroffenheit durch die inszenierte Handlung insgesamt so disparat, daß eine *unmittelbare* gesamtgesellschaftliche Wirkung der Dramen der Alten Komödie sich kaum annehmen läßt." (Herv. Möllendorff).

[151] Vgl. Pirotta: Triumph of Hilarity? Some Reflections on the Structure and Function of the Final Scenes in Aristophanic Comedy; S. 36.

[152] Vgl. Revermann: The Competence of Theatre Audiences in Fifth- and Fourth-Century Athens; S. 102.

[153] Ebd.; S. 99: „As far as fifth-century Athens is concerned, any enthusiastic attempt to postulate a universally sophisticated audience is quickly nipped in the bud by a single remark in Aristotle's *Poetics* which makes caution the order of the day. In a passage concerned with the choice and construction of the plot he maintains (1451b23-6): […] Hence there is no need to adhere at all costs to the traditional stories, around which tragedies are con structed. For to try to do this would be ridiculous, since even the well-known material is well-known only to a few, but nevertheless delights all." (Herv. Revermann). Vgl. auch Slater: Making the Aristophanic Audience; S. 353ff.

[154] Forrest: Aristophanes' „Acharnians"; S. 3 bemerkt dazu: „You have to tell the truth-that war is squalid and horrible. You may say that your generals are fools and your government idiotic this Aristophanes did; you may say that the other side is much worse off-and this Aristophanes did; you may say that it is all your opponents' fault-and this, I shall suggest, Aristophanes did; you may remind your audience that life was gay and will be gay again but you cannot pretend that war, however just and necessary you believe it to be, is other than it is-horrible."

[155] Biles: Thucydides' Cleon and the Poetics of Politics in Aristophanes; S. 121: „Traditional humor is reflexive and spontaneous, while Aristophanes, at his best, claims to elicit some deeper and more nuanced kind of reflection by the audience, such that a capacity for „judgment" (γνώμη, *Vesp.* 64; cf. *Nub.* 561–62) is itself crucial for a proper appreciation of his comedies." (Herv. Biles).

[156] Vgl. Pauw: Landscaping the Body; S. 20. Pauw verwendet den Begriff *didaskalos* und merkt an, „the audience expected him to give them serious political advice."

[157] Vgl. Chapman: Aristophanes and History; S. 62, die einen Abriss über die Auseinandersetzung widergibt.

[158] Z. B. Stow: Aristophanes' Influence upon Public Opinion; S. 84: „Aristophanes clearly looked upon himself as a teacher and adviser of the state. Reformer may possibly be too strong a word to apply to his own estimate of himself, but, despite vehement arguments to the contrary, the poet's own words clearly reveal that he considered himself in some such light the enemy of the demagogues, the sycophants, the innovators, the hypocrites who were the curse of the Attic state and of Athenian society. His mission was to expose and overthrow such men. One must be on his guard against taking the remarks of Aristophanes too seriously, it is true. But despite the surface humor of the speeches, there is nonetheless a consistent and serious motif running through the parabases which no reader can overlook." In dasselbe Horn stößt Stark: Das Verhältnis des Aristophanes zur Demokratie der athenischen Polis; S. 342, die im Zuge ihrer Argumentation für diesen Befund gleich die Szenen auflistet, an denen man den *Politiker* Aristophanes vermuten könnte: „Wichtig erscheint in diesem Zusammenhang auch die Frage nach dem Selbstverständnis, das Aristophanes von seiner Funktion hatte. Prägnante Passagen dafür sind vor allem die Parabasen, in denen der Chor in seiner Doppelfunktion als Öffentlichkeitsvertreter und als Sprachrohr des Dichters sich direkt an das Publikum wendet. Aus der Reihe solcher Äußerungen wären besonders die hervorzuheben, in denen davon gesprochen

wird, daß auch die Komödie Recht und Wahrheit vertrete, selbst wenn diese hart seien und nicht gern gehört würden, und daß sie damit der Polis diene (Ach. 497-501, 645, 659-664; Hipp. 509f.; Neph. 518f.; Spekh. 1015), daß der Dichter politischer Erzieher und Ratgeber des Volkes sei, der ohne Rücksicht auf sich selbst und andere sage, was zum Wohle aller nötig sei, der wie ein Arzt die Stadt von ihren Krankheiten heilen wolle (Ach. 633-635, 650-655; 655-658; Sphek. 1023-1028; Batr. 686f.). Solchem Anliegen entsprechend seien auch die Gegenstände seiner Komödien nicht schale Späße und albernes Zeug, kein Spott auf Kosten von Sklaven und unbedeutenden Bürgern, sondern wichtige, hochaktuelle öffentliche Angelegenheiten (Hipp. 541-546; Neph. 534-550; Eir. 739-753). Hervorzu-heben ist dabei, daß Aristophanes seine Appelle immer an den Demos, nie an die Aristokraten oder die Oligoi richtet." Das letzte muss mit Vorsicht genossen werden, bezeichnete der *demos* doch schlicht die Gesamtheit der *Demen*, somit der Verwaltungseinheiten des Athenischen Staates. Als letzte Zeugin für diese Auffassung sei Slater: Making the Aristophanic Audience; S. 366 genannt: „Aristophanes believes that theater can change what people *do*, not just what they feel or think. His most explicit theorization of this is *Frogs*, with its debate over the effects of tragedy – and, I would argue, by implication over the effects of comedy as well." (Herv. Slater).

[159] Vgl. Zumbrunnen: Elite Domination and the Clever Citizen; S. 657.

[160] Vgl. Möllendorff: Aristophanes; S. 187ff.

[161] Lenz: Komik und Kritik in Aristophanes' ‚Wespen'; S. 21 drückt dies klar aus: „Der Anspruch der Autoren, der Polis zu nutzen, gehört stark zur komischen Topik. Das Publikum verlangt - und prämiert - Belustigung. Praktikable politische Wegweisung ohne Witz hatte im Wettbewerb wenig Chancen gegen unpraktikable politische (und andere) Einfalle mit Witz."

[162] Vgl. Newiger: Nachwort; S. 701. An anderer Stelle schreibt Newiger: „Es besteht kein Zweifel, daß ‚Haupt- und Staatsaktionen' ein wesentlicher Bestandteil vieler Stücke der Alten Komödie waren, aber mit ‚trefflichen pragmatischen Maximen' steht es schon schlechter." Eine „Maxime" würde allerdings auch voraussetzen, dass der Dichter selbst diese durchhielte; wie gesehen, war dies nur selten der Fall.

[163] Vgl. Rosen: Efficacy and Meaning in Ancient and Modern Political Satire; S. 5ff. Es sollte erwähnt werden, dass Rosen in seiner Studie Aristophanes durchaus als Ziehvater für Bruce und Stewart sieht.

Kapitel 4

[164] Vgl. Chronopoulos: Spott im Drama; S. 105.

[165] Rothwell: Aristophanes' „Wasps" and the Sociopolitics of Aesop's Fables; S. 241.

[166] Vgl. Sommerstein: Aristophanes and the Demon Poverty; S. 321.

[167] Vgl. Bryant: Boyhood and Youth in the Days of Aristophanes; S. 88. Bryant betont jedoch, dass auch in jenen Zeiten die Schule die meiste Zeit ausfüllte: „ Even to-day, with our free schools and compulsory education and state and city officials to carry it into effect, it is a constant struggle for the poor to keep their children at school. And we need not be surprised if at Athens many a boy found his school-days cut short by hard necessity, and more than one little gamin like Agoracritus in the *Knights* got no schooling at all but what he could pick up about the streets. There must have been other lads besides the one Lysias pictures who kept their father's flocks in the country while the wealthier brothers were going to school in the city. But school was the portion of most Athenian boys. The child of wealthy parents, however, could be more leisurely about his studies. The best of teachers were at his com mand; the 'old families' then, as now, felt a pride in giving their children the choicest opportunities." (S. 108).

[168] Meyer: Geschichte des Altertums. Band 6; S. 249 schildert die Szene eindrücklich: „Am offensten trug die Jugend ihre Gesinnung zur Schau, allen voran der Nachwuchs der reichen und adligen Häuser, der in dem Reiterkorps, dem Stolz de Feste Athens, seinen Mittelpunkt hatte. Sie machten kein Hehl daraus, dass sie die neuen Demagogen und die von ihnen geschaffenen Zustände gründlich hassten und verachteten und stattdessen in den Einrichtungen Spartas ihr Ideal sahen: Sie trugen kurze spartanische Mäntel und Stöcke, sie rasierten sich den Schnurrbart weg, sie turnten und boxten eifrig und zerschlugen sich die Ohrläppchen, sie lebten und hungerten nach den Vorschriften der spartani-schen Küche. Dahinter bargen sich bei den meisten durchaus nicht hochverräterische oder auch nur unpatriotische Gesinnungen, wie man wohl gemeint hat – die so offen vor aller Augen zu manifestie-ren, würde man sich wohl gehütet haben –, wohl aber demonstrierte man damit für die gute alte Zeit: es sei höchste Zeit, dass Athen sich aus der demokratischen Zuchtlosigkeit herausreiße und zu festen Ordnungen zurückkehre, wenn es ein würdiger Rivale des Eurotasstaates sein wolle. Und in diesen

Anschauungen begegnete sich die aristokratische Jugend mit dem Alter, mit den Greisen aus dem Mittelstand, die nichts anderes kannten und von nichts anderem wissen wollten als von der Demokratie, für die sie gekämpft, unter der sie herangewachsen waren und an deren Erfolgen sie sich gesonnt hatten, die sich jetzt aber entrüstet von dem modernen Treiben abwandten, das sie beiseite schob und auf ihre Ideale mit geringschätzigem Lächeln herabsah."

[169] Vgl. Forrest: Aristophanes' „Acharchanians"; S. 11f.

[170] Vgl. ebd. Vgl. auch MacDowell: ‚The Nature of Aristophanes' 'Akharnians'; S. 148.

[171] Vgl. Meyer: Geschichte des Altertums. Band 6; S. 282.

[172] Vgl. Gardner: Aristophanes and Male Anxiety – The Defense of the 'Oikos'; S. 59f.

[173] Vgl. Telò: Embodying the Tragic Father(s): Autobiography and Intertextuality in Aristophanes; S. 278f.

[174] Vgl. Slater: Aristophanes' Apprecticeship Again; S. 72f. Es ist aufschlussreich, dass Slater die *Agora* gerade *nicht* erwähnt. Dabei muss der Markt als genauso politisch betrachtet werden wie das Theater.

[175] Dillon: Topicality in Aristophanes' „Plutos"; S. 177f. gibt folgende erklärende Entschuldigung: „Aristophanes' stance is, of course, an ideal one. Citizens should *want* to contribute their time and attention to matters of state, for the public good and not for base motives of profit. But there is another side which cannot be dis counted: many citizens, pressed by the need of earning a living, could not afford to attend the assembly without some form of compensation. This was surely the case during the lean postwar years, just when the problem of declining attendance was most acute. So the institution of assembly pay was essentially a democratic measure, actually increasing the people's ability to participate in their government." (Herv. Dillon). Was Dillon allerdings nicht berücksichtigt, ist, dass der Demokratie mit dieser Entschuldigung keineswegs geholfen ist, im Gegenteil: Wenn jeder Bürger so eingespannt wird von seinen Verpflichtungen, findet die Demokratie zu ihrem natürlichen Ende, da *niemand* sich mehr bereitfinden *kann*, an der Politik zu partizipieren. Früher oder später wird damit wieder ein monarchisches oder aristokratisches Prinzip etabliert.

[176] Diller: Zum Umgang des Aristophanes mit der Sprache: Erläutert an den ‚Acharnern'; S. 510 stellt ernüchtert fest, dass Dikaiopolis „ein ‚gerechter' Bürger sein und daher auch für ‚Gerechtigkeit' in der Stadt sorgen will- Das ist ihm aber nicht gelungen, wie er gleich im Prolog plastisch darstellt. Er steht vor der leeren Pnyx, der politischen Zentrale der Stadt, und kann über Athen nur klagen, da die Bürger – einschließlich der für die Verwaltung Verantwortlichen – sich zunächst um gar nichts kümmern." Nach Diller ist die Aufgabe des Dikaiopolis also beendet, noch *bevor* sie angefangen hat. Es darf bezweifelt werden, ob Aristophanes dies im Sinn hatte.

[177] Vgl. Foley: Tragedy and Politics in Aristophanes' Acharnians; S. 46.

[178] Diese These ist nicht unumschritten, wie MacDowell: The Nature of Aristophanes' ‚Akharnians'; S. 147 schreibt: „The scene is obviously a satirical attack on ambassadors who enjoy high pay and luxurious living without doing any work to earn it. Even those scholars who say that we cannot be sure whether Aristophanes agreed with a view expressed by one of his characters have not suggested that, when he wrote this scene, he might have thought the ambassadors' conduct quite right and proper and have disagreed with the comments which he put into the mouth of Dikaiopolis. So here we undoubtedly have a passage in which the audience is encouraged to agree with Dikaiopolis' view of public affairs."

[179] Smith: Political Activity and Ideal Economics; S. 85: „Even the most noble ideal can be distorted, and the Periclean program was no exception. In the late fifth century, especially after Pericles's death, this radical democratic vision was abused and its rhetoric exploited by those who were not genuine friends of the *polis*. The resultant corrupt manipulations of Athens's democratic institutions are given much attention in comedy. The characters most likely to express the Periclean ideology in Aristophanic plays are also the most despicable – the sycophants or informers Peisetairos likens to a plague in the *Birds* (1413-14), and whose mass annihilation is prayed for in the *Wealth* (877-79)." (Herv. Smith).

[180] Douglas Olsen: Politics and Poetry in Aristophanes' Wasps; S. 147ff. gibt einen guten Abriss dazu wieder.

[181] Vgl. Meyer: Geschichte des Altertums. Band 6; S. 249f.

[182] Zu diesem Abschnitt: Stark: Das Verhältnis des Aristophanes zur Demokratie der athenischen Polis; S. 346.

[183] Vgl. Major: The Court of Comedy; S. 116.

[184] Vgl. ebd.; S. 136f.

[185] Vgl. Bennett/Tyrrell: Making Sense of Aristophanes' „Knights"; S. 246. Stark: Das Verhältnis des Aristophanes zur Demokratie der athenischen Polis; S. 341 formuliert es noch einmal härter (mit Bezug auf die *Wespen*: „Der hier [in den Acharnern, JD] ausgesprochene Vorwurf kritisiert die unwürdige Abhängigkeit des Demos vom Redner, vom Demagogen. So wendet sich auch der Ekklesia-Traum des Sklaven in den *Wespen* (31—51) ausschließlich gegen Kleon und Leute seines Schlages und gegen die Passivität des Demos ihnen gegenüber. Gegenstand der Kritik ist in den erwähnten Passagen also nicht die demokratische Institution der Ekklesia, sondern Schwächen des Demos, egoistische, eitle und oberflächliche Tendenzen in seinem Verhalten." (Herv. Stark).

[186] Vgl. Bennett/Tyrrell: Making Sense of Aristophanes' „Knights"; S. 252.

[187] Vgl. Kanavou: Sophrosyne and Justice in Aristophanes' Wasps; S. 189f.

[188] Vgl. für eine ausführliche Beschreibung: Worthington: Aristophanes' Knights and the Abortive Peace Proposals of 425 B.C.; S. 57ff.

[189] Vgl. Ranke: Perikles; S. 136f.

[190] Ebd.; S. 136f. erzählt eine bezeichnende Episode: „Es gehört zu den Handlungen, die sich Aristophanes zur Ehre rechnet, daß, da niemand es wagte, zu der an dem Feste der Lenäen beabsichtigten Aufführung im Jahre 424 des Stückes ‚Die Ritter' die Maske Kleons anzufertigen, er selbst die Rolle übernahm, was ihm notwendig den tödlichen Haß des Verspotteten zuzog. Diese Darstellung ist in späteren Zeiten als geschichtlich betrachtet worden. Allein ich möchte nicht wagen, auch nur einzelne Züge aus derselben in die Geschichte aufzunehmen; denn in der Natur der Komödie lag es, ein Zerrbild, das den Stimmungen der Zeit entsprach, auf die Bühne zu bringen. Sie hat Züge der Wahrheit, darauf beruht ihre Wirkung; aber alles wird doch von gehässiger Erdichtung getragen." Wie gesagt: Verbürgt ist diese Geschichte nicht, aber allein dass sie erzählt wird, zeigt, wie groß Kleons Einfluss war.

[191] Vgl. Stark: Das Verhältnis des Aristophanes zur Demokratie der athenischen Polis; S. 245.

[192] Vgl. Biles: Thucydides' Cleon and the Poetics of Politics in Aristophanes' Wasps; S. 118.

[193] Dass Aristophanes in diesem Hass keinesfalls allein war, zeigt Dorey: Aristophanes and Cleon; S. 132: „ To give only two examples, Aelian mentions the story (citing Critias as his authority) that Cleon was in debt when he entered politics but died worth 50 to 100 talents, and the scholiast on Lucian described Cleon as being 'venal to excess'. The interesting point about this second comment, however, is its inappropriateness to the context, which calls for a reference to Cleon's rapacity rather than to his venality; this indicates to what an extent Cleon's reputation for bribe-taking had come to predominate over all his other qualities." Außerdem S. 134: „Thus one tradition, represented by Thucydides, Aristotle, and Plutarch, seems to have no knowledge of any venality or peculation on Cleon's part, but confines itself to his violent, irresponsible, and oppressive political methods. There is, however, another tradition that concentrates on Cleon's corrupt practices and dishonesty and portrays him as a man who made the acquisition of money, by whatever means, the chief object of his political career. This tradition is mainly derived from Aristophanes." Auch wenn das letzte Diktum hart erscheint – dass die gesamte Tradition des Kleon-Hasses von Aristophanes kommt, so mag doch das heutige Bild entscheidend mitgeprägt worden sein.

[194] Vgl. McGlew: „Everybody Wants to Make a Speech"; S. 344f.

[195] So Möllendorff: Aristophanes; S. 88f.: „Und zum anderen entpuppt sich der siegreiche Wursthändler im Verlaufe des Agons nicht gerade als ein Politiker, dem man eine solche Macht nicht anvertrauen möchte. Zu Recht hat man den Wursthändler in der Forschung als ‚Superkleon' […] und als ‚leibhaftigen Komparativ Kleons' bezeichnet."

[196] So oder so ähnlich versucht Meyer: Geschichte des Altertums. Band 6; S. 250f. diese Darstellung zu erklären: „So wild die Sprünge sind, zu denen die komische Muse ihn lockt, ein Grundgedanke geht durch alle Stücke seiner Jugendzeit, der Glaube an die Ideale der Opposition. Eben weil er noch jung ist, ist er umso tiefer von ihnen durchdrungen. Auf der komischen Bühne kann sich hervorwagen und für den Moment zur Wirklichkeit werden, was in den harten Kämpfen des realen Lebens zurückgedrängt und erstickt wird, hier ist es möglich, mitten im Kriege das Bild des Friedens mit all seinen Freuden hervorzuzaubern, den brutalen Gerber durch einen noch brutaleren Demagogen, den Wursthändler, zu stürzen und durch diesen das alte Athen der marathonischen Zeit wieder ins Leben zu rufen. Friedenssehnsucht, Sehnsucht nach der Freiheit und den Genüssen des Landlebens bricht in allen Stücken hervor, und daneben der Kampf gegen die rohen, ungebildeten, prosaischen Elemente,

welche jetzt die Herrschaft haben und das Ideal mit Füßen treten. Seine Vertreter sind die Alten, die Greise, in denen Namen Aristophanes gegen den modernen Unfug kämpft, und neben ihnen die vornehme Jugend Athens: Für seinen großen Angriff auf Kleon hat ihm die Ritterschaft den Chor gestellt. Aber nur umso deutlicher empfindet man, dass die alte Zeit unwiederbringlich dahin ist, die hier im vollen Glanze der Poesie erstrahlt, deren Gebrechen und Kämpfe über ihrer Herrlichkeit vergessen sind. Aristophanes selbst ist ganz auf dem modernen Boden erwachsen, und seine Ideale haben wohl Raum in der Traumwelt der Komödie, aber nicht in der Wirklichkeit. Die Mittel, mit denen er die Gegner bekämpft, sind dieselben, welche er diesen zum schwersten Vorwurf macht, und können keine anderen sein, wenn sie wirken sollen: die rücksichtslose Verleumdung, die Vorwürfe des Eigennutzes, der Bestechlichkeit, des Unterschleifs, der Erschleichung des [sic!, JD] Bürgerrechte, die sophistischen Künste, das Niederschreien der Gegner und vor allem der Appell an die Begehrlichkeit der Massen, denen die wahren Volksführer noch viel mehr gewähren werden als die argen Demagogen, die nur an ihren eigenen Vorteil denken."

[197] Dieser Deutung hängt Zumbrunnen: Elite Domination and the Clever Citizen; S. 669f. an.

[198] Vgl. McGlew: „Everybody Wants to Make a Speech"; S. 355f.

[199] Vgl. Bennett/Tyrrell: Making Sense of Aristophanes' „Knights"; S. 237. Die Autoren stellen jedoch gleichzeitig einschränkend fest: „The *pharmakos* complex unifies *Knights*, but *Knights* is not about the *pharmakos* complex. The comedy concerns the restoration of order and prosperity to Demos' household and depicts what has gone wrong though the dynamics of a corrupted homosexual love affair. Since Demos represents the *demos* of Athenians almost from the outset [...], action, dialogue, contemporary events and topical knowledge play off one another throughout. None of this has anything to do with the *pharmakos* complex except the initiating premise: the community, the household of Demos/*demos*, is sick because the master has ceded his authority to a slave, and the community's members, the slaves traditionally identified as Demosthenes and Nicias, and (since Demos' household represents the *demos*), the knights are seeking a cure." (Herv. Bennett/Tyrrell) Die Einschätzung ist daher als *Möglichkeit*, keineswegs jedoch als *Gewissheit* zu sehen.

[200] Vgl. Möllendorff: Aristophanes; S. 90f. Außerdem, wenn auch leicht abweichend, Pirotta: Triumph of Hilarity?; S. 42: „As matters now stand (that is: the sausage-seller is, in fact, characterized negatively throughout the play), and the potrayal of Agoracritus in the final scene is still to be regarded as a positive one, there is no alternative but to assume a *metabolé*, a metamorphosis of this figure and to presume that the exodos is a sudden one: this is exactly what Landfester is trying to deny. I, however, would like to suggest a different solution to the problem. I want to argue in the opposite direction: What if Agoracritus has in fact not changed at all, that is to say that he has even remained the same throughout the exodos? On top of that: What if the Demos himself does, in spite of his rejuvenation, ultimately *not* go through a metamorphosis? What if we did not interpret the end of the play as a 'finale d'evasione', but rather as an expression of hopelessness with regard to the political situation in Athens?" (Herv. Pirotta). Diese Deutung erscheint jedoch zu komplex. Wer in der attischen Bürgerschaft hätte so viele Verdrehungen in den Charakteren noch verstehen sollen?

[201] Auch dieser Schluss ist nicht neu; er wurde bereits erwähnt in Rau: Einleitung zu Ritter; S. 4.

[202] McGlew: „Everybody Wants to Make a Speech"; S. 357f. versucht sich an einer Erklärung: „What advice the *Knights* does offer did not persuade the Athenians, even though they gave the *Knights* a victory after watching Demos (their hypostatized collective self) accept Agoracritus' leadership. The Athenians did not follow Demos' lead in limiting political influence in the courts, in taking better care of the education of adolescents, or in reviving the negotiations with Sparta that Cleon had frustrated (1357–95). Most importantly, they did not turn the expulsion of Paphlagon into reality by ridding themselves of Cleon.47 In fact, within two weeks of the *Knights*' victory at the Lenaia in 424, they once more elected Cleon to the office of *strategos*, allowing him to remain Athens' most influential political figure. The point can be generalized. Comedy is relentless in exposing political self-interest, pomposity, hypocrisy, and flattery. But it lacks any real sense of the political in a constructive relationship with the private, personal, and familial. Comedy certainly provided no paradigm for political leadership of the sort that Athens desperately needed in the time of the Peloponnesian War." (Herv. McGlew).

[203] Vgl. Chronopoulos: Spott im Drama; S. 212.

[204] Vgl. Spielvogel: Die Politische Position des athenischen Komödiendichters Aristophanes; S. 7ff. Spielvogel macht eine Position des Dichters aus, wonach dieser die Demagogie mit gewissen aristo-

kratisch gesinnten Merkmalen versehen sehen wollte. Auf S. 19 ergänzt er: „Die erzielten Erkenntnisse über die politischen Vorstellungen des Aristophanes lassen sich wie folgt zusammenfassen: Die mangelnde Sachkenntnis und Urteilsfähigkeit des athenischen Demos dokumentierte sich für den Alten Oligarchen in der Auswahl der Demagogen, die er […] abqualifiziert. […] Mit der moralischen Verwerflichkeit, die der Dichter […] diesem politisch aktiven Teil der Händlerschaft zuschreibt, variiert er jedoch nur die Bandbreite der aristokratischen Ansichten. Sein Adressat, der Demos, hat sich bei Kleon, Hyperbolos u.a. der Bewertung des Komödiendichters nicht angeschlossen, so daß zumindest der überwiegende Teil der Athener, der ebenfalls den Lebensunterhalt über Handel oder gewerbliche Arbeit in der Stadt bestritt, sich mit diesen Führungspersonen identifizierte. Im Umkehrschluß ergibt sich daraus, daß Aristophanes mit seinem Ansinnen, der Demos solle sich an Demagogen halten, die aristokratische […] Gesinnung in ihren Taten vorlegen, nicht nur scheiterte, sondern auch die politische Position einer gesellschaftlichen Minorität vertrat."

[205] Murphy: Aristophanes and the Art of Rhetoric; S. 69 merkt (in leicht abgewandelter Form) dazu an: „While it is undoubtedly true that Aristophanes condemned rhetoric on moral and political grounds, the problem does not end there. On re-reading the plays I became convinced that he shows a real familiarity with the principles of rhetoric and made frequent use of the new art to present his ideas." *Rhetorik* muss hier eng mitgedacht warden beim Demagogie-Problem.

[206] Vgl. Brock: The Double Plot in Aristophanes' Knights; S. 22.

[207] Vgl. ebd.; S. 26.

[208] Pirotta: Triumph of Hilarity?; S. 47 legt diese Deutung nahe: „Like in the *Knights*, Aristophanes seems to deal with Athens's hopeless political situation in the *Wasps*, as well, but in a different way. As Henderson rightly states, 'the implication is that the demos is incorrigible, its ability to handle freedom an illusion […]. Apparent, too, is the impotence of the elite to change the demos'. For me, it is quite obvious that this final scene of the *Wasps* cannot be read as a happy ending, either." (Herv. Pirotta).

[209] Douglas Olsen: Politics and Poetry in Aristophanes' Wasps; S. 148 bezieht diesen Zustand auf die *Wespen*; der angesprochene Missstand bleibt jedoch derselbe: „What matters more for the political argument of *Wasps* is the repeated claim that the Athenian *demos* has been taken in by a vision of democracy which has in fact stripped it of all real power in the city as well as of the wealth and luxury which ought to accompany the effective exercise of that power." (Herv. JD).

[210] Vgl. Fairbanks: Aristophanes as a Student of Society; S. 661.

[211] Stark: Das Verhältnis des Aristophanes zur Demokratie der athenischen Polis; S. 345 spitzt die Lage zu und erklärt sie gleichzeitig: „Das durch den politisch-ökonomischen Erfolg hervorgerufene scheinbare Gleichgewicht der sozialen Antagonismen in der Perikleischen Zeit wurde bereits in der ersten Phase des Peloponnesischen Krieges deutlich brüchig. Lasten und Nutzen des Krieges waren entsprechend dem Kriegsziel und der militärischen Taktik in gravierendem Maße ungleichmäßig innerhalb der athenischen Bürgerschaft verteilt und ließen die sozialen Gegensätze tiefer werden. An Kleon wurde im wesentlichen erstmals augenfällig, daß der Volksführer nicht mehr für den größten Teil der Bürgerschaft, sondern nur noch für bestimmte Klassen und Schichten des Demos sprach, d. h. die durch die Klassenspaltung notwendig unterschiedlichen Tendenzen in der Politik (dabei ist zu berücksichtigen, daß die mit dem weiteren Vordringen der Tauschwertverhältnisse sich vertiefenden neuartigen Klassengegensätze die alten nicht auflösen, sondern diese durchkreuzen) konnten nicht mehr, wie vorübergehend unter Perikles, in der Person eine s Politikers vereint werden, sondern wurden mit verschiedenen Repräsentanten — vor allem Kleon und Nikias — selbständig, weshalb sich der beginnende Zerfall des Gemeinwesens in dem jetzigen Führer der Demokraten dem Betrachter manifestieren konnte, was bei Aristophanes so reflektiert wird, daß primär dieser Mann als Gefahr für die Polis gesehen wird und weniger, daß sich die ökonomische und soziale Differenzierung der athenischen Polis ihre adäquate politische Form sucht." Und sie trägt entschuldigend bei: „Kleon war ja letztlich nur der konsequente, wenn auch brutale Fortsetzer einer Tendenz der Perikleischen Politik, wenn er den Krieg weiterführte, die Unterdrückung der Bundesgenossen verstärkte und das Diätensystem ausbaute. Doch massive Kritik trifft auch den Demos, der selbst durch sein auf privaten Gewinn des einzelnen gerichtetes Verhalten einen solchen Führer wie Kleon ja erst ermöglicht, wie besonders der Wettbewerb des Paphlagoniers und des Wursthändlers um die Gunst des Herrn Demos transparent macht." Wie für viele frühere Quellen gilt: Auch wenn hier eine (unzureichende) Erklärung angeboten wird, so reicht sie keinesfalls aus; darüber hinaus hilft sie in der gegebenen Situation nicht weiter.

[212] Möllendorff: Aristophanes; S. 89 erweitert die Palette der Zuschreibungen noch um einige Aspekte: „Machen sich die *Ritter* also einerseits über die heimlichen Herren der Polis, die Demagogen, lustig, so stellen sie andererseits doch nicht weniger eine Satire auf das Volk von Athen, den Demos, dar, das sie als dumm, treulos, bauernschlau und käuflich vorführen." (Herv. Möllendorff). *Diese* Zuschreibungen finden sich jedoch nicht eins-zu-eins in den *Rittern*.

[213] Dieser Deutung entspricht folgende Passage aus Chronopoulos: Spott im Drama; S. 105: „Der alte Demos in den *Rittern* wird von seinem neuen prostatos, dem Wursthändler Agorakritos ,junggekocht' und gewinnt den panhellenischen Ruhm und die Macht zurück, die er während der persischen Kriege und kurz danach hatte. Die glänzende Vergangenheit […] wird wieder zur Gegenwart. Der wieder in seine ,Jungzeit' zurückversetzte Demos (1325-34) drückt mithilfe des Agorakritos sein Vorhaben aus, sich sowohl von seinen bisherigen politischen Praktiken als auch das gegenwärtige politische Leben Athens zu reformieren und stellt sein ,politisches Programm' vor […]. In der komischen Utopie, die am Ende der *Ritter* entworfen wird, bestimmt und gestaltet die Vergangenheit die Gegenwart." (Herv. Chronopoulos).

[214] Brock: The Double Plot in Aristophanes' Knights; S. 25: „Since there are good arguments for dating that work to about 424, Aristophanes may well be criticising a contemporary view. While presumably he would have considered even the false solution preferable to the domination of a Cleon, the argument of the play is that a true solution must be founded on a reformation of and by Demos himself."

[215] So z. B. Douglas Olsen: Politics and Poetry in Aristophanes' Wasps; S. 146: „As for democracy, *Wasps* as a whole explicitly denies that anything which could reasonably be called 'rule by the [*demos*]' exists in contemporary Athens and implicitly questions whether an arrangement under which the people administer the city's affairs on a day-to day basis benefits them in any case, given how consistently they have in the past, it claims, been taken in by smooth-talking political opportunists who played to all their worst instincts." (Herv. Douglas Olsen). Was für die *Wespen* gilt, kann mit Fug und Recht auch von den *Acharnern* und den *Rittern* gesagt werden. Zum Thema „Ohnmacht in den *Wespen*" siehe das Kapitel „Kritik des Gerichtssystems".

[216] Major: The Court of Comedy; S. 159 schreibt: „Aristophanes had long acknowledged the volatile temper of the Demos, but he always dramatizes the judgment of the Demos as ultimately sound and a path to success and prosperity." Möllendorff: Aristophanes; S. 99 spitzt gar zu: " Es zeigt sich also, daß der ordnungsstörenden, egomanen und – aus politischer Perspektive – tyrannischen Energie Philokleons weder demokratische noch aristokratische Bändigungsmaßnahmen gewachsen sind. Die Kraft des Volks von Athen läßt sich nicht einfach kanalisieren, und so hat sie bei aller Triumphalität doch auch zweifellos etwas Bedrohliches an sich." Dieser Lesart zufolge ergibt sich die paradoxe Situation, dass sich das Volk bei seinen Entscheidungen stets selbst im Weg stand und echte Politik verhinderte, obwohl gerade dies in seinem Interesse war. Das „Bedrohliche" verhinderte demnach *echte* Politik – die Demagogen als Angsthasen?

[217] Chronopoulos: Spott im Drama; S. 206 stellt dementsprechend unmissverständlich klar: „Die Schuldverschiebung wird durch die klare Trennung und Gegenüberstellung des Demos und seiner Demagogen ermöglicht. Sie geht jedoch mit der Frage einher, wie der Betrug überhaupt möglich gewesen sei. Die betrügerische Intention eines Demagogen genügt nicht, um den Demos zu verführen. Damit ihr verziehen wird, muss die Ekklesia etwas einbüßen, sie muss die Unzulänglichkeit ihrer kritischen Fähigkeiten zumindest zu einem bestimmten, vergangenen Zeitpunkt als Tatsache hinnehmen."

Kapitel 5

[218] Foley: Tragedy and Politics; S. 33. Foley führt noch an: „According to the scholia of Acharnians, the play provoked Cleon to indict Aristophanes (or the play's producer Callistratus) for […] towards the […] on the grounds that he treasonably embarrassed the city before strangers at the City Dionysia. Cleon may also have questioned Aristophanes' citizenship, suggesting that the poet (or Callistratus) was really a native Aiginetan, not a true Athenian." Demnach wäre die Attacke Kleons nicht nur gegen den Dichter, Aristophanes, sondern auch gegen den Produzenten und Ziehvater Aristophanes', Kallistratus, gelaufen. Die Infragestellung der Zugehörigkeit zur Bürgerschaft war in der Tat ein schwerwiegender Vorwurf, da Menschen ohne attisches Bürgerrecht natürlich nicht vollberechtigt waren, keine Theaterstücke aufführen und erst recht keine im Nahem der Stadt produzieren durften.

Glücklicherweise scheint sich auch dieser Vorwurf – so er korrekt ist – als haltlos herausgestellt zu haben.

[219] Vgl. Atkinson: Curbing the Comedians: Cleon versus Aristophanes and Syracosius' Decree; S. 58. Atkinson deutet an, dass es Aristophanes um seinen Namen vor der *Boule* gegangen sein könnte, also vor den Ratskollegen.

[220] Vgl. Chapman: Aristophanes and History; S. 63.

[221] Slater: Aristophanes' Apprenticeship Again; S. 76f. schreibt dagegen: „Halliwell takes the deception to be the production of *Knights*: Aristophanes promised not to attack Cleon personally anymore and then broke this promise spectacularly. This may well be right and certainly is a key part of the picture, but the development may be a bit more complex. The verb 'deceive' seems a little odd here. *Knights* itself is hardly a deception, but rather a straightforward, all-out attack on Cleon. Did the deception then lie a little earlier, when Aristophanes persuaded the archon basileus to give him a chorus for a play attacking Cleon? One suspects that the general theme of a play became public knowledge as soon as the archon granted a chorus. While the playwright may not have offered a complete and unalterable text at this point, he certainly provided a full enough 'treatment' for the archon to form an idea. Cleon then would have known almost immediately that he was going to be attacked again. I suspect that the real deception lies one year back, in the passages from *Acharnians* under discussion. The metatheatricality in this scene and these references in particular then makes political as well as artistic sense. Precisely what Aristophanes promised (not to attack Cleon by name? not to advocate that the city make peace with Sparta?) of course remains unclear. Yet there is very much a sense that Aristophanes is testing the waters here." (Herv. Slater).

[222] Vgl. Foley: Tragedy and Politics in Aristophanes' Archarnians; S. 46.

[223] Vgl. Nesselrath: Die attische mittlere Komödie. Ihre Stellung in der antiken Literaturkritik und Literaturgeschichte; S. 45. Speziell auf Aristophanes bezogen schreibt Holtermann: Der deutsche Aristophanes; S. 28: „Wie Aristophanes' Zeitgenossen seine politische Rolle eingeschätzt haben, darüber erfahren wir leider nichts direkt. Immerhin dürfen wir aus Kleons Versuch, Aristophanes wegen der *Babylonier* gerichtlich zu belangen, und der Ehrung des Dichters anläßlich der *Frösche* schließen, daß man seinen Komödien sehr wohl einen Einfluß auf das politische Leben der Polis zutraute." (Herv. Holtermann). Es muss allerdings dahingestellt bleiben, inwiefern hier eine *aktive* Rolle des Dichters auf das attische Leben *qua Babylonier* angenommen werden darf. Auch der Zusammenhang mit den *Fröschen*, die mehr als zwanzig Jahre nach den *Babyloniern* aufgeführt wurden, erschließt sich an dieser Stelle nicht.

[224] Vgl. Atkinson: Curbing the Comedians; S. 60f.

[225] Goldhill: The Poet's Voice: Essays on Poetics and Greek Literature; S. 185: „The comic poet is not merely the 'allowed fool' of democracy but a citizen *sophos* whose utterance raises *a question of the limits of licence*." (Herv. Goldhill). Dieser Einschätzung zufolge wäre es geradezu der *Auftrag* des Aristophanes gewesen (wie auch aller „Weisen" = *sophos*), die Zensur zu überschreiten und die Grenzen auszutesten. Hätten alle komischen Poeten diese Strategie verfolgt, wäre Athen allerdings in einem Prozesssumpf versunken.

[226] Rothwell: Aristophanes' „Wasps" and the Sociopolitics of Aesop's Fables; S. 246 schreibt in Bezug auf die *Wespen*: „Philocleon's service in the jury and his familiarity with rhetorical techniques highlight his class and political outlook. Despite scholarly dispute concerning the status and class of jurors in the fourth century, it is generally agreed that fifth-century jurors were men of humbler station. Philocleon and the chorus of jurors in the *Wasps* are them- selves good evidence for this, but it can be confirmed independently. Todd has suggested that the bulk of the jury consisted of farmers--largely peasants--who would have had the leisure to attend trials at certain times of the agricultural year […]." (Herv. JD).

[227] Vgl. Stroh: Die Macht der Rede; S. 87.

[228] Vgl. für eine ausgiebige Behandlung der Beziehung zwischen Gerechtigkeit und *Sophrosyne* in Aristophanes Kanavou: Sophrosyne and Justice in Aristophanes' Wasps; S. 175-191.

[229] Ebd.; S. 188: „One might question whether the *demos* in a direct democracy might really be seen as 'weak': the Athenian *demos* was a large body of citizens with decisive power in the Assembly and the courts. Aristophanes, however, has made clear that it is the *demos'* lack of *sōphrosynē* that makes them weak." (Herv. Kanavou).

[230] Meyer: Geschichte des Altertums. Band 6; S. 101: „Die Volksgerichte waren das Palladium der Demokratie; aber nicht nur, dass der gemeine Mann es nicht sowohl als eine Pflicht als vielmehr ein Privileg betrachtete, zu Gericht zu sitzen und die vornehmen und reichen Herren seine Macht fühlen zu lassen, dass die Diäten, so gering sie waren, ihn anlockten als ein willkommener Zuschuss zu seinen Einkünften – schlimmer noch war, dass sich in den Entscheidungen die ungerechten Urteile, die Justizmorde häuften, teils aus Unwissenheit, teils weil man rücksichtslos nur den eigenen Interessen folgt. War es doch bereits zur Zeit des Archidamischen Kriegs, wie Aristophanes bezeugt (eq. 1359 – die Redner erwähnen dann diese Wendung häufig als etwas ganz Gewöhnliches, ja Entschuldbares), gar nichts Seltenes, dass man den Richtern vorhielt: wenn sie einen reichen Angeklagten nicht verurteilten, werde kein Geld für ihre Diäten dasein."

[231] Spielvogel: Die Politische Position des athenischen Komödiendichters Aristophanes; S. 12 wendet allerdings ein: „Um den Erfolg ihrer Machenschaften in noch gesichertere Bahnen zu lenken, wurden die Kläger sogar persönlich bei den Heliasten vorstellig und hielten sie an, zeitig am Gerichtstag zu erscheinen. Es fällt schwer sich vorzustellen, daß so viele Athener durch eine gezielte Ansprache motiviert wurden, daß trotz des zu antizipierenden Zufalls der Auslosung noch eine ausreichende Quantität an Heliasten in das Gerichtsverfahren hineinkam, so daß das Urteil wie gewünscht ausfiel und die Anwalte die zusätzlichen Bestechungssummen erhielten." Spielvogel scheint hier allerdings einem Paradoxon aufzusitzen: Der Kläger brauchte nicht *alle* Stimmen, er musste lediglich die *eine notwendige* beeinflussen, die für die notwendige Mehrheit in der Abstimmung sorgte. Es ging daher nicht so sehr darum, möglichst *viele* Stimmen zu beeinflussen; wichtiger war, dass es die *richtige* war. Dies wird durch ein weiteres Detail untermauert: Die Richter hatten zwischendurch Zeit, sich zu beraten. Ein Wortführer innerhalb dieser Gruppe konnte somit viele Stimmen holen, die sonst vielleicht verloren gewesen wären. Man darf davon ausgehen, dass dieses Detail auch den Athener Bürgern bekannt. Man geht nicht fehl in der Annahme, dass nicht *alle*, sondern nur wenige bei den Beeinflussungen zur Zielscheibe wurden.

[232] Douglas Olsen: Politics and Poetry in Aristophanes' Wasps; S. 137 folgert gar: „Instead, the key to making sense of both Bdelykleon's behavior and the larger dramatic structure of *Wasps* lies in the recognition that there is *no effective difference* between Philokleon's status in the city, understood in the way his son (seconded by numerous other characters in the play; cf. below) insists it must be, and his position in his house. In each case, the old man has effectively ceded authority over his affairs to someone else, who makes his decisions for him and supports him as he will (esp. V. 612-17); what distinguishes the two situations is simply that up to this time Philokleon has mistakenly *thought* himself the omnipotent master of Athens." (Herv. Douglas Olsen). Die Scheinmacht ist von Aristophanes daher in ein Extrem gesteigert: Nicht einmal in *seinem* Haus ist der Richter der Herr; sein Sohn hat die Macht, ihn einzusperren und sein Bürgerrecht (das Richten) wahrzunehmen. Aristophanes scheint großes Interesse daran gehabt zu haben, diese Widersprüche in größtmöglicher Stringenz aufzuzeigen.

[233] Spielvogel: Die Politische Position des athenischen Komödiendichters Aristophanes; S. 19f. erklärt an dieser Stelle, dass Aristophanes einen Auftrag für das attische Volk formulierte: „Ganz frei von Mitverantwortung spricht Aristophanes den Demos nicht, sieht aber die eigentlichen Nutznießer unter den Demagogen. Insgesamt wirkt die komische Aufbereitung der Heliastentätigkeit wie ein Appell an den Demos, sich aus dem Einfluß ihrer Führer zu losen; eine direkte Form der Ansprache ließ die Gattung nicht zu. Es drängt sich der Eindruck auf, daß der Dichter den Mißstand innerhalb des athenischen Gerichtswesens auch von sich aus für abträglich hielt. In dem Punkt nimmt er einen oligarchischen Blickwinkel ein, empfiehlt dem im Auditorium versammelten Demos jedoch gleichzeitig einen demokratiekonformen Ausweg." Inwiefern dieser „demokratiekonforme Ausweg" für die athenischen Richter tatsächlich gangbar war, darf indes bezweifelt werden, wie in den Absätzen zuvor ausgeführt wurde: Die Richter der *Wespen* scheinen überhaupt kein Interesse am Erhalt einer Demokratie zu zeigen; sie präferieren eindeutig den „oligarchischen Blickwinkel". Auch darf bezweifelt werden, ob *Aristophanes* diesen oligarchischen Blickwinkel innehatte: Zu deutlich erscheint die Kritik am Verhalten und vor allem den Intentionen der Richter, um diesen Standpunkt zu präferieren.

[234] Vgl. Douglas Olsen: Politics and Poetry in Aristophanes' Wasps; S. 135.

[235] Vgl. Smith: Political Activity and Ideal Economics; S. 86.

[236] Vgl. Stark: Das Verhältnis des Aristophanes zur Demokratie der athenischen Polis; S. 347.

[237] Vgl. Konstan/Dillon: The Ideology of Aristophanes' Wealth; S. 393f.

[238] McGlew: After Irony: Aristophanes' Wealth and Its Modern Interpreters spitzt dies zu: „Yet, like the rich of Dicaeopolis' winning speech in *Acharnians*, Aristophanes' unnamed sycophant does not represent a particular individual or even a social type, but a certain potential of democratic abuse. He is the 'other' of democratic civic identity, who transforms political participation into personal gain, and therefore embodies political corruption in a way that helps define correct citizen behavior: he is what every citizen could be, and what none should become. Like Penia herself, the sycophant is allowed to argue for his own necessity (and in the real political world, he may be necessary); but in Chremylus' new world, he, like Penia, is unable to persuade, even if he could persuade." (Herv. McGlew). Ob der Sykophant allerdings tatsächlich zu einer „Definition des korrekten bürgerlichen Verhaltens" beitragen konnte, ist zumindest aus moralischer Sicht abzulehnen: Dem Sykophant war *nicht* daran gelegen, das Verhalten der Athener Bürger *zum Guten* zu verändern; für ihn stand lediglich sein *eigener* persönlicher (monetärer) Vorteil im Vordergrund. Wenn, dann kann also lediglich von positiven Begleiterscheinungen gesprochen werden; angesichts der schweren Verwerfungen durch ungerechtfertigte Prozesse ist jedoch auch diese Position abzulehnen.

[239] Vgl. Stark: Das Verhältnis des Aristophanes zur Demokratie der athenischen Polis; S. 348.

[240] Stark kommentiert ebd.; S. 347: „Die letzte der erhaltenen Komödien der ersten Schaffensperiode, die *Wespen* (Len. 422), haben als Stoffgrundlage den Bereich des Geschworenengerichts. Diese Institution wird allgemein und zu Hecht als eine Hauptstütze der demokratischen Verfassung bezeichnet. Aber nicht die Heliaia ist das komische Objekt der *Wespen*, sondern die als *philodikia* bezeichnete Leidenschaft, ja krankhafte Sucht der Athener, ständig zu Gericht zu sitzen. Sie drohte, die Funktion des Geschworenengerichts zu untergraben und dessen Ziel in das Gegenteil zu verkehren. Es handelt sich also um eine sozial-politische Erscheinung, die im Widerspruch zu Sinn und Zweck der Institution der Heliaia und zu den vom einzelnen Athener geforderten Bürgerpflichten und -tugenden stand." (Herv. Stark).

[241] Chonopoulos: Spott im Drama; S. 146 liefert eine Erklärung: „Im Vergleich zu der *manía* des Trygaios beispielsweise (Ar. Pax 54) ist Philokleons ‚Krankheit' nichts so Seltsames. Außerdem gehört die Tätigkeit als Richter zu den wichtigsten politischen Ämtern, die ein Athener Bürger übernehmen kann. Zielscheibe der satirischen Darstellung […] ist zum großen Teil auch das Theaterpublikum. Die ‚seltsame Krankheit' betrifft eigentlich die ganze Polis." (Herv. Chronopoulos).

[242] Vgl. McGlew: „Speak on my Behalf"; S. 14.

[243] Stark: Das Verhältnis des Aristophanes zur Demokratie der athenischen Polis; S. 347 sieht die Bürger an „einem nie versiegenden Strom von Prozessen und Verurteilungen interessiert, die ihnen in Form von Geldstrafen und Vermögenseinzug die Soldkrippe füllen. Wegen der höheren Strafen haben sie daran Interesse, Bagatellfälle als Staatsverbrechen zu deklarieren, was wiederum das Denunziantentum fördert, und begeben sich in die schlechte Vormundschaft der Demagogen. Trotzdem in den *Wespen* davon gesprochen wird, daß die Prozessiersucht ein altes und tief verwurzeltes Übel der Stadt sei (650f.) — wiederum ein kritisches Schlaglicht auf die Väterzeit —, bleibt unberücksichtigt, daß die Struktur und das Wesen der attischen Geschworenengerichte diese Verkehrung der Bürgerpflicht in eine Manie eigensüchtiger Befriedigung ermöglicht, ja bis zu einem gewissen Grade sogar gefördert hat." (Herv. Stark).

[244] Gomme: Aristophanes and Politics; S. 101 drückt dies drastisch aus: „And the answer is that it is utterly untrue: they are not at all reluctant jurymen – the work is their whole life. They dream about it at night, practice it all day; it is in their bones, it is their very life-blood, so that when Philocleon's vision of his imperial power is shattered, he must still go on *pretending* to serve on juries." (Herv. Gomme).

[245] Vgl. Beta: Madness on the Comic Stage: Aristophanes' Wasps and Euripides' Heracles; S. 136.

[246] Douglas Olsen: Politics and Poetry in Aristophanes' Wasps; S. 133: „Despite the impression created in the slapstick scenes at the beginning of the play, however, Philokleon is obviously more than the embodiment of a simple obsession and indeed presents himself in the agon as a distinctly rational creature: he participates in the court-system not because he is fixated on jury service *per se* but because he sees this as a means to an extraordinary, almost unrivalled degree of power and pleasure." (Herv. Douglas Olsen).

[247] Vgl. Gomme: Aristophanes and Politics; S. 101. An anderer Stelle unterstellt Gomme Aristophanes diesbezüglich gar *taktische* Beweggründe: „And not only is there nothing curious in it, but Aristophanes could not have drawn Philocleon without sympathy, if he was to be successful; no artist could. It is

not a question of ' Which side did he favour?', for as a dramatist he must be sympathetic with all. Impartiality is a desirable quality for most of us; for an artist it is essential-or rather a positive sympathy, for impartiality is but a negative quality. Without this sympathy he cannot write. All drama represents a conflict of some kind; but there will be little success for the writer who can only take one side."

[248] Dracoulides: Aristophanes; S. 56ff. legt diese Interpretation vor: „Philocleon, the protagonist of this comedy, has a mania to judge and to condemn, going to tribunal at dawn and returning after sunset. His son Bdelycleon – who should be regarded as the *alter ego* of the author – is disheartened over the state of his father, and wishes that he be cured of this neurosis. [...] Indeed, Philocleon was a slave to his judicial mania as Aristophanes was to his aggressive impulses, a compensation for the frustrations and inhibitions fostered by his parental prohibitions. This, the two principal persons of this comedy present one figure in two persons: the first neurotic (the father) and the other normal (the son). They are reintegrated afterwards by identification of the neurotic with the normal – the father as he appears after the psychodrama. – The creation of a normal superego follows the intervention of the son after the treatment. Aristophanes, projected in his *alter Ego*, tries to detach himself in order to be identified with his liberated ideal Ego. In the same way, Philocleon, at the end of this comedy, identifies completely with his son Bdelycleon." (Herv. Dracoulides).

Kapitel 6

[249] Vgl. https://www.theoi.com/Georgikos/SatyrosPhales.html.

[250] Haley: The Social and Domestic Position of Women in Aristophanes; S. 161 hat eine Zusammen-stellung gewagt: „We find women frequently represented as fond of drink. Cf. Lys. 113-4; 195-239; 395; 465-6; Thesm. 347-8; 556-7; 630-1; 689-759, especially the amusing outburst at 735 [...]. Add Eccl. 44-5; 132-46; 153-5; 227; 1118-22; Pl. 644-6; 737; 972.' They are often spoken of or represent-ed as licentious. Cf. Ach. 1058-60; Nub. 51-2; o168-70; Pax 979-85; Av. 793-6; Lys. 23-5; 107-10; 125-147; 158-9; 212-5; 403-19; 705-60; Thesm. 340-5; 476-501; 558-9; Eccl. 7-10; 225; 228; 693-701; 877-1111; Pl. 959-1o96. The passages where they use coarse language are exceedingly numer-ous. For instances of this, cf. Lys. 23-5; 59-60; 88-92; 107-10; 120 seqq.; 158-9; 227-32; 362 3; 715; 742-57; 771; 800; 825-8; 1112-21; Eccl. 256-7; 884 937. For their practice of deceiving their husbands with supposititious children, cf. Thesm. 339-40; 407-9; 502-16; 564-5. They are also represented as accomplished liars and deceivers. Cf. Eccl. 237-8; 528-46; Thesm. 483-5; 558-9. For their supersti-tion, cf. Lys. 63-4; Pl. 688-93; Thesm. 534. The fact that Aristophanes ventured to draw such a picture of the women of his time shows not only that their standard of morality was lower than that of the women of our day, but also that they were viewed harshly and unfavorably by men." Allein diese Zahlen zeigen bereits das erschütternde Ausmaß. Noch erschütternder ist vielleicht lediglich, dass Haley aus diesen Passagen folgert: Allein, dass Aristophanes Frauen seiner Zeit so darstellt, beweist bereits, dass sie einen geringeren moralischen Standard hatten als Frauen aus Haleys Zeit. Diesem Eindruck soll hier *ausdrücklich* widersprochen werden.

[251] Vgl. ebd.; S. 159.

[252] Vgl. Van Hook: Crime and Criminals in the Plays of Aristophanes; S. 283.

[253] Vgl. Saxonhouse: Men, Women, War, and Politics: Family and Polis in Aristophanes and Euripi-des; S. 68f.

[254] Culpepper Stroup: Designing Women: Aristophanes' Lysistrata and the „Hetairization" of the Greek Wife; S. 59 gibt eine gute Übersetzung: „The names of the players tell part of the story. Myrrhine is itself an Attic *hetaira*-name, punning broadly on *myrton*, 'myrtle berry,' a somewhat coarse idiom for female genitalia, and here perhaps rendered best as something like 'Miss Cherry.' The name Kinesias of Paionidai gets its laughs on the basis of a similarly broad sexual pun and might be appropriately rendered 'Mr. Ramcock from Shagtown.' (Herv. Culpepper Stroup). Wer Englisch lesen kann, versteht, warum dieser Name besser unübersetzt bleibt.

[255] Vgl. Marre: Aristophanes on Bawds in the Boardroom: Comedy as a Guideline to Gender Relations in Antiquity; S. 52f.

[256] Gardner: Aristophanes and Male Anxiety; S. 51: „So, in comedy, we should not expect to find realistic portrayals of people as they actually are, but rather stereo types, embodying the fears and anxieties, the mild, underlying paranoia about what *might* happen, of the audience for whom the author is writing. Aristophanes was writing for an Athenian male audience, and he had to strike a

chord in them, if his plays were to be successful and win prizes." (Herv. Gardner). Selbst wenn dies zutreffen sollte, so wäre dies nur schwerlich eine Entschuldigung; es wäre der Ausverkauf sämtlicher dichterischer Ideale außer demjenigen, um jeden Preis zu gewinnen.

[257] Marre: Aristophanes on Bawds in the Boardroom; S. 38.

[258] Vgl. Foley: The „Female Intruder" Reconsidered: Women in Aristophanes' Lysistrata and Ecclesiazusae; S. 4.

[259] Vgl. Marre: Aristophanes on Bawds in the Boardroom; S. 49.

[260] Ebd.; S. 38: „It is today generally accepted that fifth-century Athens — which saw the development of the principle of democracy and achieved other cultural high points in literature and the arts — did not reach similar heights when it came to the position of citizen women. Early admirers of the Classical ideal did not take much notice of this discrepancy at first. During the nineteenth and early twentieth centuries Classical scholarship seemed determined to pay Athenian women tribute in the Thucydidean sense, that women gained greater glory by not being talked about by men." Diese Beschreibung erscheint noch erschreckender, wenn man bedenkt, dass Aristophanes' Schriften seit langer Zeit bekannt und die darin enthaltenen Beschreibungen „weiblichen" Lebens unter Gelehrten bekannt sein mussten. Ein besonders erschreckendes Beispiel ist zu lesen in Haley: The Social and Domestic Position of Women in Aristophanes; S. 159-186, der zurecht folgert: „It would seem from this brief survey of the subject that the position of the Athenian woman, though better than is sometimes represented, was yet decidedly lower than that of the women of civilized nations at the present day." Dem ist eigentlich nichts hinzuzufügen.

[261] Vgl. Culpepper Stroup: Designing Women; S. 69f. Foley: The „Female Intruder" Reconsidered; S. 1 sieht gar einen Konflikt zwischen Oikos und Polis in der *Lysistrate* dargestellt: „Nevertheless, the plays close with an implicit compromise between extreme masculine and feminine positions. The ubiquitous battle of the sexes in Greek drama is thus symbolic of a clash between oikos and polis provoked by a crisis or failure in the exclusively male political sphere."

[262] Vgl. Compton-Engle: Stolen Cloaks in Aristophanes' Ecclesiazusae; S. 169f.,

[263] Für den Absatz: Henderson: Epilogue; S. 501-511.

[264] Für diesen und die folgenden Abschnitte vgl. Gardner: Aristophanes and Male Anxiety; S. 52ff.

[265] Marre: Aristophanes on Bawds in the Boardroom; S. 46f. zeigt sehr schön die manchmal schreckliche Entscheidung auf, die ein Mann in Athen zu treffen hatte: „If one did not marry, one's fate might be loneliness, childlessness, the dying out of one's line and a stranger as one's heir. On the other side, there were perpetual worries, one quarrel after another, her dowry cast in one's face, the haughty disdain of her family, the garrulous tongue of one's mother-in-law, the lurking paramour, and worry as to how one's children would turn out. This seems to pinpoint the wife as a necessary biological entity but accompanied by a Pandora's box of liabilities."

[266] Foley: The „Female Intruder" Reconsidered; S. 9 vergleicht Lysistrate gar mit Athena, der Schutzgöttin Athens: „Indeed, Lysistrata becomes almost an incarnation of her patron deity. Like Athena, she may well have been partially armed over her female dress, since at one point she threatens the old men with force of arms if they continue their attack. Like Athena in the *Eumenides*, she invokes [...] and reason (432, 572, 1124, 1135) as her mental weapons. Like Athena, she serves as the accepted mediator between the sexes (1115-87) and moves them back into harmony, marriage, and a mobilization for non-Greek wars rather than for stasis in the Greek world. Athena, the divine female born from a male, is in her partial masculinity the only possible image of positive female role reversal. She acts for the state, not only in the interests of women and of private family concerns." (Herv. Foley).

[267] Vgl. Henderson: Epilogue; S. 507.

[268] Saxonhouse: Men, Women, War, and Politics; S. 71: „The women are victorious in the *Lysistrata*, but we cannot forget that this is a fantasy and a comedy, a dream of the impossible transformation of the public into the purely private and the good into the simplistic pursuit of sexual pleasure and wine. The family as presented in this play is merely the locus for the satisfaction of private pleasures." (Herv. Saxonhouse).

[269] Vgl. Foley: The „Female Intruder" Reconsidered; S. 14.

[270] Vgl. Culpepper Stroup: Designing Women; S. 39. Es sei jedoch angemerkt, dass sich Culpepper Stroup *negativ* hinsichtlich dieser Einschätzung äußert.

[271] Foley: The "Female Intruder" Reconsidered; S. 4: „This 'female intrusion' is particularly threatening in the case of those women in drama who, like Clytemnestra in the *Agamemnon*, make a vengeful

and/or anticultural movement into the strictly male political sphere in the interest of exercising what were formerly male prerogatives. Nevertheless, while such heroines may leave the domestic sphere in response to male neglect of the interests of the oikos (they may have other motives as well), once they have crossed the boundary into the political sphere they adopt the male heroic code, or a distorted version of it, and cease to act for the interests of the household or to support noncompetitive and cooperative values." (Herv. Foley).

[272] Vgl. ebd.; S 7.

[273] Vgl. ebd.; S. 12.

[274] Vgl. Hutchinson: House Politics and City Politics in Aristophanes, S. 49.

[275] Pauw: Landscaping the Body; S. 10f.: „However, it is important to realise that *Lysistrata* is no feminist pamphlet. According to Dillon (1987:101), 'It is not so much a plea for women's rights as an indictment of men's incompetence'. The power the women gain is temporary; it is merely a means to achieving the end of peace. Once that objective has been achieved, Lysistrata and her accomplices are disempowered. It is men who celebrate at the end of the play; the status quo of a male-dominated society has been reinstated." (Herv. Pauw).

[276] Vgl. Kotini: Aristophanes' Response to the Peloponnesian War and the Defeat of the Comic Hero; S. 140.

Kapitel 7

[277] Vgl. Chronopoulos: Spott im Drama; S. 178.

[278] Vgl. ebd.; S. 183.

[279] Vgl. Sells: Prostitution and Panhellenism in Aristophanes' Peace; S. 72.

[280] Chronopoulos: Spott im Drama; S. 207: „Eirene betont das Problem der kollektiven Verantwortung des Demos für seine kriegerische Politik. Trygaios lehnt diese Verantwortung nicht völlig ab, versichert jedoch zugleich, dass in der neuen Situation, die sich mit dem Tod Kleons ergeben hat, diese Einstellung endgültig der Vergangenheit angehöre. Trygaios' Antwort vermag es, das Gleichgewicht zwischen der Verantwortung, die den Demos kollektiv belastet, und der ihn entlastenden Schuldverschiebung auf den Demagogen zu bewahren. Kleins' Verspottungsbild ist von einer Ambivalenz geprägt, die das Koexistieren der beiden gegensätzlichen Auffassungen erlaubt. Der tiefere, systemkritischere Blick auf die athenische Demokratie aufgrund der konkreten Kriegsfrage besteht neben der Darstellung einer heiteren Perspektive für die Zukunft, die sich durch die Beschuldigung einer bestimmten und jetzt beseitigten Person rechtfertigt."

[281] Vgl. Chronopoulos: Spott im Drama; S. 183.

[282] Saxonhouse: Men, Women, War, and Politics; S. 66 schreibt – wenn auch pointiert: "In ancient Greece, the public world could only be defined in terms of war. Political leaders were military leaders. Political life entailed the preservation of the city through war. The Homeric heroes who continued to provide the moral foundations of Greek society existed on the battlefields performing wondrous and dreadful deeds. For some, such as Hector, the fame and glory they brought to themselves derived not only from their deeds but also from their service to the community. They achieved individual glory by subsuming themselves into that which was public. The heroes of the Homeric epics are emphatically masculine, bold, and daring, and frequently even savage. When Hector is about to be killed by Achilles, when he can no longer protect the city, he appears as a child and a woman. The Homeric heroes engage in battle to protect the women who are unable to defend themselves or their children."

[283] Vgl. Stow: Aristophanes' Influence upon Public Opinion; S. 89f.

[284] Vgl. Forrest: Aristophanes' „Acharnians"; S. 2.

[285] Vgl. Fairbanks: Aristophanes as a Student of Society; S. 656.

[286] Möllendorff: Aristophanes; S. 70 schreibt dazu: „Dikaiopolis steht für das Neben-, Mit- und Gegeneinander verschiedener Diskurse und Ansichten in der Polis, die nur dann als ‚gerecht' bezeichnet werden kann, wenn sie diese Spannung auszuhalten vermag. Und erst wenn man Dikaiopolis solchermaßen als dramatisches Symbol für die Stadt Athen auffaßt, stellt auch die beschriebene Ambivalenz seines Wesens kein wirkliches Deutungsproblem mehr dar: Gegen den Krieg zu sein ist in der Polis keine *denkbare* (und momentan womöglich unterrepräsentierte) diskursive Option, die Äußerung und Vertretung anderer Ansichten jedoch ist genauso legitim." (Herv. Möllendorff). Möllendorff übersieht hier jedoch, dass die Acharner im gleichnamigen Stück nicht *für den Krieg*

sind; sie sind gegen einen Frieden *ohne Rache* an den Spartanern für das erlittene Unglück. Diese Haltung ist eine völlig andere.

[287] Kotini: Aristophanes' Response to the Peloponnesian War and the Defeat of the Comic Hero; S. 134 rekurriert auf diesen Umstand: „Aristophanes's 'peace plays' reflect the war as experienced con temporaneously in Athens. Whether as a true pacifist, or simply for the sake of his audience (or for the first prize in the dramatic festival), the playwright creates comic heroes who support peace. In each play, the comic hero's peace-plan reflects the contemporary war situation while Athens's actual strength in the war defines the character's conciliatory tone and his desire (or lack thereof) to negotiate with the enemy." Kotini nennt den *Frieden* im Gegensatz zur *Lysistrate* „optimistisch" (S. 137). Dieser Optimismus mag allerdings auch aus der phantastischen Flugreise auf einem Mistkäfer herrühren: Angesichts dessen wurden die Zuschauer lediglich indirekt dazu aufgefordert, über den Krieg zu reflektieren. In der *Lysistrate* fehlen derartige auflockernde Elemente völlig. (Vgl. auch ebd.; S. 139f.).

[288] Vgl. Newiger: Einleitung zu „Der Friede"; S. 237.

[289] Vgl. z.B. Gomme: Aristophanes and Politics; S. 106ff. Vgl. auch Stark: Das Verhältnis des Aristophanes zur Demokratie der athenischen Polis; S. 345. Dagegen, ausgerechnet mit Bezug auf die *Acharner* und den *Frieden*: Chronopoulos: Spott im Drama; S. 179: „Obwohl die Bezeichnung des *Friedens* als „pazifistische" Komödie nicht zutreffen wäre, steht außer Frage, dass die Komödie den Frieden befürwortet. Trotzdem finden sich in der Komödie Spuren einer widersprüchlichen Einstellung dem Krieg gegenüber, die auf den positiven Werten beruht, mit denen der Krieg für die athenische Gesellschaft im ausgehenden 5. Jh. verbunden war. Einen exemplarischen Ausdruck der ambivalenten Bewertung des Krieges findet sich in den aristophanischen *Acharnern*. In seiner Auseinandersetzung mit Lamachos, dem Strategen, der als Kriegsvertreter auf der Bühne steht, gelingt es Dikaiopolis, dem Friedensverfechter und „Verräter des Vaterlandes", das Verhalten im Krieg mit einem Urteil über die Qualität eines Bürgers zu verknüpfen. Auf diese Weise gewinnt er den trotzigen Halbchor, den er mit seiner ersten Rede nicht überzeugen konnte, für sich." (Herv. Chronopoulos). Überzeugender ist Worthington: Aristophanes' Knights and the Abortive Peace Proposals of 425 B.C.; S. 66f., der anmerkt, dass Aristophanes in zumindest einigen seiner Stücke *taktische* Beweggründe gehabt haben könnte, *nicht* auf einen Frieden zu drängen: „Aristophanes obviously hated war. As early as the *Acharnians* (194 ff.) he called for a thirty-year peace which West interpreted as meaning a general appeal for universal peace, and *Knights* ends with Demus' welcoming the thirty-year peace treaties. The play itself is something of a personal appeal for peace since war for Aristophanes meant no joint-hegemony of Greece by Athens and Sparta as was his desire (*Peace*, 1080 ff, cf. Thuc, IV, 20, 4). However, although the situation in 425 apparently favoured a return to the pre-445 conditions, peace then, as has been noted above, would not have been feasible. Sparta's aim was to secure the restoration of Sphacteria and, once this had been accomplished, would be free to prosecute the war. By then the Athenians would have lost any advantage, and like any other patriotic Athenian Aristophanes would not have wanted to make peace on any terms which would later prove detrimental to Athens' position in the Greek world. Despite his hatred of Cleon and all that he — and the demagogues in general — stood for, Aristophanes must surely have realised that the only sensible course of action to be taken was for the Athenians to continue the war in the hope of greater victory, and therefore in this Aristophanes supported Cleon's proposals which led to the continuation of war. […] In conclusion, I am not suggesting that, in 425/4, Aristophanes was a conscious warmonger, but that he recognised the disadvantages of a peace treaty signed then, and thus found himself for once in agreement with his *bête noire* Cleon. The very few references to the peace are, I believe, an indication of this, and are styled so as not to attach too much credit to Cleon and thus remain within the nature of the play, which is essentially an attack on Cleon. Perhaps further work, in this way, on what appears at first sight Aristophanic criticism of Cleon and his policies might throw interesting light on the relationship between Aristophanes and Cleon." (Herv. Worthington).

[290] Vgl. MacDowell: The Nature of Aristophanes' 'Akharnians'; S. 146.

Kapitel 8

[291] Vgl. Kranz: Geschichte der Griechischen Literatur; S. 204f.

[292] Vgl. Möllendorff: Aristophanes; S. 65

[293] Vgl. Bowie: The Parabasis in Aristophanes; S. 38.

[294] Vgl. ebd.

[295] Vgl. Ludwig: A Portrait of the Artist in Politics; S. 487.

[296] Vgl. ebd.; S. 484f.

[297] Diese Möglichkeit legt Möllendorff: Literarische Konstruktionen von autonomía bei Herodot und Aristophanes; S. 22 nahe: „Dikaiopolis hat also nicht mehr und nicht weniger getan, als eine (gar nicht so) utopische Frühzeit zu restituieren, wozu dann sowohl seine plötzliche Entrückung aus der Polis in seinen Demos als auch das altertümliche Phallosfest der Ländlichen Dionysien gut paßt, das er nun anstelle der aktuellen Lenäen zu feiern beginnt (Ach. 237ff.). Dikaiopolis ist mit einem Sprung durch Raum und Zeit in jenen politischen ‹Urzustand› der *autonomía* zurückgekehrt, der nun mit den Verhältnissen der Gegenwart konfrontiert wird. Schon die Tatsache, daß Dikaiopolis von den Spartanern überhaupt als Vertragspartner akzeptiert wird, setzt ja einen solchen autonomen Status stillschweigend voraus. Obendrein verfügt er über ein eigenes, unverletzliches und von außen respektiertes Territorium (besonders klar formuliert in *Ach.* 719 […], kann in freier Selbstverfügung Handel treiben, ohne an die von Athen erlassenen Handelsbeschränkungen gebunden zu sein (*Ach.* 720-726), und publiziert wie eine eigenständige Polis seine zwischenstaatlichen Abkommen inschriftlich (*Ach.* 727f.); seine Eigenständigkeit wird von den Großmächten Sparta und Athen toleriert, ja er wird bei der Einladung zur Anthesterienfeier von den athenischen Offiziellen sogar wie ein gleichberechtigter Staatsmann eines anderen Landes behandelt (*Ach.* 1085-1094), und schließlich ist auch der Versuch des Strategen Lamachos, seinen Status wieder aufzuheben, zum Scheitern verurteilt." (Herv. Möllendorff). Vgl. auch Douglas Olson: Dicaeopolis' motivations in Aristophanes' Acharnians; S. 203.

[298] Vgl. die schöne Anekdote in Forrest: Aristophanes' „Acharnians"; S. 5: „A film provides an illustration and a parallel: in *A Passport to Pimlico* one small area in the heart of London suddenly declared itself independent of Britain. There followed the tearing-up of ration-books and the end of licensing laws (compare Dicaeopolis' private market in lines 719ff.); the fury and bafflement of the civil service (compare the effect of private peaces on Lamachus, lines 572ff.) and all the rest. But no one, I think, suspected that the producers were rabid Pimlican nationalists, that they wanted their absurdity – why should we think that Aristophanes wanted his?" (Herv. Forrest).

[299] Zur Übersetzung muss angemerkt werden: Die Sprache des Megarers ist absichtlich von derjenigen des Atheners Dikaiopolis abgesetzt, um zu verdeutlichen, dass auch die alten Griechen nicht alle denselben Dialekt sprachen.

[300] Bowie: The Parabasis in Aristophanes; S. 40 stellt dies in deutlichen Worten dar: „ In the last analysis, however, the *alazoneia* breaks out, as Dicaeopolis' peace is seen to benefit him alone, and Aristophanes' account of his merits becomes grotesquely self-regarding. The figure of Telephus, who features so largely in the play, is again paradigmatic: he saved himself by betraying Troy just as Dicaeopolis and Aristophanes are more concerned with their own condition than that of the city. All of this has implications for how far one should discern a truly serious intent behind the comedy. I suggest that this is not possible: serious matters are touched on, but are not tackled in a serious manner - the play uses burlesque rather than satire. The delights of peace are extolled to a war-bound audience, but they turn out to be the delights of one man; the poet sets himself up as a commentator on the follies of the city, but is concerned ultimately with his own comfort." (Herv. Bowie).

[301] Vgl. Fisher: Multiple Personalities and Dionysiac festivals: Dicaeopolis in Aristophanes' 'Acharnians'; S. 44. Vgl. außerdem Ludwig: A Portrait of the Artist in Politics: Justice and Self-Interest in Aristophanes' Acharnians; S. 479.

[302] Vgl. Möllendorff: Literarische Konstruktionen von autonomía bei Herodot und Aristophanes; S. 23f.

[303] Forrest: Aristophanes' „Acharnians"; S. 9 legt dies nahe, wenn er die *Acharner* in den größeren Zusammenhang einbettet: „So the case for Aristophanes' pacifism disintegrates and we are left with a comedy without a moral; it is no worse comedy for that. It is a brilliantly funny and often moving picture of a very ordinary Athenian, Dicaeopolis, an ordinary simple Athenian who has had six years of hideous war, who wants more than anything else in the world a return to peace. But he is the same Athenian who will land at Pylos the following summer, who will reject the Spartan peace offer a little later because it is not in Athens' favour, who will go on fighting and dreaming of the Rural Dionysia for four years more. Well, says Aristophanes, we all feel the same, we are all in this together; but let us think about peace, let our Athenian have his peace for a bit and let us see what happens. Let us laugh at the inefficiency of the Government officers, at the extravagance of government departments," at the

military careerists, the general staff who make a profit out of the war and do not know what it is like to go out on patrol in the in the snow. Let us also laugh at the Acharnians." Vgl. auch Möllendorf: Literarische Konstruktionen von autonomía bei Herodot und Aristophanes; S. 34.

[304] MacDowell: The Nature of Aristophanes' 'Akharnians'; S. 159: „There are in fact only three persons with whom he refuses to share his peace. One is Lamakhos the warrior. Another is the bridegroom who tries to bribe him; but he in effect gets peace in the end, since it is given to his bride to keep him at home (1048-66). The only other person who is refused a share in the peace is a farmer whose two oxen have been taken by Boiotian raiders."

[305] Vgl. Fisher: Multiple Personalities and Dionysiac Festivals; S. 34.

[306] Herodot: Neun Bücher zur Geschichte. Vollständige Ausgabe. Mit einer Einführung von Lars Martin Hoffmann. Neu gesetzte, korrigierte und überarbeitete Ausgabe nach der Übersetzung von Dr. Chr. Bähr, Berlin-Schöneberg 1898; S. 283. 3. Buch, Absatz 83.

[307] Vgl. Möllendorff: Literarische Konstruktionen von autonomía bei Herodot und Aristophanes; S. 25. Möllendorff weist daraufhin, dass auch Dikaiopolis' Sezession Ewigkeitscharakter hat: „In der Komödie bleibt Dikaiopolis' Lösung über das Ende hinaus gültig: er und seine Familie sind frei von Verpflichtungen gegenüber der Polis, etwa dem Militärdienst, und er erhält sogar noch eine persönliche Einladung zum Anthesterienfest." (S. 24).

[308] Dieser Artikel bezieht sich auf den Aufsatz Baeck: Wenn er König von Deutschland wär'. Peter Fitzek und sein Imperium in Wittenberg; S. 62-78.

[309] Ebd.; S. 65f. (Herv. Baeck).

[310] Vgl. Dillon: Topicality in Aristophanes' „Ploutos"; S. 159.

[311] Douglas Olsen: Economics and Ideology in Aristophanes' Wealth; S. 225 macht darauf aufmerksam, dass diese Situation allerdings nicht *ausschließlich* in Athen in verheerender Weise zutage trat: „By the second decade of the fourth century B.C., life in Athens had become increasingly difficult. The Peloponnesian War, and the Empire and tribute it had been fought to protect, had been lost long ago. That loss, combined with the warfare and commercial disruptions that continued into the fourth century B.C., left the city's population increasingly impoverished, and increasingly polarized along economic and social lines. Throughout much of the rest of Greece, similar pressures led to violent eruptions. At Argos, for example, 1200 wealthy citizens were clubbed to death by an angry mob, who were demanding a cancellation of debt and a redistribution of land. No such outbursts occurred in Athens, but it seems clear that the political and social environment in which Wealth was performed was highly volatile."

[312] Vgl. Dillon: Topicality in Aristophanes' „Ploutos"; S. 165.

[313] Vgl. Douglas Olsen: Economics and Ideology in Aristophanes' Wealth; S. 225. Newiger: Einleitung zu „Die Ekklesiazusen"; S. 527 drückt es passend aus: „Das aktuelle Moment, das beiden Komödien [Ekklesiazusen und Plutos, JD] zu Grunde liegt, ist die Armut, die damals den einzelnen wie den Staat bedrückte, aber, so muß man sagen, nicht nur der materielle Mangel, sondern auch die Armseligkeit der politischen Verhältnisse, der dürftige Zuschnitt des Athen der damaligen Zeit."

[314] Barkhuizen: The Plutus of Aristophanes; S. 18 versucht, diesen Widerspruch auf andere Weise aufzulösen: „Commenting on the reason why Zeus blinded Plutus, viz. because he is jealous of good men (87-92), Chremylus at first objects to this behavior of Zeus since he is, according to Chremylus, honoured only by the just and the good. His objection is proved to be false by his own statement in line 134: 'And they (=the good men) straight out pray Zeus for wealth'. Not out of piety do good men honour Zeus, but out of greed and avarice. The poor 'good' are not so 'good' and 'just' after all!" Es ist allerdings schwierig zu beurteilen, a) ob Aristophanes diese Sichtweise selbst vertritt und b) ob hier nicht eine Täter-Opfer-Umkehr stattfindet, welche den realen Umständen nicht entsprach und daher in populären Diskursen in den Theaterrängen nur wenig Widerhall fand – was sich indirekt auf die Siegchancen des Dichtes auswirken musste.

[315] Vgl. Sfyroeras: What Wealth Has to Do with Dionysius; S. 234f. Siehe auch S. 239: „The restoration of Plutus' eyesight in the comedy transforms the blind, contemptible beggar into the benevolent, brilliant Plutus of the Mysteries, who is aligned (240) with Iacchus. The recovery of Plutus is thus coextensive with his transfiguration into a mystical deity that is the Eleusinian manifestation of Dionysus."

[316] Vgl. Konstan/Dillon: The Ideology of Aristophanes' Wealth; S. 381.

[317] Vgl. Sommerstein: Aristophanes and the Demon Poverty; S. 327.

[318] Douglas Olsen: Economics and Ideology in Aristophanes' Wealth; S. 229f. hat diese Inkonsequenz schon früh festgestellt und gleich *allen* Charakteren des Stückes unterstellt: „These variant visions of human nature work within the drama to support two ultimately compatible theses: that the poor do not deserve their fate (since it is an unfair consequence of being morally good), and that wealth is not really a positive thing in any case (since it corrupts those who obtain it). What is more important now, however, is that each of these theories represents only a secondary development of a single, profoundly economic understanding of mankind. Man is what he is and does what he does in *Wealth* because of the constraints and attractions of money. The economic bottom line is not one consideration among many to be used in evaluating one's own lot or the state of society. Instead, it is the basic criterion that defines the character of human social life. Nor is this Chremylus' own personal idiosyncrasy, for all the other characters in the play share his attitude. (229f.)" (Herv. Douglas Olsen). Vgl. außerdem: Konstan/Dillon: The Ideology of Aristophanes' Wealth; S. 372.

[319] Schon Dillon: Topicality in Aristophanes' „Ploutos"; S. 162f. bemerkt dies: „In the *Ploutos* Aristophanes has not a word to say about the tribulations of the rich at this time. His picture of the unjust distribution of wealth is based, not on specific historical data pertinent to the fourth century, but on a moral premise: the just and god-fearing are down and out, while the rest (sycophants, thieves, politicians, and the wicked in general) prosper (cf. Pl. 28-31). The logic of such a sentiment does not bear close scrutiny: the poet wavers between a conception of the world as basically wicked (cf. 45ff., 110f.)-in which case almost everyone should be rich-and a more benevolent view in which common folks like Chremylos and the chorus far outnumber a very circumscribed group of villains. The appeal is emotional rather than intellectual; one feels instinctively that the poet is somehow right on both counts. This sort of folk wisdom adds much to the universality of the work, but further undermines its value as a historical source." (Herv. Dillon).

[320] Vgl. ebd.; S. 163.

[321] Douglas Olsen: Economics and Ideology in Aristophanes' Wealth; S. 228f. drückt die unangenehme Situation pregnant aus: „There is no single, consistent vision in *Wealth* of the way in which the human character and money work on each other. At some points, it seems as if men have distinct, fixed individual natures, which cannot be transformed by economic circumstances. One's economic condition thus merely indicates one's innate moral condition: the good are necessarily poor, the bad rich. Chremylus himself, for example, is poor, not because he does not understand how to grow rich (that is, by behaving like a villain-36-38), but because he simply is not that sort of person (esp. 28 f.; see also 363, 365). The Just Man as well gave away the money he inherited since that seemed to him the right thing to do (829-839). Thus too the Sycophant cannot be converted to goodness via economic incentives since he is a villain by nature (924f.)." (Herv. Douglas Olsen).

[322] Diese Interpretation – auch wenn sie natürlich vorläufig ist – steht nicht allein. Es gibt eine gegenläufige Interpretationslinie, welche gerade den *Pessimismus* dieser Halbzeitszene betont, wie z.B. McGlew: After Irony; S. 45: „We might find that *Wealth*'s ending reflects pessimism on its author's part and, possibly, on its audience's: just as Aristophanes' character, pressed by poverty, considers educating his son in more profitable but less noble pursuits of life, so his plan to universalize wealth is based on the idea that the great majority of men will live justly only if justice makes them rich. But that Chremylus treats wealth as the first condition of justice, does not mean that justice itself is impossible or meaningless. Indeed, the mix of distrust in men's inherent justice and the conviction that justice is nonetheless attainable underlies any commitment to politics: the understanding that social authority is possible and the realization that it is needed. In this sense, Chremylus dramatically renders Aristophanes' continuing commitment to the democratic project that his plays had begun to celebrate more than thirty years earlier." (Herv. McGlew).

[323] Vgl. Konstan/Dillon: The Ideology of Aristophanes' Wealth; S. 385f.

[324] McGlew: After Irony; S. 41: „The point is simple. Penia is meant to offend. Knitting together the mythological reference that her appearance evoked with the political memories implicit in her speech, and paradigms of unpolitical or even antipolitical power, Aristophanes crafts a truly loathsome figure."

[325] Eine ausgiebige Behandlung des Vergleichs von Penia mit den Erinyen liefert Sfyroeras: What Wealth Hast o Do with Dionysus; S. 242f.

[326] Vgl. Barkhuizen: The Plutus of Aristophanes; S. 19. Vgl. außerdem Freyberg: Homage to Penia; S. 29, der konstatiert: „A close study reveals similar philosophical profundity to that of Aristophanes'

more celebrated works such as Clouds, Wasps, Peace, Birds, Frogs, Assemblywomen, and Lysistrata – and in some significant ways it exceeds the others in substance. A major consideration concerns Penia's appearance together with her trenchant and, in my strong view, ultimately victorious logoi. She looks jaundiced. Her look inspires fear. Blepsidemus calls her 'most destructive of all [εξωλεστερον – exōlesteron]'–but her logoi are anything but destructive. If they are destructive, they destroy the inane logoi of Chremylus and Blepsidemus. That is to say, she speaks the constructive truth. […] Most intriguingly, Penia, Poverty, does not wish to put an end to Plutus, to Wealth. Here, the Aristophanic contest of logoi takes a different turn from that in other plays such as Clouds, in Wasps, to some degree in Lysistrata, and in others. Plutus and Penia are asymmetrical; Penia carries asymmetry within herself. Picking up on the latter, Penia's looks: an ugly, frightful hag. Penia's words: thoughtful and convincing. One might say – beautiful." (Herv. Freydberg). Natürlich muss erst noch evaluiert werden, inwiefern die Argumente der Penia „schön" sind – hervorstechend sind sie vor allen Dingen, weil sich Chremylos auf eine Diskussion einlässt, die er nicht gewinnen kann: Wenn *alle* reich sind, ist es keiner, und niemand kann die Früchte seiner Arbeit genießen. Dies ist vor allem deswegen bitter, weil es *gerade* Chremylos war, der auf seine *Rechtschaffenheit* und auf sein *Arbeits-ethos* pochte – und nun alles vergessen zu haben scheint.

[327] Vgl. Konstan/Dillon: The Ideology of Aristophanes' Wealth; S. 387.

[328] Vgl. McGlew; S. 37ff. McGlew führt zwar an, dass Penia „defeated" würde; warum dieser Punkt allerdings nur wenig stichhaltig ist, wird im nächsten Abschnitt erklärt. Dagegen: Möllendorf: Aristophanes; S. 129: „SOMMERSTEIN (1984) hat in Auseinandersetzung mit den angeblichen Ironiemomenten dafür plädiert, daß sich Penias Standpunkt im letzten auf zwei Positionen reduzieren lasse, auf die Chremylos keine Antwort finde: (1) Wären alle Menschen reich, so gäben sie jede produktive Tätigkeit auf, so daß das neue Leben aus Mangel an Sklaven und an Luxusgütern (die ja beschafft werden müssen) noch elender wäre als das bisherige (507-534); (2) Reichtum würde die Wehrfähigkeit jeder Bevölkerung durch Dekadenz herabsetzen (558-561). Beide Argumente ließen sich ohne viel Mühe widerlegen, ganz abgesehen davon, daß sie einander ausschließen. Und vor allem werden sie durch das Stück selbst *ad absurdum geführt*, denn das Leben ist nach der Heilung, wie es aussieht, tatsächlich besser und gerechter geworden, als es vorher war. Aristophanes stellt der Verwirklichung der Utopie also kein Hindernis in den Weg. Jeder Zuschauer mag zwar für sich entscheiden, ob er – in der Theorie – ‚Reichtum für alle' für erstrebenswert hält." Diese Entscheidung wurde durch das Fortjagen der Penia dem Zuschauer jedoch weitgehend entzogen. (Herv. Möllendorff; Kapitalen Möllendorff).

[329] Vgl. ebd.: „Ernster Widerstand droht Chremylos und Karion nur von ganz unerwarteter Seite. Penía, die ‚Bedürftigkeit', stellt sich ihnen in den Weg und versucht sie von der Schädlichkeit allgemeinen Reichtums zu überzeugen. Aristophanes handhabt hier die variable Strukturkonstituente ‚Agon' mit gewohnter Subtilität. Denn einerseits läßt er Chremylos gewinnen: er und Karion verjagen Penia schließlich mit bracchialer [sic!, JD] Gewalt und der ebenso schlichten wie drastisch-effektiven Zurückweisung: […] beendet Chremylos brüsk die Diskussion. Andererseits spricht Chremylos in diesem solchermaßen auf halbem Wege abgebrochenen Agon als erster und damit in der klassischen Verliererposition. Hat Chremylos also *de facto* Unrecht, und siegt er nur, weil er brutaler ist als seine Kontrahentin? Wäre dem so, dann läge in der Tat ein ironischer Grundzug unter der utopischen Konstruktion." (Herv. Möllendorff).

[330] Vgl. Newiger: Einleitung zu „Plutos"; S. 578.

[331] Vgl. Sfyroeras: What Wealth Has to Do with Dionysos; S. 246f. Vgl. auch Smith: Political Activity and Ideal Economics; S. 91.

[332] Vgl. Konstan/Dillon: The Ideology of Aristophanes' Wealth; S. 381.

[333] Sommerstein: Aristophanes and the Demon Poverty; S. 327 merkt an, dass dies ebenfalls für die *Außenpolitik* gelten würde: „In *Wealth* one must presume that international power politics will itself be abolished. If 'everything is subordinate to wealth' (*Wealth* 146), then all wars must have economic causes, and once everybody is rich there will no longer be anything to fight about. The most obvious flaw in the utopia of *Wealth* is rather that the whole thing is based on a miracle: in real life there is no way of ensuring that all and only the virtuous are wealthy. Or is there, perhaps? What if one assumes, as the characters in the play do, that all large fortunes have been acquired dishonestly? If that is really so, then in a democratic state it is only necessary for prosecutors and jurors to do their duty and convict the rich of whatever crimes they have committed, and distribute the proceeds of confiscation

among the poor, thereby abolishing before very long both inequality and poverty. If this has not in practice been done, it is because most prosecutors are selfish (like the one who is a character in the play) and most jurors less than conscientious, sitting not to do justice but to draw pay, and cheating the allotment system to increase their earnings." (Herv. Sommerstein).

[334] Douglas Olsen: Economics and Ideology in Aristophanes' Wealth; S. 232f. geht sogar soweit zu behaupten, was dem Dichter vorschwebe, sei eine perfekte Demokratie. Er schränkt dies allerdings gleichzeitig wieder mit dem Hinweis ein, dass *kein* Staat auf der Grundlage des *Ploutos* existieren könnte: „The ideal world of *Wealth*, therefore, will be a ‚pure' democracy, one cleansed of leaders and busybodies. Although it is gratifying to see Neocleides and the Sycophant abused and expelled from the political system, however, this is in no sense a coherent prescription for concrete political change. What is particularly striking about the confrontation between the Sycophant and the Just Man, in fact, is that the Sycophant gets the best of the argument. He is right-without 'volunteers' like himself to stand up to and prosecute those who trample down the laws (900; 911 f.; 914 f.; 918 f.; 948-950), the Athenian state could not function. As an alternative social ideal, moreover, the Just Man offers only the individual quietist ethic of [...] (921 f.). One cannot run a city on that basis (see also Thuc. 2.63), and the Just Man's supposed principles are in any case in direct conflict with his own implicit acceptance of both the city's role in the administration of justice (916 f.) and the citizen's duty to play a part in matters of public concern (929). Although *Wealth* seems on the surface to call for a radical reassessment of the city's political order, on a practical level it proposes only a (somewhat theoretically incoherent) withdrawal from common affairs, allied with elaborate wish fulfillment. The play exploits popular resentment at the contemporary order, but only in order to offer as an effective political ideal passivity rather than activism." (Herv. Douglas Olsen).

[335] Vgl. Konstan/Dillon: The Ideology of Aristophanes' Wealth; S. 375.

[336] Vgl. ebd.; S. 376f. Vgl. außerdem: McGlew: The Court of Comedy; S. 47.

[337] Konstan/Dillon: The Ideology of Aristophanes' Wealth; S. 375 gießt allerdings Wasser in diesen Wein: „Aristophanes, however, mediates the shift quite explicitly in a scene between Chremylus and his friend, Blepsidemus, who enters to check out the barber shop rumors of Chremylus' sudden prosperity. Blepsidemus cannot imagine that honest work can have been the source of it (340-41)." Diese Beobachtung – wiewohl korrekt – kann jedoch nicht das Teilen des Reichtums (ob ehrlich erworben oder geschenkt) als gute Tag schmälern. Dies wäre nur möglich, wenn Chremylos den neuen Reichtum *unehrlich* erworben hätte. Dies ist allerdings klar *nicht* der Fall.

[338] Vgl. McGlew: After Irony; S. 38 und 43f.

[339] Dagegen Dillon: Topicality in Aristophanes' „Ploutos"; S. 155: „Thus while the *Ploutos* purportedly deals with problems specific to the Athens of the early fourth century B.C., in fact it represents a much more generalized picture of the human condition." (Herv. Dillon). Dies mag in Teilen vielleicht sogar der Fall sein, ist allerdings keinesfalls ein Argument für Unterkomplexität.

[340] Positive Bewertung: Vgl. Douglas Olsen: Economics and Ideology in Aristophanes' Wealth; S. 241f., der es als "final sophisticated Aristophanic master piece" bezeichnet. Auch Newiger: Einleitung zu "Plutos"; S. 577 gibt zur Auskunft, der *Ploutos* sei „ist im späteren Altertum, ja, bis zur Romantik hin – neben *Wolken* und *Fröschen* – am meisten gelesen und gerade aus moralisch-pädagogischen Gründen bewundert worden." Dagegen z. B. Fairbanks: Aristophanes as a Student of Society; S. 665, wonach der *Ploutos* als „one of the simpler plays of Aristophanes" bezeichnet wird – "The plot of the play is very simple." Als längeres, weil erklärendes Zitat für die *Abwertung* des *Ploutos* sei Freydberg: Homage to Penia; S. 28 gereicht: „Perhaps this play's reputation as both the weakest of Aristophanes' oeuvre and as categorically different from his others may seem to exempt it from critical appraisal. One can see why *Plutus* has this status. Many consider it to be an example of New Comedy, which treats the more ordinary concerns of ordinary human beings, with at least a bit of justification. Structurally, it eliminates the parodos and gives a much-diminished role to the chorus, here of poor farmers. In terms of content, it is much less biting, much less raucous, and much more concerned with the issues confronting ordinary people dealing with difficulties in everyday life. While I grant the superficial plausibility of these views, they establish neither the worth of this play nor approach its peculiar philosophical depth." (Herv. Freydberg).

[341] Dagegen Stark: Das Verhältnis des Aristophanes zur Demokratie der athenischen Polis; S. 354, die einen *tatsächlichen* politischen Auftrag mit diesem panhellenischen Ausspruch Lysistrates verbindet.

[342] Möllendorff: Aristophanes; S. 85 merkt an, dass genau dies vielleicht von Aristophanes *gewollt* sein könnte, denn: „Auch die Figur der Lysistrate selbst eignet sich nicht zu parteipolitischer Inanspruchnahme. Sie bleibt als ‚Charakter' blaß, so daß kein athenischer Politiker sich zweifelsfrei in ihr gespiegelt sehen konnte." Vgl. außerdem Morales: Aristophanes' Lysistrata, the Liberian ‚Sex Strike', and the Politics of Reception; S. 284.

[343] Vgl. Saxonhouse: Men, Women, War, and Politics; S. 68f. und 71f. Wilson: Two Observations on Aristophanes' Lysistrata; S. 157f. macht auf einen Umstand aufmerksam, der nicht unwichtig erscheint hinsichtlich der Aufnahme der politischen Botschaft der *Lysistrate*: „Lysistrata's part is played by a man, it is played before an audience consisting entirely of men, and a number of things said by Lysistrata are incompatible with the idea that she is a heroine who has to be taken seriously. The first of these considerations requires little justification. I do not know of any evidence that female parts were played by women." Auch wenn diese Tatsache auch für die *Ekklesiazusen* gilt, so mindert dies doch die Glaubwürdigkeit der politischen Ratschläge Lysistrates ebenfalls, sodass zur mangelnden Zukunftsfähigkeit des Umsturzes noch ein gehöriges Maß Komik hinzukommen musste, wenn die Männer sahen, dass andere Männer Frauen darstellen sollten, die ihnen die politische Macht nehmen sollten. Ein *echtes* Bedrohungsszenario mag dabei kaum aufgekommen sein.

[344] Robert: Aphoristische Bemerkungen zu den Ekklesiazusen des Aristophanes; S. 356 warnt dementsprechend folgerichtig: „Der Plan der Ekklesiazusen beruht also auf einer Verbindung platonischer, dem Dichter auf mündlichem Wege bekannt gewordener Ideen mit der Weiberherrschaft, wie Aristophanes sie ähnlich schon in der Lysistrate vorgeführt hatte. Wenn aber moderne Dichter und Regisseure diese beiden 20 Jahre auseinanderliegenden Stücke, die einen ganz andern politischen Hintergrund und ganz verschiedene Stimmung gehabt haben, zu einem zusammenschweifen, so ist das kaum zu loben."

[345] Zumbrunnen: Fantasy, Irony, and Economic Justice in Aristophanes' Assemblywomen and Wealth; S. 324 hat diesen Umstand an sich schon als eigenen Witz seitens Aristophanes' erkannt: „Ironically enough, the action of *Assemblywomen [Ecclesiazusae]*, despite the play's name, never takes us to the Athenian assembly (or *ecclesia*)." Das Stück *zeigt* die Frauen in der Versammlung gar nicht direkt, der Witz ist also, dass die *Männer* (Chremes) ihren Frauen von einer Versammlung erzählen müssen, in denen die Frauen diese *insgeheim* zur *Frauenversammlung* machten – ein großartiger Witz des Altmeisters Aristophanes.

[346] Sheppard: Aristophanes' Ecclesiazusae and the Remaking of the Patrios Politeia; S. 464 steigert dies ins Extrem: „*Ecclesiazusae* hints at the possibility of an anti-democratic coup." (Herv. Sheppard). Auch wenn dieses Urteil allzu hart erschein, so muss Sheppard in seiner Bewertung doch Recht gegeben werden: Der Umsturz erfolgte antidemokratisch; stattdessen war er konspirativ. Nichtsdestotrotz adelt Sheppard Praxagora wenig später wieder als demokratisch gewählt (S. 467). Wie also ist ein anti-demokratischer Coup zu bewerten, der in einer demokratischen Wahl endet?

[347] Vgl. Newiger: Einleitung zu „Die Ekklesiazusen"; S. 527.

[348] Vgl. Sheppard: Aristophanes' Ecclesiazusae and the Remaking of the Patrios Politeia; S. 479.

[349] Moody: Aristophanes, the Assemblywomen and the Audience: The Politics of Rapport; S. 274 stellt dies klar dar: „Although Lysistrata and her half-chorus of women are – at least on the surface – in a very similar position to the protagonist Praxagora and her chorus of followers (both women contrive to bring about a change they deem necessary for the preservation of Athens, and neither does so in a particular plausible way), in practice, the women of the *Lysistrata* and the *Assemblywomen* enjoy a very different relationship with the audience. Such a difference likely exists because the reform of Lysistrata and Praxagora are of differing scope. Lysistrata is working towards the quick fix of a (relatively temporary) problem: ending the mostly unpopular) Peloponnesian War. Praxagora, on the other hand, is attempting permanent, systemic change in a city that had undergone major political and social upheavals within the past 10 years." (Herv. Moody).

[350] Vgl. ebd.; S. 482.

[351] Vgl. ebd.; S. 476, 479 und 483. Sheppard stellt allerdings auch die Frage: „Praxagora's ideas and reforms cast her as a female lawgiver for the new Athens, but why should Athens need a female Solon?" (S. 479).

[352] Vgl. Major: The Court of Comedy; S. 180f. Vgl. auch Robert: Aphoristische Bemerkungen zu den Ekklesiazusen des Aristophanes; S. 324. Vgl. auch Moody: Aristophanes, the Assemblywomen and the Audience; S. 266f.

[353] Vgl. Freydberg: Hearkening to Thalia; S. 405f. Vgl. auch Möllendorff: Aristophanes; S. 118f.

[354] Dagegen: Smith: Political Activity and Ideal Economics; S. 89: "Nor do we find any trace of Plato's philosopher-kings in Aristophanic comedy. The leaders that do emerge in Aristophanic utopias – Peisetairos, in the *Birds*, and Praxagora, in the *Assemblywomen* – have no special training or expertise that qualifies them for their positions, beyond their having had the cleverness to dream up the utopian schemes that come to fruition." (Herv. Smith). Vor allem hinsichtlich Praxagora erscheint dieses Urteil jedoch verfehlt: Sie *konnte* als Frau kein Training zur Philosophen-Königin erhalten, sie erscheint so *qua* ihrer Natur. Dies schmälert ihre Eignung jedoch keineswegs – es macht sie nur noch erstaunlicher.

[355] Sheppard: Aristophanes' Ecclesiazusae and the Remaking of the Patrios Politeia; S. 469f. führt eine weitere Erklärung an, warum dieser Anspruch zumindest teilweise berechtigt war: „Moreover, while women did not enjoy the status of male citizens, they were crucial to the continuing success of the state. Under Pericles' citizenship law, a child was a citizen only if they were the child of both an Athenian mother and an Athenian father. Thus, while Praxagora and her friends do not have voting rights ordinarily, they are a crucial part of the Athenian democratic system. Their status as daughters, wives and mothers of citizens as well as the citizen-friendly nature of their reforms (it is noticeable that, unlike earlier plays, there is almost no discussion of the world outside Athens in *Ecclesiazusae*) means that, while male citizens are removed from power, the state continues to serve their interest since they are freeborn Athenians." (Herv. Sheppard). Dass dieser Umstand in der *bisherigen* Gesetzgebung Athens unberücksichtigt geblieben war, musste Aristophanes als sträfliche Vernachlässigung empfunden haben.

[356] Vgl. De Boer: The Eternal Irony of the Community: Aristophanian Echoes in Hegel's Phenomenology of Spirit; S. 324.

[357] Vgl. Sommerstein: Aristophanes and the Demon Poverty; S. 326.

[358] Vgl. Foley: The „Female Intruder" Reconsidered; S. 18f.

[359] Vgl. Carey: Aristophanes Lysistrate 637; S. 148; hier wird der Gegensatz zu den *Ekklesiazusen* herausgestellt.

[360] Moody: Aristophanes, the Assemblywomen and the Audience; S. 277 drückt es euphorisch aus: „Because most pretense-disrupters in ancient comedy are characters of low socio-political status, one might be tempted to interpret the female characters' continued contact with the audience as a sign that Praxagora's regime-change has failed, that her reforms will not endure, and that women will still retain their low status. (Even with her reforms women still take care of such household tasks as weaving while the Athenian men have no duties at all.) However, the *Assemblywomen*'s dissimilarity from Aristophanes' other plays, even his so-called ‚women's plays,' suggests that Aristophanes is doing something different here, and that Praxagora and the chorus of women are the true heroes of the comedy and worthy of winning over the hearts and minds of their audience." (Herv. Moody).

[361] Dieser Umstand veranlasst Dracoulides: Aristophanes „The Clouds" and „The Wasps"; S. 49 zu der Aussage, Aristophanes hätte eine „ambivalent attitude towards women is only superficially correct: He hated the erotic ‚feminine' women, and admired "masculine" women. Thus, in his comedies, love scenes are either avoided or ridiculed, whereas praise is bestowed on the masculine woman who dominates the man, subjects him to her will, and humiliates him. Aristophanes is also fond of injecting the masculine element into the feminine (and the other way round) by changing the sex of objects and words. This attitude stems from Aristophanes' attachment to his phallic mother, and from his oedipal inhibition, which he himself explains in the last scene of his last comedy." Dieser Einschätzung kann nicht vollständig widersprochen werden.

[362] Vgl. Slater: Waiting in the Wings; S. 102.

[363] Vgl. De Boer: The Eternal Irony of the Community; S. 322.

[364] Vgl. Slater: Waiting in the Wings; S. 109.

[365] So Fairbanks: Aristophanes as a Student of Society; S. 662f. (der allerdings auch bereits 1903 geschrieben hat): „The scheme of communism, the inauguration and failure of which constitute the plot of the *Ecclesiazousae*, is interesting from the economic as well as from the political side. Such schemes inevitably come up for discussion when the distribution of wealth in a state theoretically democratic becomes very unequal. Moreover, certain practices at Athens would serve as a natural starting-point for the theory. The gifts of corn to the people, and the practice of bribing the people into good humor ridiculed in the *Knights* (where the assembly turns first (663) to the man who announces

cheap sardines, then to the man who proposes a large public sacrifice in honor of so toward an event),I might easily give rise to the belief that the state could supply all the wants of the poor, if only it chose to do it. It should be noted, further, that nothing is said of communism in the opening of the play. Misrule and inequality of property are the evils which the women set out to correct. At first the suggestion is made that the state might fittingly provide for the wants of the poor. Only when the rule of the women is actually under way is the more radical proposition broached. Starting with the theory of equal rights, the women now propose that all property be vested in the state as such, and that the state supply all the wants of all its citizens. In the scene justifying this proposal it is explained that all work will be done by slaves, that the houses will all be thrown into one, that meals will be served in public, and that marriage, or any permanence in the relations of men and women, will be abolished. The promoters of this scheme recognize that it will do away with the value of money and with all commerce as well as with much crime, and further, that it will remove both the necessity of labor and the incentive to labor. The practice of assigning offices by lot, as though they were gifts which the state might bestow on a few citizens, no doubt made it seem more feasible to propose that the state give meals to all its citizens and assign them places at the table by lot. The presentation of this plan, and that through women disguised as men, formed a fitting subject for comedy; to criticise was no part of the poet's purpose." (Herv. Fairbanks).

[366] Vgkl. Fenske/Mertens/Reinhard/Rosen: Geschichte der politischen Ideen; S. 65. Die Autoren vermuten, dass Aristophanes Phaleas' Entwurf kannte.

[367] Möllendorff: Aristophanes; S. 8: „Die rigide spartanische Kultur hat schon ihre Zeitgenossen und dann auch das spätere Griechentum gleichermaßen fasziniert und abgestoßen. Konservative Kreise gerade auch im demokratischen Athen haben mit dem spartanischen Staatsmodell geliebäugelt – Reflexe hiervon finden sich in den *Ekklesiazusen* des Aristophanes –, und noch der Platonische Entwurf eines Idealstaates orientiert sich in mancher Hinsicht an dem, was man von spartanischer Staatlichkeit zu wissen glaubte." (Herv. Möllendorff). Vgl. auch Foley: The „Female Intruder" Reconsidered; S. 15.

[368] Vgl. Möllendorff: Aristophanes; S. 117f.

[369] Vgl. Sommerstein: Aristophanes and the Demon Poverty, S. 323.

[370] Z. B. Dracoulides: Aristophanes' „The Clouds" and „The Wasps"; S. 51f.: „*The Assembly of Women* is Aristophanes' swan song, written after twelve years of silence. There is no longer any call for upholding his former ideals or for unleasing his cynical sarcasm. Rather it is a cry of regressive submission to his phallic mother Zinodora, with whom he may be identifying his own wife. She is symbolized in Praxagora who, followed by other women dressed as men, holding sticks and wearing beards, take possession of the Athenian city government and reduce the men to household drudges." (Herv. Dracoulides).

[371] Vgl. Möllendorff: Aristophanes; S. 121. Sheppard: Aristophanes' Ecclesiazusae and the Remaking of the Patrios Politeia; S. 472: „The eventual fate of the Selfish Man is famously ambiguous in *Ecclesiazusae*, since the scene closes with him claiming that he will be able to sneak into the feast without giving up his property (*Eccl.* 872–6), and he is never seen or heard of again. Ironic readings of the play have seen the Selfish Man as embodying the inevitable selfish element of human nature that Praxagora's reforms cannot overcome. However, I would follow Sommerstein and Slater in suggesting that the Selfish Man would likely be unsuccessful in his attempts." (Herv. Sheppard).

[372] Kranz: Geschichte der Griechischen Literatur; S. 207 bemerkt dazu: „Aber der Dichter zeigt uns auch, daß er ein besserer Menschenkenner ist als die Theoretiker. Mit Seherblick sagt er die Wirkung solch einer Verordnung, alles Gut an die Gemeinde abzuliefern, voraus. Der eine stellt, halb aus Bravheit, halb aus Angst, alles zur Abgabe bereit, der andere, Schlauere, meint (Ekkl. 750 mit Seeger) [...]."

[373] So z. B. Foley: The Female Intruder Reconsidered; S. 16. Dagegen z. B. Moody: Aristophanes, the Assemblywomen and the Audience; S. 273f. [FN].

[374] Vgl. Sheppard: Aristophanes' Ecclesiazusae and the Remaking of Patrios Politeia; S. 482ff.

[375] So argumentiert Saxonhouse: Men, Women, War, and Politics; S. 76ff.

[376] Vgl. Henderson: Women and the Athenian Dramatics Festivals; S. 145.

[377] Newiger: Einleitung zu „Die Ekklesiazusen"; S. 528 fasst dies zusammen: „Strittig ist aber, wie der Dichter zu dieser neuen Weltbeglückung steht und ob hinter dem lustigen Ende nicht bittere Ironie liegt. Denn so viel ist klar: weder die Gütergemeinschaft noch die Weibergemeinschaft vermögen alle

Beteiligten zu befriedigen. Nun, Ironie liegt gewiß vor, aber ist sie bitter? Aristophanes kostet die amüsanten Möglichkeiten der Idee der Weiberherrschaft und eines extremen Kommunismus voll aus, und das ist von einem Komödiendichter nur zu erwarten. Er bejaht das Ergebnis der Handlung nicht, aber das ergibt noch keine grimmige Satire, schon weil die aktuelle Spitze gehen eine drohende Weiberherrschaft oder bevorstehenden Kommunismus ja fehlt."

[378] Vgl, Slater: Waiting in the Wings; S. 121. Vgl. auch Stark: Das Verhältnis des Aristophanes zur Demokratie der athenischen Polis; S. 360, die moniert: „Im Gegensatz zu den *Wolken* oder auch zur Rettungsidee der *Ritter* wird in den *Ekklesiazusen* die Ironie bis zum Schluß beibehalten, wodurch es zu keiner Entwicklung eines positiven Gegenbildes kommt. Auch provoziert die ironische Negation keine positiven politisch-sozialen Vorstellungen." (Herv. Stark). Stanka: Die Politische Philosophie des Altertums; S. 128 spitzt beißend zu: „Den Hoffnungen dieses Volkes auf einen kommunistischen Idealstaat, der doch in diesen Plänen vor allem eine große Freß- und Saufgemeinschatz sei, wendet sich der Hohn des Dichters in seiner ‚Weibervolksversammlung' zu. Eine tatkräftige Frau Praxagora vermag die Bürger zu überreden, alle Macht den Frauen zu überlassen. Praxagora selbst hat als Helferinnen einige gleichgesinnte Frauen, und diese üben an der Demokratie eine vernichtende Kritik."

[379] Vgl. Demand: Plato, Aristophanes, and the Speeches of Pythagoras; S. 181f. Vgl. auch Robert: Aphoristische Bemerkungen zu den Ekklesiazusen des Aristophanes; S. 348ff. Vgl. auch Tomin: Aristophanes; S. 94.

[380] Vgl. Arrowsmith: Aristophanes' Birds; S. 125f.

[381] Möllendorf: Aristophanes; S. 108 deutet die Szene leicht anders, wenn er davon spricht, die Handlung der Vögel lasse „sich als Erfolgsstory beschreiben, die ihresgleichen sucht" und er Peithetairos, den späteren Herrscher der Vogelstadt, als „Heimatflüchtling" bezeichnet. *Geflüchtet* im engeren Sinne sind die beiden ja gerade nicht; darüber hinaus wird aus der Stelle deutlich, dass sie nichts gegen ihre Heimat haben, dass sie so gesehen keinen reellen Grund haben, aus dieser zu flüchten. Wenig später (S. 111) stellt Möllendorff dies richtig, wenn er die *Freiwilligkeit* der beiden betont: „Denn er suchte ja von Beginn an (30-45) eine Polis, in der er ohne Schwierigkeiten und in Ruhe leben könnte, eine Polis ohne […] (prágmata, wörtl. Angelegenheiten)."

[382] Es muss – der Fairness halber – ein Exkurs eingefügt werden, der allerdings *nicht* in den Fließtext, sondern in die Endnoten gehört. Der „Hahn", den Peithetairos in dieser Passage anspricht, hat in der Tat eine mythologische Geschichte, die Pollard: The Birds of Aristophanes – A Source Book for Old Beliefs; S. 365f. erzählt: „The Cock. More lines are devoted by Aristophanes to the cock, as an example of a bird which formerly ruled as king, than to any other species. But this fact is hardly remarkable in itself, for the cock would be most familiar to the audience, and its claim would be likely to excite most interest. Aristophanes says (1) that it formerly ruled the Persians, and so gained the title of " the Persian bird," (2) that it still wears a comb, the symbol of royalty, upon its head, (3) that the former respect in which it was held is shown by the way in which men still obey its summons, although this sometimes leads to unfortunate results. The cock first appears in Greek art in the seventh century B. C. and is first mentioned in literature by Theognis. It is not mentioned by Homer or Hesiod, so it seems probable that it first arrived in Greece in the eighth century B. C. It was introduced from India into Persia at an early period, for, as Cumont has shown, it was sacred in primitive Iranian religion. It did not reach Western Asia or Africa until much later, for it is not (366) mentioned in the Old Testament, or in the older Egyptian records. The cock appears to have been associated with the sun, as the herald of day, from early times, and when poetical and esoteric speculation identified the latter with Apollo, though never completely, the association seems to have passed to him. It seems more probable that Socrates paid a cock to Asclepius because it was the right price, rather than because it was especially associated with that god. Certainly a cock appears to have been a current offering to Demeter and Persephone in the first half of the fifth century B. C. Later the cock became associated with mystic cults, and notably with Mithraism. It is also found in a Spartan relief of the third century B. C. in association with the Dioscuri." Es ist also keineswegs *alles* Demagogie, die Peithetairos hier vorträgt – einiges über die Vögel mag durchaus als mythologisch relevant gelten. Dies ist übrigens nur *einer* der Vögel – im zitierten Aufsatz finden sich weitere.

[383] Konstan: A City in the Air: Aristophanes' „Birds"; S. 199f. drückt aus, welche verheerende Wirkung dieses neuentdeckte Verlangen in den Vögeln auslöst: „But the city of the birds has also a restless, expansionist drive that is at odds with the image of a settled, well-governed polity associated

with a well-ordered state. We have seen that Pisthetaerus succeeds in rousing desire among birds. Having submitted to his leadership (548, 637-38), they are infected by new longings. Where they (200) were once contented, gawking creatures, now a violent urge seizes them to regain their lordship over the universe by any and every means, for without it, they say, life is not worth living (548-49). The hoopoe declares that there is no longer time for dozing or delay; the birds must act now with all possible speed (639-41). This passionate will to power, which culminates in mastery over gods and mortals, transforms the quiet community of the birds into an efficiently aggressive polity unconstrained by the inhibitions of conventional wisdom. Moderation is out of court. This is the megalonomian dispensation, which gives rein to ambition without limit."

[384] Vgl. Ambler: Tyranny in Aristophanes' „Birds"; S. 192: „In short, Peisetairos wins the birds over completely: not only do they agree to his plan, they also insist that he lead them in executing it. Vgl. auch ebd.; 193.

[385] Arrowsmith: Aristophanes' Birds; S. 156 macht dies deutlich: „Pisthetairos is possible because the Birds are gullible suckers; but the audience is the *Birds*. And the same is true because the *demos* is corrupt; but the audience is the *demos*." (Herv. Arrowsmith). Nooter: Reeception Studies and Cultural Reinvention in Aristophanes and Tawfiq Al-Hakim; S. 150 ergänzt: „Aristophanes' actual audience also submits to a kind of theatrical identification: the link between the pleasant experience of being entertained by the fiction of theatre and the similarly pleasurable experience of being seduced by false flattery allows them to enter into an associative bond with the birds. One might expect an audience member to agree with the birds' chorus leader when he exclaims, 'by Demeter, you speak these things well!' […] [517]. The birds' appreciation for Peisetaerus' smooth tongue paves the way for their entry into a state of self-willed victimhood and the audience accompanies them willingly." Und sie fügt hinzu (S. 155): „Is the audience meant, then, to regret the passing of the birds from Birds'? To view them as symbolic travellers of a lost way? We have seen that the birds, like the roaches, do not make out very well at the end of the play; ruled and roasted, they have not much profited from their adoption of a fantastical identity."

[386] Nicht grundlos erinnern Anderson/Dix: Prometheus and the basileus in Aristophanes' Birds; S. 325f. daran, dass Peithetairos nicht nur dem Namen nach dem letzten attischen Tyrannen Peisitratos ähnelt: „The identification of Peisetairos as a new Peisistratos also points to one locale for Nephelokokkugia: as Aristophanes suggests through out the play with allusions to the Kerameikos (395-9), the Pelargikon (832) and ,owls to Athens' (301), Nephelokokkugia is in some respects remarkably similar to Athens and its Acropolis. Through the new dynastic marriage, Peisetairos, the new Peisistratos, becomes the consort of the city's tutelary goddess and so gains access to the treasury on the Acropolis. The name Peis-etairos not only recalls Peisi-stratos, but Peis-etairos, ,Persuader of his companions,' may also suggest the powerful oligarchic political clubs (*hetaireiai*) that had already come under suspicion on the eve of the Sicilian expedition." (Herv. Anderson/Dix).

[387] Vgl. Amati: Meton's Star-City: Geometry and Utopia in Aristophanes' Birds; S. 217.

[388] Vgl. ebd.; S. 218.

[389] Ambler: Tyranny in Aristophanes' „Birds"; S. 200f.: „The problem for the birds of Cloudcuckooland is their submission and vulnerability to their new tyrannos, even without a decisive defeat. From their association with Peisetairos the birds become part of an empire and become gods at least in some respects, but they also lose their freedom and find themselves at the mercy of their great leader. Certainly they do not gain what they thought they would, a position in which they do the ruling; instead, they are vulnerable to being devoured."

[390] Vgl. Ambler: Tyranny in Aristophanes' „Birds"; S. 197f.

[391] Vgl. Henderson: Mass versus Elite and the Comic Heroism of Peisetairos; S. 141ff. Die vielleicht einzige Ausnahme bildet Major: The Court of Comedy – z. B. S. 130f.: „Finding anything sinister here requires speculating that the conviction of the birds in question somehow was not the product of due process or that Peisetaerus in cooking them is somehow suppressing dissent tyrannically, but there is absolutely nothing in the play from any character to support such fears. Rather, he is safeguarding the democracy at a time that the Demos was worried about insurrection." Es fällt einem wirklich schwer, Peithetairos als „Wächter der Demokratie" zu sehen angesichts der Tatsache, dass er alles und jeden zu unterdrücken scheint. Für eine sehr gründliche Widerlegung dieser Einschätzung Majors vgl. Möllendorff: Aristophanes; S. 109f.

[392] Vgl. Amati: Meton's Star-City; S. 222.

[393] Vgl. Ambler: Tyranny in Aristophanes' „Birds"; S. 187. Konstan: A City in the Air; S. 202f. sieht das Überlegenheitsgefühl als Hauptproblem: „Pisthetaerus appears as a figure motivated by the desire for power, and to this extent, perhaps, represents the kind of ambitious individualism associated with a sophistic conception of human nature, which takes advantage of the weakness or credulousness of simpler creates."

[394] Vgl. ebd.; S. 194.

[395] Vgl. ebd.; S. 198.

[396] Vgl. Nooter: Reception Studies and Cultural Reinvention in Aristophanes and Twefiq Al-Hakim; S. 152f.

[397] Apollodor: Bibliotheke. Aus dem Griechischen von Christian Gottlob Moser und Dorothea Vollbach. Mit einem Nachwort von Ilse Becher; S. 148f. Dass *Apollodor* diese Schrift verfasst hat, ist mittlerweile heftig umstritten.

[398] Möllendorff: Aristophanes; S. 114f. hat dies bereits gesehen: „Er [Aristophanes, JD] läßt seine zwei Athener gleich zu Beginn zum Wiedehopf gelangen, da sich dieser sowohl in der Menschen- als auch in der Vogelwelt auskennt (13-16, 71-79). Tereus dient dann zwar als Vermittler, gibt die Führerrolle aber mit der Parabase an Peisetairos ab und tritt nicht mehr auf. Es ist daher legitim, Peisetairos nach der Parabase als ‚zweiten Tereus' anzusehen und die beiden ‚mythischen' Plotzs [sic!, JD] – *Tereus* und *Vögel* – miteinander zu vergleichen. […] Die *Vögel* entlarven also möglicherweise ihren Protagonisten Peisetairos und seine Gesinnungsgenossen als brutale Ambitionisten der Macht, denen jedes Mittel zur Befriedigung ihrer universalen Wünsche recht ist, als satanische Versionen ihres mythischen Vorbildes Tereus, die die ihnen anvertraute ‚Herrschaft' (Basileia) grausam und pervers mißbrauchen werden." (Herv. Möllendorff). Vgl. auch Pozzi: The Pastoral Ideal in „The Birds" of Aristophanes; S. 128.

[399] Vgl. Ambler: Tyranny in Aristophanes' „Birds"; S. 200. Vgl. auch Arrowsmith: Aristophanes' Birds; S. 128f.; hier wird zur Verdeutlichung die Beschreibung der Athener durch die Korinther aus Thuc. 1, 70ff. herangezogen. Vgl. auch Blaiklock: Walking away from the News: An Autobiographical Interpretation of Aristophanes' Birds; S. 98f. Vgl. auch Konstan: A City in the Air; S. 201f. Vgl. auch Möllendorff: Aristophanes; S. 113. Dagegen Major: The Court of Comedy; S. 131.

[400] Blaiklock: Walking away from the News; S. 100 gibt eine gute Einschätzung der Situation wider: „Aristophanes' *Birds* was produced in March 414 B.C. It was one of history's sharp crises. Doom, indeed, was written over the decade, and although Athens was as yet spared the knowledge the reckless attack on Sicily had rendered her defeat in war certain. The great fleet had sailed with paean and trumpet in the summer of 415 B.C. It is true that no irretrievable disaster had as yet befallen the army and fleet at Syracuse. The winter had been like the winter of the *drole de guerre* of 1939. There was an odd absence of decisive news, and the news which filtered back made little sense. Those who knew the terrain sought in vain for a clear tactical picture. Everyone hoped that Nicias was digging to some purpose, but there were those who viewed with some alarm the absence of an aggressive policy. The winter had seen much fumbling for allies, and the accession of the native Sicels to the Athenian cause appeared a tangible gain. To offset this advantage there was bad news from Sparta, where the presence of Alcibiades was unalloyed disaster. The troops were not home for the Great Dionysia, and Syracuse was standing as unmolested as the Siegfried Line." (Herv. Blaiklock).

[401] Vgl. Hall: The satiric version of politics: Ethics, interests and disorders; S. 225f. Vgl. auch Konstan: A City in the Air; S. 185f. Dagegen Major: The Court of Comedy; S. 125f.

[402] Vgl. Ambler: Tyranny in Aristophanes; S. 185f.

[403] Vgl. Major: The Court of Comedy; S. 129.

[404] Arrowsmith: Aristophanes' Birds; S. 145: „In words *anything* is possible, even the dream of divinity. A politics rooted in reality, in things as-they-are, in true *physis*, is the only alternative to fantasy politics; just as reality, the experience of failed fantasy, of crashing to earth, is the only ultimate consequence and conclusion to fantasy politics. Cloudcuckooland is the supreme creation of intellect and eloquence, and Cloudcuckooland and Athens are one." (Herv. Arrowsmith). Vgl. auch Konstan: A City in the Air; S. 195f.

[405] Vgl. Konstan: A City in the Air; S. 188f.

[406] Stark: Das Verhältnis des Aristophanes zur Demokratie der athenischen Polis; S. 352 sieht deutliche Anzeichen von Resignation in den *Vögeln*: „Hier wird zum ersten und zum letzten Mal die Gesamtheit der politischen Mißstände in Athen, d. h. die Krise der Polis selbst in ihren politisch-ethischen Erscheinungsformen angeprangert. Doch im Gegensatz zu den bisherigen Stücken wird die

Rettungsidee im Stück nicht mehr in Athen realisiert. Aristophanes sah wohl keine Möglichkeit mehr, seine gesellschaftspolitische Konzeption in der Komödie mit den Bürgern seiner Zeit in Athen oder in anderen Gegenden umzusetzen. Wirklichkeit konnte sie nur noch in der Luft, bei den Vögeln, also nirgends werden: Das gesellschaftspolitische Ideal mit seinem Anspruch auf Verwirklichung wurde zur Utopie. […] Die in den *Vögeln* vorgefundene, die vorangegangene Zeit gewissermaßen abschließende Gestaltung der idealen Polis bei gleichzeitigem Verzicht auf die weitere Verfolgung der konkreten, aktuellen politischen Tagesereignisse ist durchaus als Zeichen einer allmählichen Entfremdung des Dichters von seiner Polis aufzufassen. Unverkennbar wird diese Komödie von einer Stimmung der Desillusionierung, der Resignation und des Abschieds geprägt." (Herv. Stark).

Kapitel 9
[407] Dieser Text gibt nicht die *ganze* Rede des Aristophanes wieder; er lässt sich noch spöttisch – wie es seine Art ist – zu anderen Dingen aus. Der vollständige Text findet sich auf Deutsch in http://opera-platonis.de/Symposion.pdf. Ich habe hier eine leicht zu erreichende, dennoch autorisierte und damit korrekte Internet-Ausgabe benutzt, um jeden Leser zur eigenen Lektüre dieses Meisterwerks zu ermutigen.
[408] So argumentiert z. B. Miller: The Esoteric Unity of Plato's "Symposion"; S. 21f. Vgl. auch Newiger: Nachwort; S. 696. Dagegen vgl. Nussbaum: The Fragility of Goodness: Luck and Ethics in Greek Tragedy and Philosophy; S. 166f., 173, 197, 199, nach der Plato den Menschen mittels des Aristophanischen Mythos vor zwei gleichermaßen unmögliche Optionen stellt, die Aristophanische Position damit als paradox brandmarkt.
[409] Dover: Aristophanes' Speech in Plato's Symposium; S. 47: „Plato's decision in the case of Aristophanes' speech rests, I suggest, on the values shared by comedy and folklore, and these become apparent when we examine the most important contrasts between Aristophanes and the other speakers in *Smp*. Every other speaker argues to some degree in abstract terms, even if the argument disguises itself, in traditional form, as an exposition of the attributes of a supernatural being. Only Aristophanes commits himself whole-heartedly to the particular and the perishable; he takes it for granted that for an individual reunion with his unique, individual ‚other half' is an end in itself." (Herv. Dover).
[410] Vgl. ebd.; S. 44.
[411] Vgl. Hooper: The Greatest Hope of All: Aristophanes on Human Nature in Plato's Symposium; S. 570.
[412] Vgl. Nichols: Socrates' Context with the Poets in Plato's Symposium; S. 201.
[413] Vgl. Neumann: On the Comedy of Plato's Aristophanes; S. 422ff.
[414] Dover: Aristophanes' Speech in Plato's Symposium; S. 42 berichtet: „The theme of Aristophanes' story, the origin of sexual love, is of a type prominent in many different cultures, including preliterate cultures, in the Old and the New World alike. Motifs belonging to this type include: changes in the size and shape of human beings, changes in the position of the genitals and breasts or in the texture of the skin, changes from double people to single people, and the origin of sex differentiation." Vgl. auch ebd.; S. 46.
[415] Capelle: Die Vorsokratiker. Die Fragmente und Quellenberichte. Übersetzt und eingeleitet von Wilhelm Capelle; S. 217. Siehe dazu auch Dover: Aristophanes' Speech in Plato's Symposium; S. 45f.
[416] Dieser Aspekt ist bisher nur wenig beachtet worden; Hooper: The Greatest Hope of All; S. 571 geht nur von einer Entwicklung *innerhalb* des Aristophanischen Mythos' aus; zweifelsohne ist Hooper der Mythos des Empedokles allerdings bekannt.
[417] Vgl. Hooper: The Greatest Hope of All; S. 574ff.
[418] Vgl. Nichols: Socrates' Context with the Poets in Plato's Symposium; S. 190.
[419] Zitiert in Newiger: Nachwort; S. 696 (Übers, Kranz).
[420] Dies betrifft die Kapitel 2.2, 2.3, 3.1, 3.3 und 5.1.
[421] Dies betrifft die Kapitel 2.3, 3.4, 4.3 und 4.4.
[422] Dies betrifft die Kapitel 4.1, 6.3, 8.2 und 9.
[423] Dies betrifft die Kapitel 4.2, 5.2, 5.3, 5.4, 7.2 und 8.1.
[424] Dies betrifft die Kapitel 6.1, 6.3, 6.4 und 8.3.
[425] Dies betrifft die Kapitel 7.1 und 7.2.
[426] Dies betrifft die Kapitel 4.3 und 8.4.
[427] Dies betrifft die Kapitel 3.4, 8.1, 8.2, 8.3 und 8.4.
[428] Dies betrifft die Kapitel 2.2, 4.3, 4.4, und 8.2.

Literatur

Adams, Don: Aristophanes vs. Socrates; In: Dialogue – Canadian Philosophical Review, Vol. 53, No. 4, 2014; S. 691-713.

Amati, Matthew: Meton's Star-City: Geometry and Utopia in Aristophanes' Birds; In: The Classical Quarterly, Vol. 105, No. 3, 2010; S. 213-227.

Ambler, Wayne: Tyranny in Aristophanes' „Birds"; In: The Review of Politics, Vol. 74, No. 2, 2012; S. 185-206.

Anderson, Carl A./Dix, T. Keith: Prometheus and the Basileia in Aristophanes' Birds; In: The Classical Journal, Vol. 102, No. 4, 2007; S. 321-327.

Apollodoros: Bibliotheke. Aus dem Griechischen von Christian Gottlob Moser und Dorothea Vollbach. Mit einem Nachwort von Ilse Becher; Dieterich'sche Verlagsbuchhandlung: Leipzig (1988).

Arnott, W. Geoffrey: A Lesson from the ‚Frogs'; In: Greece & Rome, Vol. 38, No. 1, 1991; S. 18-23.

Arnott, W. Geoffrey: From Aristophanes to Menander; In: Greece & Rome, Vol. 19, No. 1, 1972; S. 65-80.

Arrowsmith, William: Aristophanes' Birds: The Fantasy Politics of Eros; In: Arion: A Journal of Humanities and the Classics, New Series, Vol. 1, No. 1, 1973; S. 119-167.

Atkinson, J.E.: Curbing the Comedians: Cleon versus Aristophanes and Syracosius' Decree; In: The Classical Quarterly, Vol. 42, No. 1, 1992; S. 56-64.

Baeck, Jean-Philipp: Wenn er König von Deutschland wär'. Peter Fitzek und sein Imperium in Wittenberg; In: Speit, Andreas (Hrsg.): Reichsbürger. Die unterschätzte Gefahr; Christoph Links Verlag: Berlin (2017); S. 62-78.

Baracchi, Claudia: Beyond the Comedy and Tragedy of Authority: The Invisible Father in Plato's Republic; In: Philosophy & Rhetoric, Vol. 34, No. 2, 2001; S. 151-176.

Barkhuizen, J.H.: The Plutus of Aristophanes; In: Acta Classica, Vol. 24, 1981, 17-22.

Bennett, Larry J./Tyrrell, William Blake: Making Sense of Aristophanes' „Knights"; In: Arethusa, Vol. 23, No. 2, 1990; S. 235-254.

Beta, Simone: Madness on the Comic Stage: Aristophanes' Wasps and Euripides' Heracles; In: Greek, Roman, and Byzantine Studies, Vol. 40, No. 2, 2005; S. 135-157.

Biles, Zachary P.: Thucydides' Cleon and the Poetics of Politics in Aristophanes' 'Wasps'; In: Classical Philology, Vol. 111, No. 2, 2016; S. 117-138

Blaiklock, E.M.: Walking away from the News: An Autobiographical Interpretation of Aristophanes' Birds; In: Greece & Rome, Vol. 1, No. 3, 1954; S. 98-111.

Blass, F.: Zu Aristophanes' Fröschen; In: Hermes, Vol. 36, No. 2, 1901; S. 310-312.

Bloch, Ernst: Das Prinzip Hoffnung. Erster Band; Suhrkamp Verlag: Frankfurt am Main (1959).

Bowie, A.M.: The Parabasis in Aristophanes: Prolegomena, Acharnians; In: The Classical Quarterly, Vol. 32, No. 1, 1982; S. 27-40.

Brock, R.W.: The Double Plot in Aristophanes' Knights; In: Greek, Roman, and Byzantine Studies, Vol. 27, No. 1, 2004; S. 15-27.

Bryant, Arthur Alexis: Boyhood and Youth in the Days of Aristophanes; In: Havard Studies in Classical Philology, Vol. 18, 1907; S. 73-122.

Capelle, Wilhelm: Die Vorsokratiker. Die Fragmente und Quellenberichte. Übersetzt und eingeleitet von Wilhelm Capelle; Alfred Kröner Verlag: Stuttgart (1968).

Carey, C.: Aristophanes Lysistrate 637; In: The Journal of Hellenic Studies, Vol. 113, 1993; S. 148-149.

Carlson, Marvin: The Arab Aristophanes; In: Comparative Drama, Vol. 47, No. 2, 2013; S. 151-166.

Chapman, G.A.H.: Aristophanes and History; In: Acta Classica, Vol. 21, 1978; S. 59-70.

Chronopoulos, Stylianos: Spott im Drama. Dramatische Funktionen der persönlichen Verspottung in Aristophanes' Wespen und Frieden; In: Dissertation: Freiburg im Breisgau (2009).

Compton-Engle, Gwendolyn: Stolen Cloaks in Aristophanes' Ecclesiazusae; In: Transactions of the American Philological Association, Vol. 135, No. 1, 2005; S. 163-176.

Cox, Gerard H. III: Structure and Meaning in Aristophanes' „Clouds"; In: Orbis Litterarum, Vol. 28, No. 3, 1973; S. 165-172.

Culpepper Stroup, Sarah: Designing Women: Aristophanes' Lysistrata and the „Hetairization" of the Greek Wife; In: Arethusa, Vol. 37, No. 1, 2004; S. 37-73.

De Boer, Karin: The Eternal Irony of the Community: Aristophanian Echoes in Hegel's Phenomenology of Spirit; In: Inquiry, Vol. 52, 4, 2009; S. 311-334.

Demand, Nancy: Plato, Aristophanes, and the Speeches of Pythagoras; In: Greek, Roman, and Byzantine Studies, Vol. 23, No. 2, 2004; S. 179-184.

Diller, Hans: Zum Umgang des Aristophanes mit der Sprache: Erläutert an den ‚Acharnern'; In: Hermes, Vol. 106, No. 4, 1978; S. 509-518.

Dillon, Matthew: Topicality in Aristophanes' „Ploutos"; In: Classical Antiquity, Vol. 6, No. 2, 1987; S. 155-183.

Dörrie, Heinrich: Aristophanes' Frösche, 1433-1467; In: Hermes, Vol. 84, No. 3, 1956; S. 296-319.

Donelan, Jasper F.: Evidence for and against Audience-Contact in Aristophanes (PAX 877-906, ACH. 257-83, THESM. 659-87, and NUB. 275-355); In: The Classical Quarterly, Vol. 65, No. 2, 2015; S. 518-529.

Dorey, T.A.: Aristophanes and Cleon; In: Greece & Rome, Vol. 3, No. 2, Jubilee Number, 1956; S. 132-139.

Douglas Olson, S.: Dicaeopolis' motivations in Aristophanes' Acharnians; In: The Journal of Hellenic Studies, Vol. 111, 1991; S. 200-203.

Douglas Olson, S.: Economics and Ideology in Aristophanes' Wealth; In: Havard Studies in Classical Philology, Vol. 93, 1990; S. 223-242.

Douglas Olsen, S.: Politics and Poetry in Aristophanes' Wasps; In: Transactions of the American Philological Association (1974-2014), Vol. 126, 1996; S. 129-150.

Dover, K.J.: Aristophanes' Speech in Plato's Symposium; In: The Source of Hellenistic Studies, Vol. 86, 1966; S. 41-50.

Dover, K.J.: The Freedom of the Intellectual in Greek Society; In: Talanta, Vol. 8, 1975; S. 24-54.

Dracoulides, N.N.: Aristophanes: „The Clouds" and „The Wasps"; In: American Imago, Vol. 23, No. 1, 1966; S. 48-62.

Erbse, Hartmut: Zur Interpretation der ‚Wolken' des Aristophanes; In: Hermes, Vol. 130, No. 4, 2002; S. 381-388.

Fairbanks, Arthur: Aristophanes as a Student of Society; In: American Journal of Sociology, Vol. 8, No. 5, 1903; S. 655-666.

Fenske, Hans/Mertens, Dieter/Reinhard, Wolfgang/Rosen, Klaus: Geschichte der politischen Ideen. Von der Antike bis zur Gegenwart; Fischer Taschenbuch Verlag: Frankfurt am Main (1996).

Fisher, N.R.E.: Multiple Personalities and Dionysiac Festivals: Dicaeopolis in Aristophanes' ‚Acharnians'; In: Greece & Rome, Vol. 40, No. 1, 1993; S. 31-47.

Fisher, Raymond K.: The Relevance of Aristophanes: A New Look at ‚Clouds'; In: Greece & Rome, Vol. 35, No. 1, 1988; S. 23-28.

Foley, Helene P.: The „Female Intruder" Reconsidered: Women in Aristophanes' Lysistrata and Ecclesiazusae; In: Classical Philology, Vol. 77, No. 1, 1982; S. 1-21.

Foley, Helene P.: Tragedy and Politics in Aristophanes' Acharnians; In: The Journal of Hellenistic Studies, Vol. 108, 1988; S. 33-47.

Forrest, W.G.: Aristophanes' „Acharnians"; In: Phoenix, Vol. 17, No. 1, 1963; S. 1-12.

Francis, E.D.: Oedipus Achaemenides; In: The American Journal of Philology, Vol. 113, No. 3, 1992; S. 333-357.

Freydberg, Bernard: Hearkening to Thalia: Toward the Rebirth of Comedy in Continental Philosophy, Vol. 39, No. 3, 2009; S. 401-415.

Freydberg, Bernard: Homage to Penia; In: Angelaki, Vol. 21, No. 3, 2016; S. 27-33.

Gamel, Mary-Kay: From Thesmophoriazousai to the Julie Thesmo Show; In: American Journal of Philology, Vol. 123, No. 3, Whole Number 491, 2002; S. 465-499.

Gardner, Jane F.: Aristophanes and Male Anxiety – The Defence of the ‚Oikos'; In: Greece & Rome, Vol. 36, No. 1, 1989; S. 51-62.

Goldhill, Simon: The Poet's Voice. Essays on Poetics and Greek Literatur; Cambridge University Press: Cambridge (1990).

Gomme, A.W.: Aristophanes and Politics; In: The Classical Review, Vol. 52, No. 3, 1938; S. 97-109.

Griffith, A. Drew: Paul's Knowledge of Aristophanes; In: Journal for the Study of the New Testament, Vol. 39, No. 4, 2017; S. 459-471.

Gross, Nathan: Racine's Debt to Aristophanes; In: Comparative Literature, Vol. 17, No. 3, 1965; S. 209-224.

Haley, Herman W.: The Social and Domestic Position of Women in Aristophanes; In: Havard Studies in Classical Philology, Vol. 1, 1890; S. 159-186.

Hall, Ian: The satiric version of politics: Ethics, interests and disorders; In: European Journal of International Relations, Vol. 20, No. 1, 2014; S. 217-236.

Halliwell, Stephen: Ancient Interpretations of onomasti komodein in Aristophanes; In: The Classical Quarterly, Vol. 34, No. 1, 1984; S. 83-88.

Halliwell, Stephen: Aristophanes' Apprenticeship; In: The Classical Quarterly, Vol. 30, No. 1, 1980; S. 33-45.

Harris, Rendel J.: St. Paul and Aristophanes; In: Expository Times, Vol. 34, No. 4, 1923; S. 151-156.

Heath, Malcolm: Aristophanes and His Rivals; In: Greece & Rome, Vol. 37, No. 2, 1990; S. 143-158.

Henderson, Jeffrey: Epilogue; In: The American Journal of Philology, Vol. 123, No. 3, Special Issue: Performing/Transforming Aristophanes' „Thesmophoriazusae", 2002; S. 501-511.

Henderson, Jeffrey: Mass versus Elite and the Comic Heroism of Peisetairos; In: Dobrov, Gregory (Hrsg.): The City as Comedy; University of North Carolina Press: Chapel Hill (1997); S. 135-148.

Henderson, Jeffrey: Women and the Athenian Dramatics Festival; In: TAPA, Vol. 121, 1991, S. 133-147.

Herodot: Neun Bücher zur Geschichte. Vollständige Ausgabe. Mit einer Einführung von Lars Hoffmann. Neu gesetzte, korrigierte und überarbeitete Ausgabe nach der Übersetzung von Dr. Chr. Bähr, Berlin-Schöneberg 1898; marixverlag GmbH: Wiesbaden (2011).

Holtermann, Martin: Der deutsche Aristophanes. Die Rezeption eines politischen Dichters im 19. Jahrhundert; Vandenhoek & Ruprecht: Göttingen (2004).

Hooper, Anthony: The Greatest Hope of All: Aristophanes on Human Nature in Plato's Symposium; In: Classical Quarterly, Vol. 63, No. 2, 2013; S. 567-579.

Hose, H.F.: Personalities in Aristophanes; In: Greece & Rome, Vol. 9, No. 26, 1940; S. 88-95.

Huizinga, J.: Homo ludens. Versuch einer Bestimmung des Spielelements der Kultur; Pantheon Akademische Verlagsanstalt: Amsterdam (1939).

Hutchinson, G.O.: House Politics and City Politics in Aristophanes; In: Classical Quarterly, Vol. 61, No. 1, 2011; S. 48-70.

Kanavou, Nikoletta: Sophrosyne and Justice in Aristophanes' Wasps; In: Greece & Rome, Vol. 63, No. 2, 2016; S. 175-191.

Kerény, Carl: The Birth and Transfiguration of Comedy in Athens; In: Diogenes, Vol. 10, No. 38, 1962; S. 45-71.

Konstan, David: A City in the Air: Aristophanes' „Birds"; In: Arethusa, Vol. 23, No. 2, 1990; S. 183-207.

Konstan, David/Dillon, Matthew: The Ideology of Aristophanes' Wealth; In: The American Journal of Philology, Vol. 102, No. 4, 1981; S. 371-394.

Kotini, Vassiliki: Aristophanes' Response to the Peloponnesian War and the Defeat of the Comic Hero; In: Alif: Journal of Comparative Politics, Vol. 30, Trauma and Memory, 2010; S. 134-149.

Kranz, Walther: Geschichte der Griechischen Literatur; Dieterich'sche Verlagsbuchhandlung: Leipzig (1939).

Lenz, Lutz: Komik und Kritik in Aristophanes' ‚Wespen'; In: Hermes, Vol. 108, No. 1, 1980; S. 15-44.

Lowe, N.J.: Comedy: Definitions, Theories, History; In: New Surveys in the Classics, Vol. 37, Comedy, 2007; S. 1-20.

Ludwig, Paul W.: A Portrait of the Artist in Politics: Justice and Self-Interest in Aristophanes' Acharnians; In: American Political Science Review, Vol. 101, No. 3, 2007; S. 479-492.

MacDowell, Douglas M.: Aristophanes and Kallistratos; In: The Classical Quarterly, Vol. 32, No. 1, 1982; S. 21-26.

MacDowell, Douglas M.: The Nature of Aristophanes' ‚Akharnians'; In: Greece & Rome, Vol. 30, No. 2, 1983; S. 143-162.

Major, Wilfred E.: The Court of Comedy; The Ohio State University Press: Columbus (2013).

Marre, Martine de: Aristophanes on Bawds in the Boardroom: Comedy as a Guideline to Gender Relations in Antiquity; In: Social Identities, Vol. 7, No. 1, 2001; S. 37-65.

McGlew, James: After Irony: Aristophanes' Wealth and Its Modern Interpreters; In: The American Journal of Philology, Vol. 118, No. 1, 1997; S. 35-53.

McGlew, James F.: „Everybody Wants to Make a Speech": Cleon and Aristophanes on Politics and Fantasy; In: Arethusa, Vol. 29, No. 3, 1996; S. 339-361.

McGlew, James F.: „Speak on my Behalf": Persuasion and Purification in Aristophanes' Wasps; In: Arethusa, Vol. 37, No. 1, 2004; S. 11-36.

Meyer, Eduard: Geschichte des Altertums. Herausgegeben von Hans Erich Stier. Band 6. Das Perserreich und die Griechen. Athen. Das attische Reich und die attische Kultur. Der peloponnesische Krieg; Mundus Verlag: Ohne Verlagsort (2000).

Meyer, Eduard: Geschichte des Altertums. Herausgegeben von Hans Erich Stier. Band 7. Das Perserreich und die Griechen. Der Ausgang der griechischen Geschichte; Mundus Verlag: Ohne Verlagsort (2000).

Miller, John F.: The Esoteric Unity of Plato's „Symposium"; In: Apeiron, Vol. 12, No. 2, 1978; S. 19-25.

Möllendorff, Peter von: Aristophanes; Georg Olms Verlag: Hildesheim/Zürich/New York (2002).

Möllendorff, Peter von: Literarische Konstruktionen von autonomía bei Herodot und Aristophanes; In: Antike und Abendland, Vol. 49, 2003; S. 14-35.

Moody, Erin K.: Aristophanes, the Assemblywomen and the Audience: The Politics of Rapport; In: The Classical Journal, Vol. 107, No. 3, 2012; S. 257-281.

Moorton, Richard F. Jr.: Aristophanes on Alcibiades; In: Greek, Roman, and Byzantine Studies, Vol. 29, No. 4, 2004; S. 345-359.

Morales, Helen: Aristophanes' Lysistrata, the Liberian ‚Sex Strike', and the Politics of Reception; In: Greece & Rome, Vol. 60, No. 2, 2013; S. 281-295.

Murphy, Charles T.: Aristophanes, Athens and Attica; In: The Classical Journal, Vol. 59, No. 7, 1964; S. 306-323.

Murphy, Charles T.: Aristophanes and the Art of Rhetoric; In: Havard Studies in Classical Philology, Vol. 49, 1938; S. 69-113.

Nesselrath, Heinz-Günther: Die attische Mittlere Komödie: Ihre Stellung in der antiken Literaturkritik und Literaturgeschichte; Walther de Gruyter: Berlin, New York (1990).

Neumann, Harry: On the Comedy of Plato's Aristophanes; In: The American Journal of Philology, Vol. 87, No. 4, Oct./1966; S. 420-426.

Neumann, Harry: Socrates in Plato and Aristophanes: In Memory of Ludwig Edelstein (1902-1965); In: The American Journal of Philology, Vol. 90, No. 2, Apr./1969; S. 201-214.

Newiger, Hans-Joachim: Einleitung zu „Der Friede"; In: Newiger, Hans Joachim (Hrsg.): Antike Komödien. Aristophanes. Herausgegeben und mit Einleitungen und einem Nachwort versehen von Hans-Joachim Newiger. Neubearbeitung der Übersetzung von Ludwig Seeger (Frankfurt a.M. 1845-48) und Anmerkungen von Hans-Joachim Newiger und Peter Rau; Winkler-Verlag: München (1968); S. 237f.

Newiger, Hans-Joachim: Einleitung zu „Die Acharner"; In: Newiger, Hans Joachim (Hrsg.): Antike Komödien. Aristophanes. Herausgegeben und mit Einleitungen und einem Nachwort versehen von Hans-Joachim Newiger. Neubearbeitung der Übersetzung von Ludwig Seeger (Frankfurt a.M. 1845-48) und Anmerkungen von Hans-Joachim Newiger und Peter Rau; Winkler-Verlag: München (1968); S. 7f.

Newiger, Hans-Joachim: Einleitung zu „Die Ekklesiazusen"; In: Newiger, Hans Joachim (Hrsg.): Antike Komödien. Aristophanes. Herausgegeben und mit Einleitungen und einem Nachwort versehen von Hans-Joachim Newiger. Neubearbeitung der Übersetzung von Ludwig Seeger (Frankfurt a.M. 1845-48) und Anmerkungen von Hans-Joachim Newiger und Peter Rau; Winkler-Verlag: München (1968); S. 527f.

Newiger, Hans-Joachim: Einleitung zu „Die Frösche"; In: Newiger, Hans Joachim (Hrsg.): Antike Komödien. Aristophanes. Herausgegeben und mit Einleitungen und einem Nachwort versehen von Hans-Joachim Newiger. Neubearbeitung der Übersetzung von Ludwig Seeger (Frankfurt a.M. 1845-48) und Anmerkungen von Hans-Joachim Newiger und Peter Rau; Winkler-Verlag: München (1968); S. 465f.

Newiger, Hans-Joachim: Einleitung zu „Die Ritter"; In: Newiger, Hans Joachim (Hrsg.): Antike Komödien. Aristophanes. Herausgegeben und mit Einleitungen und einem Nachwort versehen von Hans-Joachim Newiger. Neubearbeitung der Übersetzung von Ludwig Seeger (Frankfurt a.M. 1845-48) und Anmerkungen von Hans-Joachim Newiger und Peter Rau; Winkler-Verlag: München (1968); S. 55f.

Newiger, Hans-Joachim: Einleitung zu „Die Thesmophoriazusen"; In: Newiger, Hans Joachim (Hrsg.): Antike Komödien. Aristophanes. Herausgegeben und mit Einleitungen und einem Nachwort versehen von Hans-Joachim Newiger. Neubearbeitung der Übersetzung von Ludwig Seeger (Frankfurt a.M. 1845-48) und Anmerkungen von Hans-Joachim Newiger und Peter Rau; Winkler-Verlag: München (1968); S. 417f.

Newiger, Hans-Joachim: Einleitung zu „Die Vögel"; In: Newiger, Hans Joachim (Hrsg.): Antike Komödien. Aristophanes. Herausgegeben und mit Einleitungen und einem Nachwort versehen von Hans-Joachim Newiger. Neubearbeitung der Übersetzung von Ludwig Seeger (Frankfurt a.M. 1845-48) und Anmerkungen von Hans-Joachim Newiger und Peter Rau; Winkler-Verlag: München (1968); S. 291f.

Newiger, Hans-Joachim: Einleitung zu „Die Wespen"; In: Newiger, Hans Joachim (Hrsg.): Antike Komödien. Aristophanes. Herausgegeben und mit Einleitungen und einem Nachwort versehen von Hans-Joachim Newiger. Neubearbeitung der Übersetzung von Ludwig Seeger (Frankfurt a.M. 1845-48) und Anmerkungen von Hans-Joachim Newiger und Peter Rau; Winkler-Verlag: München (1968); S. 173f.

Newiger, Hans-Joachim: Einleitung zu „Die Wolken"; In: Newiger, Hans Joachim (Hrsg.): Antike Komödien. Aristophanes. Herausgegeben und mit Einleitungen und einem Nachwort versehen von Hans-Joachim Newiger. Neubearbeitung der Übersetzung von Ludwig Seeger (Frankfurt a.M. 1845-48) und Anmerkungen von Hans-Joachim Newiger und Peter Rau; Winkler-Verlag: München (1968); S. 111f.

Newiger, Hans-Joachim: Einleitung zu „Lysistrate"; In: Newiger, Hans Joachim (Hrsg.): Antike Komödien. Aristophanes. Herausgegeben und mit Einleitungen und einem Nachwort versehen von Hans-Joachim Newiger. Neubearbeitung der Übersetzung von Ludwig Seeger (Frankfurt a.M. 1845-48) und Anmerkungen von Hans-Joachim Newiger und Peter Rau; Winkler-Verlag: München (1968); S. 363f.

Newiger, Hans-Joachim: Einleitung zu „Plutos"; In: Newiger, Hans Joachim (Hrsg.): Antike Komödien. Aristophanes. Herausgegeben und mit Einleitungen und einem Nachwort versehen von Hans-Joachim Newiger. Neubearbeitung der Übersetzung von Ludwig Seeger (Frankfurt a.M. 1845-48) und Anmerkungen von Hans-Joachim Newiger und Peter Rau; Winkler-Verlag: München (1968); S. 577f.

Newiger, Hans-Joachim: Nachwort; In: Newiger, Hans Joachim (Hrsg.): Antike Komödien. Aristophanes. Herausgegeben und mit Einleitungen und einem Nachwort versehen von Hans-Joachim Newiger. Neubearbeitung der Übersetzung von Ludwig Seeger (Frankfurt a.M. 1845-48) und Anmerkungen von Hans-Joachim Newiger und Peter Rau; Winkler-Verlag: München (1968); S. 696-714.

Nichols, Mary P.: Socrates' Context with the Poets in Plato's Symposium; In: Political Theory, Vol. 32, No. 2, 2004; S. 186-206.

Nooter, Sarah: Reception Studies and Cultural Reinvention in Aristophanes and Tawfiq Al-Hakim; In: Ramus, Vol. 42, No. 1-2, 2013; S. 138-161.

Nussbaum, Martha: The Fragility of Goodness: Luck and Ethics in Greek Tragedy and Philosophy; Cambridge University Press: Cambridge (1986).

Oliverio, Stefano: The Philosophical and Educational Big Bang: An Aristophanic-Deweyan Archaeology; In: Philosophy of Education Yearbook, 2016; S. 362-371.

Pauw, F.: Landscaping the Body: Anatomical-Geographical Bawdy in Aristophanes and Shakespeare, and Politically Incorrect Humour; In: Akroterion, Vol. 59, 2014; S. 1-28.

Pirotta, Serena: Triumph of Hilarity? Some Reflections on the Structure and Function of the Final Scenes in Aristophanic Comedy; In: Trends in Classics, Vol. 8, No. 1, 2016; S. 33-54.

Pollard, J.R.T.: The Birds of Aristophanes – A Source Book for Old Beliefs; In: The American Journal of Philology, Vol. 69, No. 4, 1948; S. 353-376.

Pontuso, James F.: Aristophanes as the Founder of Postmodernism Rightly Understood; In: Perspectives on Political Science, Vol. 36, No. 4, 2007; S. 215-221.

Pozzi, Dora C.: The Pastoral Ideal in „The Birds" of Aristophanes; In: The Classical Journal, Vol. 81, No. 2, 1985-1986; S. 119-129.

Pucci, Pietro: Fragments, splinters and sawdust: Aristophanes' view of the Sophistic rhetoric; In: European Review of History, Revue européenne d'histore, Vol. 18, No. 5, 2011; S. 673-683.

Ranke, Leopold von: Perikles. Die Blütezeit Athens; Verlag Die Heimbücherei: Berlin (1942).

Rau, Peter: Einleitung; In: Aristophanes: Komödien. Band 1. Griechisch und deutsch. Übersetzt, eingeleitet und kommentiert von Peter Rau; Wissenschaftliche Buchgesellschaft: Darmstadt (2016); S. VII-XXIV.

Rau, Peter: Einleitung zu Acharner; In: Aristophanes: Komödien. Band 1. Griechisch und deutsch. Übersetzt, eingeleitet und kommentiert von Peter Rau; Wissenschaftliche Buchgesellschaft: Darmstadt (2016); S. 1-3.

Rau, Peter: Einleitung zu Ritter; In: Aristophanes: Komödien. Band 1. Griechisch und deutsch. Übersetzt, eingeleitet und kommentiert von Peter Rau; Wissenschaftliche Buchgesellschaft: Darmstadt (2016); S. 3f.

Rau, Peter: Einleitung zu Wolken; In: Aristophanes: Komödien. Band 1. Griechisch und deutsch. Übersetzt, eingeleitet und kommentiert von Peter Rau; Wissenschaftliche Buchgesellschaft: Darmstadt (2016); S. 5-7.

Revermann, Martin: The Competence of Theatre Audiences in Fifth- and Fourth-Century Athens; In: The Journal of Hellenistic Studies, Vol. 126, 2006; S. 99-124.

Robert, C.: Aphoristische Bemerkungen zu den Ekklesiazusen des Aristophanes; In: Hermes, Vol. 57, No. 3, 1922; S. 321-356.

Rosen, Ralph M.: Aristophanes' „Frogs" and the „Contest of Homer and Hesiod"; In: Transactions of The American Philological Association (1974-2014), Vol. 134, No. 2, 2004; S. 295-322.

Rosen, Ralph M.: Efficacy and Meaning in Ancient and Modern Political Satire: Aristophanes, Lenny Bruce, and Jon Stewart; In: Social Research, Vol. 79, No. 1, 2012; S. 1-32.

Rosen, Ralph M.: Reconsidering the Reperformance of Aristophanes' Frogs; In: Trends in Classics, Vol. 7, No. 2, 237-256.

Rothwell, Kenneth S. Jr.: Aristophanes' „Wasps" and the Sociopolitics of Aesop's Fables; In: The Classical Quarterly, Vol. 90, No. 3, 1995; S. 233-254.

Russo, Carlo Ferdinando: The Revision of Aristophanes' „Frogs"; In: Greece & Rome, Vol. 13, No. 1, 1966; S. 1-13.

Saxonhouse, Arlene W.: Men, Women, War, and Politics: Family and Polis in Aristophanes and Euripides; In: Political Theory, Vol. 8, No. 1, 1980; S. 65-81.

Scharffenberger, Elizabeth W.: „Deinon Eribremetas": The Sound and Sense of Aeschylus in Aristophanes' „Frogs"; In: The Classical World, Vol. 100, No. 3, 2007; S. 229-249.

Sells, Donald: Prostitution and Panhellenism in Aristophanes' Peace; In: Archiv für Religionsgeschichte, Vol. 17, No. 1, 2016; S. 69-90.

Sfyroeras, Pavlos: What Wealth Has to Do with Dionysus: From Economy to Poetics in Aristophanes' Plutus; In: Greek, Roman, and Byzantine Studies, Vol. 36, No. 1, 2005; S. 231-261.

Sheppard, Alan: Aristophanes' Ecclesiazusae and the Remaking of the Patrioe Politeia; In: The Classical Quarterly, Vol. 66, No. 2, 2016; S. 463-483.

Sheppard, J.T./Verrall, A.W.: Politics in the Frogs of Aristophanes; In: The Journal of Hellenistic Studies, Vol. 30, 1910; S. 249-259.

Slater, Niall W.: Aristophanes' Apprenticeship Again; In: Greek, Roman, and Byzantine Studies, Vol. 30, No. 1, 2005; S. 67-82.

Slater, Niall W.: Making the Aristophanic Audience; In: The American Journal of Philology, Vol. 120, No. 3, 1999; S. 351-368.

Slater, Niall W.: Waiting in the Wings: Aristophanes' „Ecclesiazusae"; In: Arion: A Journal of Humanities and the Classics, Third Series, Vol. 5, No. 1, 1997; S. 97-129.

Smith, Eve: Aristophanes' Cloudcuckooland to Terry Pratchett's Discworld: Comedy as social conscience; In: Comedy Studies, Vol. 4, No. 1, 2013; S. 23-33.

Smith, Nicholas D.: Political Activity and Ideal Economics: Two Related Utopian Themes in Aristophanic Comedy; In: Utopian Studies, Vol. 3, No. 1, 1992; S. 84-94.

Sommerstein, Alan H.: Aristophanes and the Demon Poverty; In: The Classical Quarterly, Vol. 34, No. 2, 1984; S. 314-333.

Sophokles: Antigone; In: Sophokles: Die Tragödien. Übersetzt und eingeleitet von Heinrich Weinstock; Alfred Kröner Verlag: Stuttgart (1953); S. 262-311.

Spielvogel, Jörg: Die Politische Position des athenischen Komödiendichters Aristophanes; In: Historia: Zeitschrift für Alte Geschichte, Vol. 52, No. 1, 2003; S. 3-22.

Stanka, Rudolf: Die politische Philosophie des Altertums; Verlag A. Sexl: Wien/(Köln (1951).

Stark, Isolde: Athenische Politiker und Strategen als Feiglinge, Betrüger und Klaffärsche. Die Warnung vor politischer Devianz und das Spiel mit den Namen prominenter Zeitgenossen; In: Ercolani, Andrea (Hrsg.): Spoudaiogeloion: Form und Funktion der Verspottung in der aristophanischen Komödie; J. B. Metzler: Stuttgart (2002); S: 147-167.

Stark, Isolde: Das Verhältnis des Aristophanes zur Demokratie der athenischen Polis; In: Klio. Beiträge zur Alten Geschichte, Vol. 57, Nr. 57, 2016; S. 329-364.

Steward, Douglas J.: Aristophanes and the Pleasures of Anarchy; In: The Antioch Review, Vol. 25, No. 1, Special Greek Issue, 1965; S. 189-208.

Stow, H. Lloyd: Aristophanes' Influence upon Public Opinion; In: The Classical Journal, Vol. 38, No. 2, 1942; S. 83-92.

Stroh, Wilfried: Die Macht der Rede. Eine kleine Geschichte der Rhetorik im Alten Griechenland und Rom; Ullstein Buchverlage GmbH: Berlin (2009).

Telò, Mario: Embodying the Tragic Father(s): Autobiography and Intertextuality in Aristophanes; In: Classical Antiquity, Vol. 29, No. 2, 2010; S. 278-326.

Tomin, Julius: Aristophanes: A Lasting Source of Reference; In: Proceedings of the Aristotelian Society, New Series, Vol. 88, 1987-1988; S. 83-95.

Vaio, John: The Manipulation of Theme and Action in Aristophanes' Lysistrata; In: Greek, Roman, and Byzantine Studies, Vol. 14, No. 4, 2003; S. 369-380.

Van Hook, LaRue: Crime and Criminals in the Plays of Aristophanes; In: The Classical Journal, Vol. 23, No. 4, 1928; S. 275-285.

Van Steen, Gonda A.H.: Aspects of „Public Representation" in Aristophanes' Acharnions; In: L'antiquité Classique, Vol. 63, 1994; S. 211-224.

Verrall, A.W.: Notes on Aristophanes Knights; In: The Classical Review, Vol. 16, No. 1, 1902; S. 7-10.

Whitehorne, John: O City of Kranaos! Athenian Identity in Aristophanes' „Acharnians"; In: Greece & Rome, Vol. 52, No. 1, 2005; S. 34-44.

Willi, Andreas: Aischylos als Kriegsprofiteur: Zum Sieg des Aischylos in den „Fröschen" des Aristophanes; In: Hermes, Vol. 130, No. 1, 2002; S. 13-27.

Wilson, Nigel: Two Observations on Aristophanes' Lysistrata; In: Greek, Roman, and Byzantine Studies, Vol. 23, No. 2, 2004; S. 157-163.

Worthington, Ian: Aristophanes' Knights and the Abortive Peace Proposals of 425 B.C.; In: L'antiquité Classique, Vol. 56, No. 1, 1987; S. 56-67.

www.opera-platonis.de/Symposion.pdf (zuletzt aufgerufen am 13.08.2019).

www.theatrum.de/2066.html (zuletzt aufgerufen am 13.08.2019).

www.theoi.com/Georgikos/SatyrosPhales.html (zuletzt aufgerufen am 13.08.2019).

Zogg, Fabian: Aristophanes' Komödien als Lesetexte; In: Philologus, Vol. 161, No. 1, 2017; S. 1-18.

Zumbrunnen, John: Elite Domination and the Clever Citizen: Aristophanes „Archarnians" and „Knights"; In: Political Theory, Vol. 32, No. 5, 2004; S. 656-677.

Zumbrunnen, John: Fantasy, Irony, and Economic Justice in Aristophanes' Assemblywomen and Wealth; In: The American Political Science Review, Vol. 100, No. 3, 2006; S. 319-333.